NONGMIN ZHIDU LIXING
农民制度理性

———★———

秦小红 著

中山大学出版社
·广州·

版权所有　翻印必究

图书在版编目（CIP）数据

农民制度理性/秦小红著．—广州：中山大学出版社，2017.5
ISBN 978-7-306-05997-0

Ⅰ.①农…　Ⅱ.①秦…　Ⅲ.①农民—研究　Ⅳ.①D420

中国版本图书馆 CIP 数据核字（2017）第 024873 号

出版人：	徐　劲
策划编辑：	丁　俭
责任编辑：	丁　俭
封面设计：	林绵华
责任技编：	何雅涛
出版发行：	中山大学出版社
电　　话：	编辑部 020-84111996，84113349，84111997，84110779
	发行部 020-84111998，84111981，84111160
地　　址：	广州市新港西路 135 号
邮　　编：	510275　传　真：020-84036565
网　　址：	http://www.zsup.com.cn　E-mail：zdcbs@mail.sysu.edu.cn
印 刷 者：	虎彩印艺股份有限公司
规　　格：	787mm×1092mm　1/16　26.25 印张　410 千字
版次印次：	2017 年 5 月第 1 版　2017 年 5 月第 1 次印刷
定　　价：	52.00 元

如发现本书因印装质量影响阅读，请与出版社发行部联系调换

目 录

导　论 ·· 1
　　一、问　题 ·· 1
　　二、视　域 ·· 7
　　三、方法论 ·· 12

第一章　理性话语的一般考察 ··· 16
　第一节　西方自然理性话语 ·· 17
　　一、西方自然理性话语的视域 ··· 17
　　二、西方自然理性话语的向度 ··· 18
　第二节　西方社会理性话语 ·· 22
　　一、西方社会理性话语的视域 ··· 22
　　二、西方社会理性话语的向度 ··· 25
　第三节　西方理性话语的自反性 ·· 31
　　一、确定性话语的吊诡 ··· 31
　　二、唯理性主义的社会后果 ··· 34
　第四节　本章小结 ··· 36

第二章　农民理性话语 ··· 39
　第一节　经济学理性话语 ··· 40
　　一、经济学理性话语嬗变 ·· 40
　　二、经济学理性话语批判 ·· 49
　第二节　农民理性话语溯源 ·· 66
　　一、农民理性的含义 ·· 66
　　二、农民理性话语的嬗变 ·· 68
　第三节　农民理性话语诸解释传统 ····································· 75
　　一、马克思主义传统 ·· 76

二、实体主义传统 ……………………………………… 85
　　三、形式主义传统 ……………………………………… 96
　第四节　本章小结 ………………………………………… 102

第三章　中国农民制度理性话语 ……………………………… 107
　第一节　中国农民制度理性概述 ………………………… 107
　　一、农民制度理性的定义 ……………………………… 107
　　二、中国农民制度理性的生成与特征 ………………… 108
　　三、中国农民制度理性的嬗变与转型 ………………… 110
　第二节　中国学者关于农民制度理性的研究 …………… 113
　　一、乡村建设理论 ……………………………………… 114
　　二、微型社会学理论 …………………………………… 129
　　三、农业国工业化理论 ………………………………… 144
　第三节　外国学者关于中国农民制度理性的研究 ……… 154
　　一、过密化增长论 ……………………………………… 156
　　二、市场共同体论 ……………………………………… 166
　　三、文化共同体论 ……………………………………… 177
　第四节　本章小结 ………………………………………… 201

第四章　地权制度 ……………………………………………… 208
　第一节　地权理论 ………………………………………… 210
　　一、地权界定 …………………………………………… 210
　　二、地权学说 …………………………………………… 214
　　三、地权类型 …………………………………………… 222
　第二节　地权制度的演变 ………………………………… 227
　　一、西方地权制度的演变 ……………………………… 227
　　二、中国地权制度的演变 ……………………………… 232
　第三节　地权重构 ………………………………………… 254
　　一、土地革命 …………………………………………… 254
　　二、土地改革 …………………………………………… 264
　　三、台湾地区土地改革 ………………………………… 270

第四节　本章小结 …………………………………… 276

第五章　产权制度 …………………………………… 281
　第一节　土地产权变迁 ………………………………… 282
　　一、产权观念 …………………………………………… 282
　　二、土地所有权转变 …………………………………… 292
　第二节　土地制度改革 ………………………………… 301
　　一、早期土地制度改革尝试 …………………………… 301
　　二、新时期的土地制度改革 …………………………… 305
　　三、农村土地所有制再次引起学术界的争论 ………… 311
　第三节　土地产权流转 ………………………………… 315
　　一、土地产权流转的内容 ……………………………… 315
　　二、土地承包经营权流转诸关系 ……………………… 334
　第四节　本章小结 ……………………………………… 343

第六章　政府引导农地制度创新的法律规制 ………… 348
　第一节　农地制度创新的路径选择 …………………… 349
　　一、农地制度运行的现实困境 ………………………… 349
　　二、农地制度创新的空间 ……………………………… 349
　　三、农地制度创新的方向 ……………………………… 351
　第二节　政府在农地制度创新中的功能定位 ………… 353
　　一、农地制度的复合性 ………………………………… 353
　　二、农地制度的包容性发展 …………………………… 354
　第三节　政府引导农地制度创新的路径选择 ………… 357
　　一、破除城乡二元结构 ………………………………… 357
　　二、消除农地制度不当负担 …………………………… 358
　　三、完善农地产权法律制度 …………………………… 359
　　四、在农地制度运行过程中导入现代要素 …………… 361
　第四节　规制政府引导行为的法律机制 ……………… 362
　　一、政府引导农地产权运行的法律机制 ……………… 363
　　二、政府引导市场行为的法律机制 …………………… 367

第五节 本章小节…………………………………………………… 370

第七章 政府干预农业市场制度创新的法律机制…………… 371
第一节 农业市场制度的复合结构与政府作用的功能定位…… 372
　一、农业市场制度的复合结构………………………………… 372
　二、政府作用的功能定位……………………………………… 373
第二节 政府在农业市场制度创新中发挥关键作用的机理…… 374
　一、传统农业制度变迁的限度………………………………… 374
　二、现代农业制度与政府的关键作用………………………… 375
第三节 政府干预农业市场制度创新的逻辑…………………… 376
　一、政府干预农业要素的逻辑………………………………… 376
　二、政府干预农业经营体制运行的逻辑……………………… 379
　三、政府干预交易市场的逻辑………………………………… 385
第四节 政府干预农业市场制度创新的法律约束……………… 386
　一、依法保障农民产权权利与政府引导之间的关系………… 387
　二、政府与农业市场关系的法治化…………………………… 388
第五节 本章小节………………………………………………… 392

参考文献………………………………………………………… 394
　一、中文著作类………………………………………………… 394
　二、中文译著类………………………………………………… 398
　三、中文论文类………………………………………………… 408
　四、外文类参考文献…………………………………………… 412

导 论

一、问 题

农业制度是农民的生产方式和国家干预活动相互作用的产物。农民在生产活动中形成了与农业生产组织形式和资源配置相适应的理性能力。改革开放以后，农民在生产活动中推动了家庭承包责任制的发展，国家通过政策和法律的方式确认了家庭承包经营的基础地位。随着家庭承包经营制度的发展，国家确认了农民的集体经济组织成员权、土地承包经营权、农户宅基地使用权、集体建设用地收益分配权等涉农权益和制度。为实现农业现代化，推动城乡发展一体化进程，在试验的基础上，国家鼓励农民土地承包经营权流转，保障农户宅基地使用权财产性收益，分享集体经营性建设用地收益。农业制度的发展既离不开农民理性能力的发展，也离不开国家的干预和要素组织功能的发挥。本书重在阐明农民理性在农业制度构建中的基础地位这一问题。

农民理性是农民在长期的农业生产生活中为寻求自身的生存和发展而形成的认识、态度和行为方式。农民理性既有理性的一般属性，也有受农业生产生活决定的显著特征。随着时代的发展，农民理性的具体内容和表现形式不断嬗变。

农民制度理性是农民在长期的农业生产生活中所形成的制度塑造能力。农民制度理性是理性的农业制度的基础。理性的农业制度是农民的制度理性与国家干预相互作用的产物，既包括农民运用理性能力所形成的制度事实，也包括国家对这一制度事实进行的提炼和认可。

按照制度法学的基本原理，农民理性在生产活动中推动了农业制度的不断积累，成为一种制度事实，而制度事实要转化为一种国家制度就必须经过国家的提炼或认可。在现代社会，法律制度乃是国家制度最重要的一种制度形态，农业法律制度是国家在尊重农民理性的基础上将符合农业现代化要求的制度事实上升为国家意志并指导农业领域实践的法律体系。

本书的分析框架围绕农民理性、农业制度中农民理性的发展轨迹、农民理性在农业制度构建中的地位以及农业现代化和城乡发展一体化中国家的要素组织功能的发挥等一系列问题展开。具体回答三个基本问题：什么是农民理性？农民理性在农业制度建构中起着怎样的作用？国家如何利用农民理性构建农业制度？

问题从法学学科发展和国家应如何组织农业经济要素两个方面提出。这两个方面本质上是一体两面，是表征与实体、形式与内容之间的关系。

农法学是研究国家通过法律形式对经济要素进行组织的学科，农业经济应是法学理论体系的重要组成部分。但在法学的理论体系中，城市经济处于元叙事地位，农业经济仍处于修辞学地位。我们不是说法学没有研究农业经济问题，恰恰相反，研究农业经济的法学成果越来越多，可谓汗牛充栋，但并没有形成一个具有显著学科特征的理论体系，究其原因，在于缺乏学科建设所必备的理论基础。这就使得法学对农业经济的研究与其他学科的研究之间相比较缺乏区分度，也就难以为法学理论体系贡献更多的学术资源。申言之，除了对农业经济法律规范或政策措施进行解释或阐释外，法学在农业经济方面的研究成果很难与经济学、社会学、决策学等学科的研究成果之间相区分，没有显示出法学研究成果的叙述特征，也就没有为学术功能派分和学术繁荣做出应有的贡献。

法学在研究农业经济问题时并不是没有基础理论，但缺乏一个理论基础验证基础理论的有效性。法学研究农业经济的理论基础到底在哪里？这一问题还是要到农业经济自身的逻辑中去寻找。农业经济的生产要素包括土地、耕作者和资本三个基本要素，在现代市场经济条件下还可以加入市场这一要素。不同学科在研究农业经济时将农业生产的不同构成要素作为理论基础，这是不同学科在学术功能派分过程中根据其研究范式所做的选择，我们将在文献评述中进行梳理。

农法学的研究对象是国家的经济要素组织活动，即通过法律形式支持或促进、约束国家的要素组织活动。严格来讲，根据学科功能派分的原理，支持国家的要素组织活动的学术任务主要是宪法学，特别是组织法学的学术功能。农法的主要功能是通过法律形式促进和约束国家的要素组织功能。

国家参与农业经济的要素组织活动自国家产生就存在，直接方式是分配地权、维护产权，间接方式是税赋。现代国家除了使用这三种方式以外，也通过政府服务、市场机制、财政扶持、农业补贴、税收优惠、奖励机制等政策措施间接参与农业经济要素组织活动，在法治条件下，法律是所有农业经济要素组织活动的媒介。

国家参与农业经济要素组织活动依赖于其如何看待农民，这是国家如何对待农民的逻辑起点。我国的土地改革运动、农业合作化运动、人民公社运动、农村经营体制改革、土地制度改革等都涉及国家如何看待农民这一根本问题。从长时段的历史来看，国家看待农民的基本观点一直是不稳定的。有时认为农民是缺乏理性的，需要教育；有时又认为农民是理性的化身，其他成员应该接受农民的再教育。有时认为农民散漫、一盘散沙，没有合作精神，缺乏制度创造能力；有时又认为农业制度是农民的伟大创造，是中国改革的起点，忽高忽低，忽左忽右，致使农民吃了不少苦，受了不少罪，承受了不少非公正待遇。有些是国家发展战略选择不得不做出的牺牲，[①] 有些则是认识上的错误。目前虽然明朗化，但在某些方面仍然是模糊不清的。究其原因，是缺乏对农民理性的自觉，也缺乏对农民制度理性的自信。

土地革命前，右倾机会主义者相信与国民党的联盟，不相信与农民的联盟；"左"倾机会主义犯了本本主义错误，[②] 也不相信农民。

---

① 注：早在1945年，费孝通先生就担心因国际强权政治的压力中国将被迫走上牺牲农民利益的道路。为此，他以一个学者的良心和深刻洞见恳请资本主义国家不要迫使中国做出牺牲农民和中国前途的选择。"请大家认识到我们现在正处在一个十字路口。无辜的中国农民的命运正掌握在那些决定中国未来工业模式的人手中。"他忧心如焚的事情还是发生了。费孝通著：《江村经济》，上海人民出版社2007年版，第522页。

② 注：马克思主义经典作家有许多关于农民缺乏阶级觉悟，没有组织能力、具有两重性的观点。其中，认为农民是"一袋马铃薯中的一个个马铃薯的汇聚"最具代表性。马克思：《路易·波拿巴的雾月十八日》，《马克思恩格斯文集》第2卷，人民出版社2009年版，第227页。

土地革命使我们开始相信农民，走出了一条中国特色的新民主主义革命道路。1946年5月4日前，老解放区的农民主动分了地主、富农的土地，《五四指示》《土改改革法大纲》确认了这一行为，农民极大地支持了解放战争的胜利。

新中国成立后，国家为规范新解放区（除城市郊区外）农村土地改革运动，制定了《中华人民共和国土地改革法》，农民获得了土地所有权。《中国人民政治协商会议共同纲领》和《中华人民共和国宪法》（《五四宪法》）也确认了农民的土地所有权。1953年春，除个别少数民族地区外，全国土地改革完成。但在法律明确规定和宪法保护的条件下，1953年下半年开始，国家就开始了农业合作化运动，1956年底全国基本都实行了初级合作社向高级合作社的过渡，但却出现了新中国成立后农业的第一次减产。① 薄一波先生认为，参加高级合作社名为农民自愿，实际上是国家强迫，重要原因是过分害怕农民的两极分化，把平均主义当成社会主义。② 人民公社化以后，农业经济不断走向崩溃，③ 无以数计的农民被饿死。就是在这样的背景下，农民仍然进行了三次以"家庭承包"为主要形式的各种各样的农业生产责任制试验，但都被极"左"路线所禁锢。

改革开放后，农民又进行了各种不同类型的农业生产责任制试验，最终确立了以"包干到户"为基础的家庭承包经营制度，使"以家庭承包经营为基础、统分结合的双层经营体制"成为我国农村政策的基石。④ 农业生产责任制被称为"我国农民的伟大创造"。⑤

---

① 杜润生著：《杜润生自述：中国农村体系变革重大决策纪实》，人民出版社2005年版，第77页。

② 薄一波著：《若干重大决策与事件的回顾》上卷，中共中央党校出版社1991年版，第207～210页。

③ 蔡昉、王德文、都阳著：《中国农村改革与变迁》，格致出版社、上海人民出版社2008年版，第25页。

④ 陈锡文、赵阳、陈剑波著：《中国农村制度变迁60年》，人民出版社2009年版，第34页。

⑤ 《中共中央国务院关于"三农"工作的一号文件汇编》，人民出版社2010年版，第20页。

2013年12月中央农村工作会议认为："我国改革是从农村起步的，农村改革发展的伟大实践，为实现人民生活从温饱不足到总体小康的历史性跨越、推进社会主义现代化作出了重大贡献，为战胜各种困难和风险、保持社会大局稳定奠定了坚实基础。"① 家庭承包经营制度确立后，农民又推动了一系列以土地为中心的农业生产要素的权利化。家庭承包经营在农村经营体制改革初期只是一个劳务管理合同关系，后发展为民事合同关系，其后转化为行政合同关系，最终确认为中国独特的准物权，为农民承包经营权的产权化奠定了基础。

中国农民在土地不断减少、② 人口不断增加的情况下，却以极为有限的土地养活了占全世界四分之一的人口，这是中国最骄人的成绩，也是中国最令世人信服的人权纪录。根据这一事实，如果经济法将土地作为研究农业经济的理论基础，则可能会陷入理论误区。在农业经济诸要素中，土地不是最根本的，③ 对此我们不能过高估计。

这些成绩的取得，历史已做了公正评价，是中国农民的伟大创造。从人地关系来看，土地急剧减少了，人口急剧增加了，产出增加了；从资本来看，相对于工业化和城镇化投入而言，农业投入微乎其微；从教育投入来看，对农民生产能力的投资就更不用细究了；从市场角度来看，恩格尔系数的问题自然没有必要展开。在这一组关系的比较中，得出农民的理性能力起了决定作用应该是不荒唐的。④ 但如果我们将农民理性作为经济法研究的理论基础就会出现我们前面讨论过的问题——没有学术功能派分，因为农民理性是所有涉及"三农"问题的学术研究共享的理论基础，经济法研究仅满足于以此为理论基础是不深入的，也是没有学科特征的。

至此，我们必须转换一个角度提出问题。我国农业经济基本制度

---

① 《人民日报》2013年12月25日。

② 黄小虎主编：《新时期中国土地管理研究》，当代中国出版社2006年版，第4页。

③ ［美］西奥多·舒尔茨著：《对人进行投资——人口质量经济学》，吴珠华译，首都经济贸易大学出版社2002年版，第5页。

④ 徐勇：《农民理性的扩张："中国奇迹"的创造主体分析——对既有理论的挑战及新的分析进路的提出》，载《中国社会科学》2010年第1期。

是国家提出来的吗？从历史来看，都是由农民自己创造的，国家主动或被迫确认的。

土地革命的要求和行动是农民在北伐战争时期自发组织起来的。① 右倾机会主义和"左"倾机会主义都压制它。土地改革也是农民在老解放区自发行动的，中央确认了这一行动，并以政策和法律方式予以保障，农业生产效率提高，农业经济发展了。农业合作化运动是国家变相强制推行的，人民公社化运动则是一种强迫行为，在这一背景下，农民仍然进行了以"包产到户"为主要形式的农业生产责任制试验，为新时期的农村土地制度改革奠定了基础。党的十一届三中全会以后，各种不同类型的农业生产责任制试验也不是国家推行的。1978年，安徽小岗村18位农民冒着杀头风险在签下农业生产责任制契约的同时，也相互签下了托孤书。在1982年中央正式承认农业生产责任制正当地位时，全国90%以上的农民都进行了生产责任制试验，② 全世界有哪一个国家有这么大规模的试验场？至于法律对农民的生产责任制试验的确认则更晚，在此无须赘述。农村土地制度改革推动了土地承包经营权流转、宅基地使用权流转试点和集体经营性建设用地流转，这些都是农民自己推动的，当代的故事我们无须再讲下去了。

农业经济制度变迁的一个基本事实可以归纳为国家事前抑制、事中观察、事后确认这样一个基本轨迹。历史业已证明，农业经济制度变迁的轨迹是由农民自己规划的，国家无权一厢情愿地打乱这一谱系的编写顺序，也不可能打乱这一编写顺序。③ 不承认这一点，也就不可能承认历史是由人民创造的这一论断。

由于本书章节安排的原因，大量篇幅的古代史和近代史的论证只能请读者查看正文。但有一个基本历史事实还是有必要略作提示：在

---

① 《毛泽东选集》一卷本，人民出版社1964年版，第12～44页。

② 《中共中央国务院关于"三农"工作的一号文件汇编》，人民出版社2010年版，第1页。

③ 马克思：《巴枯宁〈国家制度和无政府主义一书摘要〉》，《马克思恩格斯文集》第3卷，人民出版社2009年版，第62页。

长达20个世纪的有文字记载的世界史中，中国有长达18个世纪国民经济一直处于第一或前列的地位。而这一时期都是封建社会，农民的劳动是生产和生活最主要的来源。而当时的其他阶级除了会发明各种方式剥削、压榨、迫害农民外，甚至连田间管理、监督劳作这样最基本的生产要素组织活动也不参加，统治阶级发明的几乎都是如何敲诈农民的伎俩，而对于农业技术的发展则几乎没有任何贡献。[①] 我们肯定不能得出中华民族曾经的伟大是由统治阶级创造的这样荒唐的结论。我们现在所倡导的中华民族的伟大复兴这一世界历史地位是由中国农民通过自己的理性能力和艰辛的劳作铸造的辉煌。

至此，我们可以将以上回顾所得出的结论概括为：农业经济制度是由农民自己塑造的，农民在农业经济制度发展和变迁过程中处于元叙事地位，国家在这一过程中处于修辞学地位，农民制度理性是推动农业经济制度变迁的基本动力。

法学研究应承认这一编写顺序自身逻辑的基础地位，即：将农民制度理性作为研究农业经济的逻辑起点。当然，农法学研究不会也不能忽视政府在农业经济要素组织方面的重要功能，这一功能在现代社会变得越来越具有关键性。这样两个简明学术原理肯定是不充分的，农民制度理性的许多特征可能从本书的论证结构的网孔中滑过，但开端是重要的，如此也只能算是作者的一个修辞学式宽慰。

总之，本书从历史与现实和学科功能分派两个角度提出将农民的制度理性作为经济法研究农业经济的基础，可能是比较妥当的。

二、视 域

法学领域没有关于农民制度理性方面的专著，也没有研究农民理性或农民制度理性的论文。现存研究几乎都是以接受其他学科的理论基础为逻辑起点的。

---

① ［德］马克斯·韦伯著：《儒教与道教》，洪天富译，江苏人民出版社1997年版，第3章；［美］巴林顿·摩尔：《专制与民主的社会起源：现代世界形成过程中的地主和农民》，王茁、顾洁译，上海译文出版社2012年版，第4章。

经济学有将土地作为理论基础的，最典型的是古典地租理论。①该理论将地租作为国民经济的源泉；②也有将耕作者作为理论基础的，最典型的是舒尔茨的人口质量经济学；③也有将市场作为理论基础的，最典型的是亚当·斯密的理论。④经济学的研究成果为经济法研究农业经济问题提供了学术资源和理论前提，但不能作为法学研究农业经济的理论基础。因为，不同阶段法学的理论基础是不同的，主要原因是由于农业经济构成要素的地位在不同时期发生了改变。

我们一般将以科斯为代表的新制度理论和产权理论作为经济学发展的一个分支，究其原因，一是科斯、诺斯等人获得的是诺贝尔经济学奖，国内经济学工作者在译介和研究中的成果最多。实际上，新制度理论和产权理论是以法学中的权利作为逻辑起点的，严格来讲，新制度理论和产权理论开发的是权利的经济功能，他们接受了以耶林为代表的利益法学的基本结论，即，将权利与利益等同看待，并特别注重经济权利与经济利益之间的等质性，将合同作为权利实现最主要的方式。⑤新制度理论和产权理论为分析农业经济提供了丰富的学术资

---

① ［英］威廉·配第著：《赋税论》，邱霞、原磊译，华夏出版社2005年版。

② ［法］杜尔哥著：《关于财富的形成和分配的考察》，唐日松译，华夏出版社2007年版。

③ ［美］西奥多·舒尔茨著：《对人进行投资——人口质量经济学》，吴珠华译，首都经济贸易大学出版社2002年版。

④ ［英］亚当·斯密著：《国富论》，郭大力、王亚南译，上海三联出版社2009年版。

⑤ ［美］罗纳德·哈里·科斯著：《企业、市场与法律》，盛洪、陈郁译，格致出版社、上海三联书店、上海人民出版社2009年版，第12页；张五常著：《佃农理论——应用于亚洲的农业和台湾的土地改革》，商务印书馆年版，第1～4页；［美］Y.巴泽尔著：《产权的经济分析》，费方域、段毅才译，格致出版社、上海三联书店、上海人民出版社1997年版，第38页；［美］加坦·D.利贝卡普著：《产权的缔约分析》，陈宇东、耿勤、秦军、王志伟译，中国社会科学出版社2001年版，第1～2页；［美］道格拉斯·C.诺斯著：《制度、制度变迁与经济绩效》，杭行译、韦森译校，格致出版社、上海三联书店、上海人民出版社2008年版，第3～13页。

源，但它们都是以既有经济权利的合法性为前提的。而法学在寻找研究农业经济的理论基础的过程中是不能以经济权利的合法性继承作为充分条件的。也就是说，法学在寻找研究农业经济的理论基础的过程中，承认经济权利的合法性是一个必要条件，但不是充分条件。因为，法学在研究农业经济时，核心关切是促进和约束国家参与农业经济的要素组织活动，所以，研究权利的正当性，特别是发现农民如何通过自身的制度理性能力创造一种国家不得不承认的经济权利形态才是经济学与新制度理论和产权理论的不同着力之处。① 许多研究农业经济的法学理论成果与新制度理论和产权理论之间学术缺乏可区分性，或者干脆就是对新制度理论和产权理论的翻译、解释、阐释或直接在中国进行移植应用，显然，这一思路的成果对法学的发展和学术贡献甚少。

农村社会学一般将土地作为理论基础。② 这在市场不发达和土地在农业经济生产要素中的贡献率高的条件下无疑是妥当的。但随着市场经济发展和制度贡献率分量不断加重的条件下，则需要不断调整理论基础。

近年来，社会学界出现了以农民权利为理论基础的趋势。③ 除个别学者对农民权利逻辑有比较熟练的把握以外，绝大部分学者在农民权利论证过程中存在严重的学术瑕疵，主要表现为泛权利主义的论证

---

① 注：诺斯以制度变迁和长期经济绩效为分析框架的新制度理论已经切入到农民如何塑造制度的理性能力问题，但这只能作为经济法研究农民制度理性的一个极具启发性的洞见，整体上不能将其理论作为经济法研究农业经济的理论基础。除了新制度理论专注于效率，或者将效率等同于正义这一缺陷以外，一个更重要的原因是，在诺斯的理论体系中，农民的制度理性只是检验其理论假设的一个例证。同时，在这种例证化论证框架中，诺斯专注的仅仅是农民的感知问题。而中国农民的制度理性能力的发展过程主要不是以理性自觉方式形成的，而是以实践理性方式在制度变迁过程中起作用的。因此，关于农民制度理性问题在诺斯的新制度理论中就没有获得根本性、连续性论证。[美]道格拉斯·C. 诺斯著：《制度、制度变迁与经济绩效》，杭行译、韦森译校，格致出版社、上海三联书店、上海人民出版社2008年版，第189页。

② 费孝通著：《江村经济》，上海人民出版社2007年版，第16章。

③ 秦晖：《地权六论》，载《社会科学论坛》2007年第5期（上）。

方式和伪权利主义的论证策略。

泛权利主义的方法几乎开列了一个无所不包的农民权利清单。① 把《联合国人权公约》所列举的几乎所有的权利清单都罗列其中，另外还加上了信访权之类的权利。但农民权利的论证方式却不是按照权利论证的方式进行的，而是按照政策论证的方式论证的。这是当代权利学说最坚定的捍卫者德沃金最恐惧又竭力避免的论证方式。② 这种充满意识形态话语的论证方式不仅不会为农民争取权利，反而会毁了农民的权利本身。权利因其理性而使武装的国家服从，而不可能因其自我武装而使国家的武力屈服。至少在和平时期这种权利论证方式是不妥当的，也难以为农民争取到实实在在的权利。它会化为一种意识形态的争论，而对于农民权利自身的发展逻辑缺乏深刻把握。意识形态绝不是理论。③ 除了引起意识形态的刺耳争吵以外，泛权利主义的论证方式难以发挥应有的学术功能。

伪权利主义的论证方式以农业合作化运动时期乃至人民公社化运动时期的陈词滥调与意识形态的话语作为论证的根据，本质上是基于一种国家主义的政策论证方式，但它却冒充农民自己的权利诉求。④ 随着农村改革成果的逐步巩固和现实问题的制约，农民提出进一步的地权或者产权要求，这些都是情理之中的事，学术界可以争论，国家也可以选择，但以高度意识形态化的话语制造危言耸听的效果却不是以历史和事实说话的学术态度和学术立场。辱骂与恐吓绝不是战斗。这些"左"倾错觉的面纱早已被薄一波先生剥去，⑤ 我们在这里也就无须赘言，以免影响读者的情绪。冒充农民的身份，以为农民着想的

---

① 张英洪著：《农民权利论》，九州出版社2013年版。

② ［美］罗纳德·德沃金著：《原则问题》，张国清译，江苏人民出版社2008年版，第5～6页。

③ ［法］路易·阿尔都塞著：《保卫马克思》，顾良译，商务印书馆2006年版，第227～228页。

④ 贺雪峰著：《地权的逻辑：中国农村土地制度向何处去》，中国政法大学出版社2010年版。

⑤ 薄一波著：《若干重大决策与事件的回顾》上卷，中共中央党校出版社1991年版，第207～211页。

方式限制农民的权利诉求与僭主政治如出一辙。僭主政治以民主形式掩盖专制的本质是政治父爱主义最极端的表现形式。"为人民当家作主"代替"由人民当家作主"就充斥着这样的辩护词。这一论证方式真正的问题是不承认农民的理性能力,更不承认农业经济制度是由农民自己创造的。按照这种逻辑进行的论证怎么也不会坚定地捍卫农民的切身利益,最多只能产生一种机会主义的效果。

以傅衣凌先生为奠基人的土地所有权史研究和以杨国桢先生为代表的土地契约史研究为作者将法学研究农业经济的理论基础建立在农民制度理性基础上提供了丰富的历史资料和富于洞见的历史评价。①在与现当代史的比较过程中,作者进一步坚定了学术立场,这是必须事先交代的。

从丰富的学术成果中提炼出农民制度理性的基本内涵和构造功能是本书的基础性工作,本书花了两个章节的内容进行了学术史重构的工作。

总之,对土地的利用、对自然条件的利用、对身体的利用、对家庭的利用、对上层建筑的利用、对契约的利用构成农民日常生活的主要内容,适应性效率是中国农民制度理性的显著特征,这一点在人地关系和地权运动过程中表现得尤其显著。怠工、抵制、骚乱、反叛、奴变、起义和革命构成农民非常态时期的主要行为方式,革命性是中国农民制度理性的又一个显著特征。尽管非常态时期中国农民的制度理性在漫长的历史过程中只是一个间断性历史事件,但它对于社会结构的重构功能从来也不应该被忽视,它塑造了农民日常生活的基本制度框架和上层建筑的基本原则。它软化了封建社会的专制属性,从而也使得地主阶级在常态条件下不得不将剥削量控制在农民能够忍受的范围内。由于人多地少水缺的矛盾极为突出,农民在日常生活中所建立起来的经济平衡关系极为脆弱,自然条件和社会关系的些许异动就有可能打破这一脆弱的经济平衡关系,饥荒、流民、起义和王朝更迭成为中华民族永远无法抹去的集体苦难记忆。中华民族在这种钟摆式

---

① 傅衣凌著:《明清农村社会经济》,三联书店1961年版;杨国桢著:《明清土地契约文书研究》,中国人民大学出版社2009年版。

的运动中铸造着辉煌与梦想,承受着衰败与苦难。顺生与骚乱、和解与冲突,中国农民带着这些显著特质敲开了现代社会的大门。沉重的负担、疲乏的身体、艰辛的劳作始终向往一个"耕者有其田、居者有其屋"的理想世界。平权的理想只有在现代社会中才能变成现实,但历史的车轮比我们的想象要慢得多。由此,作者尝试将农民制度理性作为法学研究农业经济的理论基础,错谬的可能性也就降低了不少。

三、方法论

罗列所有研究方法的方式与本书的风格不甚协调,也会让读者感到厌烦,故作者在此处仅介绍本文使用最充分的两种方法。一种是本体论哲学反思的方法,一种是知识社会学的方法。

本体论哲学反思的方法藏在本书结构的深处,它在本书的基本判断中无处不在。这一方法可以从两个基本观点中得到解释。一是阿伦特关于人的条件与人的本质的观点,一是恰亚诺夫与舒尔茨的理性农民的观点。

阿伦特将人的状态(Vita Activa)分为三种活动:劳动(labour)、工作(work)和行动(action)。阿伦特所解释的这三种活动与我们的日常用语存在一定的距离。概括起来,劳动指人的生命形式,它藏在与自然的关系之中。工作指人突破和超越生命的形式,是人与自然分离的"人工世界",作为人的条件而存在。"行动是唯一不需要借助任何中介所进行的人的活动,是指人们,而不是人类居世的群体条件。一切人的条件都与政治相关。"[①] 阿伦特将劳动与工作区分开来受到马克思的深刻影响。马克思认为,人与自然和社会与自然之间应该是一种新陈代谢的自然关系,[②] 但资本主义破坏了这种新

---

① [美]汉娜·阿伦特著:《人的条件》,竺乾威等译,上海人民出版社1999年版,第1~2页。

② [美]约翰·贝拉米·福斯特著:《马克思主义的生态学——唯物主义与自然》,刘仁胜、肖峰译,高等教育出版社2006年版,第156页。

陈代谢的自然关系。① 她将马克思的这一观点引入对现代的反思领域。阿伦特想要讨论的行动实际上是指康德意义上的有同等人性尊严的人组成的人们，有尊严的人生活于人们之中，但人性尊严不能被人们这一整体概念所化约。在阿伦特看来，人类必须避免将人的条件看成人的本质。② 这样就会使人类一步一步异化为非人。阿伦特把这一基本观点应用于对劳动和劳动者的态度的分析之中。她认为，古代人不尊重劳动，也不尊重劳动者，现代人崇尚工作。为此，阿伦特专门引证洛克的"身体的劳动、双手的工作"来表达这一历史态度。③ 阿伦特讨论的古代人不尊重劳动和劳动者在我国也是存在的。当然，这里的古代人应该是指统治阶级，而不是耕作者。孔子将劳动者称为"小人"，孟子认为"劳心者治人、劳力者治于人"是"天经地义"的，就表明了他们对耕作和耕作者的不尊重。至于现代人应该是指马克斯·韦伯所说的笃信新教伦理的人，而不是一切现代人。

作者在这里花费笔墨讨论阿伦特的主要目的是想表明一个基本学术态度，至今，各种伪权利主义者、政治父爱主义者和国家主义者本质上都或多或少坚持了古代人的立场。对此，在正文中，作者一再坚持耕作者与土地之间的直接关系是第一性的关系，而耕作者通过国家与土地之间发生的间接关系是第二性的关系。国家在农业经济中的要素组织活动必须服从耕作者与土地之间建立的直接关系的需要，而不是相反。在这里向读者顺便交代一下，在讨论农民制度理性问题时，除非必要，作者一般用耕作者代替农民这一称谓，主要原因是作者希望以本体论的方式表明学术立场，其次是在某些特定地方使用农民称谓在指称上不是很确切。

20 世纪 20 年代以前，农民被描写为非理性形象，不符合现代社会理性的特征。20 世纪 20 年代，恰亚诺夫细描了一幅俄罗斯风格的

---

① [美] 约翰·贝拉米·福斯特著：《马克思主义的生态学——唯物主义与自然》，刘仁胜、肖峰译，高等教育出版社 2006 年版，第 164～166 页。

② [美] 汉娜·阿伦特著：《人的条件》，竺乾威等译，上海人民出版社 1999 年版，第 3 页。

③ [美] 汉娜·阿伦特著：《人的条件》，竺乾威等译，上海人民出版社 1999 年版，第 3 章。

理性农民形象，引起西方学界的极大兴趣，但还是认为这一细描并不符合西方农民的形象，西方农民形象还是"一袋马铃薯中的一个个马铃薯"。20世纪60年代，在反思现代社会，特别是批判资本主义社会过程中，以舒尔茨（Theodore W. Schultz）为代表的学者重新捡回这"一袋马铃薯"仔细端详，在小心谨慎拭去这"一袋马铃薯"身上的尘土后人们发现了"马铃薯"身上的理性光芒。舒尔茨认为："全世界的农民都在与成本、利润和风险打交道，从这一角度讲，他们都是时刻在算计个人收益的经济人。在自己那小小的、个人的和进行资源配置的领域里，这些农民都是企业家。他们总是能够十分精妙地、敏锐地与经济形势相适应，以致使得许多经济学专家都无法认识到这些人的效率有多么高。……农民在对新知识和新信息的感知、理解和采取适当行动的能力方面存在差距，但是他们却为企业家素质提供了最基本的人力资源。"[①] 方寸之地显乾坤。自此，理性农民的话语在经济学、社会学、政治学、法学和其他学科中形成一种话语体系。

　　正文是按照知识社会学的方法来布局文脉结构的，着重突出观念史与历史之间的联系。文论特别注重观念史的重构，目的是希望为法学在农业经济领域求得建立理论基础的学术线索和思维理路。

　　曼海姆是知识社会学的奠基人，他认为："对知识社会学的探讨不打算从单个人及其思维出发，然后依照哲学家方式合乎逻辑地、直接地进行'思想本身'的高度抽象。更确切地说，知识社会学所探讨的是理解具体的社会—历史情况背景下的思想，在此过程中，各自不同的思想知识非常缓慢地出现。……每个人都在双重意义上为社会中正在成长的事实预先设定：一方面他发现了一个现存的环境，另一方面他发现了在那个环境中已经形成的思维模式和行为模式。……它并不中断从集体行动的背景产生出来的具体的现存思维方式。……生活在群体中的人们并不仅仅作为分离的个人而在物质的意义上共存。……这些人结合在一起形成群体，并力求同他们所属的群体的特

[①] ［美］西奥多·舒尔茨著：《对人进行投资——人口质量经济学》，吴珠华译，首都经济贸易大学出版社2002年版，第9～10页。

征和立场相一直，致力于改变周围的自然条件和社会环境，或使之维持一种既定的条件。"① 由于本书的学术目的与知识社会学的方法相契合，在结构安排和论证方法上都进行了运用。在这一方面，福柯和斯金纳确立了知识社会学应用分析的典范，② 在此处细述显得多余。

随后，也是最重要的，马克思主义基本观点和基本方法在本书中具有不可替代的地位。这还要感谢张晓山先生他们所做的艰苦工作，他们系统地选编了马恩列斯论农业、农村、农民的经典论述。③ 如果没有他们的艰苦工作，本书将拖延甚久。

---

① ［德］卡尔·曼海姆著：《意识形态与乌托邦》，黎鸣、李书崇译，商务印书馆2000年版，第3～4页。

② ［法］米歇尔·福柯著：《知识考古学》，谢强、马月译，生活·读书·新知三联书店1998年版；［英］昆廷·斯金纳著：《自由主义之前的自由》，李宏图译，上海三联书店2003年修订版。

③ 张晓山主编：《马克思、恩格斯、列宁、斯大林论农业、农村、农民》，中国社会科学出版社2013年版。

第一章 理性话语的一般考察

理性话语在三个不同层次上使用。第一个层次是本体论的，用于讨论人与他物之间的本质差异。第二个层次是认识论的，用于讨论人对自然与社会的认识方式。第三个层次是实践论的，用于讨论人利用自然与社会满足自身需要的方式。① 启蒙运动以后的理性话语主要在认识论和实践论意义上建构，经济学和法学突出理性话语的实践论意义。

启蒙运动确立了理性在自然与社会中最高原则的地位，② 但理性是一个充满争论的话语而不是一个确切的概念。"理性与非理性首先是人类的属性，也是人类信仰和行动的属性。谈论历史过程、制度、集体决策方式等等的理性或非理性，则需根据具体情况逐个加以说明，而且最好始终把它们看作是有争议的。"③ 理性话语起源于希腊哲学，用以描述人与自然以及人与人之间的确定性关系。人与自然之间的关系通过理性的作用收敛于真理，人与人之间的关系通过理性的作用表征为正义。真理与正义之间的关系在理性话语的编年史中一直存在或明或暗的联系。科学理性主义与人文理性主义之间形成了错综复杂的关系。为了叙述的方便，我们将对自然理性的理解归结为自然理性话语，将对人与人关系的解释归结为社会理性话语。

---

① 韩璞庚、张正君著：《理性：在经济哲学的视域中》，载《哲学研究》2000年12期，第45页。
② 韩水法著：《启蒙与理性》，载《哲学研究》2009年第2期，第69页。
③ ［英］戴维·米勒、［英］韦农·波格丹诺主编、邓正来中译本主编：《布莱克维尔政治学百科全书》修订版，中国政法大学出版社2002年版，第678页。

第一节 西方自然理性话语

一、西方自然理性话语的视域

古希腊哲学家将其视域首先投向对自然的理解。他们试图通过人的理解能力打开自然的结构。最初他们认为自然的理性归结于某一种或者某几种物质的构成。古希腊第一位哲学家泰勒斯认为："万物都是由水构成的。"① 由于物质的具体性和多样性，它自身不能满足自然归一的形而上学的抽象性要求。因此，哲学家将对自然本质的追问转向了对数的探究。毕达哥拉斯是数学论证的创立者。他认为"万物都是数"。② 他对西方思想的影响是无与伦比的。

贝尔认为："毕达哥拉斯之前人们并未清楚地认识到证明必须由假定开始。毕达哥拉斯坚持在发展几何学时必须首先制定'公理'，或者'公设'，其后的全部发展将通过严密的、导向公理的演绎推理来进行。根据长期以来的传统看法，他是这样做的第一个欧洲人。按照现行的用法，我们以后将用'公设'来替代'公理'，因为'公理'与'不言自明的，必然成立的'有一种有害的历史联系，而'公设'没有这种联系；一个公设是由数学家而并非由全能的上帝规定的肯定的假设。"③ 数学一直被认为是科学的皇冠，它的确定性很少受到怀疑。毕达哥拉斯的错误直到现代才在数学领域被揭示。④ 他的数的公设实际上悬搁了人们对本体论问题的探究，在认识论上也取消了荷马所倡导的诗性思维的哲学地位，使得神话叙事转变为理性叙事。

---

① ［英］罗素著：《西方哲学史》上卷，何兆武、李约瑟译，商务印书馆2011年版，第31页。

② ［英］罗素著：《西方哲学史》上卷，何兆武、李约瑟译，商务印书馆2011年版，第43页。

③ ［美］E. T. 贝尔著：《数学大师：从芝诺到庞加莱》，徐源译，上海科技教育出版社2004年版，第23页。

④ ［美］王浩著：《哥德尔》，唐鸿逵译，上海人民出版社2002年版。

二、西方自然理性话语的向度

自然理性话语分离出两种不同的对待自然的态度：一种是臣服自然的理性，与自然相和谐的态度。一种是征服自然、改造自然的态度。文艺复兴以来，对待自然的两种不同态度成为划分传统与现代的显著标志。"二战"以后，西方以对毁灭性武器和环境污染进行深刻反思为标志的各种思潮开始对科学理性主义发起了反攻，唤起了人类对于传统的美好记忆。① 在资本主义生产和生活方式的过程中，也唤起了人们对农业文明的眷恋，亦唤起了人们对农民理性的敬意。②

臣服自然理性的话语是由巴门尼德开启的。巴门尼德认为，事物是不变的，这与赫拉克利特的流变论相对。他在《论自然》一诗中认为唯一的实在就是"一"，"一"是无限的、不可分的。他将认识自然的途径分为"真理之道"和"意见之道"。"意见之道"是无足轻重的，因为人的感官常常是人的幻觉。③ 巴门尼德关于自然的思想对笛卡尔和休谟的思想产生了决定性影响。

巴门尼德在形而上学的"思"之领域建立了人与自然的关系，斯多葛学派则在行为领域建立了人与自然之间的关系。芝诺坚持巴门尼德的不变论，在此基础上他认为人类的自由与宇宙决定论之间才会发生联系。他认为："一切事物都是那个叫作'自然'的单一体系的各个部分；个体的生命当与'自然'相和谐的时候，就是好的。就这一种意义来说，每一个生命都与'自然'和谐，因为它（他——本文作者注）的存在正是自然律所造成的；但是就另一种意义来说，则唯有当个体意志的方向是朝着属于整个'自然'的目的之内的那种目的时，人的生命才是与'自然'相调和的。德行就是与'自然'

---

① ［美］丹尼尔·贝尔著：《资本主义文化矛盾》，严蓓雯译，江苏人民出版社2007年版，第230～231页。

② 秦晖：《当代农民研究中的"恰亚诺夫主义"》，载［俄］A.恰亚诺夫著：《农民经济组织》，萧正洪译，中央编译出版社1996年版，第21～22页。

③ ［英］罗素著：《西方哲学史》上卷，何兆武、李约瑟译，商务印书馆2011年版，第60～61页。

相一致的意志。"① 斯多葛学派是自然法学派的滥觞，这一思想对于西方法律的发展具有至关重要的意义。

征服自然的话语是文艺复兴的中心话语。这一话语以理性主义科学观的确立和技术的持续进步为显著标志，使得西方在现代迅速取得了话语霸权。贝尔认为："到19世纪末，资产阶级世界观——理性主义、讲究实际、注重实效——不仅开始控制了技术经济结构，也开始统治文化领域，特别是宗教秩序和向孩子灌输'适宜'动机的教育体系。"② 西方的话语霸权是从确立技术世界③的理性和进步话语开始的。

在科学史上，笛卡尔创立了理性主义。他认为："良知（理性——本文作者注），是人间分配得最均匀的东西。因为人人都认为自己具有非常充分的良知，就连那些在其他一切方面都极难满足的人，也从来不会觉得自己的良知不够，要想再多得一点。这一方面大概不是人人都弄错了，倒正好证明，那种正确判断、辨别真假的能力，也就是我们称之为良知或理性的那种东西，本来就是人人均等的；我们的意见之所以分歧，并不是由于我们有些人的理性多些，有些人的理性少些，而只是由于我们运用思想的途径不同，所考察的对象不是一回事。因为单有聪明才智是不够的，主要在于正确地运用才智。"④ 由于将"思"作为其哲学认识论的第一原理，⑤ 后世学者将笛卡尔作为理性主义的代表。

培根是经验主义的集大成者。培根认为："人作为自然界的臣相

---

① ［英］罗素著：《西方哲学史》上卷，何兆武、李约瑟译，商务印书馆2011年版，第325～326页。

② ［美］丹尼尔·贝尔著：《资本主义文化矛盾》，严蓓雯译，江苏人民出版社2007年版，第53页。

③ ［美］丹尼尔·贝尔著：《资本主义文化矛盾》，严蓓雯译，江苏人民出版社2007年版，第160页。

④ ［法］笛卡尔著：《谈谈方法》，王太庆译，商务印书馆2000年版，第3页。

⑤ ［法］笛卡尔著：《谈谈方法》，王太庆译，商务印书馆2000年版，第27页。

和解释者，他所能做、所能懂的只是如他在事实中或思想中对自然进程所已观察到的那样多，也仅仅那样多；在此以外，他是既无所知，亦不能有所作为。"① 培根对人与自然关系的认识与笛卡尔并无分别，他们的侧重点不同主要是方法论的。笛卡尔突出"思"的地位，培根则强调经验的价值。他认为："至于我的方法，做起来虽然困难，说明却很容易。它是这样的：我提议建立一系列通到准确性的循序升进的阶梯。感官的验证，在某种校正过程的帮助和防护下，我是要保留使用的。至于那些继感观活动而起的心灵动作，大部分我都加以排斥，我要直接以简单的感官知觉为起点，另外开拓一条新的准确的通道，让心灵循以进行。这一点的必要性虽然早被那些重视逻辑的人们所感到；他们之重视逻辑就表明他们是在为理解力寻求帮助，就表明他们对于心灵的那种自然的和自发的过程没有信心。"② 后世学者将培根作为经验主义的旗帜。

笛卡尔和培根都是巴门尼德和芝诺的信徒。笛卡尔的理性主义和培根的经验主义既包含人文主义的向度，也包含科学主义的向度。但在漫长的学术史重构过程中，理性主义和经验主义的人文主义向度被逐步扭曲了，以致在科学史上成为相互对立的科学方法。③ 王太庆认为："总起来说，经院哲学有三个特点：①信仰主义，②先验主义，③形式主义。这三个特点是互为表里的。培根提出经验主义来对付经院哲学的先验主义。笛卡尔则提出理性主义来对付经院哲学的信仰主义。这两个人都大力提倡具体的科学研究来对付经院哲学的形式主义。由于偏重方面不同，发生的影响不同，后来人们把培根的哲学称为经验主义，把笛卡尔的哲学称为理性主义。这两个名称很好地说明了他们的特点，只是很容易使人们忽略他们的共同特点，把一条战壕

---

① ［英］培根著：《新工具》，许宝骙译，商务印书馆2011年版，第7～8页。

② ［英］培根著：《新工具》，许宝骙译，商务印书馆2011年版，第2页。

③ 陈修斋主编：《欧洲哲学史上的经验主义和理性主义》，人民出版社1986年版，第3～4章。

里并肩作战的战友误解为相互对立的敌人。"① 这种独立在资产阶级对技术的运用和控制过程中被进一步加剧。

科学理性主义与人文理性主义之间的分离随着技术的进步表现得越来越突出。其显著表现是"休谟鸿沟"的扩大。休谟认为:"理性的作用在于发现真或伪。真或伪在于对观念的实在关系或对实际存在和事实的符合或不符合。因此,凡不能有这种符合或不符合关系的东西,也就不能成为真或伪的,并且永远不能成为我们理性的对象。但是显而易见,我们的情感、意志和行为是不能有这种符合或不符合关系的;它们是原始的事实或实在,本身圆满自足,并不参照其他的感情、意志和行为。因此,它们就不可能被断定为真或伪的,违反理性或符合于理性。"② "休谟鸿沟"的扩大在自然科学与社会科学、事实与价值之间形成了巨大的障碍。

在科学革命以及相伴随的技术革命极大地解放了生产力并使得西方迅速现代化的过程中,科学不断抛弃了人文向度,从日常生活中脱嵌出来而与社会科学相分离。斯诺认为:"数字2是一个非常危险的数字,这也正是为什么说辩证法是一种危险的过程的原因。任何把事物一分为二的企图都应该受到彻底怀疑。"③ 斯诺认为,建立在"休谟鸿沟"基础上的二分法割断了社会科学与自然科学的联系,阻塞了社会科学与自然科学对话的通道,导致一系列社会问题。费耶阿本德认为:"我们会发现,排斥了文化多样性,科学本性一无所有。文化多样性与被视为自由自在和无拘无束的探索的科学并不矛盾。它与'理性主义'、'科学的人类主义'和有时被冠以理性的一种力量——运用死板的,歪曲的科学想象为他们陈旧的信仰去获得接受者——褚于此类的哲学相冲突。"④ 他认为科学理性主义所坚持的单调性追求

---

① [法]笛卡尔著:《谈谈方法》,王太庆译,商务印书馆2000年版。
② [英]休谟著:《人性论》下册,关运文译,商务印书馆1980年版,第498页
③ [英]查·帕·斯诺著:《对科学的傲慢与偏见》,陈恒六、刘兵译,四川人民出版社1987年版,第14~15页。
④ [美]保罗·费耶阿本德著:《告别理性》,陈健、柯哲、陆明译,江苏人民出版社2002年版,第12页。

是空洞的，它必须被从属于公民和共同体的科学观所代替，科学必须重新嵌入社会生活，找回自己的文化价值。

第二节　西方社会理性话语

一、西方社会理性话语的视域

古希腊哲学在建构自然理性话语的同时也建构了社会理性的话语，社会理性话语首先将对自然的探寻转向了对人与人关系的探讨，运用自然主义、个体主义与整体主义的方法探讨人与人之间的关系一直纠缠在一起，其编年史从未中断，断代史所凸显的是某一个侧面的根本性论证以及实践理性镜像中的现实社会生活状态。

西方哲学自古希腊始就有将人视为小宇宙的理念，这种理念即使在中世纪的神学中也被人文知识分子所奉行。① 文艺复兴与启蒙运动的根本目标就是为了打开人这个小宇宙的结构，塑造个体主义的新人。

一般观点认为，西方人本主义的渊源始于普罗泰戈拉。普罗泰戈拉认为："人是万物的尺度，是存在的事物存在的尺度，也是不存在的事物不存在的尺度。"② 普罗泰戈拉是一位怀疑论者，他无法确定神的存在，也"不相信有客观的真理，就使得大多数人在实际的目的方面成为自己究竟应该相信什么的裁判者。因此普罗泰戈拉就走上了保卫法律、风尚和传统道德的路上去了"。③ 对"人"的理解成为理解普罗泰戈拉思想的关键。

普罗泰戈拉所理解的"人"是个体主义的公民。在古希腊社会，

---

① ［法］雅克·勒戈尔著：《中世纪的知识分子》，张弘译，商务印书馆1996年版，第51页。
② ［英］罗素著：《西方哲学史》上册，何兆武、李约瑟译，商务印书馆2011年版，第96～97页。
③ ［英］罗素著：《西方哲学史》上册，何兆武、李约瑟译，商务印书馆2011年版，第97页。

自然人、私人领域中的人与政治①生活中的人是不同的。关于人，亚里士多德有两个著名的定义。第一个定义是人是政治的动物，第二个定义是人是能说会道的动物。② 根据第一个定义，奴隶和女人是排除在外的，实际上奴隶和女人是排除在公民之外的。根据第二个定义，女人也应该是人。在私人领域，女人是人，妻子对家事还有绝对的控制权。③ 但是，对于奴隶而言，他们既不是自然中的人，也不是私人生活中的人，更不是政治生活中的人。雅典的奴隶是其主人或国家的财产，主人可以任意处置奴隶。主人可以赠予、出售、出租或遗赠奴隶。奴隶可以拥有配偶和子女，但国家不承认奴隶家庭，而且主人可以在任何时候将家庭拆散。④ 我们无法确切探明普罗泰戈拉所界定的人是否包括女人和奴隶。但是，我们从普罗泰戈拉所从事的职业能够推断，他所界定的人可能仅指具有言的权利的公民。普罗泰戈拉以讲授言的知识和传授言的智慧收费为职业。他的教授对象是"想要获

---

① 注：关于人是政治动物的观点，亚里士多德所要区分的是人的政治属性与人的自然属性之间的差别。人的政治属性不仅标明了人不是离群索居的人，而且也标明了政治组织——城邦与自然组织——家庭、部落之间的差别。由于人的自然属性无异于其他动物的属性，它是自然强加给每一个个体身上的必然属性，因此，也就不是人的本质属性。根据阿伦特的考察，人是一个社会动物的观念是阿奎拉在翻译亚里士多德著作时所加入的古罗马人的理解，本身不是亚里士多德的分类概念。参见［美］汉娜·阿伦特：《人的条件》，竺乾威等译，上海人民出版社1999年版，第21～22页。但是，根据唐特雷佛（A. P. D'Entreves）的研究表明：将"人是政治的动物"翻译成"人是社会动物"的是摩尔贝克的威廉（William of Moerbecke）而不是阿奎那。阿奎那在《〈政治学〉诠释》一文中采用这一译法，但是在他的其他所有著作中则一直使用"政治和社会的动物"。参见［英］唐特雷佛：《〈阿奎那政治著作选〉英文本编者序言》，载［意］阿奎那：《阿奎那政治著作选》，马清槐译，商务印书馆1963年版，第18页。

② ［美］汉娜·阿伦特著：《人的条件》，竺乾威等译，上海人民出版社1999年版，第21页。

③ ［德］汉斯·里希特·费里兹著：《古希腊人的性与情》，刘岩中译，南宁：广西师范大学出版社2008年版，第1章。

④ Moses. Finley, proposed a set of criteria for different degrees of enslavement. 1997, pp. 165 – 189.

得实际的效率与更高的道德教养的任何人。"① 普罗泰戈拉时期的雅典采用的是直接民主制，凡是具有公民权的公民都有言的权利。因此，在法律的制定和担任公职的过程中，言的知识和技巧就成为公民欲求的品质。

普罗泰戈拉确立"人是万物的尺度"这一命题的社会意义何在？罗素认为："这个学说被人理解为指的是每个人都是万物的尺度，于是当人们意见分歧时，就没有可依据的客观真理可以说哪个对、哪个错。这一学说本质上是怀疑主义的，并且其根据的基础是感觉的'欺骗性'。"② 一般人认为，普罗泰戈拉作为万物尺度的"人"指的是每个人，而不是某个人或某类人。罗素是从正面角度理解普罗泰戈拉作为万物尺度的"人"的对象的。也有学者从负面角度理解普罗泰戈拉作为万物尺度的"人"，他们认为普罗泰戈拉作为万物尺度的"人"的功能是为了取消作为"类"的人类存在的可能性。洪涛认为："我们首先要把智者的'人是万物的尺度'中的'人'，与哲学中的'人'相区分，后者的'人'讲的是普遍的理性的'人'，而智者的'人'，就是'私人'，也就是感官上的人。说'人是万物的尺度'，即是说，个人的感觉是万物的权衡者。"③ 洪涛认为普罗泰戈拉将个人的感觉作为万物的权衡者的观点与罗素的观点之间是冲突的。从智者的旨趣角度考察，普罗泰戈拉所言的"人是万物的尺度"中的"人"是个人，而"尺度"更大的可能是个人的智识而不是感觉。洪涛认为："强调命题中的'人'不是作为'类'的人，这对正确理解'人是万物的尺度'是非常重要的。这个命题从表面上是取消了'神'，而根本上就是取消了作为'类'的人类共同体存在的可能性。"④ 从表象上看，普罗

---

① ［英］罗素著：《西方哲学史》上册，何兆武、李约瑟译，商务印书馆2011年版，第99页。

② ［英］罗素著：《西方哲学史》上册，何兆武、李约瑟译，商务印书馆2011年版，第97页。

③ 洪涛著：《逻各斯与空间——古代希腊政治哲学研究》，上海人民出版社1998年版，第180页。

④ 洪涛著：《逻各斯与空间——古代希腊政治哲学研究》，上海人民出版社1998年版，第180～181页。

泰戈拉悬搁了对人类本性的探究,实质上,他反对的是以方法论的方式来冒充的人的本体论。他的怀疑论立场并不反对对人的本质的探究,但是探究人的本质问题不是智者学派的学术旨趣,他宁愿悬搁本体论问题而不愿走上附随其他希腊哲学走向归一之路。怀特海认为:"无论是法律的、政治的、伦理学的,或者宗教的,它们都在推动人类生活,同时从它们的各种具体表现中获得了一种庄严的力量;这些具体事物表现了人的灵魂在通往总体和谐之源的旅途中它的神秘性。通往和谐之源的旅途是一个充满罪行、误解、渎神的过程。"① 普罗泰戈拉既不愿意同其他哲学家一样走上归一的罪恶之旅,也不愿进行探究人的本质的观念冒险。

普罗泰戈拉与建立在数的基础上的哲学家的抗争,招致以整体主义归一为己任的柏拉图及其哲学的厌恶,罗素解释为源于智者学派的智力的优异。② 实际上,普罗泰戈拉的思想从价值论的角度支持了希腊的民主法律制度。本质上,普罗泰戈拉与后期强调法治的柏拉图和亚里士多德之间在共同维护古希腊的民主法律制度上是异曲同工的,柏拉图及其后期哲学家对其厌恶针对的是他的个体主义立场。因为,柏拉图和亚里士多德都是整体归一主义者,也是形式主义者,而普罗泰戈拉则是个体主义者、相对主义者以及怀疑主义者。普罗泰戈拉哲学的最杰出贡献是个体主义哲学的最早启蒙——个体主义哲学是文艺复兴的中心话语,是资产阶级哲学的基础。

二、西方社会理性话语的向度

文艺复兴以前,整体主义主宰了西方社会理性话语体系,文艺复兴以后,尽管个体主义话语体系居于主导地位,但整体主义与个体主义的理性话语体系之间的论证从来就没有停止过,随着现代性反思的展开,理性话语体系内部的关系变得越来越复杂。即使是新自由主义

---

① [英] A. N. 怀特海著:《观念的冒险》,周邦先译,贵州人民出版社2000年版,第21页。
② [英] 罗素著:《西方哲学史》上册,何兆武、李约瑟译,商务印书馆2011年版,第98页。

的代表人物罗尔斯，也不得不承认，建立在个体主义基础上的自由主义内部也存在不同的主张，① 内部呈现多元主义的倾向。

　　直至文艺复兴，普罗泰戈拉都是孤独的。文艺复兴和启蒙运动就是为了摆脱嵌套在整体主义结构中的人像，而返回普罗泰戈拉个体主义"人"的立场。汤因比认为："早在17世纪结束时西方世界已经驱逐了希腊文化的幽灵。但是，在这个幽灵最终被驱逐之前，它牢牢控制着西方社会，以至于还要再过二三百年，人们才能说这个幽灵真正安息了。在这场文化内战中，向希腊文化首先发动反攻的是16世纪的博丹，后来居上的是培根和笛卡尔，最终取得决定性胜利的是法国的丰特奈尔和英国的威廉·沃顿。"② 希腊文明的最显著特征就是文化上的统一性和政治上的分裂。汤因比认为："希腊世界在文化上的统一与政治上的分裂形成鲜明的对照。我们发现在政治上分裂为一系列主权独立的国家，其公民认识到他们都是统一文化的所有者，但这并未能阻止它们之间进行战争。随着事件的流逝，这类自相残杀的战争变得如此残酷，以致这一文明因此陷入了痛苦的深渊。"③ 希腊文化的统一性正是正统哲学——建立在数的基础上的哲学归一的必然结果，它的整体主义、形式主义和抽象理性主义特质掩埋了个体的人。文艺复兴和启蒙运动去希腊化运动的核心就是个体主义对整体主义的驱逐。

　　苏格拉底是希腊哲学史上的一位划时代的人物，一位承前启后的哲学家。他是第一位将社会视为存在的哲学家，也是一位将社会存在区分为应然与实然的哲学家。施特劳斯认为："从柏拉图到黑格尔的全部政治哲学家，当然还有自然权利的信徒们，都假定根本性的政治问题是能够得到最终解决的。这一假定归根结底是立足于苏格拉底对于人应该如何生活这个问题的回答上。已经认识到我们对于最重要的事情的无知，我们同时也就认识到，那对于我们最重要的事情或者说

---

　　① ［美］约翰·罗尔斯著：《政治自由主义》，万俊人译，译林出版社2000年版，第2部分第4讲。

　　② ［英］阿诺德·汤因比著：《历史研究》，刘北城、郭小凌译，上海人民出版社2005年版，第410～412页。

　　③ ［英］阿诺德·汤因比著：《历史研究》，刘北城、郭小凌译，上海人民出版社2005年版，第33页。

最亟须的事情，就是寻求有关最重要的事物的知识或者说寻求智慧。"① 在应然与实然的巨大反差中，在雅典民主制与僭主政治的巨大冲突中，他将对他的审判变成了对审判者的审判，② 与其说苏格拉底是被城邦判处死刑，毋宁说他自己选择了死亡。

苏格拉底是一位知识领域的个人主义者，又是一位德行领域的整体主义者。

苏格拉底最著名的哲学思想就是对"认识你自己"这一神谕的阐释。他的阐述受到普罗泰戈拉"人是万物的尺度"中的"人"的影响。"认识你自己"是以第二人称的方式表达的。他为什么不阐释为"认识我自己"或者"认识他"呢？根据现代语言哲学中的意义理论和指称理论分析，③ 普罗泰戈拉"人是万物的尺度"中的"人"是采用意义理论界定的。人作为万物的尺度是普遍有效的命题——它适用于每个人都是有效的。同时，普罗泰戈拉悬搁了使用指称理论来解释这一命题中"人"的内涵。而苏格拉底者采用指称理论阐释这一神谕，"认识你自己"从语言哲学的角度考察本身不构成一个命题，而只是一个劝告。希腊文化从《荷马史诗》独白体的样式演化为柏拉图对话体样式可能是英雄时代演化为民主时代的产物。"他者"的出现是柏拉图和亚里士多德反思三十僭主，确立自己政治哲学的根本前提。作为一个明确的词汇，它则是宗教统治时期对异教徒的别称。

"认识你自己"远没有"人是万物的尺度"那么武断，也没有"认识我自己"那么张狂。那么，"认识你自己"到底指称什么呢？从语言哲学的角度看，苏格拉底为何不指称"认识我自己"的有效性呢？有人曾经向德尔斐神坛求问，有没有人比苏格拉底更有智慧，德尔斐神坛答称再没有别人了。苏格拉底在遍寻智者的过程中得出的结论是：人的智慧是没有什么价值或者全无价值的。只有像苏格拉底

---

① [美] 列奥·施特劳斯著：《自然权利与历史》，彭刚译，生活·读书·新知三联书店2003年版，第38页。

② [英] 罗素著：《西方哲学史》上册，何兆武、李约瑟译，商务印书馆2011年版，第107页。

③ [美] W. V. 蒯因著：《从逻辑的观点看》，陈启伟等译，中国人民大学出版社2007年版，第137～147页。

（他以神的名义说话）那样知道自己的智慧实际上是毫无价值的人才是最有智慧的人。① 苏格拉底在"认识我自己"这一问题上使用了辩证法。而在评价他自己的智慧时，他使用的是意义理论。他心目中的"认识我自己"的反命题是一个全真的命题。即，他认为他自己是无须再认识的。

既然苏格拉底认为"认识我自己"的反命题是一个真命题，而"认识我自己"是一个没有意义的问题，同时，他也没有发展出"认识他"的"他者"思想，那么，剩下的问题就只能是"认识你自己"这一命题。为此，苏格拉底不惜献出自己的生命。面对死亡，苏格拉底回答："雅典人啊！我尊敬你们，爱你们，但是我将服从神而不是你们；并且只要我还有生命和力量，我就决不停止实践哲学和教导哲学，并劝勉我所遇到的每一个人。……因为我知道这是神的命令。"② 我们可以看出，"认识你自己"在苏格拉底看来，与其说是劝导，毋宁说是拯救。它包含一切先知关于传道和拯救的执着与崇高。

苏格拉底悬搁了对自然本源的探究，认为他与物理学的探讨毫无缘分。③ 他将视域转移到社会之中，并将巴门尼德关于存在本源的思想应用于对社会的考察。他如此执着于人的德行的探究是以视社会为一个存在为前提的。但是，他悬搁了社会存在的物质要素和作为社会组成部分的人的身体要素，并认为社会存在归"一"的本源在于人的德行。色诺芬记载的苏格拉底对人的理解包括：为了一定目的而制作出来的事物必不是偶然性的产物，而是理性的产物；人的身体有一种非常美好的和它的目的极相吻合的结构。因此，我们不得不认为人是神的预想的对象；宇宙间事物的井然有序，表明它是超自然的造化的产物；人对于较低级动物的优越性，证明人是更为直接地在天上神明的照顾之下；从各种不同的考虑可以看出神明既关心个人，也关心人类

---

① ［英］罗素著：《西方哲学史》上册，何兆武、李约瑟译，商务印书馆2011年版，第108页。

② ［英］罗素著：《西方哲学史》上册，何兆武、李约瑟译，商务印书馆2011年版，第109～110页。

③ ［英］罗素著：《西方哲学史》上册，何兆武、李约瑟译，商务印书馆2011年版，第107～1081页。

集体；正如精神统治着身体，同样，神明的造化也统治着宇宙。① 苏格拉底悬搁了人的实然问题，转向人的应然问题，他致力于为公民提供一套美德标准，自此，价值论上的应然代替了实然，精神代替了身体。柏拉图先期的贤人统治思想和后期的法治主张，亚里士多德目的论的伦理学都是从苏格拉底应然与精神维度推演出来的理论形态。

关于人如何达致德行境界，苏格拉底在古希腊的工具箱里只能找到宗教神启的范本。那就是，能达至存在本源的思想品质必须具有类似神启的程度。这是柏拉图的理念观具有神的内涵的直接渊源。② 如果苏格拉底的思想止于此，他仍然没有找到自身哲学的明确视域，也就不可能成为伟大的哲学家，更不可能因自己的哲学及其实践被判处死刑并甘愿被执行死刑。苏格拉底最具原创性的哲学思想是：在寻求达至存在本源的思想品质时，他认为人是神的创造物中优越于其他低等动物的存在，而人的优越性表现为人具有德行。也就是说，他认为人具有与神相通的品质，甚至具有与神分享统治宇宙权力的品质。这是柏拉图早期推崇哲学王统治的根源，也是亚里士多德追寻美德的起源，还是他被判死刑的根本原因。③ 不仅如此，在人神同构的思想

---

① ［古希腊］色诺芬著：《回忆苏格拉底》，吴永良译，商务印书馆1984年版，第26页。

② 赵广明著：《理念与神：柏拉图的理念思想及其神学意义》，江苏人民出版社2004年版。

③ 注：根据色诺芬的记载，苏格拉底被判死刑的理由有两个：苏格拉底的违犯律法在于他不尊敬城邦所尊敬的诸神并且还引进了新神；他的违法还在于他败坏了青年。苏格拉底在辩护中认为他经常向诸神献祭，占卜，劝人在苦难中求告神，他没有犯不虔诚的罪；他回避对诸神进行虚妄的推论，并认为哲学的任务就是研究德行，他一生符合道德准则。参见［古希腊］色诺芬著：《回忆苏格拉底》，吴永良译，商务印书馆1984年版，第1章。我们知道，在一个普遍相信神启的原始宗教时代，苏格拉底认为人与神之间具有同构性的思想将被视为对神的虔诚的何种程度的亵渎，他将如何能获得社会的宽恕。这里的疑questions是，宣告"人是万物的尺度"的普罗泰戈拉实际上比苏格拉底更亵渎神灵，他也被控告"不敬神灵"，但只是被驱逐。问题的答案可能是：①普罗泰戈拉生活在希腊民主制巅峰时期的伯里克利时代，而苏格拉底生活在假民主之行、施专制之实的三十僭主时期；②苏格拉底对灵魂不死的笃信。

中，苏格拉底显然偏袒人。

　　正与历史上一切原创性的哲学思想本身包含多种发展的可能性一样，苏格拉底的哲学也包含发展出个体主义和整体主义两种可能性。但是，由于苏格拉底的哲学本身更多指称应然与精神领域，因此，在柏拉图和亚里士多德的哲学中，应然和精神就成为对人描述的全像，部分代替了对人的整体的考察，这种思想发展到黑格尔时达到了巅峰。同时，普罗泰戈拉的个体主义思想遇到了柏拉图和亚里士多德将社会视为存在命题的阻截，它为整体主义提供了可能性。本来，苏格拉底认为社会是一个归"一"的存在，对社会存在的认识必须通过应然道德的践行才能企及，社会的秩序与个人的德行之间具有同构性，因此，也就不存在个人优越城邦或者城邦优越个人的必然推论。苏格拉底进行的是一个现实主义考察。但是，它们在柏拉图和亚里士多德的理论中被改造成了一个理想主义的客观化社会图式。苏格拉底对现实的城邦本身不作价值评价，他将对城邦价值评价转化为对构成城邦的公民德行的评价之中。他的这种思想实际上包含理想主义和现实主义两套体系。从理想主义的角度考察，应然的城邦来源于应然的公民德行，它反映了人神同构的境界；但是，现实的人的德行是需要在教导下重新认识的，他暗示现实的城邦是不完满的，没有实现神的旨意。因此，唯一的出路就是教导公民行应然的德行，因为，它是城邦实现人神同构境界的必由之路。尽管苏格拉底的政治哲学是目的论的，但是，由于他暗含的批判现实主义立场，因此，人的主体性中的德行之维得到了充分阐发。柏拉图和亚里士多德的政治哲学是建立在以批判三十僭主统治和怀念雅典民主政治为基础，再将民主制的要素提炼出来后重构一个应然的"理想国"或者"法治国"，然后将这种应然的"理想国"或者"法治国"客观化为一种存在。在此基础上，他们认为，既然"理想国"或者"法治国"是客观化的应然，是一种完美的状态，那么，个人服从"理想国"或者"法治国"的原则也就赋予了个人德行以内在品质。实际上，苏格拉底政治哲学中的应然/实然、个体/社会、理想/现实、肯定/否定的二元结构被柏拉图和亚里士多德通过理想的客观化这一中介转换、改造成了个人服从社会、现实服从理想的一元模式，肯定/否定问题在转换前提中就被一次性转换过滤掉了。目的论的一元论从此就悬搁了哲学对人的本质的丰富性和复杂性的探究。在其后的发展过程中,这种整体主义的分析方式逐步脱离了柏拉图和亚里士多德的理想主义特质,而演化成为社会实在论的出发点。一种建立在对现实批判基础上的理想主义图式转化为一种维护现实、剥夺理想的实在主义图式,这种发展趋势直到文艺复兴和宗教改革才开始被解构。

第三节 西方理性话语的自反性

一、确定性话语的吊诡

自然理性话语以确定性的寻求为其根本目的。杜威认为:"人生活在危险的世界之中,便不得不寻求安全。人寻求安全有两种途径。一种途径是在开始时试图同他四周决定他的命运的各种力量进行和解。这种和解的方式有祈祷、献祭、礼仪和巫祀等。不久,这些拙劣的方法大部分就被废除了。……另一种途径就是发明许多艺术,通过它们来利用自然的力量:人就从威胁着他们的那些条件和力量本身中构成了一座堡垒。"[①] 理性主义科学观寄希望于运用理性主义或经验主义的方法实现对确定性的寻求。这种对确定性的寻求以归一为终极目的。

理性主义科学观在推动人类进步的过程中也暴露出自身的严重缺陷,陷入一种决定论难题。普利高津认为:"时间和决定论难题,自从前苏格拉底学者以来一直是西方思想的核心。在一个确定世界里,我们如何构想人的创造力或行为规则呢?这一问题反映了西方人文主义传统中存在的深刻的矛盾,这个传统强调两个方面,即知识和客观性的重要性,以及个体责任和民主理想所蕴含的自由选择。波普尔和其他许多哲学家都指出,只要自然单纯由确定性科学所描述,我们就面临无法解决的难题。把我们与自然界分离开来,是现代精神难以接

---

① [美]约翰·杜威著:《确定性的寻求——关于知行关系的研究》,傅统先译,上海人民出版社2005年版,第1页。

受的一种二元论。"① 他断言："现今正在出现的，是位于确定性世界与纯机遇的变幻无常的世界这两个异化图景之间某处的一个'中间'描述。……当与不稳定性相联系的时候，新自然法则无论是在微观层次还是在宏观层次都处理事件的概率，但不把这些事件约化到可推断、可预言的结局。这种对何者可预言、可控制与何者不可预言、不可控制的划界，将有可能满足爱因斯坦对可理解性的探求。在沿着这条回避盲目定律与无常事件之间激动人心抉择的狭道时，我们发现了在此之前'从科学的网孔中滑过'（怀特海语）的我们周围的大部分具体世界。"② 科学理性主义确定性的终结并没有完全消除社会理性领域对确定性科学思维方式的路径依赖。

在社会理性话语体系内，尽管"休谟鸿沟"造成了自然科学与社会科学之间的分离，而且造成了自然科学与社会科学内部价值与事实之间的分离。但"休谟鸿沟"后科学理性主义的确定性思维方式已深深嵌入社会理性话语之中，它并没有因科学理性主义确定性思维方式的终结而消减，相反表现得更为依赖，这一传统对多元主义文化产生了难以逆转的巨大伤害。

罗素认为："与启示的宗教相对立的理性主义的宗教，自从毕达哥拉斯之后，尤其是从柏拉图之后，一直是完全被数学和数学方法所支配着的。数学与神学的结合开始于毕达哥拉斯，他代表了希腊的、中世纪的以及直讫康德为止的近代的宗教哲学的特征。"③ 柏拉图的哲学不过是用语言材料重构了毕达哥拉斯哲学。④ 但是，他增加了对

---

① ［比］伊利亚·普利高津著（与［比］伊萨贝尔·斯唐热合作）：《确定性的终结——时间、混沌与新自然法则》，湛敏译，上海科技教育出版社1998年版，第5页。

② ［比］伊利亚·普利高津著（与［比］伊萨贝尔·斯唐热合作）：《确定性的终结——时间、混沌与新自然法则》，湛敏译，上海科技教育出版社1998年版，151～152页。

③ ［英］罗素著：《西方哲学史》上卷，何兆武、李约瑟译，商务印书馆2011年版，第46页。

④ ［英］罗素著：《西方哲学史》上卷，何兆武、李约瑟译，商务印书馆2011年版，第46页。

数的连续性运动的内容。① 古希腊数的研究的最高成就是数的比例，我们能清晰发现构成亚里士多德的公正原则是通过数的比例来计算的。② 数的思维方式成为社会领域思维方式的传统。

罗素认为："数学对于哲学的影响一直都是既深刻而又不幸的。"③ 从本体论角度，罗素可能认为数对哲学的影响悬搁了人们对存在的追问，人们失去了哲学本体论所需要的诗性智慧。那么，毕达哥拉斯是如何通过数的方式悬搁对本体论问题的追问的呢？我们发现，作为自然法奠基人的芝诺相信自然中的理性乃是宇宙间普遍存在的力量，它是法律与正义的基础。但是，芝诺心目中的理性到底是什么？我们没有发现足够的证据证明他认为就是数，但是，芝诺对数的思考具有惊人的成就，以致让当时自鸣得意的哲学家感到震惊。④ 古典自然法借用了毕达哥拉斯数的公设的哲学思维方式则是不争的事实。

数字化的哲学思维方式导致了西方整体性的、形式化的、静态的思维方式。怀特海认为："希腊的黄金时代的这种冲动对于以后欧洲思想的影响有以下三个方面：①作为一个预设做出的基本假定，静止的绝对传给了哲学化的神学。②结构的抽象，如数学概念以及包含了结构方式的概念，都具有一种显著的实在性，而离开了它们在其中的产生的个别结构。③这些结构抽象被认为是按其本性说与宇宙无关的东西。过程已经丧失。"⑤ 通过数的思维方式将对本体论的探究转化为虚空。古希腊法学和希腊化了的罗马法学都具有这种抽象理性主

---

① ［法］孔多塞著：《人类精神进步史表纲要》，何兆武、何冰译，生活·读书·新知三联书店1998年版，第48页。

② ［古希腊］亚里士多德著：《尼各马可伦理学》，廖申白译注，商务印书馆2003年版，第5卷。

③ ［英］罗素著：《西方哲学史》上卷，何兆武、李约瑟译，商务印书馆2011年版，第35页。

④ ［美］E.T.贝尔著：《数学大师：从芝诺到庞加莱》，徐源译，上海科技教育出版社2004年版，第27～28页。

⑤ ［英］怀特海著：《思维方式》，刘放桐译，商务印书馆2004年版，第72～73页。

义、归一整体主义和逻辑实证主义的气质。数的实在论替代了哲学家对多元主义文化本体的洞悉。

二、唯理性主义的社会后果

科学理性主义确定性思维方式对社会科学极端消极的影响表现在两个方面：

一个是唯科学主义。郭颖颐认为："唯科学主义认为宇宙万物的所有方面都可以通过科学方法来认识。……唯科学主义可以被看作是一种在与科学本身几乎无关的某些方面利用科学威望的一种倾向。"[①] 韦莫斯认为："'唯科学主义'一词……其意义可以理解为一种信仰，这种信仰认为只有现代意义上的科学和由现代科学家描述的科学方法，才是获得那种能应用于任何现实的知识的唯一手段。"[②] 唯科学主义的思维方式约化了对事物多样性的认识，抑制了多元文化自身的发展。

另一个是作为"意识形态的"的技术和科学。哈贝马斯认为，随着资产阶级意识形态被批判，"技术和科学本身以普通的实证论思维的形式——表现为技术的统治的意识——代替被废除了的资产阶级意识形态的意识形态。技术和科学具有替代被废除了的资产阶级意识形态的意识形态意义"[③]。意识形态的这种虚假性具有暂时性的实际指示作用，但不是对实际具有真正指导意义的理论。[④] 曼海姆认为："这种政治学与科学思想的混合物，每一种类型的政治学逐渐地至少在它们提议接受的形式上被赋予了某种科学味道，而每一种类型的科

---

① [美]郭颖颐：《中国现代思想唯科学主义》，雷颐译，江苏人民出版社1998年版，第1页。

② J. 韦莫斯著：《唯科学主义的本质与其原》，麦韦克，1944年英文版，第1~2页，转引自[美]郭颖颐：《中国现代思想唯科学主义》，雷颐译，江苏人民出版社1998年版，第16页。

③ [德]哈贝马斯著：《作为"意识形态"的技术和科学》，李黎、郭官义译，学林出版社1999年版，第73页。

④ [法]路易·阿尔都塞著：《保卫马克思》，顾良译，商务印书馆2006年版，第246页。

学态度也依次带有某种政治色彩。"① "从科学与政治之间的这种联盟中产生的另一个危险在于，影响政治思考的危机也成为科学思想的危机。"② 科学理性主义在社会领域的普遍化取消了社会理性领域的反思机制，产生一种单向度的思维方式并决定了单向度的社会，也造成单向度的人，③ 使得理性主义产生了深嵌其结构之中的自反性。吉登斯认为："现代社会制度的发展以及它们在全球范围内的扩张，使人类创造了数不胜数的享受安全的和有成就的生活的机会。但是现代性也有其阴暗面，这在21世纪变得尤其明显。"④ 乌尔里希·贝克认为："'自反性现代化'指创造性地（自我）毁灭整整一个时代——工业社会时代——的可能性。这种创造性毁灭的'对象'不是西方现代化的革命，也不是西方现代化的危机，而是西方现代化的胜利成果。"⑤ 立足于科学思维方式所塑造的现代性的自反性对社会生活产生了深刻影响。贝尔认为："如果自然由命运和机遇控制，技术世界靠理性和熵管理，那么社会世界的唯一特征就是生活在'恐惧和颤抖'中。"⑥ 为征服自然而发展出的科学理性主义所产生的自反性导

---

① [德] 卡尔·曼海姆著：《意识形态与乌托邦》，黎鸣、李书崇译，商务印书馆2000年版，第38页。

② [德] 卡尔·曼海姆著：《意识形态与乌托邦》，黎鸣、李书崇译，商务印书馆2000年版，第39页。

③ 霍克海默、阿多尔诺、马尔库塞对此问题进行了系统揭示。[德] 马克斯·霍克海默、西奥多·阿多尔诺著：《启蒙的辩证法》，渠敬东、曹卫东译，上海人民出版社2006年版；[德] 阿多尔诺著：《否定的辩证法》，张峰译，重庆：重庆出版社1993年版；[美] 赫伯特·马尔库塞著：《单向度的人》，刘继译，上海人民出版社2006年版。

④ [英] 安东尼·吉登斯著：《现代性的后果》，田禾译，译林出版社2011年版，第6页。

⑤ [德] 乌尔里希·贝克：《再造政治：自反性现代化理论初探》，载[德] 乌尔里希·贝克、[英] 安东尼·吉登斯、[英] 斯科特·拉什著：《自反性现代化：现代社会秩序中的政治、传统与美学》，赵书文译，商务印书馆2001年版，第5页。

⑥ [美] 丹尼尔·贝尔著：《资本主义文化矛盾》，严蓓雯译，江苏人民出版社2007年版，第163页。

致了人的异化生活方式和心底无根无基的空洞状态,薇依称之为拔根。拔根状态不仅存在于工业领域,工人感受到自己无法支配自己的劳动成果,农民感受到与土地的分离,国家陷入一种不断丧失民族本性的状态。① 工人、农民和国家不知什么是自己的未来。

第四节　本章小结

　　理性话语在西方文明的发展过程中源远流长,人们从本体论、认识论和实践论三个不同层次认识人与自然、人与人之间的关系。

　　神话时期结束后,人从自然的怀抱中逐步挣脱出来,开启了希腊文明的理性征程。希腊文明的理性从两个维度展开了自己的叙事。首先是人与自然的关系。希腊哲学家认为自然秩序是可理解的——自然要么归一于某一物质,要么归一于某种精神。在对自然的众多理解样式中,自然归一于数的观念对西方文明产生了至关重要的影响。随后是人与人的关系。自苏格拉底以来,人们相信人与社会之间的关系是可以理解的。沃尔泽人认为西方社会理解的途径有三种,即发现之路、创造之路和阐释之路。② 发现之路与宗教具有千丝万缕的关系,创造之路与英雄时代紧密相连,阐释之路与日常生活融为一体。

　　理性的自明性与理性的证明性问题并非自始至终清晰可见。启蒙思想结束了理性的自明性之旅,加速了理性的证明性历程。笛卡尔的理性主义与培根的经验主义标志着西方理性证明方法的成熟,科学理性主义所取得的巨大进步鼓励了人们对确定性的信仰。对自然的确定性寻求鼓励了人们对社会领域可理解性的信仰。相信社会由可简约的少数原则所支配的思维方式乃是科学理性主义的产物。

　　确定性思维方式不仅封闭了对自然界的多元主义理解,其本身也深藏危机。尽管理性话语在西方源远流长,但作为一种意识形态的理

---

　　① [法]西蒙娜·薇依著:《扎根:人类责任宣言绪论》,徐卫翔译,生活·读书·新知三联书店2003年版,第2部分。
　　② [美]迈克尔·沃尔泽著:《阐释与社会批判》,任辉献、段鸣玉译,江苏人民出版社2010年版,第1页。

性话语体系的建构则始于启蒙运动。人们认为启蒙的完成就是确立了理性最高原则的地位。① 然而，在理性话语体系的内部，理性的含义并不是一个确定性的概念。蒯因认为："我们所谓的知识或信念的整体，从地理和历史的最偶然的事件到原子物理学甚至纯数学和逻辑的最深刻的规律，是一个人工的织造物。"② 不确定性规律的发现使科学理性主义陷入窘境。与此同时，随着现代性自反性现象被揭示，作为意识形态的技术和科学只是社会理解匮乏的一种策略方案，它并不能完全弥合建立在个体主义基础上的西方意识形态的自反性难题。

自然领域不确定规律的发现与社会领域自反性现象的发现重新开启了文化多元主义之旅。詹姆斯认为："没有一个真实的事物是绝对地简单的，经验之最小的点滴是一个多方面相关联的稀少里的众多；每个关系都是这个点滴经验的一个方面、特质或功用，也就是这个点滴经验被吸收的方式，或者它吸取其他事物的方式；而且一点滴的实在，在和这些关系之一积极地起作用时，并不由于这个事实而和其他诸多关系同时起作用。"③ 理性主义窘境的出路并不是要抛弃理性本身，而是要承认理性的多样性。阿佩尔认为："人类的世界理解和自我理解缺乏透明性；这一根本性洞见等于是一个反思性超越理解的方法论假设，它迫使解释学本身抛弃施莱尔马赫和狄尔泰那个关于同一的重构性理解的假设，也即抛弃这样一个著名的要求：'比他们的自我理解更好地'去理解人类（以及文化或社会）。"④ 西方理性主义话语并非是对世界和社会理解的唯一方式，更不可能是唯一尺度。

对西方理性话语源流、向度的梳理以及自反性的揭示，目的在于提供一个反思的视域，凸显农民理性的时代重要性。自西方理性主义借助于科学和技术的力量率先实现现代化以来，理性话语在世界范围

---

① 韩水法：《启蒙与理性》，载《哲学研究》2009 年第 2 期，第 69 页。

② ［美］W. V. O. 蒯因著：《从逻辑的观点看》，江天骥等译，上海译文出版社 1987 年版，第 42 页。

③ ［美］威廉·詹姆斯著：《多元的宇宙》，吴棠译，商务印书馆 1999 年版，第 175～176 页。

④ ［德］卡尔—奥托·阿佩尔著：《哲学的改造》，孙周兴、陆兴华译，上海译文出版社 1997 年版，第 288 页。

不断扩张。在西方理性话语体系中，农业文明被看作一个完成了历史使命的文明形态，但在反思西方理性主义的自反性过程中，农业文明经常唤起人们美好的历史记忆。在这一背景下，农民理性及其构建制度的能力再一次表现出重要性，进入现代人的视域。① 对农民制度理性的理解不仅在于理解农业文明的合理性类型，更在于通过对农民理性的理解开拓出一个反思现代性的重要视域，展示一个人类多样生活方式的未来。

西方理性话语的流变对于理解我国农民理性的特征、类型和嬗变具有重要的启示作用。在人地关系方面，由于人多地少的限制，中国农民形成了悠久的精耕细作的传统，最大限度提高了土地资源的利用率。在人与人的关系方面，家户制在中国农业生产过程中起着重要的价值导向和组织作用。西方理性话语在发展过程中出现了价值与事实的分离，理性话语体系的自反性，特别是个人与社会的冲突这样一些现代性消极后果。对此进行系统反思有利于克服现代性悖论。这从反面提供了一个珍视农民理性的视角。

中国农民理性并没有像西方理性主义的变迁那样采取非此即彼的方式发生演化，而是采取了亦此亦彼的方式不断嬗变。中国现行的农业制度既吸取了农民的传统理性成分，也反映了时代对农民理性变化的现实要求，从而形成一种"优势叠加"效应。不管是"家庭承包经营为基础，统分结合的双层经营体制"，还是农业现代化所要求的集约化、专业化、组织化、社会化相结合的新型农业经营体系，都充分尊重和满足了农民的理性要求。中国农民理性的多维向度正是我国农村改革取得巨大成就的重要原因。

---

① 注：怀特海认为："'重要性'概念在文明思想中同样起支配作用，给它下一个不充分的定义，它就是'导致将个人感受公开表达出来的那种强烈的兴趣'。"[英] 怀特海著：《思维方式》，刘放桐译，商务印书馆 2004 年版，第 9 页。怀特海认为，宇宙包含无限多样性，对于宇宙无限限多样性的每一个潜在属性的观察都表现为一个视域，视域表现为思维与世界的联系方式。[英] 怀特海著：《思维方式》，刘放桐译，商务印书馆 2004 年版，第 60 页。

第二章 农民理性话语

在西方，农民理性话语是在反思现代性的自反性的背景中进入学术视域的，它被作为一个文化概念提上议事日程，目的在于找到一个反思性参照。在非西方国家，农民理性首先是作为革命话语被提出来的。当革命成功后，为追求经济现代化，农民理性又作为一个经济范畴被提炼出来。随着农村土地改制的成功及其对中国整个社会变革的巨大促进作用，中国有必要重返政治经济学的立场深入探讨农民的制度理性能力与未来前景。

农民理性话语是一个充满论争的领域，体系化的工作远未完成。目前对农民进行研究的流派众多，马克思主义、实体主义和形式主义三种解释体系具有重要影响，并取得了显著的学术成就。[1] 改革开放以后，马克思主义关于农民理性的论述逐步淡出了意识形态，也淡出了学术视野。[2] 实体主义是中国农民理性研究的主流，这一学术传统在新时期表现得更为显著。形式主义研究是西方学者的主要研究方法，在经济领域成为我国学者研究农民理性的主要方式。随着新制度经济学在我国研究领域的应用，农民制度理性问题开始进入学术领域。经济法主要用于调整市场与国家之间的关系，所用方法的理论来

---

[1] ［美］黄宗智著：《华北的小农经济与社会变迁》，中华书局2000年版，第7页。

[2] 注：在意识形态领域，2013年中国才编辑出版第一部马克思主义论"三农"问题的著作，且这一著作代表的还不是意识形态领域，而是一个半官方、半学术性的机构所编辑的著作（张晓山主编：《马克思、恩格斯、列宁、斯大林论农业、农村、农民》，中国社会科学出版社2013年版）。在学术领域，随着卡尔·波兰尼的《巨变：当代政治与经济的起源》、巴林顿·摩尔的《专制与民主的社会起源：现代世界形成过程中的地主和农民》、詹姆斯·C. 斯科特的《农民的道义经济学》的翻译出版，马克思主义关于农民理性的论述开始引起学界的注意。

源于凯恩斯的政府干预理论，也表现出与新制度经济学之间的亲和性。尽管经济法学也涉及农民问题，但从根本上讲，经济法学体系还是立足于国家与市民之间的关系，农民的制度理性并没有得到根本性、连续性论证，即在经济法学的视域中农民制度理性处于边缘状态，并没有进入中心地带。本文的目的就是要通过对农民制度理性能力的揭示，向经济法学展示一个别有洞天的多样性未来。

第一节　经济学理性话语

一、经济学理性话语嬗变

在西方世界，经济学原本属于道德哲学的范畴，并被嵌入社会结构之中，但随着经济重要性的凸显，经济学从社会结构中脱嵌，转化为纯粹的经济学。在中国，数有经邦济世之学问进路，经世之学早在汉代经学中的古文学派和今文学派之争中就表现出来。冯友兰认为："今文学派实际是早期儒家中理性主义一翼的继续，而古文学派则是早期儒家中现实主义一翼的继续。"[1] 中国的经世之学涵摄于社会结构之中，促进了实践理性传统的发达。但随着现代化话语体系的构建，经世之学已与西方纯粹的经济学的旨趣相同。

经济学的理性话语滥觞于亚当·斯密的经济人假设，后经穆勒将其概念化。作为一种假设，形式化最终由帕累托提出"经济人"概念。亚当·斯密首先塑造了以分工为基础，通过市场交换满足自身需要的自利人形象。[2] 亚当·斯密认为："同胞们的协助，但仅仅依赖于人的恩惠，他会更容易达到目的，如果他能够鼓励他们的自爱心，使其有利于己，并且告诉他们，如果他们为他而做他们需要于他们的事情，他们就是为他们自己的利益。任何一个提议与旁人作任何买卖的人，都要提议这样做。请给我以我需要的东西，同时，你就可以获

---

[1] 冯友兰著：《中国哲学简史》，赵复三译，天津社会科学院出版社2005年版，第187页。

[2] 王国成：《西方经济学理性主义的嬗变与超越》，载《中国社会科学》2012年第7期，第68～69页。

得你所要的东西：这是每一个这样的提议的意义，我们日常必需的那些好东西，几乎全是依照这个方法，从别人手里取得。我们所需的食物不是出自屠宰业者、酿酒业者、面包业者的恩惠，而仅仅是出自他们自己的利益的顾虑，我们不要求他们的爱他心，只要求助于他们的自爱心。我们不要向他们说我们必须，只说他们有利。"① 古典经济学的前提条件是自利的个人，个人基于自我偏好参与市场交换而不考虑交换行为本身的社会联系。

经济人假设是市场经济的基础，也是资本主义制度的基础，其是否合乎理性的最高原则并不是一个不证自明的真理。从广义的角度考察，对经济人假设的批判既包含对经济人内在逻辑的反思与超越，也包括对经济人假设的批判与否定。对经济人假设内在逻辑的反思基于自由市场经济理论自身进化的需要，目的在于提高这一制度的社会适应能力，属于内在超越的进路。对经济人假设的否定性批判基于对自由市场经济的否定，目的在于确立计划经济的地位，属于外在超越的进路。实践证明：无论是原教旨主义的自利经济人假设，还是全盘否定个人自利性的社会人假设，实际上都无法接受社会实践的检验。能够被社会检验的实际上是理性多元事实。农民的制度理性属于理性多元事实的典型例证。

自由市场理论的倡导者也发现无牵无挂的自利个体在社会生活中是根本不存在的，也是不可欲的。欲望的个人主义不仅不能促进生产力的发展，也不能维护稳定的市场秩序和增进无尽的交换之流。因此，在坚持经济人假设基本内核的前提条件下，人们通过引入理性观念限制、修改、补充经济人假设。其理论功能在于一方面保护经济人假设的合理硬核，一方面增强该假设的社会适应性，维护该制度的进化力。拉卡托斯认为："一切科学研究纲领都在其'硬核'上有明显区别。纲领的反面启发法禁止我们将否定后件式对准这一'硬核'，相反，我们必须运用我们的独创性来阐明，甚至发明'辅助假说'，这些辅助假说围绕该核形成了一个保护带，而我们必须把否定后件式

---

① ［英］亚当·斯密著：《国富论》上，郭大力、王亚南译，上海三联书店 2009 年版，第 11 页。

转向这些辅助性假说。正是这一辅助假说保护带，必须在检验中首当其冲，调整、再调整，甚至全部被替换，以保卫因而内化了的内核。"① 古典经济学、新古典经济学，乃至新制度经济学都属于自由市场经济理论谱系内在逻辑衍生理论。理性人假设、有限理性人假设、社会人假设都是为了捍卫经济人假设这一内核所发展出来的辅助性假说。

滥觞于亚当·斯密所塑造的自利经济人是一个欲望的个人主义者，也是一个自我选择具有帝王般地位的完全理性人。经济人假设是否合乎理性是一个假言律令，并不是一个不证自明的断言律令。帕累托在提出经济人概念的同时首先发现了经济人假设的某些行为缺乏内在的可检验性。为了维护经济人假设的行为有效性，帕累托将经济人与理性勾连在一起，以理性补强经济人假设的基本立场，限制经济人假设的适用范围。帕累托认为，任何人类知识都是主观的，但可划分为两种：一种同事实相符并在事实中实证；另一种同某些人的认识一致。一些行为存在于适应目的的手段中，它们把手段同目的逻辑地连接起来；另一些行为不具有这种特征。帕累托将把手段同目的逻辑地连接起来的行为称为"逻辑行为"，其他行为称作"非逻辑行为"。非逻辑行为并不意味着不合逻辑。② 帕累托认为："在经济现象中企业家的事实更为明显，他们在自由竞争状态下，其行为部分属于非逻辑行为之类，即行为的客观目的同主观目的并不相同。相反，如果这些企业组成一个垄断集团，这一行为就变成逻辑行为。"③ 帕累托关于知识、行为的类型学影响了经济人假设知识学谱系的形成。

第一，帕累托关于知识的分类学将知识分为理性的知识与非理性的知识。在他看来，理性的知识属于被证实的知识，它是知识的典型样式，可以用于指导人类的行为。尽管他认为非理性的知识不是知识

---

① ［英］伊姆雷·拉卡托斯著：《科学研究纲领方法论》，兰征译，上海译文出版社2005年版，第56页。

② ［意］V. 帕累托著：《普通社会学纲要》，田时纲译，生活·读书·新知三联书店2001年版，第18页。

③ ［意］V. 帕累托著：《普通社会学纲要》，田时纲译，生活·读书·新知三联书店2001年版，第25页。

的典型样式,但他并没有否定非理性知识的功用。帕累托的这一知识论对迈克尔·波兰尼形成默示知识的概念具有重要影响。在迈克尔·波兰尼1935年发表的《非确定性的价值》一文中,他首次提出了默示知识的概念。他认为,我们所有的知识都是不准确的。不精确和模糊的印象并不是致命的缺陷。所有知识都是与人有关的知识,都是由一个默示的和个人的共同作用所塑造和支撑,没有这种共同作用就不会有知识。所有知识都是由认识者根据其承诺的标准而与个人有关地、默示地和充满激情地认可为真的和有效的。[1] 贝克尔等人明确考虑非经济因素,如名誉、伦理和情感等,经济理论的视野和疆域迅速扩张,在此强势驱动下,不断修正和完善对"经济人"的研究。尤其是随着如今人类认知能力和手段的提升,使得全面、深入地考察现实世界中偏离理性规范的异常(anomalies)或非理性行为成为可能,正在将"经济的非理性"扩展到"非理性的经济"。[2] 在经典经济学的视域中,只有确定性的知识才能属于理性的范畴,非理性行为不可能产生预期的经济学效果。默示知识的发现为农民理性提供了有力的知识论基础。

第二,帕累托关于非逻辑行为的研究不仅为默示知识概念的发现奠定了基础,而且开拓了剩余性范畴的理论前景。帕累托认为,在逻辑行为与非逻辑行为之间,存在一种普遍的半逻辑——实证理论中的因素。[3] 他将其称之为剩余物。剩余物通过派生物的作用转化为派生论。剩余物在决定社会平衡方面起着主要作用。[4] 帕森斯发展了帕累托的剩余物概念。他认为:"每一个体系,包括它的种种理论命题及

---

[1] [英]迈克尔·波兰尼著:《社会、经济和哲学——波兰尼文选》,彭峰、贺立平、徐陶、尹树广译,商务印书馆2006年版,第10页。

[2] Milan Zafrovski, Huma Rational Behavior and Economic Raionality, "Electronic Jour-nal of Sociology", ISSN: 1198 - 3655, 2003, http://www.sociology.org/content/vol7.2/0.2_ zafirovski. htm.

[3] [意] V. 帕累托著:《普通社会学纲要》,田时纲译,生活·读书·新知三联书店2001年版,第125页。

[4] [意] V. 帕累托著:《普通社会学纲要》,田时纲译,生活·读书·新知三联书店2001年版,第131页。

其有关的主要经验见解，都可以被形象地看作一片黑暗中的光照点。一般来说，这种黑暗的逻辑名称叫作'剩余性范畴'，它们的作用可以从这一理论体系必然要在逻辑上称为封闭性理论这一点推断出来。"① 剩余性范畴不是从正面界定了理论的发展前景，而是从反面界定了理论发展的前景。帕森斯认为："一个理论体系即将发生变化的最为确凿的征兆，就是对这种剩余性范畴产生越来越普遍的兴趣。事实上，理论工作中有一种进步正在于从尚未说明的范畴中刻画出十分明确的概念，并在经验性研究中加以验证。因此，发展科学理论之显然无法达到但可以逐渐接近的目标，是从科学里面消除一切剩余性范畴，以便有利于产生意义明确的、能够凭经验加以验证的概念。"② 农民学，特别是对农民经济理性的研究源于第一次世界大战前后恰亚诺夫为代表的一批具有民粹主义倾向的俄国学者。第二次世界大战以后，特别是20世纪60年代以后，西方采用形式主义的方法研究农民问题，同时出现了一批研究中国农民理性的著作。③ 无论是马克思主义、实体主义，还是形式主义的研究，都留下了许多剩余性范畴，需进一步澄清。这也为农民理性研究提供了理论上的可能性，展示了一个可欲的前景。

第三，帕累托的逻辑行为与非逻辑行为分类法是以黑格尔的目的—手段标准为基础的。黑格尔认为："目的关系是一种推论［或三段式的统一体］。在这推论或统一体内，主观的目的通过一个中项与外在于它的客观性相结合。这中项就是两者的统一：一方面是合目的性的活动，一方面是被设定为直接从属于目的的客观性，即工具。"④ 在黑格尔看来，合目的性与理性是同时起作用的。理性就是使工具合符

---

① ［美］T. 帕森斯著：《社会行动的结构》，张明德、夏遇南、彭刚译，译林出版社2003年版，第19页。

② ［美］T. 帕森斯著：《社会行动的结构》，张明德、夏遇南、彭刚译，译林出版社2003年版，第21页。

③ 秦晖：《农民、农民学与农民社会的现代化》，载《中国经济史研究》1994年第1期。

④ ［德］黑格尔著：《小逻辑》，贺麟译，商务印书馆1980年版，第391页。

目的的人的品性。他认为:"理性是有机巧的,同时也是有威力的。理性的机巧,一般来讲,表现在一种利用工具的活动里。这种理性活动一方面让事物按照它们自己的本性,彼此相互影响,相互削弱,而它自己并不直接敢于其过程,但同时却正好实现了它自己的目的。"①帕累托将经济人与理性相勾连所形成的行为分类学标准对马克斯·韦伯的行为分类学产生了直接影响。马克斯·韦伯在帕累托逻辑行为与非逻辑行为基础上发展了合理性的类型。他认为:"如同任何行为一样,社会行为也可以由下列情况来决定:①目的合乎理性的,即通过外接事物情况和其他人的举止的期待,并利用这种期待作为'条件'或者作为'手段',以期实现自己合乎理性所争取和考虑的作为后果的目的;②价值合乎理性的,即通过有意识地对一个特定的举止的——伦理的、美学的、宗教的或做人和阐释的——无条件的固有价值的纯粹信仰,不管是否取得成就;③情绪的,尤其是感情的,即由现时的情绪或感情状况;④传统的,由约定俗成的习惯。"② 在目的合理性论证看来,价值合理性总是非理性的。但马克斯·韦伯认为:"行为的绝对的目的合乎理性的,也仅仅是一个基本上是假设出来的边缘情况。"③ 在马克斯·韦伯看来:"在相互竞争和冲突的目的和后果之间作决定,又可以是以价值合乎理性为取向的:这时,行为只有在其手段上使目的合乎理性的;或者行为者把相互竞争和相互冲突的目的,不以'戒律'和'要求'做价值合乎理性的取向,干脆作为业已存在的主观需要的冲动,纳入经过他有意识权衡过的轻重缓急的刻度表上,并让他的行为以此为取向,使种种目的按这个顺序尽可能地都得到满足('边缘效应'原则)。因此,行为的价值合乎理性的取

---

① [德]黑格尔著:《小逻辑》,贺麟译,商务印书馆1980年版,第394页。
② [德]马克斯·韦伯著、约翰内斯·温克尔曼整理::《经济与社会》上卷,林荣远译,商务印书馆1997年版,第56页。
③ [德]马克斯·韦伯著、约翰内斯·温克尔曼整理::《经济与社会》上卷,林荣远译,商务印书馆1997年版,第57页。

向，可能与目的合乎理性的取向处于形形色色的不同关系中。"① 在马克斯·韦伯的理性行为类型中，目的合理性与价值合理性行为并非处于非此即彼的排他性关系之中。不仅如此，马克斯·韦伯不仅考察了目的与手段之间的关系，同时考察了目的、手段与结果之间的关系。在他看来，目的与手段之间的关系和目的性行为与后果之间的关系处于不确定性之中。基于这一思考，他提出了责任伦理的概念。他认为："一切有伦理取向的行为，都可以是受两种准则中的一种支配，这两种准则有着本质的不同，并且势不两立。指导行为的准则，可以是'信念伦理'，也可以是'责任伦理'。这并不是说，信念伦理就等于不负责任，或责任伦理就等于毫无信念的机会主义。当然不存在这样的问题。但是，恪守信念伦理，即宗教意义上的'基督行公正，让上帝管结果'，同遵循责任伦理的行为，即必须顾及自己行为的可能后果，这两者之间却有着极其深刻的对立。"② 农民的许多经济行为，从目的合理性的角度考察，并不合乎利益最大化的要求，但如果置于价值合理性与责任伦理的视域中进行评价，则未必不合乎理性最高原则的要求。农民理性的道义维度虽不合乎目的合理性的要求，但从一个侧面反映了农民理性的独特品质。

第四，尽管帕累托以目的合理性为基础区分出逻辑行为与非逻辑行为，但帕累托真正的目的在于通过对非逻辑行为的理解拓展对社会行为的认识空间。按照帕累托的理解，传统的经济学理论只考察逻辑行为的合理性问题，而将非逻辑行为排除在理性范围之外。帕累托认为非逻辑行为主要由两组关系构成，一组是用非主观体系进行阐释的成分，另一组是价值复合体。③ 非逻辑行为既包含规范性非逻辑成

---

① [德] 马克斯·韦伯著、约翰内斯·温克尔曼整理：:《经济与社会》上卷，林荣远译，商务印书馆1997年版，第57页。

② [德] 马克斯·韦伯著：《学术与政治》，冯克利译，生活·读书·新知三联1998书店，第107页。

③ [美] T. 帕森斯著：《社会行动的结构》，张明德、夏遇南、彭刚译，译林出版社2003年版，第299页。

分，也包含非规范性的非逻辑成分。① 逻辑行为的规范性成分与非逻辑行为的规范性成分形成一个规范体系，这些规范形成了行动结构的一组决定因素。但无论哪种规范体系决定的行为结构，都属于价值体系的一个部分。② 帕累托非逻辑行为的规范性成分和规范体系属于价值体系的洞见在制度的发现中产生了深远影响。

帕累托关于非逻辑行为的规范成分的发现极大地激发了诺斯对制度变迁中非正式制度功能的洞见。诺斯认为："只要略加思考，我们就会发现非正式约束是普遍存在的。非正式约束的出现是为了协调重复进行的人类互动，它们是正式制度的延伸、阐释和修正，有社会制裁约束的行为规范，以及内部实施的行为标准。"③ 从逻辑的观点看，社会的复杂性推动了非逻辑行为向逻辑行为、非正式制度向正式制度的转变。诺斯认为："正式约束与非正式约束之间，只存在程度上的差异。设想一下这样一个连续的过程：从禁忌、习俗、传统到成文宪法。与社会从不甚复杂的形式到复杂形式的演进相似，从不成文的传统到习俗，再到成文法亦发生着漫长、波折的单向性演进，并且，这种演进很明显的是与复杂社会的专业化与劳动分工程度的增加联系在一起的。"④

帕累托认为逻辑行为的规范成分与非逻辑行为的规范成分从属于一个更大的价值体系的见解激发了马克斯·韦伯对资本主义精神的洞见。马克斯·韦伯认为："现代资本主义精神乃至整个现代文化的基本要素之一，就是天职观基础上的理性行为，它的源头则是基督教的禁欲主义精神。……清教徒是为了履行天职而劳动；我们的劳动却是迫不得已。因为，当禁欲主义从修道院的斗室里被带入日常生活，并

---

① ［美］T. 帕森斯著：《社会行动的结构》，张明德、夏遇南、彭刚译，译林出版社2003年版，第334页。
② ［美］T. 帕森斯著：《社会行动的结构》，张明德、夏遇南、彭刚译，译林出版社2003年版，第298页。
③ ［美］道格拉斯·C. 诺斯著：《制度、制度变迁与经济绩效》，杭行译，格致出版社、上海三联书店、上海人民出版社2008年版，第56页。
④ ［美］道格拉斯·C. 诺斯著：《制度、制度变迁与经济绩效》，杭行译，格致出版社、上海三联书店、上海人民出版社2008年版，第64页。

开始支配世俗道德观时,它在庞大的现代经济秩序体系的构造过程中就会发挥应有的作用。这种经济秩序如今已经深为机器生产的技术和经济条件所制约,而这些条件正以不可抗拒的力量决定着降生在这个机制中的每一个人的生活,而且不仅仅是那些直接参与经济获益的人的生活。"① 马克斯·韦伯揭示了资本主义生活方式,乃至现代生活方式的价值合理性之维。诺斯认为:"我们不可能理解历史(或当今的经济体系),除非我们承认:主观偏好在那些使我们表达信念的成本为零或很小的正式制度约束中占据着中心地位。观念、有组织的意识形态,甚至是宗教狂热,都在形塑社会与经济体系中发挥着重要的作用。"② 这从一个重要侧面揭示了决定现代生活的道德规范的经济学意义。

第五,帕累托将亚当·斯密的经济人假设与理性勾连在一起,从而提出了理性经济人概念。但是,帕累托认识到,经济人的理性也不是无限的,而是有限的。经济人有限理性的论证主要由哈耶克和西蒙完成。哈耶克认为:"在安排社会事务方面,明智运用理性的首要条件是,我们必须通过学习而设法理解理性在一立基于无数独立心智的合作的社会运作中事实上发挥的作用及其能够发挥的作用。这就意味着,在我们能够明智地努力重塑我们的社会之前,我们必须理解理性发挥作用的方式;而且我们还必须认识到,即使当我们相信我们已然理解了理性发挥作用的方式的时候,我们的理解仍然可能发生错误。因此,我们必须学会理解的是,人类文明有其自身的生命,我们所欲图完善社会的努力都必须在一我们并不可能完全控制的自行运作的整体中展开,而且对于其间各种力量的运作,我们只能希望在理解它们的前提上去促进和协助它们。"③ 哈耶克反对唯理性主义(antirationalistic position)的立场,捍卫有限理性。

---

① [德] 马克斯·韦伯著:《新教伦理与资本主义精神》,阎克文译,上海人民出版社2010年版,第274页。
② [美] 道格拉斯·C. 诺斯著:《制度、制度变迁与经济绩效》,杭行译,格致出版社、上海三联书店、上海人民出版社2008年版,第61页。
③ [英] 弗里德里希·冯·哈耶克著:《自由秩序原理》,邓正来译,生活·读书·新知三联书店1997年版,第81页。

哈耶克认为，经济学上支配社会发展的有限理性植根于个体的心理领域。他认为："我们不仅没有这样的包罗万象的价值尺度，而且对任何有才智者而言，去理解竞取资源的不同人们的无穷无尽的不同需求，并一一定出轻重，将是不可能的。对我们的问题来说，任何人所关注的目标是否仅仅包括他自己的个人需求，还是包括他所亲近甚至疏远的伙伴的需求——就是说，就这些字眼的通常意义而言，他是一个利己主义者，还是一个利他主义者——是无足轻重的。十分重要的东西是这个基本事实，即任何人都只能考察有限的领域，认识有限需求的迫切性。无论他的兴趣以他本人的物质需求为中心，还是热衷于他所认识的每个人的福利，他所能关心的种种目标对于所有的人需求而言，仅仅是九牛一毛而已。这就是整个个人主义哲学所根据的基本事实。"① 理性有其限度，这一论断在20世纪50年代被西蒙等人推到了一个新阶段。在这一阶段，经济学家不仅认识到理性在心智、能力、手段等方面的有限性，而且提出了在不同类型的有限理性中如何充分利用理性的方法。② 理性有限的话语不仅在宏观经济领域中起作用，表明人认识和利用自然的限度，而且在微观经济领域中起作用，表明任何个体以及人的集合体都不可能在信息不完全的情况下做出预测一切行为结果的决策。

二、经济学理性话语批判

西方经济学的理性话语基于个体主义③的立场，无论是认识能

---

① ［英］弗里德里希·奥古斯特·哈耶克著：《通向奴役之路》，王明毅、冯兴元等译，中国社会科学出版社1997年版，第61页。

② 王国成：《西方经济学理性主义的嬗变与超越》，载《中国社会科学》2012年第7期，第70~72页。

③ 注：个体主义与个人主义两个概念之间存在差异。个体主义相对于集体主义而言，属于方法论的范畴，并不表明其显著的道德属性。个人主义相对于集体主义而言，属于道德论的范畴，不表明其显著的方法论属性。个体主义可以是个人主义的，也可以是集体主义的。古典经济学占支配地位的是个体主义的个人主义，其极端方式是占有式的个人主义。新古典主义经济学在坚持个体主义的个人主义的基本立场的基础上，吸收了集体主义的某些要素。

力、决策能力还是行为能力都是建立在个体心理学的基础之上的。经济学成为个体心理学的应用学科。偏好、信息、选择、激励、行为等心理学概念被经济学提炼出来作为检验经济理性的标志。

一般认为，经济学理性话语中的个人主义始于亚当·斯密在《国富论》中所刻画的经济人形象。个人主义认为，在限定的范围内（一般是在法律规定的权利范围内），应该允许个人遵循自己的而不是别人的价值和偏好。而且，在这些领域内，个人的目标体系应该至高无上而不屈从于他人的命令。这种对个人做出其目标行为的最终决断的承认，对个人应尽可能以自己的意图和意志支配自己的行动的信念，构成了个人主义立场的实质。个人主义并不排除对社会目标的认可，但个人主义所理解的社会目标实际上是个人目标的一致性，而不是先于个人目标的公共性。在个人主义看来，社会目标只不过是许多个人的相同目标，是个人为了回报他们在满足自身欲望所接受的帮助而愿意有所贡献的那种目标。① 即使在新古典经济学的视域中，公共理性仍然处于边缘地位，起着补充作用，是一个个人主义化的理解。因此，发展出公共理性的知识体系对于反思个人主义所招致的社会问题尤为必要。② 从历史的角度考察，自由市场成为文艺复兴以来个人主义扩张最为成功的典范。

对西方经济理性话语的批判起源于对启蒙思想的反思。霍克海默和阿道尔诺认为："资产阶级经济通过市场的调节作用使权力成倍增长，它同时也使其自己的对象和力量成倍增长，以至于它们的管理者已不再是那些君主，甚至也不再必然是那些中产阶级，而是所有的人。……今天，当我们实现了在全球范围内'用行动来支配自然'这一培根式乌托邦的时候。我们才能揭示曾被培根归罪于尚未征服的自然的那种奴役本性。这就是统治本身。培根曾经坚持认为'人的优越性就在于知识'，现在，知识却随着统治力量的消除而发生了变化。然而，正是由于这种可能，启蒙在为实现社会服务的过程中，逐

---

① ［英］弗里德里希·奥古斯特·哈耶克著：《通向奴役之路》，王明毅、冯兴元等译，中国社会科学出版社 1997 年版，第 62 页。
② 陈嘉明：《个体理性与公共理性》，载《哲学研究》2008 年第 6 期。

渐转变成为对大众的彻头彻尾的欺骗。"① 个人主义的经济体制在发展的过程中产生了自反性,其显著表现为剥削关系的形成和两极分化的产生。沃尔夫认为:"经济体制内部普遍出现的对私有财产的鼓励,使之遵循积累的逻辑,去创造利润。其结果是造成了富人与穷人、有权的人和无权的人之区别。"② 为增加整个社会财富而使用的经济学最终使财富集中于少数资本家手中。

在反思经济学理性话语的过程中,人们开始重新认识自由市场与社会,自由市场与道德、自由市场与社会正义、自由市场与政府干预之间的关系。

市场本属于嵌含在社会中的制度体系,但在资本主义自由市场的发展过程中却从社会中脱嵌,使得社会服从于市场的统治,这一过程本质上是经济理性主义自反性的必然结果,而这一结果从历史的观点来看,则属于人类行为方式的一种异化现象。卡尔·波兰尼认为:"最近历史学及人类学研究的重要发现是,就一般而言,人类的经济是附属于其社会关系之下的。他不会因要取得物质以保障个人利益而行动;他的行动是要保障他的社会地位、社会权力及社会资产。只有当这些物质财物能为他的目的服务时他才会重视它。生产及分配的过程并不与占有物品这个特殊的经济利益相联结;相反的,这些过程里的每一个步骤都是配合着一些特殊的社会利益,这些利益驱使人们依某些特定的步骤而行动。"③ 市场并不是资本主义独有的经济现象,但资本主义充分利用了市场的力量并将这一力量转化为自身的力量。布罗代尔认为:"通常,人们对于资本主义与市场经济不加区别,之所以如此,是因为二者从中世纪到今总是同步发展的,是因为人们经常将资本主义说成是经济进步的驱动力和经济进步的充分的展现。其实,一切都驮在物质生活的巨大背脊上。物质生活充盈了,一切也就

---

① [德]马克斯·霍克海默、西奥多·阿道尔诺著:《启蒙辩证法》,渠敬东、曹卫东译,上海人民出版社2006年版,第34页。
② [美]艾伦·沃尔夫著:《合法性的限度》,沈汉等译,商务印书馆2005年版,第1页。
③ [匈牙利]卡尔·波兰尼著:《巨变:当代政治与经济的起源》,黄树民译,社会科学文献出版社2013年版,第113页。

前进了，市场经济也就借此迅速地充盈起来，扩展其关系网。资本主义一贯是这种扩张的受益者。"① 资本主义只有与其他社会建制结合在一起才能理解，同时，资本主义也只有使其他社会成员理解才能得到发展。

资本主义与市场经济相互促进的结果构成现代生活最核心的部分。布罗代尔认为，一切密集的社会都可以分解为几个"组合"：经济、政治、文化、社会等级制度。只有与其他"组合"联系起来，渗透到其他"组合"之中并且也向其他"组合"敞开大门的情况下，经济这一块才能被理解。这些"组合"既有单独行动，也有相互作用。资本主义是经济"组合"中的一种特殊的和部分的形式。因此，资本主义只是一小部分人的特权，如果没有社会的积极胁从，它是不可想象的。它必然是社会秩序的一种现实，甚至是政治秩序的一种现实，还是一种文化现实。要实现这一点，全社会必须以某种方式，带着或多或少的清醒的意识接受资本主义的价值观。② 资本主义不仅需要全社会的胁从，而且，久而久之，与资本主义生活方式同时发展的市场经济仿佛成为人类发展的必然之物，在这一观念的支配下，市场从社会中脱嵌出来，并支配了整个社会，使得社会成为一个简约的经济帝国。卡尔·波兰尼勾勒了市场吞并社会的逻辑线索。他认为，交易原则与对称性原则、集中性原则和绝对权威原则之间处于完全不同的地位。对称性原则、集中性原则和绝对权威原则只是社会的某些特征，都不可能单独起作用。但是"市场制与其特有的动机——交易动机——相关联是能够形成一种特殊之制度——市场。终极来说，这意味着社会的运转只不过是市场制的附属品而已，这就是市场何以对经济体制的控制会对社会整体产生决定性的影响，即视社会为市场的附属品，而将社会关系嵌含于经济体制中，而非将经济行为嵌含在社会关系里。经济因素对社会生存的极端重要性，排除了任何其他的结

---

① ［法］布罗代尔著：《资本主义的动力》，杨起译，生活·读书·新知三联书店、牛津大学出版社1997年版，第42页。

② ［法］布罗代尔著：《资本主义的动力》，杨起译，生活·读书·新知三联书店、牛津大学出版社1997年版，第43页。

果。一旦经济体制以单独的制度、特殊的动机且享有特别的地位等方式组织起来了,这整个社会就必须以此改头换面,以更让这个体制能按自己的法则运作"。① 对现代性自反性的研究表明,人类如果要过一种可欲的生活,就必须将市场重新置于社会之下,这成为当下和未来人类发展的必然选择。由于社会理性话语的扭曲源于科学理性主义思维方式在社会学领域所建立的至高无上的地位,以及科学理性主义思维方式在社会科学中造成的事实与价值的分离,因此,对市场与社会关系的反思必须首先从反思人的理性开始。农民的制度理性能力因其历史的厚重和多元理性特质提供了一个重要的反思视域和价值参照体系。

自由市场与道德之间的分离是现代经济学的典型特征。阿玛蒂亚·森认为:"随着现代经济学与伦理学之间隔阂的不断加深,现代经济学已经出现了严重的贫困化现象。"② 实际上,经济学与伦理学的分离只是现代经济学的典型特征,在资本主义之前,经济学从属于伦理学和更广泛意义上的政治学科。亚里士多德在《尼各马可伦理学》中就认为以财富为目的的理财术服从人的某种善,③ 隶属于政治学,而政治学制定人们该做什么和不该做什么的法律。④ 在《政治学》一书中,亚里士多德进一步深化了经济学与政治学之间密切关系的认识。他认为,从社会事实角度考察,一切城邦的公民都有极富、极贫和介于两者之间的中产阶级构成。无论是极富的人还是极贫的公民掌握的政权都会导致变态政体,只有中产阶级为基础的政体才能组成最好的政体。因为中产阶级具有节制和中庸的品德,而中庸的

---

① [匈牙利] 卡尔·波兰尼著:《巨变:当代政治与经济的起源》,黄树民译,社会科学文献出版社2013年版,第129~130页。
② [印度] 阿玛蒂亚·森著:《伦理学与经济学》,王宇、王文玉译,商务印书馆2000年版,第13页。
③ [古希腊] 亚里士多德著:《尼各马可伦理学》,廖申白译注,商务印书馆2003年版,第3~4页。
④ [古希腊] 亚里士多德著:《尼各马可伦理学》,廖申白译注,商务印书馆2003年版,第3~46页。

品德最能顺从理性的要求，遵从理性的引导。① 他认为："人们倘使赋有过多的善业或物资——如体力、财富、朋比以及其他相类的种种——就不顾也不能受人统治。……另一方面，那些缺乏善业和物资的人们则又太卑贱而自甘暴弃。于是，我们这一段所有的人都仅知服从而不堪为政，就全像是一群奴隶；而在另一端，所有的人却又只顾发号施令，不肯接受任何权威的统治，就全像是一伙主人。这样的一个城邦就不是自由人的城邦而是主人和奴隶所合成的城邦了；这里一方面暴露着貌视的姿态，另一方面则怀抱着嫉恨的心理。"② 亚里士多德创立了经济学从属于政治学的政治经济学学科的基本范式，这一范式在现代经济学中被简约为经济学的基本范式。

一般观点认为，亚当·斯密是现代经济学的奠基人，他的经济人假设是经济学与伦理学，自由市场与道德从密不可分到逐渐分离的标志。在现代经济学中，经济学与伦理学之间的关系被简约为自由市场与道德约束之间的关系。

由于亚当·斯密留下了对后世都产生了深刻影响的两部著作《道德情操论》和《国富论》，亚当·斯密是否拉开了经济行为与德行之间的距离历来是一个争论的焦点。早在19世纪中叶的德国历史学派的经济学家就提出了所谓的"亚当·斯密问题"，即亚当·斯密的《道德情操论》与《国富论》之间的对比悬殊，相互矛盾的问题。他们认为，《道德情操论》将人的行为归结为同情心，而在《国富论》中却把人的行为归结为自利。他们认为亚当·斯密在伦理学上属于利他主义者阵营，在经济学上属于利己主义者阵营，这一观点成为后世学者研究亚当·斯密的信条。③ 蒋自强等认为，亚当·斯密的《道德情操论》与《国富论》关于人性的认识是一致的。在《道德情操论》中，亚当·斯密肯定了自利动机在推动经济发展和促进社会

---

① [古希腊]亚里士多德著：《政治学》，吴寿彭译，商务印书馆1965年版，第204~210页。

② [古希腊]亚里士多德著：《政治学》，吴寿彭译，商务印书馆1965年版，第205~206页。

③ [英]亚当·斯密著：《道德情操论》，蒋自强、钦北愚、朱钟棣、沈凯璋译，商务印书馆1997年版，译者序言，第1页。

进步中的积极作用。但亚当·斯密同时认为,自爱是人类的一种美德,绝不能跟自私相混淆。因此,亚当·斯密认为被资本主义生产关系人格化了的经济人本身就是自爱而具有同情心的人性典范。① 亚当·斯密问题类似于马基雅维利问题。马基雅维利在《君主论》中描述了一个为达目的不择手段的"君主"形象,被称为"马基雅维利主义",但同时,马基雅维利在《论李维》中描述了一个共和国的全景。

亚当·斯密关于人的自利本性的假设直接源于霍布斯在《利维坦》中所确立的自然法。亚当·斯密认为:"毫无疑问,每个人生来首先和主要关心自己;而且,因为他比任何其他人都更合适关心自己,所以他如果这样做的话是恰当和正确的。因此每个人更加深切关心同自己直接有关的、而不是同任何其他人有关的事情。"② 霍布斯认为,在自然状态下,每一个人对每一个人处于交战状态,在这种状况下,人人都受自己理性的控制。凡是他所能利用的东西,没有一种不能帮助他抵抗敌人,保全生命。由于在自然状态下,每一个人的生命都不能得到保全,因此,理性就确立了这样一条法则:"每一个人只要有获得和平的希望时,就应当力求和平;在不能得到和平时,他就可以寻求并利用战争的一切有利条件和助力。这条法则的第一部分包含着第一个同时也是基本的自然律——寻求和平,信守和平。第二部分则是自然权利的概括——利用一切可能的办法来保卫我们自己。"③ 在讨论人性的自利动机时,亚当·斯密吸收了霍布斯自然权利学术的核心部分,在讨论自利行为的边界问题时,他则吸收了霍布斯自然律的第一部分的内容,只是将霍布斯对和平的捍卫转化为对正义的坚守。他认为:"除了因别人对我们造成的不幸而且引起的正当的愤怒之外,不可能有合适的动机使我们去伤害邻人,也不可能有任

---

① [英]亚当·斯密著:《道德情操论》,蒋自强、钦北愚、朱钟棣、沈凯璋译,商务印书馆1997年版,译者序言,第12~15页。

② [英]亚当·斯密著:《道德情操论》,蒋自强、钦北愚、朱钟棣、沈凯璋译,商务印书馆1997年版,第101~102页。

③ [英]霍布斯著:《利维坦》,黎思复、黎廷弼译,商务印书馆1985年版,第98页。

何刺激使我们对别人造成会得到人们同意的不幸。仅仅因为别人的幸福妨碍了我们的幸福而去破坏这种幸福,仅仅因为别人真正有用的东西对我们可能同样有用或更加有用而夺走这些东西,同样,或者以牺牲别人来满足人该有之的、使自己的幸福超过别人的天生偏爱,都不能得到公正的旁观者的赞同。"① 亚当·斯密的理性经济人假设包含着丰富的道德内涵,受到公正无处不在的约束。

阿玛蒂亚·森认为现代经济学对亚当·斯密经济分析的曲解导致了严重后果。他认为:"如果对亚当·斯密的著作进行全面的、系统的阅读与理解,自利行为的信奉者和鼓吹者是无法从那里找到根据的。实际上,道德哲学家和先驱经济学家并没有提倡一种精神分裂症式的生活,是现代经济学把亚当·斯密关于人类行为的看法狭隘化了,从而铸就了当代经济理论上的一个主要缺陷,经济学的贫困化主要是经济学与伦理学的分离而造成的。"② 阿玛蒂亚·森不仅从经典的理解角度讨论了对亚当·斯密的曲解所导致的严重后果,而且还从方法论角度揭示了现代经济学贫困化原因。

阿玛蒂亚·森认为,经济学发展可以在两条进路中展开,一条是与伦理学相联系的政治经济学进路,一条是与工程学相联系的现代经济学进路。与伦理学相关的经济学存在两种不同的动机。一种是"人应该过一种什么样的生活"的人类行为观,即"伦理相关的动机观"。另一种是社会成就与个人所能获得的好处之间的联系所形成的动机,即"伦理相关的社会成就观"。这两种关于经济行为动机的解释体系源于亚里士多德所确立的经济学范式,被亚当·斯密、约翰·斯图尔特·穆勒、卡尔·马克思、弗朗西斯·埃奇沃思等继承和发展。与工程学相关的经济学的方法只关心经济领域中最基本的逻辑问题,他们不关心人类的终极问题——人应该过什么样的生活问题,也不关心个人与他人之间的关系问题——人的美德是什么的问题。由于

---

① [英]亚当·斯密著:《道德情操论》,蒋自强、钦北愚、朱钟棣、沈凯璋译,商务印书馆1997年版,第101页。
② [印度]阿玛蒂亚·森著:《伦理学与经济学》,王宇、王文玉译,商务印书馆2000年版,第32页。

对自然科学和机械科学的浓厚兴趣,威廉·配第成为数字经济学的先驱。19世纪,里昂·瓦尔拉斯将工程学的方法用于解决复杂经济关系问题做出了巨大贡献。弗兰西斯·魁奈、大卫·李嘉图、里昂·瓦尔拉斯、奥古斯丁·古诺继承和发展了威廉·配第所确立的工程学的经济学范式。① 工程学的方法成为现代经济学的主要方法,伦理学方法被淡化了。经济学与伦理学之间的分离既不利于伦理学的发展,也不利于经济学的发展。

阿玛蒂亚·森认为,不考虑伦理问题的技术化的经济学仍然是可能的,但是,置于伦理关系之中的经济学将具有更充分的说服力,并能给经济学提出更高的要求。② 因为置于伦理关系考量之下的经济学更能体现经济行为内在价值的重要性而不仅仅是其工具价值。③ 现代经济学对经济行为工具价值或者经济行为本身价值的过度强调产生了一种占有式个人主义④的严重后果。对经济行为工具理性或经济行为本身价值的过度强调不仅偏离了现代经济学的内在价值预期,而且产生了饥饿、饥荒、贫困、两极分化等一系列严重社会问题。在经济领域中,没有伦理学考量的经济学仍然是可能的,但没有伦理学考量的经济学并不能完全实现其预期。

农民的许多经济行为按照现代经济学的标准被归为非理性的范畴,然而,根据经济学与伦理学之间的关系考察,这些行为则是理性的。农民经济行为的解释体系可以为克服现代经济学的贫困化现象提供一个具有历史根据的经典例证。与此同时,现代经济学所依赖的自然科学本身的理性假设已遭到质疑,经济学的发展本身也必须借助于多元化的理性资源才能拯救,农民的制度理性能力还能够在未来的经

---

① [印度]阿玛蒂亚·森著:《伦理学与经济学》,王宇、王文玉译,商务印书馆2000年版,第9～12页。

② [印度]阿玛蒂亚·森著:《伦理学与经济学》,王宇、王文玉译,商务印书馆2000年版,第15页。

③ [印度]阿玛蒂亚·森著:《伦理学与经济学》,王宇、王文玉译,商务印书馆2000年版,第16～17页。

④ [英]迈克尔·H.莱斯诺夫著:《二十世纪的政治哲学家》,冯克利译,商务印书馆2001年版,第123页。

济发展过程中占有重要地位。

现代经济学并非没有考虑到个人自利与社会福利之间的关系。他们认为个人自利与社会福利之间的关系受到"看不见的手"的指引。也就是说,"看不见的手"能够实现个人自利与社会福利之间关系的转化。在亚当·斯密的《道德情操论》和《国富论》中各出现了一次"看不见的手"的论述。在《道德情操论》中,亚当·斯密认为:"在任何时候,土地产品供养的人数都接近于它所能供养的居民人数。富人只是从这大量的产品中选用了最贵重和最中意的东西。他们的消费量比穷人少;尽管他们的天性是自私的和贪婪的,虽然他们只图自己便利,虽然他们雇佣千百人来为自己劳动的唯一目的是满足自己无聊而又贪得无厌的欲望,但是他们还是同穷人一样分享他们所做一切改良的成果。一只看不见的手引导他们对生活必需品做出几乎同土地在平均分配给全体居民的情况下所能做出的一样的分配,从而不知不觉地增进了社会利益,并为不断增多的人口提供生活资料。"[①]在《国富论》中,亚当·斯密认为:"把资本用来维持国内产业,指导国内产业,各尽所能,尽量使其生产物价值达到最高程度,本来就无异于各尽所能,尽量使社会收入加大。固然,他们通例没有促进社会利益的心思。他们亦不知道他们自己怎样促进社会利益。他们所以宁愿投资维持国内产业,而不愿投资维持国外产业,完全是为了他们自己的安全;他们所以会如此指导产业,使其生产物价值达到最大程度,亦只是为了他们自己的利益。在这场合,像在其他许多场合一样,他们是受着一只看不见的手的指导,促进了他们全不放在心上的目的。他们不把这目的放在心上,不必是社会之害。他们各自追求各自的利益,往往更能有效地促进社会的利益;他们如真想促进社会的利益,还往往不能那样有效。"[②] 亚当·斯密试图通过"看不见的手"将基于自利动机的现代经济学与基于社会利益的福利经济学连接起

---

① [英]亚当·斯密著:《道德情操论》,蒋自强、钦北愚、朱钟棣、沈凯璋译,商务印书馆1997年版,第230页。

② [英]亚当·斯密著:《国富论》下卷,郭大力、王亚南译,上海三联书店2009年版,第23页。

来,"看不见的手"作为中介必须满足帕累托最优的一切条件才能将个人效用最大化与社会利益最大化联系起来,但根据阿罗定律,这是不可能的。

以自利经济人为基础发展起来的福利主义出现了贫困化。因为以自利经济人为基础的福利主义是建立在不充分的评价准则基础之上的。① 首先,福利主义把效用当作价值的唯一源泉的观点无法接受以下两个问题的检验:第一,效用至多是个人福利的反映,一个人的成就并不能仅仅根据个人的福利来判断。对于特定目标的促进或特定事件的发生来说,一个人可能是重要的,虽然其重要性并不能用它的福利成就来反映,即使能够反映,也仅仅是他们各自的目标。第二,福利主义把个人福利仅仅看作效用,而无视其他意义的个人福利这一观点存在争议。② 其次,福利主义在确立标准时绕开了两个基本判断:第一,福利并不是唯一有价值的东西。第二,效用并不能充分地代表福利。③ 实际上发生的经济行为与自利经济人假设的预期行为之间,以及个人效用和社会效用与个人福利和社会福利之间并不是同等的关系。即使是福利,也不可能涵摄人生价值通过经济行为达致的伦理上的丰富性。阿玛蒂亚·森认为,现代经济学所塑造的自利经济人与理性行为之间并没有必然联系。自利理性观意味着对"伦理相关"动机观的断然拒绝。把自利最大化行为等同于理性,进而把实际行为等同于理性行为实际上只是一种推理,而不是经验证明。④ 即使帕累托最优的条件能完全满足,无伦理的个人效用最大化和社会效用最大化与社会正义之间的关系仍然是或然的。自利经济人的元叙事地位和社会利益的修辞学地位恐怕不能完全交给"一只看不见的手"。经济行

---

① [印度]阿玛蒂亚·森著:《伦理学与经济学》,王宇、王文玉译,商务印书馆2000年版,第53页。

② [印度]阿玛蒂亚·森著:《伦理学与经济学》,王宇、王文玉译,商务印书馆2000年版,第43～44页。

③ [印度]阿玛蒂亚·森著:《伦理学与经济学》,王宇、王文玉译,商务印书馆2000年版,第49页。

④ [印度]阿玛蒂亚·森著:《伦理学与经济学》,王宇、王文玉译,商务印书馆2000年版,第20～23页。

为的内部一致性仍然不是外部一致性的可靠保证。

自由市场所导致的社会正义问题不仅是形式主义的逻辑悖论问题，它还产生一系列消极的社会后果。其中最典型的社会后果是就业机会歧视、两极分化和不负责任的社会。自由市场产生就业歧视是个人经济效用最大化的必然结果。孙斯坦认为："除了有限的情况下以及有限的条件下，竞争性市场都不会避免歧视。有时歧视是对第三人欲望的一种比较经济的反应；有时它反映的是一种合理的模式化行为；有时它刺激了对人力资本的有限投资，而有限投资又引起了歧视的循环。所有这些情形都是标准化情形。"[①] 贫富悬殊和两极分化现象的产生不仅是就业歧视的结果，更是财富分配不公的结果。巴利认为："社会正义的最大敌人仍然是巨大的财富不平等及其增长趋势。"[②] 自由市场的另外一个恶果是造就了不负责任的社会。不负责任的社会包括个人的不负责任、社会的不负责任以及不负责任的政府。[③] 无论是个体的不负责任，还是有组织的不负责任，[④] 都是建立在效用最大化基础上的经济行为模式的必然结果。麦克弗森将自利的、欲望的个人主义称之为占有性个人主义。他认为："个人（被理解为）本质上是他本人的人身或各种禀赋——它们绝对没有得益于社会——的所有者。个人（被）视为既不是道德整体，也不是一个更大的社会整体的组成部分，而是他本人的所有者。……个人是自由的，这仅仅因为他是他的人身及禀赋的所有者。"[⑤] 与占有式个人主

---

① ［美］凯斯·R. 孙斯坦著：《自由市场与社会正义》，金朝武、胡爱平、乔聪启译，中国政法大学出版社2002年版，第222页。

② ［英］布莱恩·巴利著：《社会正义论》，曹海军译，江苏人民出版社2007年版，第245页。

③ ［英］布莱恩·巴利著：《社会正义论》，曹海军译，江苏人民出版社2007年版，第12章

④ ［德］乌尔里希·贝克、［英］安东尼·吉登斯、［英］斯科特·拉什著《自反性现代化：现代社会中的政治、传统与美学》，赵文书译，商务印书馆2001年版，第66页下注［1］。

⑤ 转引自［英］迈克尔·H. 莱斯诺夫著：《二十世纪的政治哲学家》，冯克利译，商务印书馆2001年版，第123页。

义相对应的是一种社会形态,麦克弗森将其称之为占有性市场社会。他认为:"自由、平等的个人,他们作为自己禀赋及利用这些禀赋的所得之所有者,彼此联系在一起。社会是由这些所有者之间的交换关系形成的。政治社会(是)……为了保护这种产权并维持有序的交换关系而设计的。"① 占有式个人主义是自由市场偏离社会正义的哲学根源。之所以如此,乃是由于自利经济人将多元的个人价值和社会价值化约为经济上可计算的效用。

现代经济学习惯用效用的尺度评价农民的经济行为,由于农民的部分经济行为缺乏效用的价值追求,也就给农民的经济行为课以非理性之名。按照现代经济学的效用标准所确定的某些农民的非理性经济行为从经济学与伦理学的关系来看,也许更能体现人类理性的光辉,合乎人类理性的要求。这一结论丝毫不意为农业文明从整体上优越于工业文明,而旨在表明农业文明也有可贡献于工业文明的实践理性。农业文明与工业文明乃是一种相互促进、相互反思的文明形态,而不是一种非此即彼的对立关系。对农业文明制度理性的理解,可以为人类的未来提供一个多元主义的可选路径。

按照亚当·斯密的理解,个人福利与社会福利之间是通过"一只看不见的手"进行自动调节的,政府不是促进经济发展的有效手段。诺奇克对亚当·斯密的"看不见的手"进行了系统解释。他认为:"一个市场无须经过每一个人都表示同意在那里进行交易而成为一个市场。人们为了某种东西而交换他们的物品,而他们知道,与他们拥有的东西相比,这种东西一般来说是更想要的。因为这将使他们更有可能用这种东西去交换他们想要的其他东西。出于同样的理由,其他人也会更愿意在交换中得到这种更普遍需要的东西。这样,人们在交易中将集中于某些更有市场的物品,愿意用自己的物品来交换它们;他们越是愿意这样做,他们就越是知道别人也愿意这样做,从而

---

① 转引自〔英〕迈克尔·H. 莱斯诺夫著:《二十世纪的政治哲学家》,冯克利译,商务印书馆2001年版,第123页。

进入一种相互强化的过程。"① 为了进一步弄清"看不见的手"起作用的机制,诺奇克对其进行了分类学研究。他认为:"一种有价值的研究活动是对看不见的手的基石的不同模式(和结合)加以分门别类,……我们在这里可以提到两种类型的看不见的手的过程,即过滤过程和平衡过程,而通过这些过程,一种行为模式 P 能够产生出来。在过滤过程中,只有适合 P 的东西才能够通过过滤过程,因为这种过程或结构过滤掉了所有非 P 的东西;而在平衡过程中,每一个组成部分都对'局部'条件产生反应和调整,每一次调整都改变了与其相邻的组成部分之局部环境,以致局部调整的波动总和构成了或实现了 P。"② 诺奇克认为看不见的手起作用的核心机制是将不同的选择行为调整为内部一致性的行为。

诺奇克是从一致性角度对"看不见的手"起作用的机制进行解释的。然而,内部一致性并不能满足自利经济人的基本假设。阿玛蒂亚·森认为:"我曾试图说明,甚至纯粹内部一致性的概念也是不可信的。这是因为,在已经观察到的选择所有构成的集合中,我们是否认为这些选择具有一致性,不仅取决于我们对这些选择的解释,而且还取决于这些选择的某些外部条件(如我们的偏好、目的、价值观和动机)。我的这一'极端'的看法无论能否为大家所接受,内部一致性——无论怎样定义——自身都不能成为为个人理性进行辩护的有效工具。……当选择具有一致性时,潜伏在选择背后的二元关系曾经被描述为人的'效用函数',从而一个人可以顺理成章地视为最大化这一'效用函数'了。但是,这并没有增加任何新的东西,尤其是,它丝毫也没有说明这个人试图最大化的到底是什么。"③ 在阿玛蒂亚·森看来,内部一致性实际上缺乏经验上的可检验性,同时,即使某些选择具有内部一致性,它也不能产生明确的内容。

---

① [美]罗伯特·诺奇克著:《无政府、国家和乌托邦》,姚大志译,中国社会科学出版社年版,第 21～22 页。

② [美]罗伯特·诺奇克著:《无政府、国家和乌托邦》,姚大志译,中国社会科学出版社年版,第 26～27 页。

③ [印度]阿玛蒂亚·森著:《伦理学与经济学》,王宇、王文玉译,商务印书馆 2000 年版,第 19～20 页。

诺奇克论证市场个体选择行为的内部一致性的目的在于引出最小国家（ultraminimal state）概念。他认为，由于个体选择行为的内部一致性，我们不仅不需要一个强大的国家对个人生活的介入，而且也不需要古典自由主义的守夜人式的最低限度的国家（minimal state），我们所需要的是一个介于私人的保护性社团制度和守夜人式国家之间的最小国家。① 与功利主义的福利观点相逆，诺奇克确立了一个反向功利主义的福利主张，即最小国家以对权利的最小侵害作为准则代替将幸福总量作为一种终极状态的准则。② 但阿玛蒂亚·森证明了诺奇克最小国家基础的内部一致性的不可靠性，从而也动摇了诺奇克的最小国家概念。

从守夜人政府到最小国家概念的演变，反映了在处理个人福利与社会福利之间关系时现代经济学对自由市场的偏好以及对政府介入的偏见。从工具选择角度考察，个人福利与社会福利之间的关系可以通过自由市场与政府干预加以说明。

古典经济学倡导经济自由和国家最小限度的敢于。经济自由主义作为一项社会组织的基本原则确立于19世纪后半叶，③ 它的形成过程是一个漫长的历史过程。④ 卡尔·波兰尼认为："经济自由主义是一个社会致力于市场制度之建立时的组织原则。它原来只是一种非官僚作风之方法的倾向而已，后来演变成一种真实的信念，认为人可以经由自律性的市场得到世俗性的救赎。这样的狂热信念源自他们自己

---

① ［美］罗伯特·诺奇克著：《无政府、国家和乌托邦》，姚大志译，中国社会科学出版社年版，第32～33页。

② ［美］罗伯特·诺奇克著：《无政府、国家和乌托邦》，姚大志译，中国社会科学出版社年版，第34页。

③ 注：卡尔·波兰尼认为经济自由主义在西方的确立是19世纪20年代。（见［匈牙利］卡尔·波兰尼著：《巨变：当代政治与经济的起源》，黄树民译，社会科学文献出版社2013年版，第244页。）凯恩斯认为自由放任政策成为一种正统办法产生于19世纪后半期。见［英］约翰·梅纳德·凯恩斯著：《就业、利息和货币通论》，徐毓枬译，译林出版社2011年版，第330页。

④ ［法］布罗代尔著：《资本主义的动力》，杨起译，生活·读书·新知三联书店1997年版，第47页。

献身于其中的事业突然之间急剧恶化了;这可见诸无辜人民所遭受之伤害的深度,以及在建立一个新秩序时,所引起之广泛的变化。"①经济自由主义不只是一种观念,还确立为一整套制度,其中私人财产权是这一制度的基础。

古典经济学所倡导的经济自由主义以私人财产制度为基础。他们认为私人财产制度有利于促进经济繁荣基于以下四个方面的理由:①财产私有制鼓励和利用了人类的一种强烈倾向——将货物和服务带给自己和自己关心的人。②财产私有制具有至关重要的协调功能。它能保证从市场结果中反映出来的成千上万顾客的多种需求,这样就不会出现指令经济所造成的那种短缺状况。③私有制可以解决集体行动的逻辑问题。④私有财产制度可以为国际国内投资创造某种稳定和可预期的保障条件。② 大量的文献表明,私人财产制度产生了严重的逻辑问题和实体问题。

凯恩斯在研究了自由放任政策的弊端后提出了政府干预的理论。凯恩斯的政府干预理论由一系列基本观念构成。

第一,凯恩斯反对极权国家,他认为极权国家使得个人丧失了一种多方面的、不单调的生活的自由。③ 从这一立场出发,凯恩斯不赞成国家社会主义,④ 也不赞成通过革命的方式克服自由市场的弊端。⑤

第二,凯恩斯认为自由市场在微观领域和经济活动的主要领域仍然是有效的。他认为:"决策不集中以及个人负责对于效率之好处,

---

① [匈牙利]卡尔·波兰尼著:《巨变:当代政治与经济的起源》,黄树民译,社会科学文献出版社2013年版,第244页。

② [美]凯斯·R. 孙斯坦著:《自由市场与社会正义》,金朝武、胡爱平、乔聪启译,中国政法大学出版社2002年版,第277～278页。

③ [英]约翰·梅纳德·凯恩斯著:《就业、利息和货币通论》,徐毓枬译,译林出版社2011年版,第328页。

④ [英]约翰·梅纳德·凯恩斯著:《就业、利息和货币通论》,徐毓枬译,译林出版社2011年版,第327页。

⑤ [英]约翰·梅纳德·凯恩斯著:《就业、利息和货币通论》,徐毓枬译,译林出版社2011年版,第325页。

恐怕比19世纪所设想者还要大，……除此之外，假使能够把弊端去掉，则个人主义乃是个人自由之最佳保障，意思是指，在个人主义之下，个人可以行使选择权之范围，要比任何其他经济体系之下，扩大许多。"①

第三，凯恩斯认为自由市场存在某些弊端，这些弊端的克服只能通过政府干预才能消除。他认为："我们生存其中的经济社会，其显著缺点，乃在不能提供充分就业，以及财富与所得之分配有欠公平合理。"②

第四，凯恩斯的政府干预理论之目的在于将自由市场与政府干预有机地结合起来。他认为："因为要使消费倾向与投资引诱二者相互适应，故政府机能不能不扩大，这从19世纪政论家看来，或从当代美国理财家看来，恐怕要认为是对个人主义之极大侵犯。然而我为之辩护，认为是唯一切实办法，可以避免现行经济形态之全部毁灭；又是必要条件，可以让私人策动力有适当运用。"③ 在凯恩斯的理论体系中，自由市场仍然是最基本的经济工具，政府对消费倾向和投资引诱的干预只是在某些情况下才有其必要性，因此，政府干预的时机、范围、强度等就成为一个新的课题。

建立在自利基础上的经济人假设与资产阶级生活方式相结合极大地促进了经济的繁荣与发展，在资本主义社会，市场通过利用资产阶级得到空前发展，资产阶级通过利用市场积累了大量财富，控制了国家政权，但贫富悬殊、两极分化、失业现象和就业歧视使得经济自由主义产生了自反性。欲克服经济自由主义的弊端，必须将自由市场重新嵌入社会结构之中；将个人福利和社会福利置于更深厚的伦理评价体系之中；通过法律的方式保障社会正义的实现；在尊重个人选择的基础上，适时引入政府干预机制。

---

① [英]约翰·梅纳德·凯恩斯著：《就业、利息和货币通论》，徐毓枬译，译林出版社2011年版，第328页。
② [英]约翰·梅纳德·凯恩斯著：《就业、利息和货币通论》，徐毓枬译，译林出版社2011年版，第322页。
③ [英]约翰·梅纳德·凯恩斯著：《就业、利息和货币通论》，徐毓枬译，译林出版社2011年版，第329页。

以上是学者们所开出的矫正经济自由主义弊端的某些处方，属于逻辑补充方式或后果评价方式，亦属于内部批判方式。农民理性话语体系的建立目的在于寻找另外一种理性类型，它不仅对于理解农民、改善农民的境况具有内在意义，而且对于现代经济学也具有重要的反思意义。

第二节 农民理性话语溯源

一、农民理性的含义

农民理性是农民在长期的农业生产生活中为寻求自身的生存和发展而形成的认识、态度和行为方式。农民理性既有理性的一般属性，也有受农业生产生活决定的显著特征。随着时代的发展，农民理性的具体内容和表现形式不断嬗变，从而形成了传统农民理性向现代农民理性的转变。

对于农民理性的理解可以从本体论、认识论、价值论和实践论四个方面进行分析。

第一，从本体论角度考察，农民理性是在以土地为劳动对象和生活来源的生产生活过程中形成的。农民与土地之间的关系构成农民理性第一性的关系。由于土地自身的特点，农民对土地资源的利用决定了农民理性的基础。同时，由于土地自身的生产力受到自然条件的影响，农民必须掌握土地与自然条件之间的关系才能从事生产活动。因此，农民理性最早表现为对耕作基本规律的掌握，从而形成了一系列耕作制度。耕作方式和耕作技巧、提高土地肥力和增加灌溉能力、播种季节和收割季节、间作方式和轮作方式、储藏方式和加工方式等都离不开农民对土地状况和自然条件变化规律的掌握。掌握自然规律是农民理性最基本的构成要素。敬畏自然、尊重自然、顺应自然、与自然相和谐是农民理性的基本构成要素。

第二，从认识论角度考察，农民理性是在长期的生产生活过程中不断形成的对人与自然和人与人关系的认识。徐勇先生认为："农民理性是农民在长期的农业生产环境中形成的意识、态度和看法，它们不是来自于经典文献,而是来自于日复一日的日常生产和生活。"①农民对人与自然和人与人之间的关系的认识经历了一个不断发展的过程。人类社会早期,人们并没有耕作与收获的认识,采摘果实和狩猎都是为了生存这一根本目的。随着人类对土地和自然认识提高,人类开始耕作土地、驯养动物、储藏食物、纺织衣服,从而开始了对土地和自然的自觉利用。随着剩余产品的出现,也就出现了私有观念。在私有观念的支配下,随着劳动分工的发展,也就出现了私有制。私有制将对耕作者劳动成果的支配作为获取生存和发展的手段,从而出现了对土地的占有关系。在封建土地所有制条件下,农民一方面必须满足自己和家庭的生存条件,另一方面必须向地主交付高额地租,同时还要向封建国家缴纳各种税赋。在这种条件下,农民不得不最大限度地利用土地条件、自然条件、身体条件、家庭条件和所有制条件,从而最大限度地生产农产品,以满足自身和家庭的生存需要。

第三,从价值论角度考察,农民理性是为了自身的生存与发展逐步形成的。由于封建土地所有制剥夺了绝大部分农民赖以生存的土地资源,耕者无田的现象普遍存在,自古农民就向往"耕者有其田"的理想。由于农民的生存资源极为有限,生存问题始终是农民所面临的首要问题。因此,生存理性成为封建社会农民理性最基本的形式,效率最大化这一资本主义的经济理性形态并不完全适用于解释封建社会的农民理性。为了增加生存保障能力,农民在家庭的范围内形成了牢固的道义责任,从而产生了道义理性这一派生的理性类型。发展理性的诞生只有在农民摆脱了死亡的恐惧、饥饿的折磨和生存的威胁的现代社会才有可能。也就是说,农民理性的完整形态只有在现代社会条件下才有可能形成,现代社会的农民理性实现了从生存理性向发展理性的根本转变。

第四,从实践论角度考察,农民理性是在农业生产生活中不断积淀起来的。由于传统农民经济活动的产出和支出之间长期处于一种脆弱的平衡状态,传统农民始终在为生存而挣扎。因此,传统农民很少

---

① 徐勇:《农民理性的扩张:"中国奇迹"的创造主体分析——对既有理论的挑战及新的分析进路的提出》,载《中国社会科学》2010年第1期。

有闲暇时间对自身的理性进行总结和提炼。农民理性话语并不是出现在封建时期的历史文献中，而是出现在现代社会的文献中。尽管农民理性话语出现在现代社会的文献中，但并不表明封建社会的农民没有理性。传统农民的理性是在实践过程中不断发展起来的，带有显著的实践理性品质。由于农民与土地和自然条件之间的第一性关系并没有改变，因此，现代农民的理性仍然具有传统农民理性的实践品质，只不过随着社会条件的改善，现代农民理性的内涵和表现形式发生了改变。现代农民理性在很大程度上表现为传统农民理性品质的一种扩张方式[①]或转化形态，这是由农民理性的实践品质决定的。如我国处于基础地位的家庭承包责任制和西方占主导地位家庭农场都体现了传统农民理性与现代农民理性之间的继承和发展关系。归根结底，这种关系的形成是由农业生产自身的本质属性决定的。

农民理性是一个不断发展的谱系，不同时代和历史条件下农民理性的内涵和表现形式不断变化，它并不能从本体论、认识论、价值论和实践论的某一个方面得到完整的解释，而是必须从以上四个方面进行总体上的提炼和概括。关于这一问题，我们将在下文系统阐述。

二、农民理性话语的嬗变

理性是西方启蒙运动时期的中心话语。理性话语的向度朝着有利于为资产阶级提供正当性与合法性的方向发展，它应对农民阶级的边缘化和苦难历程承担历史责任。

按照西方理性话语体系所提供的论证框架，农民作为非理性的他者既是一个观念事实，也是一个制度事实，还是一个文化事实。

按照进化论提供的认识图式，处于封建社会生产关系网络中心的农民被认为是落后的、愚昧的、缺乏理性的居民，是有待于解放出来被改造成为无产阶级或分化为资产阶级的居民。启蒙时期以来的理性话语剥夺了农民理性辩驳的话语权，使得农民不得不长期处于一种缺乏正当性与合法性的生存状态，造成了严重的社会后果：①农民辛勤

---

① 徐勇：《农民理性的扩张："中国奇迹"的创造主体分析——对既有理论的挑战及新的分析进路的提出》，载《中国社会科学》2010年第1期。

耕作的土地失去了神圣性，他的劳动方式被认为是不合理性要求的非理性行为，他们在生存方式和劳动方式方面的正当性与合法性被否定，他们的精神生活被理性话语拔根。而被拔根的农民又不得不束缚于这样一种缺乏正当性与合法性的生活状态。薇依认为，由被拔根的农民去从事一种被定义为非理性的生产方式与生活方式，既是一种违反自然的历史事件，也是一件丑恶的社会事件。① ②农民发现，无论经济如何发展，社会进步都"没有自己的份"，② 可视的成就体现在城市的高楼大厦，乡村依然边缘冷清；可见的权利提到的是工人，农民依然暗淡无光；可用的财富集中于少数资本家，自己依然贫困饥饿。生产粮食的农民常常挨饿，需要赈济饥荒的农业地区常常被超额征粮或者大量出口粮食。③ ③一个青年农民进城进入资本主义生产方式的行列，到老年他发现自己不过还是一个农民，④ 并没有分享社会进步的成果。这种成员资格分配上的限制，⑤ 使之终生打上了非理性者的烙印。④不满足于农业劳动，亦不满足于为资本家雇佣的农民成为现代军队的基础，资产阶级出钱，小农当兵。⑥ 农民在军队中的地位决定了特定社会新制度的开端。摩尔认为："农民应对农业商品化

---

① ［法］西蒙娜·薇依著：《扎根：人类责任宣言绪论》，徐卫翔译，生活·读书·新知三联书店2003年版，第62页。

② ［法］西蒙娜·薇依著：《扎根：人类责任宣言绪论》，徐卫翔译，生活·读书·新知三联书店2003年版，第63页。

③ ［印度］阿玛蒂亚·森著：《贫困与饥饿——论权利与剥夺》王宇、王文玉译，商务印书馆2001年版，第197页。

④ ［法］西蒙娜·薇依著：《扎根：人类责任宣言绪论》，徐卫翔译，生活·读书·新知三联书店2003年版，第67页。

⑤ 注：迈克尔·沃尔泽认为："在人类某些共同体里，我们相互分配的首要善是成员资格。"（［美］迈克尔·沃尔泽著：《正义褚领域：为多元主义与平等一辩》，褚松燕译，译林出版社2002年版，第38页。）这一论断特别适合概括农民没有被分配同等的成员资格所遭受的苦难和所面临的困境。

⑥ 恩格斯：《德国农民战争》，载《马克思恩格斯文集》第2卷，人民出版社2009年版，第329页。

挑战的方式是决定政治结果的关键因素。"① ⑤农民中的青年女性充实着卖淫队伍,成员身份的分割与权利的不平等将流动在城市的男性青年农民与卖淫队伍紧密地结合在一起,既不可能有健康的农民队伍,也不可能有健康的工人队伍,整个国家也不会健康。② 剥夺了理性话语权和生活正当性的农民陷入一种无根状态,亟须摆脱理性话语的束缚或者寻找另外一种理性话语以维护自身生活的正当性与合法性。

农民是现代理性话语网孔中被过滤掉的他者。这一观念不仅体现在进化论的观念中,而且体现在社会历史形态的分析框架中。用进化论的观念分析社会的历史形态,一般分为原始社会、奴隶社会、封建社会、资本主义社会、共产主义社会,其中,社会主义社会作为共产主义社会的一种过渡形态而存在。每一个历史形态是由对前一个历史形态的扬弃或否定发展而来,后一个社会社会形态优越于前一个历史形态。其中,资产阶级所取得的成就是最显著的。马克思、恩格斯认为:"资产阶级在它的不到一百年的阶级统治中所创造的生产力,比过去一切世代创造的全部生产力还要多,还要大。……由此可见,资产阶级赖以形成的生产资料和交换手段,是在封建社会里造成的。在这些生产资料和交换手段发展的一定阶段上,封建社会的生产和交换在其中进行的关系,封建的农业和手工业组织,一句话,封建的所有制关系,就不再适应已经发展的生产力了。这种关系已经在阻碍生产而不是促进生产了。它便成了束缚生产的桎梏。它必须被炸毁,而且已经被炸毁了。"③ 马克思、恩格斯对封建社会生产关系的论断使用的是革命的语言,而不是理性的语言,特别是当他们考察到资产阶级在俄国不仅没有炸毁封建社会的生产关系,反而依赖封建社会所形成的生产关系时,他们就已认识到在资产阶级不发达的国家取得社会主

---

① [美]巴林顿·摩尔著:《专制与民主的社会起源:现代世界形成过程中的地主和农民》,上海译文出版社2012年版,前言,第6页。
② [法]西蒙娜·薇依著:《扎根:人类责任宣言绪论》,徐卫翔译,生活·读书·新知三联书店2003年版,第68页。
③ 马克思、恩格斯:《共产党宣言》,载《马克思恩格斯文集》第2卷,人民出版社2009年版,第36页。

义胜利后仍然需要面临如何跨过"卡夫丁峡谷"的两难。① 对俄国农村公社所形成的生产关系之社会主义属性的肯定预示着马克思主义经典作家对农民理性的默示。马克思、恩格斯认为:"公民公社将从事工业生产和农业生产,将把城市和农村生活方式的优点结合起来,避免二者的片面性和缺点。"② 承认农村生活方式也有其优点,也就肯定了农民也有其理性,且农民的理性类型不同于城市文明所形成的理性类型。

西方理性话语认为,农民的非理性不仅是观念上的和制度上的,而且是精神上的。按照马克斯·韦伯的理解,资本主义精神就是基于新教伦理即使是在金钱堆中仍有硬干苦干,顶天立地,道德升华的观感。③ 马克斯·韦伯将资本主义的经济行为定义为:"它是利用交换机会而以赢利预期为基础的行动,就是说,是以(形式上)和平的赢利机会为基础的行动。"④ 他认为,获利的冲动,追求最大可能数值的货币收益,这本身与资本主义并不相干。对利润的贪得无厌根本就不能等同于资本主义,更不是资本主义精神。资本主义更多的是对这种非理性冲动的一种抑制,至少是一种理性的缓冲。⑤ 马克斯·韦伯认为,在前资本主义时期,人们对物质财富的追求并不比资本主义逊色,贪欲也不比资本主义更少。⑥ 马克斯·韦伯认为:"现代资本主义精神乃至整个现代文化的基本要素之一,就是天职观念基础上的理性行为,它的源头则是基督教的禁欲主义精神。……清教徒是为了履行天职而劳动,我们的劳动则是迫不得已。因为,当禁欲主义从修

---

① 《马克思恩格斯选集》第3卷,人民出版社1995年版,第606页。
② 《马克思恩格斯选集》第1卷,人民出版社1995年版,第240页。
③ 黄仁宇著:《资本主义与二十世纪》,生活·读书·新知三联书店1997年版,第10页。
④ [德]马克斯·韦伯著:《新教伦理与资本主义精神》,阎克文译,生活·读书·新知三联书店2010年版,第161页。
⑤ [德]马克斯·韦伯著:《新教伦理与资本主义精神》,阎克文译,生活·读书·新知三联书店2010年版,第160页。
⑥ [德]马克斯·韦伯著:《新教伦理与资本主义精神》,阎克文译,生活·读书·新知三联书店2010年版,第188页。

道院的斗室里被带入日常生活，并开始支配世俗道德观时，它在庞大的现代经济秩序体系的构造中就会发挥应有的作用。"① 按照马克斯·韦伯的理解，由新教伦理所确立的资本主义精神本质上是理性主义的必然产物。他认为："资本主义精神的发展完全可以理解为作为一个整体的理性主义发展的一部分，而且可以从理性主义对于人生基本问题的根本立场中演绎出来。……理性主义是一个涵盖了全部不同事物的历史概念。我们的任务就是要找出这一特别具体的理性思维形式到底是谁的精神子嗣，因为天职观念以及为天职而劳动的热情都是由此生发出来的。"② 托尼认为："'理性主义'是韦伯使用的一个专门术语，用以描述一种并非基于习俗或传统，而是基于深思熟虑地系统调整经济手段以实现赢利目标的经济制度。"③ 吉登斯更简洁地描述了韦伯所讨论的理性主义概念，他认为："一种理性化的资本主义经营方式包含两个要素：有纪律的劳动力和有规则的资本投资。他们都与传统类型的资本主义活动形成了深刻的反差。"④ 按照马克斯·韦伯的理解："人活着就要去赚钱，就要把获利作为生活的最终目标。经济获利活动不再作为人满足自身物质需要的手段而从属于人了。……要尽天职的义务，这一独特的观念事实上正是资产阶级文化的社会伦理中最具代表性的因素，在某种意义上说，乃是资产阶级文化的根本基础。"⑤ 按照韦伯的理性主义标准，不仅所有前资本主义

---

① ［德］马克斯·韦伯著：《新教伦理与资本主义精神》，阎克文译，生活·读书·新知三联书店2010年版，第274页。
② ［德］马克斯·韦伯著：《新教伦理与资本主义精神》，阎克文译，生活·读书·新知三联书店2010年版，第201～202页。
③ ［英］R. H. 托尼：《〈新教伦理与资本主义精神〉前言》，载［德］马克斯·韦伯著：《新教伦理与资本主义精神》，阎克文译，生活·读书·新知三联书店2010年版，第10页。
④ ［英］安东尼·吉登斯：《〈新教伦理与资本主义精神〉导言》，载［德］马克斯·韦伯著：《新教伦理与资本主义精神》，阎克文译，生活·读书·新知三联书店2010年版，第20页。
⑤ ［德］马克斯·韦伯著：《新教伦理与资本主义精神》，阎克文译，生活·读书·新知三联书店2010年版，第186页。

的经济行为都是非理性的，就是现代资本主义以前的资本主义的经济行为也是非理性的。

马克斯·韦伯举了一个例子证明传统经济行为方式与现代经济行为方式之间的巨大差异，从而附带说明农民不合乎他所定义的理性主义标准。他发现，在农业生产中，收割期要求最大可能的劳动强度。气候变化无常使得丰厚利润与重大损失之间依赖收获的速度。雇主普遍采取计件工资制。并且，雇主对加快收割速度的关切会随着劳动成果和劳动强度的增长而增长，雇主会尝试提高劳动者的计件工资以给劳动者机会挣得更高的工资，鼓励他们提高劳动生产率。但是，雇主常常会遇到一个奇怪的困难，其发生频率之高令人惊讶，即提高计件工资常常招致这样的后果：在同一时间内做完的活儿不是多了，而是少了。因为劳动者对工资的反应不是增多而是减少其工作量。挣的多一些并不比干的少一些来得那样诱人。他考虑的只是如何满足它的传统需要。人并非天生就希望多多地挣钱，而只是希望像他自己已经习惯的那样生活，挣到为此目的所需要的钱。只要现代资本主义开始通过提高劳动强度而提高人的劳动生产率，就必然会遭遇来自前资本主义劳动这一主要特征的极其顽固的抵抗。马克斯·韦伯认为这是传统主义的一个典型范例。① 许多论文都援引马克斯·韦伯所列举的这一范例证明马克斯·韦伯认为农民是非理性的。② 这可能是一种误解，实际上，马克斯·韦伯的理性标准是非常独特而且狭窄的历史概念。

按照马克斯·韦伯的理性标准，只有建立在新教伦理基础上的经济行为才是理性行为，其他所有的经济行为都是非理性行为，不论是非资本主义经济行为，就是非新教伦理基础上的资本主义经济行为都属于传统主义的范畴，属于非理性行为的序列。马克斯·韦伯实际也认识到，所谓的理性行为有时并非是理性的。他认为："我们已经看到，从纯粹幸福论的个人利益观点来看，理性主义完全是无理性的。

---

① ［德］马克斯·韦伯著：《新教伦理与资本主义精神》，阎克文译，生活·读书·新知三联书店2010年版，第189～190页。

② 秦晖著：《市场信号与"农民理性"——清华大学学生农村调查报告之分析（三）》，载《改革》1996年第6期，第88页。

但它一直并且至今仍然是我们资本主义文化最有特色的因素之一。这里我们特别关心的恰恰就是这个存在于资本主义文化中，也存在于任何天职观念中的无理性因素的起源。"① 将理性主义作为资本主义的精神动力，同时又揭示这种精神动力的无理性特质，马克斯·韦伯与马克思一样，对于资本主义的矛盾性已有深刻认识。② 马克斯·韦伯将现代资本主义的理性主义等同于现代主义，并通过对理性主义的无理性特质进行揭示，从而引导人们仔细考察现代主义存在的矛盾。

贝尔认为："到19世纪末，资产阶级世界观——理性主义、讲求实际、注重实效——不仅开始控制了技术经济结构，也开始统治文化领域，特别是宗教秩序和向孩子灌输'适宜'动机的教育体系。"③ 而现代主义则是"为了总是处于'先进意识'前列而自我追求一种风格或感觉的努力"。④ 一方面，现代主义成为资产阶级的精神动力，推动资产阶级无法满足的赢利欲望。贝尔认为："资本主义社会的本质不是需求，而是欲望。欲望是心理上而不是生理上的，且其本性就是无所限制。……这种欲望的引擎是生活水平的不断提高和构成我们丰富多彩生活的产品的多样性。"⑤ 另一方面，由于现代主义具有永远追求新颖性的内在动力，故"这种文化情结甚至早在马克思主义之前就开始攻击资产阶级社会了"。⑥ 通过对资产阶级理性主义无理性向度的揭示，从一个反面给农民理性的揭示提供了一个机会。农民

---

① ［德］马克斯·韦伯著：《新教伦理与资本主义精神》，阎克文译，生活·读书·新知三联书店2010年版，第202页。
② ［英］R. H. 托尼：《〈新教伦理与资本主义精神〉前言》，载［德］马克斯·韦伯著：《新教伦理与资本主义精神》，阎克文译，生活·读书·新知三联书店2010年版，第12页。
③ ［美］丹尼尔·贝尔著：《资本主义文化矛盾》，严蓓雯译，江苏人民出版社2007年版，第53页。
④ ［美］丹尼尔·贝尔著：《资本主义文化矛盾》，严蓓雯译，江苏人民出版社2007年版，第46页。
⑤ ［美］丹尼尔·贝尔著：《资本主义文化矛盾》，严蓓雯译，江苏人民出版社2007年版，第20页。
⑥ ［美］丹尼尔·贝尔著：《资本主义文化矛盾》，严蓓雯译，江苏人民出版社2007年版，第46页。

理性话语是从批判和反思资产阶级的理性主义基础上提出来的。

在西方，农民理性的研究具有不同的历史传统：马克思主义传统、实体主义传统、形式主义传统。① 马克思主义传统是最早对资产阶级的弊端进行系统批判的学说。实体主义传统最典型的是恰亚诺夫和波兰尼的差异理性学说。形式主义传统最典型的是舒尔茨的同一理性学说。

中国的农民问题除具有这三种传统所包含的普遍性外，其独特性尤为显著，中国学者形成了自己独具风格的研究传统。马林诺夫斯基认为："中国社会学界已独立自发地组织起一场对文化变迁和应用人类学的真正问题进行学术上的攻关。"② 这一传统建立在对中国农民为应对社会变迁所创造的制度的系统梳理上。

第三节 农民理性话语诸解释传统

农民理性必须从本体论、认识论、价值论和实践论四个方面进行全面解释才能揭示其内涵。同时，只有从动态的角度解释，才能揭示农民理性在不同历史时期和社会条件下的表现形态。由于立场、观点和方法不同，对农民理性的解释存在一定程度的差异，因此形成了不同的话语解释传统。

马克思主义传统认为农民具有两重性。一方面，农民深受封建土地所有制和地主阶级的压迫和剥削，具有推翻封建土地所有制和地主阶级压迫和剥削的革命性。另一方面，农民的劳动由于长期被封建土地所有制所分割，形成了自我封闭，缺乏前瞻意识、协作精神和社会适应性的性格。按照马克思主义传统的理解，原始社会后期，战俘和无力偿还债务的氏族成员已与土地一同被战胜者和债权者自然化为奴隶。奴隶社会是一个将耕作者普遍工具化的社会形态。奴隶不过是作

---

① [美]黄宗旨著：《华北的小农经济与社会变迁》，中华书局2000年版，第7页。
② [英]马林诺夫斯基《〈江村经济〉序》，载费孝通著，刘豪兴编：《江村经济》，上海人民出版社2007年版，第9页。

用于土地的肉身，一种自然化的工具。封建社会是一个最大限度分割农民土地收益的社会制度形态。农民只不过是直接作用于土地，供给统治阶级享乐生活的身体。资本主义是一个离间农民与土地关系的社会形态。尽管在同封建社会做斗争的过程中农民成为资产阶级的武器，但绝大部分农民最终无法逃脱从土地中分离出来的命运。社会主义是一个以国家或集体名义占有土地而在农民之间均分土地收益的社会形态。

实体主义传统认为，尽管农民的劳动被封建土地所有制所分割，但农民仍然形成了劳动合作的基本形式；尽管农民深受地主阶级压迫和剥削，但农民还是充分利用了各种和平与暴力、合法与非法的方式与地主阶级进行斗争，迫使地主阶级不得不做出某些让步或妥协。农民在有限的自然条件下形成的劳动合作形式可以作为新社会进一步引导农民朝着更高级的合作形式发展的基础。传统农民的生存理性在新的社会条件下可以转化为发展理性，传统农民的道义理性在新的社会条件下可以转化为合作理性，传统的理性小农可以转化为现代农民。

形式主义传统认为，尽管传统农民受到自然条件和社会条件的限制，但传统农民仍然具有最大限度配置生产资源和均衡生产要素的理性能力。与此同时，在进入现代社会后，传统农民的理性能力仍然具有适应新的生产条件的素质。通过对农民的人力资源进行投资，传统农民就会转化为现代农民，具有与市民一样适应现代生产要素的理性能力。形式主义传统认为，不仅承认传统农民的理性能力，而且承认传统农民转化为现代农民的可能性，在这一转化过程中，工作的中心是对农民的人力资源开发进行投入。只有提高农民的理性能力，传统农业才能转化为现代农业。

一、马克思主义传统

马克思主义传统认为农民与地主形成的经济关系是封建社会的经济基础。其所形成的关系就是地主与农民之间的剥削与被剥削关系。恩格斯认为："处于所有这些阶级（平民反对派除外）之下的，就是这个民族中遭受剥削的广大群众——农民。压在农民头上的是社会的各个阶层：诸侯、官吏、贵族、僧侣、城市贵族和市民。无论农民是属于一个诸侯、一个帝国直属贵族、一个主教、一个寺院、还是属于一个城市,它们都毫无例外地被当作一件东西看待,被当作牛马,甚至连牛马都不如。"① 关于农民是否有制度理性能力的问题,马克思主义经典作家并没有进行系统论证。部分文献得出农民有制度理性能力,部分文献得出农民无制度理性能力的结论。在对这些文献的梳理过程中,我们发现马克思主义经典作家关于农民是否具有制度理性能力的论断之间存在很大的张力。

马克思主义经典作家从社会大分工、西欧农民的生产方式和生活方式、资本主义生产方式与封建社会的生产方式等不同方面讨论过农民的无制度理性能力问题。恩格斯认为:"第一次大分工,即城市和乡村的分离,立即使农村居民陷入数千年的愚昧状态。"② 马克思主义经典作家不仅认为农民的愚昧是由于城乡分离的必然结果,而且认为农民的生产方式也决定了农民的封闭和狭隘。马克思认为:"小农人数众多,他们的生活条件相同,但是彼此间并没有发生多种多样的关系。他们的生产方式不是使他们相互交往,而是使他们相互隔离。……每一个农户差不多都是自给自足的,都是直接生产自己的大部分消费品,因而他们取得生活资料多半是靠与自然交换,而不是靠与社会交往。……法国国民的广大群众,便是一些同名数简单相加而形成的,就像一袋马铃薯是由袋中的一个个马铃薯汇聚而成的那样。"③ 在马克思主义经典作家看来,西欧的农民仅满足于自给自足的自然经济,与以赢利为目的的资产阶级理性之间相去甚远。恩格斯认为:"我们这里所说的小农,是指小块土地的所有者或租佃者——尤其是所有者,这块土地既不大于他以全家的力量通常所能耕种的限度,也不小于足以让他养家糊口的限度。因此,这个小农,像小手工业者一样,是一种工人,他和现代无产者不同的地方就是他还占有自

---

① 恩格斯:《德国农民战争——1970年第二版序言》,载《马克思恩格斯文集》第2卷,人民出版社2009年版,第231页。

② 恩格斯:《反杜林论》,载《马克思恩格斯文集》第9卷,人民出版社2009年版,第308页。

③ 马克思:《路易·波拿巴的雾月十八日》,载《马克思恩格斯文集》第2卷,人民出版社2009年版,第566页。

己的劳动资料;所以,这是过去的生产方式的一种残余。"① 在马克思主义经典作家看来,农民的生产方式是一种应该被资本主义生产方式或被更高的社会主义生产方式代替的落后的生产方式。马克思、恩格斯认为:"资产阶级在它的不到一百年的阶级统治中所创造的生产力,比过去一切世代创造的全部生产力还要多,还要大。……由此可见,资产阶级赖以形成的生产资料和交换手段,是在封建社会里造成的。在这些生产资料和交换手段发展的一定阶段上,封建社会的生产和交换在其中进行的关系,封建的农业和手工业组织,一句话,封建的所有制关系,就不再适应已经发展的生产力了。这种关系已经在阻碍生产而不是促进生产了。它便成了束缚生产的桎梏。它必须被炸毁,而且已经被炸毁了。"② 从社会发展历史形态的角度,马克思主义经典作家认为农民代表了一种落后的生产方式,他所依赖的生产关系必须被废除。

马克思主义经典作家对农民制度理性的肯定是间接的,对其确切内容并没有提供系统论证。马克思、恩格斯关于未来社会的设想中包含着对农村生活方式的肯定,可以看作他们间接肯定了农民也有制度理性能力。他们认为:"公民公社将从事工业生产和农业生产,将把城市和农村生活方式的优点结合起来,避免二者的片面性和缺点。"③ 在《共产主义原理》一文中,恩格斯再次重复了这一立场。④ 马克思主义经典作家对农民理性的肯定最为确切的根据是他们对俄国的农村公社所持的立场和特别关切。他们认为在欧洲唯一保存得最完整的农村公社具有社会主义性质。

从现实批判的角度考察,马克思主义认为"现代社会"是一个必须扬弃的批判性领域。"现代社会"在马克思的论域中特指资产阶

---

① 恩格斯:《法德农民问题》,载《马克思恩格斯文集》第3卷,人民出版社2009年版,第512页。
② 马克思、恩格斯:《共产党宣言》,载《马克思恩格斯文集》第2卷,人民出版社2009年版,第36页。
③ 《马克思恩格斯选集》第1卷,人民出版社1995年版,第240页。
④ 恩格斯:《共产主义原理》,载《马克思恩格斯文集》第1卷,人民出版社2009年版,第686页。

级社会。① 它所形成的社会形态是以资产阶级"市民社会"为基础的西方社会。一方面，马克思认为"现代社会"服从资本塑造自我相似性的逻辑，创造了人类文明的新成就。他认为："资产阶级……正像它使农村从属城市一样，它使未开化和半开化的国家从属于文明的国家，使农民的民族从属于资产阶级的民族，使东方从属于西方。"② 另一方面，他认为"现代社会"只是为"人类社会或社会化的人类"③ 准备了物质条件。尽管马克思没有使用过"现代性"这一概念，但是，他乃是"对现代性现象进行批判性反思的真正的先驱者。"④ 对"现代社会"文明成果的肯定与批判成为马克思主义政治哲学的切入点。

俄国农村公社的经济性质与制度潜能是赫尔岑（1812—1870）、马克思、恩格斯、列宁、普列汉诺夫等思想家都积极思考的问题。

马克思对俄国的社会主义前景从经济角度做过简单考察。他认为俄国在全国范围内保留的"农业公社"这样一种原始的、落后的经济形式具有二重性：一方面，公有制以及公有制所造成的各种社会联系，使公社基础稳固。另一方面，房屋的私有、耕地的小块耕种和产品的私人占有又使那种与较原始条件不相容的个性获得发展。这种二重性包含着两种发展的可能性：一种形式是所包含的私有制因素战胜集体因素，一种是所包含的集体因素战胜私有制因素。一切都取决于

---

① 注：马克思所指的"现代社会"特指资本主义社会（参见丰子义：《马克思现代性思想的当代解读》，《中国社会科学》2005年第4期；陈学明、罗骞著：《科学发展观与人类存在方式的改变》，《中国社会科学》2008年第5期）。据考证，马克思从来没有使用过"资本主义"这一概念。"资本主义"这一概念是1902年由威纳尔·桑巴特（Werner Sombart）在《现代资本主义》（Der Moderne Kapitalismus）一书中首先使用的概念（参见［法］布罗代尔：《资本主义的动力》，杨起译，生活·读书·新知三联书店1997年版，第31页）。

② 《马克思恩格斯选集》第1卷，人民出版社1995年版，第277页。

③ 丰子义著：《马克思现代性思想的当代解读》，《中国社会科学》2005年第4期，第61页；邹诗鹏著：《马克思对现代性社会的发现、批判与重构》，《中国社会科学》2009年第4期，第9页。

④ 俞吾金著：《马克思对现代性的诊断及其启示》，《中国社会科学》2005年第1期，第4页。

它所处的历史条件。如果历史条件具备，"农村公社"就不必经过从公有制到私有制、从原生形态到次生形态的过渡时期，它可以把资本主义制度所创造的一切积极的成果用到公社中来，从而可以不通过资本主义制度的"卡夫丁峡谷。"① 在这篇马克思给维·伊·查苏利奇的复信初稿（1881年2月底—3月初）中，马克思并没有指出俄国社会主义革命的历史条件的具体内涵，即：到底是社会主义革命在西欧发达资本主义国家首先取得胜利作为俄国不通过资本主义制度的"卡夫丁峡谷"的历史条件，还是俄国自身引发社会主义革命取得胜利作为不通过资本主义制度的"卡夫丁峡谷"的历史条件呢？

1882年1月21日，马克思、恩格斯在《〈共产党宣言〉1882年俄文版序言》②中认为："俄国公社，这一固然已经大遭破坏的原始土地公共占有形式，是能够直接过渡到高级的共产主义的公共占有形式呢？或者相反，它还必须先经历西方的历史发展所经历的那个瓦解过程呢？对于这个问题，目前唯一可能的答复是：假如俄国革命将成为西方无产阶级革命的信号而双方互相补充的话，那么现今的俄国土地公有制便能成共产主义发展的起点。"③ 1885年恩格斯在致维·伊·查苏利奇的信中承认他对俄国的情况知之甚少，特别是对俄国近年来的革命派内部的秘密一无所知，但他还是认为："我所知道的或者我自以为知道的俄国情况，使我产生如下想法：这个国家正在接近它的1789年。革命一定会在某一时刻爆发；它每天都可能爆发。……——在这样的国家里，如果1789年一开始，1793年很快就会跟着到来……"④ 在马克思的信中，马克思肯定的是"农业公社"

---

① 《马克思恩格斯选集》第3卷，人民出版社1995年版，第606页。
② 注：马克思、恩格斯在《〈共产党宣言〉1882年版序言》中认为1882年《共产党宣言》俄文版第1版的译作者为巴枯宁（《马克思恩格斯选集》第1卷，人民出版社1972年版，第230页）。但恩格斯在1894年1月上旬《〈论俄国的社会问题〉跋》中称，1882年《共产党宣言》俄文版第1版的译作者为普列汉诺夫（《马克思恩格斯选集》第2卷，人民出版社1995年版，第444页）。
③ 《马克思恩格斯选集》第4卷，人民出版社1995年版，第444页。
④ 《马克思恩格斯选集》第4卷，人民出版社1995年版，第670页。

的社会主义成分，但是悬搁了对历史条件的确切内涵做出说明。在马克思、恩格斯的俄文版序言中，他们认为俄国的"农业公社"作为共产主义的起点必须同时满足两个条件：一个条件是俄国革命成为西方无产阶级革命的信号，另一个条件是俄国革命与西方无产阶级革命互相补充。在恩格斯的信中，恩格斯对俄国革命必将爆发充满乐观估计，但对于俄国革命是资产阶级革命还是无产阶级革命的性质不能做出确切评估。

1894年1月上旬，恩格斯在《〈论俄国的社会问题〉跋》中集中阐述了俄国"农业公社"、俄国革命、西欧无产阶级革命、俄国社会主义的前景之间的关系问题。他认为："在商品生产和单个交换以前出现的一切形式的氏族公社同未来的社会主义社会只有一个共同点，就是一定的东西即生产资料由一定的集团共同所有和共同使用。但是单单这一个共同特征并不会使较低的社会形式能够从自己本身产生出未来的社会主义社会，后者是资本主义社会的最独特的最后的产物。……然而，不仅可能而且毋庸置疑的是，当西欧各国人民的无产阶级取得胜利和生产资料转归共有之后，那些刚刚进入资本主义生产而仍然保全了氏族制度或氏族制度残余的国家，可以利用共有制的残余和与之相适应的人民风尚作为强大的手段，来大大缩小自己向社会主义社会发展的过程，并避免我们在西欧开辟道路时所不得不经历的大部分苦难和斗争。但这方面必不可少的条件是：目前还是资本主义的西方做出榜样和积极支持。只有当资本主义经济在自己故乡和在它兴盛的国家里被克服的时候，只有当落后国家从这个榜样上看到'这是怎么回事'，看到怎样把现代工业的生产力作为社会财产来为整个社会服务的时候——只有到那个时候，这些落后的国家才能开始这种缩短的发现过程。然而那时它们的成功才是有保证的。这不仅适用于俄国，而且适用于处于资本主义以前的阶段的一切国家。但比较起来，这在俄国将最容易做到。"[①] 在这篇文章中，恩格斯重申了他与马克思在《〈共产党宣言〉

---

① 《马克思恩格斯选集》第4卷，人民出版社1995年版，第442～443页。

1882 年俄文版序言》中的观点。恩格斯在讨论俄国问题时明确坚持经济决定政治的原则。在恩格斯看来，社会主义必然在西欧发达资本主义社会中产生，而不可能在经济落后的其他国家首先产生。当西欧的社会主义革命取得成功后，其他经济落后国家可以利用自身的共有成分或共有成分的残余以西欧为榜样"跨越"资本主义的"卡夫丁峡谷"而直接进入社会主义社会。马克思和恩格斯没有预见到西欧并没有为其他经济落后国家提供榜样的事实，也没有预见到社会主义革命首先在经济落后国家取得胜利的事实，这就使得如何在经济落后国家建设社会主义的问题成为一个被悬搁的理论问题，也使得建设社会主义成为一个试验性的实践领域。

不仅如此，马克思主义经典作家还认识到西欧的小农经济不同于俄国和印度的农村公社，也不同于中国的农村经济组织形式。

恩格斯对于俄国的农村公社的命运满怀忧虑。他看到："农业旧有条件遭到破坏，向大农场资本主义经营方式逐渐过渡——这些都是在英国和德国东部已经完成了的而在其他地方正在普遍进行着的过程。在我看来，很明显，'俄国的大工业必将扼杀农业公社'，除非发生其他有助于保留这种公社的巨大变化。"[1] 很明显，恩格斯希望俄国爆发革命以拯救农村公社，为未来社会留下生根发芽的种子。

马克思认为，亚洲的小农本质上没有土地所有权，国家既是土地的所有者又是主权者，在这种情况下，不存在任何同地租不同的赋税，地租和赋税合为一体。国家就是最高的地主，主权就是在全国范围内集中的土地所有权。在这种情况下也就没有私有土地所有权，而只有对土地的私有或共同的占有权和用益权。[2] 从政治体系角度分析，马克思对亚洲土地所有权的分析并无不当，但根据中国实际，这

---

[1] 恩格斯：《马克思和恩格斯的书信——恩格斯致尼古拉·弗尔策维奇·丹尼逊》，载《马克思恩格斯文集》第 10 卷，人民出版社 2009 年版，第 627 页。

[2] 马克思：《资本论》第 3 卷第 47 章，载《马克思恩格斯文集》第 7 卷，人民出版社 2009 年版，第 894 页。

一分析并不能准确反映中国封建社会中的君主——臣民关系、官僚——民众关系、地主——佃农关系。秦晖认为，所有土地所有权都属于皇帝、皇帝本人是最大的地主和皇帝代表地主利益的主张都是站不住脚的。因为，在封建专制国家，不唯土地归皇帝所有，而且人民、财产等一切都属于皇帝所有。因此，说封建专制国家土地所有权归皇帝（或国家）所有是没有意义的。皇帝本人是最大的地主也是站不住脚的。既然皇帝把天下视为自己的私产，也就不存在皇帝要去争最大的位置了。代表制是代议制民主兴起后的事情，皇帝需要的是官员为其办办差，办差的官员才是代表皇帝的，皇帝并不代表官差。① 按照秦晖的研究，他认为造成中国社会动乱的主要原因是"官逼民反"，而不是"业逼佃反"，也就是说，真正的问题是封建专制所依靠的政治关系使中国之乱恶性循环的主要原因，而地主与佃农之间的关系不是中国社会之乱循环的主要原因。② 如果这一认识具有真实性，那么中国在应用马克思主义经典作家经济基础决定上层建筑这一原理上就需要更深刻的解释。同时，巴林顿·摩尔认为地主和农民的关系决定了现代世界专制还是民主的走向的结论就需要修正了。

马克思主义经典作家对中国社会结构的考察比对俄国社会结构的考察少得多，但有过许多关注。他认为："妨碍对华出口贸易迅速扩大的主要因素，是那个依靠小农业与家庭工业相结合而存在的中国社会经济结构。"③ 这种中国社会的经济结构满足了居民的简单需求，他们对资本主义生产方式产生一种阻碍作用。马克思认为："正是这种农业与手工业的结合，过去长期阻挡了而且现在仍然妨碍着英国商品输往东印度。但在东印度，那种农业与手工业的结合是以一种特殊的土地所有制为基础的。而英国人凭着自己作为当地最高地主地位，能够破坏这种土地所有制，从而强使一部分印度自给自足的公社变成

---

① 秦晖：《"业佃"关系与官民关系——传统社会与租佃制再认识之二》，载《学术月刊》2007年第1期，第131~133页。
② 秦晖：《"业佃"关系与官民关系——传统社会与租佃制再认识之二》，载《学术月刊》2007年第1期，第136页。
③ 马克思：《对华贸易》，载《马克思恩格斯文集》第2卷，人民出版社2009年版，第672页。

纯粹的农场,生产鸦片、棉花、靛青、大麻之类的原料来和英国货交换。在中国,英国人还没有能够行使这种权力,将来也未必能做到这一点。"① 马克思之所以在分析印度与中国上产生差异,除了英国统治印度这一事实外,更重要的是他认为中国农民具有一种独特的品质。他从米契尔的叙述中发现中国农民是勤劳的人、节俭的人、只有简单需要的人、善于在农业与家庭手工业之间做出时间与劳动力调配的人、精于成本计算的人。

马克思主义经典作家关于农民理性问题留下了许多含混性的论断,也留下了许多想象空间,总体上对农民怀着一种矛盾的心情。一方面,从人道主义角度出发,他们同情农民被地主和资本家剥削的悲惨命运,谴责地主的残酷与资本家的冷酷;另一方面,从历史唯物主义角度出发,他们认为农民与落后的生产方式相结合,代表了落后的生产关系及其在革命过程中具有两面性,农民应该被解放并被改造成为新人。更为吊诡的是:他们在揭示农民被剥削的根源时认为,正是由于无地农民没有土地,地主拥有土地所有权才使得无地农民受剥削,自耕农因其只拥有小块土地而被代表地主阶级的国家所剥削。资本家对农民的剥削借助于国家强制手段:一是使有地农民失去土地成为雇佣工人,二是通过严苛的法律使无地流浪农民接受严格的纪律规训充实雇佣工人队伍。从矫正封建关系的非正义角度出发,应该得出的结论是"耕者有其田"。马克思主义经典作家承认资本主义创造了比以前历代更多、更大的财富,承认其历史进步性,且其为过渡到共产主义准备了物质条件。照此逻辑,从非人道的历史进步要求角度出发,想方设法使农民失去土地、成为无产者就是历史的必然。这的确是一个难以抉择的感情与理性相互冲突的重大问题。当他们对俄国的农村公社进行分析并发现其社会主义要素时,寄希望于从封建的农村公社跨过资本主义的"卡夫丁峡谷"而直接进入共产主义社会就成为一个美学化的选择。然而,人类社会是否真能跨过"卡夫丁峡谷"直接进入共产主义的金光大道就成为全部问题的关键。农民的悲欢离

---

① 马克思:《对华贸易》,载《马克思恩格斯文集》第2卷,人民出版社2009年版,第676页。

合系于对这一问题的认识以及通过自己全部的理性创造一种制度的能力。从经典马克思主义的犹豫到斯大林通过直接跨过"卡夫丁峡谷"的集体农庄的强力施行，俄罗斯经历了一场从人道主义的犹豫到尊重农民的理性选择再到将跨过"卡夫丁峡谷"的喜剧预设演变为现实的人间悲剧的历程。① 农民自己在中国演绎的故事证明小农经济与大规模经济之间无伯仲之分、先进落后之别，适宜特定社会结构而已；② 农民从国家经济体制边缘处所进行的制度创新，不仅激发了自身的创造力，同时也激活了国家的创造力。③ 这是马克思主义经典作家没有想到也想象不到的。

二、实体主义传统

实体主义传统拒绝使用现代经济学的经济人假设嵌套在对农民经济行为的解释体系上。这一传统认为，农民的经济行为并不能通过现代经济学的形式主义特征进行解释，但仍属于人类可理解的理性范围。他们以农民的经济行为自身的可理解性为基础建构理论体系，刻画一个农业经济可持续发展的未来。实体主义传统从两条路径切入这一主题：一条路径是以恰亚诺夫为代表的经济人类学派所开拓的道路，该学派主张通过尊重农民自己的选择来规划农业发展的未来。这一学派认为，农民理性自身的逻辑也会发展出一个美好的未来。另一条路径是以卡尔·波兰尼为代表的实体经济学派所开创的道路。该学派认为，从来就没有所谓的自律性市场，正是由于自律性市场假设使得经济从社会结构中"脱嵌"从而导致了严重的社会后果，使得经济本应服从社会的理性安排演变为社会结构服从于经济的灾难性安排。

实体主义传统与马克思主义传统之间具有一定的亲缘关系，都不

---

① 秦晖：《土地革命＝民主革命？集体化＝社会主义？——马克思主义农民问题的演变与发展》，载《学术界》2002年第6期，第39～61页。

② ［美］黄宗智著：《中国的隐形农业革命》，法律出版社2010年版，第238～242页。

③ ［美］罗纳德·哈里·科斯、［美］王宁著：《变革中国：市场经济的中国之路》，徐尧、李哲民译，中信出版社2013年版，第219页。

认可资本主义生产方式为唯一合法的生产方式。但在对待农民问题上，他们之间的差异还是显著的。马克思主义传统在对待农民问题上一直是犹豫不决、论断闪烁其词的，其立场具有极大的暧昧性。主要原因是其参照体系不断发生转移。从肯定资本主义生产关系进步性的角度出发，马克思主义经典作家认为由于分工造成了农民长期的愚昧，随着资本主义生产关系的建立，农民又代表了落后的生产关系，因此，无产阶级化才是农民的未来。从否定资本主义生产关系的角度出发，马克思主义经典作家认为农民从来都不能作为以阶级代表自己的利益，且具有两重性，因此，改造和教育农民就成为民主革命和社会主义革命的双重任务。在经典马克思主义看来，农民从来不是，也不会是一个代表进步力量的理性人。由于马克思主义经典作家只为人类预测历史进步的方向，拒绝为人类提供一个具有丰富结构的未来。按照恩格斯的解释："共产主义不是学说，而是运动。它不是从原则出发，而是从实际出发。被共产主义者作为自己前提的不是某种哲学，而是过去历史的整个过程，特别是这个过程目前在文明各国的实际结果。"① 因此，在政权建设方面，马克思主义经典作家提供的典范是巴黎公社，在经济建设方面，马克思主义经典作家提供的典范是由俄罗斯农村公社改造而来的公民公社。而俄罗斯农村公社实际上是西欧原始所有制方式的现代遗存，一方面认为农民从来也不是代表社会进步的理性人，需要无产阶级化、需要教育和改造；另一方面又认为，由俄国农民保存得最为完整的农村公社经过改造后应该成为未来社会的一种进步的经济组织方式。这种组织方式"将从事工业生产和农业生产，将把城市和农村生活方式的优先结合起来，避免二者的片面性和缺点"。② 这正是马克思主义经典作家关于农民是否理性的吊诡的主张。

以恰亚诺夫为代表的经济人类学派是通过民粹主义的研究成果而

---

① 《马克思恩格斯全集》第4卷，人民出版社1965年版，第311~312页。

② 恩格斯：《共产主义原理》，载《马克思恩格斯文集》第1卷，人民出版社2009年版，第687页。

与马克思主义传统间接相关的。马克思主义经典作家对资本主义社会的深刻揭露和无情批判激励了俄罗斯的民粹主义学者。他们"想在农村生活准则中找到足以抵御正在来临的'资本主义灾难'的因素,因而研究村社和日常劳动组合形式,试图在其中找到抵抗资本主义的支柱"。[①] 尽管民粹主义者与马克思主义者在对待资本主义的问题上立场相近,但在社会发展前途和道路上则存在显著分歧。马克思主义经典作家认为,只有实现共产主义才能克服资本主义自身的矛盾。而民粹主义则认为,农村可能成为抵抗资本主义的支柱。由于对社会未来前景的展望不同,因此,"引发和展开了民粹主义与马克思主义关于农业命运、农业中的资本主义发展以及农民分化和无产阶级化诸问题的著名论战"。[②] 马克思主义在俄国的胜利宣告了民粹主义关于社会发展道路和前途主张上的失败,但其要求关注农民的理性诉求的呼声则是有意义的。然而,随着斯大林进行的集体化道路的强制推行,民粹主义的主张被抛弃了。

以恰亚诺夫为代表的经济人类学派并不在马克思主义与民粹主义之间选边站,或者说它既站在马克思主义的立场上,也站在民粹主义的立场上研究农民理性问题。从根本上看,他们是站在农民的立场上思考问题,是根据农民的理性特征与农业自身的发展规律在思考农民的过去、现实和未来。

从马克思主义的立场来看,他们认为农民的理性选择与理性制度演化会朝着社会化和合作制方向发展,但由于农民自身独特的经济观念行为方式以及农业自身的特点使得这一过程比较漫长。恰亚诺夫认为:"通过仔细考察当代农民经济的实际情况,我们首先研究了新型农村未来发展的初始资料。根据我们的看法,在以后一段时间中,通过实行合作制,农村经济的相当一部分会融入社会化生产之中,它将表现为在所有的技术加工领域内实现机械化和电气化的乡村工业过程

---

① [俄]恰亚诺夫著:《农民经济组织》,萧正洪译,中央编译出版社1996年版,第2页。

② [俄]恰亚诺夫著:《农民经济组织》,萧正洪译,中央编译出版社1996年版,第2页。

之中，亦即建设一个利用了全部农业科学与技术成果的新农村。任何真实地了解了当代农民的人都知道，这种新型农村的萌芽已经显而易见，其量的逐渐增长将使农村在数十年后发生经济与社会双重意义上的质的变革，……一旦真正了解了我们的思想体系，便绝不可能再将我们视为农业进步的反对者和维护过时的经济形式的反动思想家。"①所有的人类学家都相信特定的人群都会爬上进化的阶梯，只是时间长短而已，经济人类学家没有马克思主义经典作家那么乐观，指望一次彻底的革命就解决所有的社会问题，特别是经济问题。他们相信农民理性的渐进力量，也相信会有一个更好的农村的未来。

从民粹主义的角度来看，他们认为农业仍然有自己的规律，农民有自己的理性能力，资本主义生产方式肯定会对农业产生深远的影响，农民也会根据这种影响调整自己的经济行为，但农民根据农业自身的规律和农民根据自身的理解所进行的选择不会有根本性的变化。它认为资本主义经济制度不是人类唯一的方式，也不是只有资本主义经济制度才能为人类过渡到更进步的社会创造物质条件。他们坚持用农民自己的价值尺度作为区分理性与非理性的标准，而不用市民的价值尺度作为区分农民是否理性的标准。他们坚持按照农业和农民自身的发展逻辑追求进化的阶梯。恰亚诺夫认为："农民农场作为一种生产组织类型存在于特定的历史时期，从理论上说，它是多种经济制度的组成部分。它可以是自然经济的基础，可以是由农民农场和城市家庭手工业作坊构成的经济制度的一部分，也可以成为封建经济的基础。当然，在不同制度中其内在结构是有区别的。在这些制度中，农民农场都占有一个特殊的地位，在不同的具体条件下，它们以不同的方式同其他社会阶级相联系，从而以不同的方式参与每种经济制度中所持有的此起彼伏的阶级斗争。就目前而言，几乎每个地方的农民农场都已被卷入了资本主义商品市场体系之中；在许多国家，它受到向其提供贷款的金融资本的影响，并且与资本主义工业并存；在一些地区，它甚至与资本主义农业并存。农民农场同当代经济中各种因素之

---

① ［俄］恰亚诺夫著：《农民经济组织》，萧正洪译，中央编译出版社1996年版，第18页。

间形成了极为复杂的社会关系。在利亚什琴科教授关于俄国农业发展和列宁关于美国经济的有关著述问世以后，我们非常清楚地认识到，农业资本主义影响的增大与生产集中的发展，不一定如人们曾经预料的那样采取大地产的形成和发展的形式，更为可能的情况是，商业和金融资本会建立起对数量极多的农业生产组织的经济控制，而就农业生产过程而言，仍会一如既往地由小规模家庭劳动农场来完成，后者的内在组织方式则遵循劳动消均衡原则。"[1] 恰亚诺夫认为，农民在组织家庭农场的生产过程中有其自己的理解。

与民粹主义不同的是，经济人类学派并不认为资本主义是一种历史的倒退现象，而是认为资本主义经济制度与农民家庭农场经济制度都是特定历史阶段多样经济制度的组成部分，且认为在资本主义经济制度的影响下，农民家庭农场还会以不同的方式存在下去，并通过社会化与合作制展示一个美好的未来。马克思主义经典作家关于未来公民公社的经济制度设想与此具有极大的相似性。中国社会主义市场经济条件下家庭承包责任制所展示出来的力量和对中国经济所做的巨大贡献也证明了经济人类学派一定程度上的真理性。[2] 在经济人类学看来，农业生产与工业生产之间存在差异，农民的理性诉求也不同于市民的理性诉求。资本主义的利润计算方式不同于家庭农场的计算方式。家庭农场不是按照雇佣劳动标准化管理的要求安排生产的，而是按照家庭内部的分工协作以及生物生长规律的季节性特征调配劳动力的。由于农产品不像工业产品那样在一个短时间段内出产，因此，划分时段的计件与计时对于农产品来讲都缺乏精确性，农产品的生产是该产品一个生产周期的最后结果，不易在该生物生长周期内分解按时计算。除此之外，农民生产主要是为了满足其家庭基本需求，而不是为了追求最大利润。这一点马克斯·韦伯在研究过程中也发现这一现

---

[1] ［俄］恰亚诺夫著：《农民经济组织》，萧正洪译，中央编译出版社1996年版，第16～17页。

[2] 徐勇著：《农民理性的扩展："中国奇迹"的创造主体分析——对既有理论的挑战及新的分析进路的提出》，载《中国社会科学》2010年第1期，第103～118页。

象（或规律？）。① 为了家庭需要而组织生产而不是为了欲望的无底洞而组织生产之间具有不同的理性基础。当然，随着资本主义生产方式的扩展和资本主义生活方式的传播，家庭农场在经济行为动机和农业组织方式方面也会产生新的变化。其一是为满足日益增多的需求而劳动，其二是采取更能发挥组织功能的方式安排农业生产，需求的多样化和丰富性必然引起新的组织方式的多样化和复杂化。

以恰亚诺夫为代表的经济人类学对西方学者关于农民问题研究产生了深远影响，特别是在20世纪60年代后西方兴起的农民学都可以看到经济人类学的影响。② 我国农村改革后所出现的一系列现象，有很多能够应用经济人类学的理论进行解释，恰亚诺夫的思想才在我国进入学术视野。

卡尔·波兰尼论证了欧洲文明从前工业化时代转型到工业化时代的历史巨变过程，这一过程被称之为市场自由主义的胜利和成就。卡尔·波兰尼认为，自律性市场从来就没有实行过，由于其明显缺陷，各国政府都必须介入干预其运行。费雷德·布洛克认为卡尔·波兰尼的在著作《巨变》"是迄今为止对市场自由主义最严峻的批判"。③ 波兰尼认为，人类的经济应该服从社会的需要而不是社会的需要服从经济的需要。他认为："最近历史学及人类学研究的重要发现是，就一般而言，人类的经济是附属于其社会关系之下的。它不会因要取得物质财物以保障个人利益而行动；他的行动是为了保障他的社会地位、社会权利及社会资产。只有当这些物质财物能为他的目的服务时他才会重视它。生产及分配的过程并不与占有物品这个特殊的经济利益相联结；相反，这些过程里的每一个步骤都是配合着一些特殊的社会利

---

① ［德］马克斯·韦伯著：《新教伦理与资本主义精神》，阎克文译，生活·读书·新知三联书店2010年版，第189～190页。
② 秦晖著：《当代农民学中的"恰亚诺夫主义"》，载［俄］恰亚诺夫著：《农民经济组织》，萧正洪译，中央编译出版社1996年版，第2页。
③ ［美］费雷德·布洛克著：《〈巨变〉导论》，载［匈牙利］卡尔·波兰尼《巨变：当代政治与经济的起源》，黄树民译，社会科学文献出版社2013年版，第17页。

益，这些利益驱使人们依某些特定的步骤行动。"① 他认为，市场应该嵌含于社会结构之中，而不是社会结构嵌含于经济结构之中。

然而，由于市场接受了资本主义自由放任的意识形态，即由于市场从道德约束和社会结构中抽离出来，自由市场与社会机构之间的关系被颠倒了。波兰尼认为："市场制与其特殊的动机——交易动机——相关联是能形成一个特殊之制度——市场——的。终极来说，这意味着社会的运转只不过是市场制的附属品而已。这就是何以市场对经济体制的控制会对社会整体产生决定性的影响，即视社会为市场的附属品，而将社会关系嵌含于经济体制中，而非将经济行为嵌含在社会关系里。经济因素对社会生存的极端重要性，排除了任何其他的结果。一旦经济体制以单独的制度、特殊的动机且享有特别的地位等方式组织起来了，这整个社会就必须以此而改头换面，以更让这个体制能按自己的法则运作。这就是一般所说的市场经济只能在市场社会中运作的一意思。"② 由于整个社会充盈着自利的市场机制，一切传统的、伦理的、政治的和社会的要求都服从于这一解释，即只有服从于自利的目的才能获得正当性，原则、权利、人际甚至身体都成了交易的对象。原则化约为策略，权利降低为利益，人际变为利用，身体堕落为肉身。

波兰尼认为，19世纪的文明建立在均势制、国际金本位制、自律性市场制和自由主义国家制这四种制度之上，③ 而自律性市场制是19世纪文明的核心。他认为："劳动力、土地及货币是工业生产的基本要素，但它们必须在市场之中被组织起来。"④ 尽管劳动力、土地及货币都是工业生产必不可少的要素，但它们不是商品，将他们成商

---

① ［匈牙利］卡尔·波兰尼：《巨变：当代政治与经济的起源》，黄树民译，社会科学文献出版社2013年版，第113页。

② ［匈牙利］卡尔·波兰尼：《巨变：当代政治与经济的起源》，黄树民译，社会科学文献出版社2013年版，第129～130页。

③ ［匈牙利］卡尔·波兰尼：《巨变：当代政治与经济的起源》，黄树民译，社会科学文献出版社2013年版，第51页。

④ ［匈牙利］卡尔·波兰尼：《巨变：当代政治与经济的起源》，黄树民译，社会科学文献出版社2013年版，第151页。

品是全然虚假的。"假若容许市场机制成为人类之命运、自然环境甚至购买力大小之唯一的主导者，它就会摧毁这个社会。……对市场经济而言，劳动力、土地及货币的市场无疑都是绝对必要的。但是没有一个社会能忍受这种纯然虚拟之制度的影响——即便是最短的时刻——除非人的本性与自然的本性——如商业机构一样都得到保障以对抗撒旦之磨坊的破坏。"① 将一切都诉诸交易的买卖关系背离了人的本性，导致人的异化，这一研究早已被马克思主义经典作家所揭露。同时，将土地等自然环境转化为一种可交易的买卖资源，导致自然的破坏，这一现象在20世纪60年代后才被暴露出来。

波兰尼并不像马克思主义经典作家那样反对一切资本主义制度，他反对的是一种特殊形态的资本主义制度，即自由放任的资本主义制度。他认为："如果1832年的《改革法案》以及1834年的《济贫法修正案》可以视为现代资本主义之起点的话，这乃是因为它们废除了仁慈之地主及其补贴制的统治。"② 波兰尼认为，不是自由资本主义对经济领域造成了伤害，而是经济自由主义对社会造成了伤害。他引证欧文的观点认为："表面上看似以经济问题者，实际上是一个社会问题。从经济上来说，工人缺失是被剥削了：在交易中他没有得到应有的一份。虽然这一点很重要，但却不是重点。工人尽管受到剥削，他在财务上的情况可能比以前更好。对个人之幸福与公众之幸福的最大伤害是市场制摧毁了他的社会环境、他的街坊、他在社群中的地位以及他的同业公会；总而言之，就是摧毁了以往包含了经济活动之人的关系、自然的关系。"③ 对传统社会关系的眷恋和对自由市场的恐惧，在这一问题上，波兰尼的观点与民粹主义相通，而与马克思主义相异其趣。

波兰尼对自由市场的批判真正的问题是作为一种自利人的假设通

---

① ［匈牙利］卡尔·波兰尼：《巨变：当代政治与经济的起源》，黄树民译，社会科学文献出版社2013年版，第152～153页。
② ［匈牙利］卡尔·波兰尼：《巨变：当代政治与经济的起源》，黄树民译，社会科学文献出版社2013年版，第163页。
③ ［匈牙利］卡尔·波兰尼：《巨变：当代政治与经济的起源》，黄树民译，社会科学文献出版社2013年版，第237页。

过意识形态的作用而成为一种普遍的社会实践。他认为:"假使要使工业主义不消灭人性的话,就必须是它顺从人类本性的要求。对市场社会的真正批评,并不是因为它建立在经济的基础之上——就某一程度而言,每一个社会,任何一个社会都必须立足于经济基础之上——对它的批评,乃是因为它的经济是建立在'自利'的观念之上。这样一种经济的组织法则是完全不自然的,而且在严格经验意义上十里外的。19 世纪的思想家认为,在经济活动中,人们努力争取个人的利润,而且他们的物质主义趋向诱使他们要企求更少而非更多的辛苦,并且期望从劳动中取得报酬。简而言之,在经济领域里,他们会遵循所谓的'经济理性'而行事。"① 波兰尼认为,从人类的历史来看,交易的只是一个例外,人们是根据自己的本性而不是交易的动机从事经济活动的。

波兰尼的经济自由主义批判还涉及一个问题,即是资本主义利用了市场,还是市场利用了资本主义?历史研究表明,自原始社会后期私有观念产生后,无论是哪一种社会形态都存在市场机制和交易关系,只是不同社会形态的市场有大小,交易有忙闲而已。② 在波兰尼看来,正是资本主义利用其自利人的假设通过意识形态的运作形成了不自然的市场网络,使得一切社会关系都转入了交易的买卖漩涡之中。布罗代尔对于这两者之间关系的解释则不同。他认为:"通常,人们对于资本主义与市场经济不加区分,之所以如此,是因为二者从中世纪至今总是同步发展的,是因为人们经常讲资本主义说成是经济进步的驱动力和仅仅进步的充分的展现。其实,一切都驮在物质生活的巨大背脊上。物质生活充盈了,一切也就前进了,市场经济也就借此迅速地充盈起来,扩展其关系网。资本主义一贯是这种扩充的受益者。"③ 布罗代尔也认识到,任何密集的社会都可以分解为经济、政

---

① [匈牙利] 卡尔·波兰尼:《巨变:当代政治与经济的起源》,黄树民译,社会科学文献出版社 2013 年版,第 411~412 页。
② [法] 布罗代尔著:《资本主义的动力》,杨起译,生活·读书·新知三联书店 1997 年版,第 83 页。
③ [法] 布罗代尔著:《资本主义的动力》,杨起译,生活·读书·新知三联书店 1997 年版,第 42 页。

治、文化、社会等级等不同组件，只有在与其他组件的相互关系中，经济才能被理解。资本主义是所有这些组件中的一个特殊部分。资本主义只是一小部分人的特权，如果没有全社会对于资本主义价值的情形接受，资本主义是不可能的。① 正如波兰尼所言，通过自由主义国家制度推行经济自由主义的意识形态是自由市场的前提条件。在此前提条件作用下，自由市场演化为市场社会，社会被市场所吞没。

波兰尼反对"功利的理性主义"，因它将人类描述为自利的经济人。他倡导用"实体经济学"取代"形式经济学"，以实体经济学分析自由资本主义以前的经济，他认为自由资本主义之前的经济植根于社会关系之中，而自由资本主义则颠倒了这种关系。波兰尼认为西方人必须面对三个基本问题，即对死亡的认识，对自由的认识以及对社会的认识，只有在否定个人主义化的过程中，在一个合作的社会里，所有基督教的真正价值才不会与人分离。② 否定经济自由主义之后，波兰尼给我们推荐的是一个基督教社会主义的未来。

波兰尼并没有专门研究农民理性问题，但他的观点和方法得到许多研究社群和半商业化农村的经济人类学家的支持。③ 他们使用他的方法研究非西方传统的理性类型和前自由资本主义社会的经济状态。

詹姆斯·斯科特出色地运用了恰亚诺夫的农民制度理性的研究成果和卡尔·波兰尼关于前自由资本主义社会的生存法则，提出了"农民的道理经济学"的主张，抓住了农民理性最基础的部分。他认为："我赖以立论的基本思想是简单的，但却是有力的，它产生于大多数农民家庭的主要的经济困境。由于生活在接近生存线的边缘，受制于气候的变幻莫测和别人的盘剥，农民家庭对于传统的新古典主义经济学的收益最大化，几乎没有进行计算的机会。典型情况是，农民耕种力图避免的是可能毁灭自己的歉收，并不想通过冒险而获得大成

---

① ［法］布罗代尔著：《资本主义的动力》，杨起译，生活·读书·新知三联书店1997年版，第43页
② ［匈牙利］卡尔·波兰尼：《巨变：当代政治与经济的起源》，黄树民译，社会科学文献出版社2013年版，第425页。
③ ［美］黄宗智著：《华北的小农经济与社会变迁》，中华书局2000年版，第3～4页。

功、发横财。"① 他认为，农民首先考虑的是最低限度的生存保障问题，为此，"安全第一"作为农民理性的首要原则，决定了其生存原则、生产安排，也作为社会的道德原则和国家管理的政治原则而存在。"这条'安全第一'原则，体现在前资本主义的农民秩序的许多技术的、社会的和道德的安排中。"② 如果严重违背这一原则，国家必将导致农民的反抗和反叛。

由于农民受到生存伦理的刚性约束，其经济行为并不以利润最大化作为经济活动的准则，他们运用一切经济手段，发展一切经济技术，采取一切经济组织方式，尽最大努力避免风险，以满足家庭生存需要作为基本前提。"在第三世界的资本主义转型时期，农民问题就是最低限度收入问题。最低限度收入的确定当然有生理学方面的可靠根据，但也不能忽略其社会和文化的含义。为了充分发挥自己作为乡村社会成员的作用，每家人都需要达到一定水平的财力，以便履行必要的礼仪和社会义务，同时吃饱肚子、继续耕作。"③ 当社会环境相对稳定时，由于自然环境是一个不可控制的因素，最低限度的收入是不可预期的。为保证最低限度的收入的相对可预期性，农民必须抓住一切可能的条件投入劳动力或者寻找其他的补充办法。因此，劳动密集化和以农为主，多种经济方式相补充就成为农民的普遍选择。由于农民最低限度的收入本身不稳定，因此，社会的稳定对于农民来讲就显得更为必要。在生产与消费，更确切地说是收入与付出之间，由于生产成果的不确定性，农民更希望付出是一个相对稳定的定数或者支出比例，这就产生了分成地租与定额地租方式。同样，农民也希望国家税负是一个相对稳定的定数或者支付比例。当然，在荒年，农民希望能减租减税，以保证剩余的稳定性。非此，反抗与叛乱就成为必然。当然，我们发现，"安全第一"的生存伦理并不是农民理性的全

---

① ［美］詹姆斯·斯科特著：《农民的道义经济学：东南亚的反叛与生存》，程立显、刘建等译，译林出版社2013年版，第5～6页。

② ［美］詹姆斯·斯科特著：《农民的道义经济学：东南亚的反叛与生存》，程立显、刘建等译，译林出版社2013年版，第6页。

③ ［美］詹姆斯·斯科特著：《农民的道义经济学：东南亚的反叛与生存》，程立显、刘建等译，译林出版社2013年版，第12页。

部，在基本满足了生存伦理要求的前提下，逐利行为也会不稳定地出现，否则，道义的经济学就成了动物的经济学了。

斯科特的思想融合了古典自然权利学说的主张，改造了霍布斯的生存法则，运用了恰亚诺夫的分析方法，接受了经典马克思主义的阶级理论，受到卡尔·波兰尼的人道主义精神的激励。对他的思想的形成影响最大的是卡尔·波兰尼的人道主义精神。他承认，波兰尼对前市场经济和市场经济的分析，促成了他的著作。[1] 道义的经济学提供了一个解释传统农民理性的基本框架，但对于日益受到市场经济影响的农村经济来说，仅有这一解释是不够的。

实体主义比马克思主义传统的阶级分析和形式主义传统的经济人分析提供了一个更为丰富的解释框架。农民理性比后两种传统的化约主义的解释框架要丰富得多。由于他们与不可预期性的自然环境朝夕相处，与地主和国家的剥削抗争，执着于家庭的生存与基本需要，他们的经济动机更为复杂丰富，经济行为更为多样。如果在同等的市场条件下，其具备一定的理性优势。

三、形式主义传统

形式主义传统的分析框架是由西奥多·舒尔茨确立的。实体主义传统证明农民具有与经济理性主义所假设的理性类型不同的理性能力。实体主义传统的研究对象主要是传统农业，所采用的多是经济人类学的方法，系证事实是农民具备维持传统农业要素均衡性的理性能力。而对于这种类型的农民理性是否能适应现代社会和市场背景则主要是通过推论方式来实现的，结论的检验所选对象主要是农业经济或市场经济不发达的国家或地区。农民理性能力的提高和理性能力的改造问题成为实体主义传统的一个剩余问题。

根据舒尔茨的理解，仅仅证明农民具备均衡传统农业要素的能力只能阐明传统农业中的农民理性问题，但无法解释农民是否具有理性能力利用现代要素将传统农业改造为现代农业，即农民是否具备适应

---

[1] [美] 詹姆斯·斯科特著：《农民的道义经济学：东南亚的反叛与生存》，程立显、刘建等译，译林出版社2013年版，第7页下注（1）。

农业变迁所需要的理性能力。① 在舒尔茨看来，认识传统农业中农民的理性特征固然是重要的，但欲改造传统农业使之适应现代社会变迁和市场经济的需要，提高和改造农民的理性能力就成为一个新问题。

舒尔茨所关心的是经济增长问题。他认为经济增长不能只讨论工业经济的增长问题而不讨论农业经济的增长问题。现代经济的增长既包括工业经济的增长，也包括农业经济的增长。而研究经济增长理论的经济学家几乎都撇开了农业研究或者提供以损害农业的方式实现工业化的方案。② 少数经济学家认识到投资农业的有利性，但是一般都将脱离现实的"投资"和"劳动"作为基本的解释变量，然后将"技术变化"作为剩余。他们认为当农民学会了勤劳和节俭的美德时，就有了储蓄和投资，传统农业的停滞状态就会改善。③ "更重要的是这些学说导致了对农业在经济增长中的作用是什么这一问题的错误回答。教条式的回答如下：来自农业的增长机会是最不引人注目的增长源泉；农业可以为穷国进行工业化提供所需要的大部分资本；它还可以为工业提供无限的劳动力供给；它甚至可以按零机会成本提供大量的劳动力，因为在边际生产率为零的意义上说，农业中有相当一部分劳动力是过剩的；农民对正常的经济刺激没有反应，往往还会做出错误的反应，其含义是农产品的供给曲线向后倾斜；为了用最小成本生产农产品就需要大农场。"④ 这些教条式的回答不仅扭曲了传统农业中农民的形象，而且也不利于通过向农民投资使传统农业转变为现代农业。

舒尔茨的理论体系包括两部分：一部分是如何理解传统农业中的农民理性问题，另一部分是如何通过改善农民的理性能力实现传统农

---

① [美] 西奥多·舒尔茨著：《改造传统农业》，梁小民译，商务印书馆1987年版，第6页。

② [美] 西奥多·舒尔茨著：《改造传统农业》，梁小民译，商务印书馆1987年版，第5页。

③ [美] 西奥多·舒尔茨著：《改造传统农业》，梁小民译，商务印书馆1987年版，第7页。

④ [美] 西奥多·舒尔茨著：《改造传统农业》，梁小民译，商务印书馆1987年版，第8页。

业向现代农业的转变。

关于如何理解传统农业中的农民理性问题,舒尔茨所得出的结论与实体主义传统所得出的结论是一致的,即:"大部分穷国的农业部门在使用它所拥有的生产要素时,效率是比较高的。"[1] 传统农业时期的文盲农民也没有改变这一结论。舒尔茨认为:"人民是文盲这一事实并不意味着,他们在培植自己所拥有的要素时对边际成本和收益所决定的标准反应迟钝。人民是文盲只表明,人的因素所具有的能力小于他们获得了与教育相关的机能和有用知识时所具有的能力。"[2] 他认为农民没有适应产品和要素相对价格中的变化的结论是错误的。从大部分贫穷农业社会在要素配置方面很少有明显低效率的这一结论中可以引申出如下推论:①无论是本国的或者外国的农场经营者都不能向农民说明如何更好地配置现有生产要素。[3] 农民是根据自己所拥有的生产要素配置资源的。②在这些社会中不存在部分从事农业劳动的劳动力的边际生产率为零的情况。[4] 传统农业是一个特殊均衡的经济类型。[5] 这一均衡类型反映了农民在传统农业生产中的理性能力。

关于农民在新的社会背景下是否具备理性能力的问题是舒尔茨讨论的重点。"按城里人的看法,农业是因循守旧的堡垒,因此,认为农民会放弃旧习惯并需要新生产要素是不可思议的。"[6] 舒尔茨则认为:"全世界的农民都在与成本、利润和风险打交道,从这一角度

---

[1] [美]西奥多·舒尔茨著:《改造传统农业》,梁小民译,商务印书馆1987年版,第15页。

[2] [美]西奥多·舒尔茨著:《改造传统农业》,梁小民译,商务印书馆1987年版,44页。

[3] [美]西奥多·舒尔茨著:《改造传统农业》,梁小民译,商务印书馆1987年版,第46页。

[4] [美]西奥多·舒尔茨著:《改造传统农业》,梁小民译,商务印书馆1987年版,第46页。

[5] [美]西奥多·舒尔茨著:《改造传统农业》,梁小民译,商务印书馆1987年版,第62页。

[6] [美]西奥多·舒尔茨著:《改造传统农业》,梁小民译,商务印书馆1987年版,第139页。

讲，他们都是时刻在计算个人收益的经济人。在自己那小小的、个人的进行资源配置的领域里，农民都是企业家。他们总是能够十分精妙地、敏锐地与经济形势相适应，以致使得许多经济学家都无法认识到这些人的效率有多么高。尽管由于教育、健康，以及个人经历等方面的原因，农民在对新知识和新信息的感知、理解和采取适当行动的能力方面存在着差距，但是他们却为企业家素质提供了最基本的人力资源。"[1] 农业生产的基本要素是土地、物质资本和农业劳动力。一般观点认为农业生产率主要取决于土地的自然禀赋，其次是对农业的投入，而农民的能力排在最次的地位。舒尔茨认为："在解释农业生产的增长量和增长率的差别时，土地的差别是最不重要的，物质资本的质是相当重要的，而农民的能力的差别是最重要的。"[2] 他认为："农民具有使用现代生产要素的能力也是肯定的。"[3] 因此，改造传统农业的关键是对农民进行投资，增加农民对现代要素的适应性，"除非农民有机会得到刺激去改造其先辈的传统农业，否则对农业的投资就是无利的"[4]。舒尔茨将传统农业向现代农业转化的重心放在提高农民的理性能力上。

舒尔茨所确立的形式主义传统既承认传统农业中农民的理性能力，也承认农民具备适应新的经济形势的理性能力。前一个结论与实体主义传统所得出的结论是一致的，后一个结论表明欲改造传统农业，关键的问题是向农民投资，以提高农民的适应新形势的理性能力。

1979 年，波普金运用舒尔茨的结论出版《理性的小农》一书，对斯科特的道义经济学进行了全面批判。他认为，小农的行为动机不

---

[1] ［美］西奥多·舒尔茨著：《对人进行投资——人口质量经济学》，吴珠华译，首都经济贸易大学出版社 2002 年版，第 9～10 页。

[2] ［美］西奥多·舒尔茨著：《改造传统农业》，梁小民译，商务印书馆 1987 年版，第 15 页。

[3] ［美］西奥多·舒尔茨著：《改造传统农业》，梁小民译，商务印书馆 1987 年版，第 17 页。

[4] ［美］西奥多·舒尔茨著：《改造传统农业》，梁小民译，商务印书馆 1987 年版，第 21 页。

是基于道义而是基于理性。小农是使其个人福利或家庭福利最大化的理性人。他认为，理性是指"个人对基于其偏好和价值观的选择所可能产生的结果进行评估。在此过程中，他们根据对结果概率的主观估计来预估每一次的结果。最后，他们做出自认为能够最大化其预期效用的选择"。① 波普金认为，在传统农业社会，保险制度比较常见，用于分散风险，而福利制度极为罕见，仅用于对寡妇和孤儿的救济。他严格区分保险制度与福利制度。保险制度在大致平等的人中间分散风险，而福利制度则在富人与穷人之间重新分配收入。② 李丹认为，斯科特的道义经济学的观点具有显著的共产主义和再分配的性质，而波普金则认为必须对构成小农之基础的组织资源与动员过程进行仔细分析，一场政治运动是否得到响应取决于其领袖所能动用的组织资源，这是他们之间明显的分歧。③ 这一分歧在应用于分析小农的反叛行为时表现得更为显著。

在对小农的反叛行为解释上，斯科特的道义主张认为农民具有天然的、能自发形成的反叛资源。而波普金则认为，小农的反叛资源是分散的，具有多样可能性，集体反叛行为依赖于领袖的组织能力。在解释小农的集体反叛或革命行动时，波普金的观点更接近于马克思主义传统。按照马克思主义经典作家的理解，小农由于受地主的剥削和压迫，他们之间具有不可调和的阶级矛盾。小农之间的互助共济为其集体行动提供了条件，但由于其小生产者的劳动特点，小农从来也不会自觉组织成为一个阶级采取行动，他们必须找到自己的代理人。同时，地主阶级为了维护自己的利益，他们也不可能将剥削来的财富分配给小农，在两个阶级之间重新分配财富。因此，小农具备集体反叛行动的前提条件和可能性，但这种可能性只有在他们的代理人的组织下才成为可能。恩格斯认为："小自由农、封建佃农和农业工人，在

---

① ［美］李丹著：《理解农民中国》，张天虹、张红云、张胜波译，江苏人民出版社2009年版，第35页。

② ［美］李丹著：《理解农民中国》，张天虹、张红云、张胜波译，江苏人民出版社2009年版，第37页。

③ ［美］李丹著：《理解农民中国》，张天虹、张红云、张胜波译，江苏人民出版社2009年版，第40～41页。

革命以前是从来不怎么关心政治，但这次革命显然已经为他们开辟了一个充满光辉灿烂的前景的新天地，他们就会一个接着一个参加进来。但同时有一点也同样是十分明显的，而且为各个现代国家的历史所证实，即农村居民由于分散于广大地区，难以达到大多数人的意见一致，所以他们永远不能胜利地从事独立运动。他们需要更集中、更开化、更活跃的城市居民的富有首创精神的推动。"① 实际上，斯科特与波普金在小农的集体政治行动问题上的分歧隐藏了一个基本问题，即小农的道义逻辑和保险逻辑的作用范围问题。

在斯科特看来，小农基于生存伦理的原则，在日常生活中会形成互助共济的传统和制度形态，当外在条件威胁到一定区域的小农的生存时，反叛或起义就会发生；在饥荒普遍化从而使得互助共济的制度丧失效力的情况下，起义或暴乱就会发生，这已被历史事实所检验；当殖民主义产生普遍的压迫而破坏了小农的互助共济传统时，反抗或起义也会发生，这也被第三世界国家的历史事实所证明。实际上，斯科特所设定的道义论有两种不同的功能形态：一种功能形态形成于日常生活领域。道义经济学的作用范围一般限于自然村落范围内。另一种功能形态发生于非常时期。道义经济学所确立的原则会超越自然村的范围，基于对公共命运的抗争而特别快地相互理解，从而在生命伦理受到威胁或破坏的范围起作用。斯科特的前一个道义论的内涵主要是经济学的，后一个道义论的内涵主要是政治学的。这两种功能在马克斯·韦伯所界定的"共同体化"中连接在一起，从而为反叛和起义提供了解释工具。韦伯认为："'共同体化'应该称之为一种社会关系，如果而且只有当社会行为的调节——在个别的情况下或者一般情况下或者纯粹的类型中——建立在主观感觉到参与者们（情绪上或者传统上）的共同属性上。"② 小农的"共同体化"的条件是多样的而不是单一的。饥荒、压迫、剥削等都会成为小农共同体化的

---

① 恩格斯著：《德国的革命与反革命》，载《马克思恩格斯文集》第2卷，人民出版社2009年版，第358页。

② [德]马克斯·韦伯著：《经济与社会》上卷，林荣远译，商务印书馆1997年版，第70页。

"自发"条件。

在日常生活的经济领域，波普金的理性小农假设比斯科特的道义经济学有更好的解释力，但是理性小农的假设对于传统农业社会的制度形成的解释力比道义经济学的解释力弱，即波普金理性小农的假设没有很好地将传统农业社会的经济功能与政治功能有机统一起来。亚洲的历史经验表明，小农在面临殖民主义的压迫和帝国主义的侵略时，并不限于成本——收益的分析框架，而是更多地取向于道义——文化逻辑。波普金理性小农的假设的根本缺陷是没有很好地说明他所区分的保险制度与福利制度之间在特定条件下相互转化的关系。中国抗日战争的历史事实证明小农的保险制度与小农社会的福利制度之间相互包容的可能性。

第四节 本章小结

理性话语是启蒙运动的核心话语，在资产阶级兴起并掌握统治权以后，资产阶级生产方式和生活方式——资产阶级文化被解释为理性的。与此相反，传统的生产方式和生活方式——封建主义文化被解释为非理性的。传统与现代被解释为非理性与理性的范式，一切朝着现代的方向发展或者应被改造为现代的，这是进化原理所确立的解释体系。

在经济领域，亚当·斯密所描述的自利人形象被确立为资本主义生产方式的基本动力，这一形象被帕累托和马克斯·韦伯进一步阐述为经济人和理性人。帕累托按照逻辑——实证标准确立了经济人形象；马克斯·韦伯按照目的行为与价值行为区分了目的合理性与价值合理性两种不同的理性行为类型，从而丰富了理性的内涵，为理性多元主义的发展提供了可能性。

对经济领域的理性人假设的反思与批判从内部和外部两个方面展开。哈耶克从内部对唯理性主义进行了反思，提出了有限理性概念。西蒙从行为科学角度进一步论证了理性的有限性。理性有限概念的提出表明资本主义生产方式具有经验性与试验性的特征，这一发现为凯恩斯政府干预理论的提出提供了契机。由于理性有限，市场就不可能是完美无缺的,"看不见的手"并不可能将一切经济秩序调整到完美的程度,政府干预就成为矫正市场秩序不可或缺的手段之一。

经济自由主义所导致的经济危机以及对此的极端反映形式——战争,不仅迫使人们反思,而且激发出批判力量,后现代思潮对现代性提出了质疑,理性本身分化出多元主义的力量。社群主义致力于打破传统与现代的分析范式,重拾传统的价值,竭力在传统与现代之间寻找它们的历史连续性。

在内部反思和外部批判的双重作用下,农民的理性问题被提上议事日程。理性主义的独语论认为,农民的经济行为属于非理性的范畴,但经济人类学以及当代农民在新的经济背景下的实践成就证明农民的行为是理性的,并且具有构造理性制度的能力。

对农民的制度理性能力的解释不尽相同,从而形成马克思主义传统、实体主义传统和形式主义传统三种不同的解释体系。

马克思主义传统认为,农民具有理性的潜质,但不具备形成理性制度的基本条件,分散的农民理性必须通过无产阶级的有组织的理性才能形成一种制度化的力量。申述之,农民的理性具有很大程度上的不完整性。马克思主义传统在农民的制度理性能力方面的观点既是犹豫的,也是模糊不清的。一方面,他们认为农民深受地主的剥削和封建社会的压迫,具有重构地权的强烈要求。另一方面,他们又认为农民作为落后生产力的代表和落后生产关系中的重要一方,愚昧、分散,缺乏远见,无法形成一个阶级的力量,作为一个独立阶级行动,而必须找到自己的代理人才能解放自身。在经济领域,马克思主义传统也是犹豫不决、模糊不清的。一方面,他们认为农民代表了落后的生产方式,这种生产方式在新的社会条件下应该被彻底打碎。另一方面,马克思主义传统所能提供的最好的生产组织形式就是公民公社,而公民公社的原型直接来源于俄罗斯完整保留的农村公社。由于在农民理性问题上马克思主义经典作家或模糊不清,或自相矛盾,因此,社会主义国家在追求经济现代化过程中都进行了艰难探索,都在不同程度上损害了农民的利益,伤害了农民的感情,限制了农民的公民成员资格,至今仍然留下了深深的社会裂痕。我们认识到,在地权取得、阶层分化和阶级平权这些问题上,我们仍然需要借助于马克思主义传统才能解释清楚。但是，对于农民的制度理性能力以及农民对于一国的经济贡献和制度贡献则需要马克思主义传统自身的发展才能较好地解释。

实体主义传统与马克思主义传统之间具有千丝万缕的联系。在论证农民是否具有理性以及农民的制度理性能力方面，实体主义传统具有更为明确的态度和更为坚定的立场。

以恰亚诺夫为代表的经济人类学派从传统农业经济自身的逻辑出发论证了农民理性的存在，同时认为农民的理性类型不同于市民的理性类型。农民的理性具有比市民理性更丰富的内涵，体现了理性多元主义的基本要求。他们认为，农民不仅具有高效利用既有生产要素的能力，而且能节制资产阶级式的欲望驱动，按照家庭需要充分利用生产要素，提高生产效率。在新的社会背景下，特别是在市场背景下，农民能够依靠自己形成的传统适应新的社会条件，并创造出新的制度形态。农民不仅能够根据新的社会需求进行劳动组合，合理利用新的生产要素，而且能够根据新的社会变化形成合作关系，贡献于现代国民经济的发展。

以卡尔·波兰尼为代表的实体主义经济学派（实际上是政治经济学派）运用社会—经济分析框架对经济自由主义和自律性市场假设进行了系统批判。卡尔·波兰尼认为，经济自由主义是违反社会观念的，同时自律性市场假设不仅是虚妄的，而且是违反人性的。他认为，以自利为基础所建立的交易关系只是人类历史上的一个例外。卡尔·波兰尼并没有专门研究农民理性问题，但他的观点和方法得到许多研究社群和半商业化农村的经济人类学家的支持。他们使用卡尔·波兰尼的方法研究非西方传统的理性类型和前自由资本主义社会的经济状态。

斯科特赞成卡尔·波兰尼的观点，运用他的方法形成了农民的道义经济学。斯科特认为，支配农民利用生产要素的根本动力是农民的生存伦理问题而不是效率最大化问题。他抓住了传统社会农民生产方式与生活方式中的根本问题，并在此基础上解释农民的制度理性、社会关系、传统文化、反叛和起义等一系列问题。道义经济学融合了古典自然权利学说的主张，改造了霍布斯的生存法则，运用了恰亚诺夫的分析方法，接受了经典马克思主义的阶级理论，受到卡尔·波兰尼的人道主义精神的激励。

形式主义传统将农民理性解释为具有与市民理性相类似的理性。以舒尔茨为代表的形式主义传统认为，无论是在传统社会还是现代社会，农民都具有不亚于市民的理性能力。在传统社会，农民能充分利用既有生产和社会条件合理安排生产要素，其生产要素的利用效率是充分的。在现代社会，农民具有充分适应新形势和新条件的能力。在土地、资本和农业劳动力三要素中，农业劳动力的改善传统农业向现代农业转化的最关键要素，因此，对农民进行投资是最有利的投资。形式主义传统对于分析农民在现代市场经济中的地位和作用具有重要的理论意义。在阶级分析退隐而市场经济稳步推进的背景下，形式主义的分析框架对于改善农民的地位具有适切的理论适应性。

波普金运用舒尔茨的结论和方法对传统社会小农的理性类型进行了分析。他认为，传统社会小农的理性与市民的经济理性之间并不存在实质性的差异。小农仍然是追求个人和家庭利益最大化的理性经济人。波普金认为，小农基于道义的经济行为和政治行为只是一种例外情况，这一结论构成对斯科特道义经济学的否定。波普金的观点在解释日常生活中的小农经济行为方面比斯科特的道义经济学更为有效，但是在解释传统制度的形成以及有组织的集体行为方面则缺乏说服力。

总之，农民理性是否存在以及农民理性如何构造出与之相适应的制度不可能在任何一个单一的理论传统中得到完整的解释。因为，小农的生产方式和生活方式是复杂的，其个体行为和集体行动的动力也是多方面的。只有在多元主义的解释框架中，结合具体的行为方式，我们才能解释农民的理性能力、理性水平、理性类型以及对于制度形成的贡献，即农民的理性是历史的、具体的、有条件的。

西方在理解传统农民理性和现代农民理性以及传统农民理性与现代农民理性之间连续性与超越性方面提供了三种解释传统。这三种解释传统从不同侧面对中国农民的理性都具有不同程度的解释力。

马克思主义传统以阶级分析方法为根本方法，它提供了分析中国不同历史类型中农民理性决定性作用的分析框架。尽管农民的革命理性并不在和平时期和日常生活中起作用，但它对于基本制度的形成起着决定性作用。同时，中国既是一个具有悠久历史传统的农业大国，又是个社会主义大国，按照马克思主义传统关于农民二重性的唯物主义观点，传统农民理性既有适应社会发展的要素，也有需要改造的要素，因此，农业现代化建设必须做好对农民传统理性的继承和扬弃工作，实现传统农民理性向现代农民理性的转化。

实体主义传统具体化地研究了传统社会农民理性的显著特征和现代转化的成分。由于自然条件和社会条件的决定作用，且受到儒家伦理的影响，以家户制为基本生产单位的中国农民理性具有显著的"道义经济学"特质。这一属性不仅在传统社会存在，在现代社会也仍然具有很强的生命力。由于自然、社会和文化条件的影响，非制度化的合作方式是中国农民理性的一个显著特征，实体主义传统不仅能解释这一现象，而且能够在农业现代化过程提供其现代转化的可供借鉴的、可操作的方法。

形式主义传统不仅论证了传统农民理性的存在和重要功能，而且提供了传统农民理性现代转化的可行方案。按照形式主义传统的解释体系，传统农民不仅具有有效配置有限的生产要素的理性能力，而且具有适应现代市场条件的理性潜力，只要加强人力资源的投资，传统农民理性就能转化为现代农民理性，并在农业现代化过程中起基础性作用。中国已认识到市场在资源配置中所起的决定性作用，并明确提出了农业现代化建设的总体方案，因此，形式主义传统对于农民理性的现代转化具有重要启发和借鉴作用。

当然，由于中国悠久的农业文明传统和波澜壮阔的农业制度变革深深植根于农民理性之中，因此，对中国传统农民理性和现代农民理性丰富内涵和多样表现形式的解释需要在借鉴西方解释传统的同时，更深地植根于对中国社会历史、文化和现实的理解，并在此基础上形成对中国农民理性的系统解释体系。

第三章 中国农民制度理性话语

第一节 中国农民制度理性概述

一、农民制度理性的定义

农民制度理性是农民在长期的农业生产生活中所形成的制度塑造能力,外在化、定型化为一种制度事实。

要准确理解农民制度理性这一概念,必须从以下方面理解农民制度理性这一概念的内涵。

1. 农民制度理性是农民的一种理性能力

这种理性能力是农民在同自然条件和社会条件的长期交往过程中逐步积累起来的一种能力,这种能力能够形成农业制度并推动农业制度发展,但本身不是一种农业制度。

2. 这种理性能力表现为塑造农业制度的能力

农民理性表现在各个方面,但农民制度理性表现为农民理性在形成农业制度和推动农业制度发展方面的能力。从这一角度来讲,农民制度理性是农业制度的智力要素和动力要素。

3. 农民制度理性是农民理性在制度塑造方面的运用,也就是农民理性在制度方面的能力,其外在化、定型化为一种制度事实

4. 农民制度理性与理性的农业制度之间是一个构成要素与总体制度之间的关系

农民制度理性是理性的农业制度的基础和源泉,主要表现为智力要素和动力要素,但理性的农业制度还包括更丰富的内容。由于认识上的差别,许多学者将制度理性与理性制度这两个概念混淆了,因此,引起了农民制度理性与理性的农业制度两个概念的混淆。如张宇燕先生认为:"制度理性……指的是这样一种制度的均衡状态,其中个人的最大化行为既与他(她)的预期净收益相吻合,又同整个社

会的资源有效配置并行不悖,不仅如此,此时已经不存在通过改善或调整现行制度来增进个人福利并节约社会资源的机会了。该制度状态所对应的经济结果(如增长率、效率、稳定、公平等)相对于其他各种制度状态的对应物而言更优,可以被看作为制度理性的另一附加条件。"① 显然,张宇燕先生混淆了制度理性与理性制度之间的区别。

制度理性指的是塑造一种理性制度的能力或行为方式。理性制度指的是具有理性品质的制度形态。制度理性内在表现为一种能力或行为方式,外在表现为一种制度事实,而理性制度是对制度理性的提炼或认可。提炼的方式既可以在正义原则引导下进行理论概括,也可以通过民主程序达成一种价值上的共识。由于混淆了农民制度理性与理性的农业制度之间的区别,从而形成了农业制度方面的狭隘经验主义倾向和国家主义倾向。

5. 农民制度理性与国家制度理性之间是一种相互促进、相互制约、相互反思、相互规训的关系

理性的农业制度是农民制度理性与国家制度理性相互作用的产物,既包括农民运用制度理性能力所形成的制度事实,也包括国家对这一制度实事进行的认可或提炼。从理性的类型来讲,由于农民与土地之间具有不可解构的关系,农民制度理性具有显著的演进理性特征。同时,由于国家承担现代化建设的任务,国家制度理性具有显著的建构理性特征。因此,理性的农业制度必须以农民制度理性为基础,并充分体现国家的现代化要求。

二、中国农民制度理性的生成与特征

农民制度理性是农民理性在制度形成方面的能力和行为方式。中国农民制度理性是中国农民理性的制度维度。徐勇先生将中国农民理性归纳为8种:勤劳、勤俭、算计、互惠、人情、好学、求稳、忍耐。② 中国

---

① 张宇燕著:《个人理性与"制度悖论"——对国家兴衰的尝试性探讨》,载《经济研究》1993年第4期。

② 徐勇著:《农民理性的扩张:"中国奇迹"的创造主体分析——对既有理论的挑战及新的分析进路的提出》,载《中国社会科学》2010年第1期。

农民理性种类也许不只有这 8 种，而是在中国特定的自然环境和社会条件下所形成一个理性体系。中国农民理性体系各要素在相互作用过程中逐渐形成了中国农民制度理性的体系。

中国是一个具有悠久历史的农业大国，农耕文明极为发达。农民在长期生产生活过程中为了自身的生存和发展形成了独具特色的中国农民制度理性。中国农民的制度理性由其所处的自然环境所决定，受到社会条件和社会制度的深刻影响，在其所形成文化的影响下，形成了一个完整的理性体系。我们将其归纳为以下特征：多种经营的生产方式和自给自足的经济模式、技术适应性能力和社会适应性能力、家户制传统、灵活性合作方式。

1. 多种经营的生产方式和自给自足的经济模式

由于中国幅员辽阔，自然环境千差万别，各种农业经济类型都能找到适宜的自然条件，这就为农业的多样化发展提供了条件，因此，中国农民很早就形成了多样化的农业经营模式，农、林、牧、副、渔门类齐全，从而形成了自给自足的农业经济类型。自给自足的自然经济形成了一种以生存理性为基础的理性类型。这一理性类型满足了消费经济学而不是生产经济学的要求。

2. 技术适应性能力和社会适应性能力

在多样化经营过程中，农民学会了农业经济的各种技艺，提高了技术适应性能力。中国农民很早就熟练掌握了各种农业知识和农业技术，特别是农民发展出了精耕细作的耕作方式，极大地提高了土地产出率，中国传统农艺和农业产量均达到了世界上最先进的水平。

为维护大一统国家的安宁与稳定，国家需要供养一支庞大的常备军和一个庞大的官僚体系。军队和官僚的供养需要建立起国家的财税汲取能力。同时，由于人多地少的矛盾增加了地主提高剥削量的机会，农民的生存条件缺乏制度性保障，反而存在制度化威胁。在这一社会背景下，农民除通过多种经营和提高技术适应性能力以解决生存危机以外，他们还通过地权运动和产权缔约提供的机会提高生存能力。如农民通过"永佃权"的方式获得"田面权"，利用"典"的方式避免破产的命运。

3. 家户制传统

家户制传统是多种经营、自然经济、技术适应性能力、制度适应性能力和儒家伦理相互作用所形成的制度传统。多种经营需要在家庭成员之间形成合理的分工，以便提高劳动力使用效率，提高经济上的自足性。"男耕女织"是中国传统农民家庭内的基本分工方式。农艺的熟练掌握和精耕细作也需要在家庭内形成相对固定的分工，有利于农艺和耕作的精细化水平的不断提高。同时，为了提高社会适应性能力，也需要在家庭内形成人际交往上的分工关系。"男主外女主内"既有利于人际关系的拓展，又有利于家庭生计的合理安排。儒家伦理以家庭为基础提炼和强化了家户制传统在中国农业生产中的基础地位和经济功能。

4. 灵活性合作方式

在家户制传统之外，中国农民也有灵活性的合作方式。如季节性换工和技术性换工在农业生产过程中比较普遍。与印度的村社制度和俄罗斯的农村公社制度不同，中国农民在家庭之外的合作方式具有非制度化的特征，并不是一种被民间法和国家法所约束的合作类型。

三、中国农民制度理性的嬗变与转型

中国农民制度理性的嬗变与转型包括两个方面的内容：一是中国农民制度理性在历史类型中的嬗变与转型，二是中国农民制度理性在特定历史时期的嬗变与转型。

1. 中国农民制度理性在历史类型中的嬗变与转型

历史类型嬗变和转型一般都是通过革命方式实现的，少数国家通过和平方式实现了历史类型的转型，也是由于革命的条件积累到了即将爆发的程度。在中国，儒家的革命精神是农民制度理性的重要组成部分。尽管革命性只在历史的转折点才发挥作用，但它是农民制度理性积累到承受的程度的产物，且对具体的历史类型产生了持久的影响。

按照马克思主义传统，社会的历史类型是以阶级为标准划分的。根据阶级标准，社会历史类型可以划分为原始社会、奴隶制社会、封建社会、资本主义社会和社会主义社会5个阶段。按照阶级标准的划分方式，农民是封建社会才有的一种阶级类型，它相对于地主阶级而

言，而其他社会形态应该不存在农民阶级。但事实上，原始社会末期、奴隶制社会、资本主义社会和社会主义社会都存以土地为直接劳动对象的耕作者，这些耕作者至少在资本主义社会和社会主义社会都称之为农民。如果严格按照阶级划分方式讨论农民制度理性问题，会出现事实认定和论证上的双重困难。为了克服这种困难，我们可以适当借鉴形式主义传统的合理要素，在坚持以阶级为标准划分社会历史类型的同时，考虑将农民与土地之间的关系作为有第一性关系，重在考察耕作者与土地之间的直接关系，采取广义的定义方法将耕作者称之为农民，这样就形成了广义的农民的概念。

原始社会后期，中国已出现了原始农业和专门从事农作的劳动者。[①] 原始社会采取土地公有制和产品平均分配原则，劳动者并没有形成为了个体生存和发展的理性认识、态度和行为方式。但到了原始社会末期，由于剩余产品的出现，因此出现了私有观念，从而形成对生产资料和生活资料占有的原始观念，为奴隶制度形成奠定了物质和思想基础。

在奴隶制社会，不仅生产资料和生活资料被奴隶主所占有，而且劳动者也被奴隶主所占有，奴隶只不过是奴隶主的生产工具。他们不断以怠工、抵制、骚乱、反叛、奴变、起义、暴动和革命方式削弱和推翻奴隶制统治。在奴隶制社会，奴隶向往人身自由并拥有生存的生产资料和生活资料。

在封建社会，农民从法律上获得了人身自由，部分农民也拥有土地等生产资料，但由于封建土地所有制的支配地位，农民无论是在经济上还是在政治上都处于受剥削、受压迫的地位。随着地权运动的发展，地主阶级通过巧取豪夺来不断兼并小农的土地，并不断增加佃农的经济负担，遇到自然灾害农民脆弱的经济平衡关系被打破时，地主阶级对农民的剥削和压迫就会变本加厉。在此背景下，农民就采用革命方式推翻封建统治。在封建社会，农民始终向往"耕者有其田"的理想，这是封建社会农民制度理性最重要的价值维度。中国农民正

---

① 佟柱臣著：《中国原始社会晚期历史的几个特征》，载《考古》1960年第5期。

是怀着这种理想参加土地革命、进行土地改革推翻封建统治并最终实现了"耕者有其田"的理想的。

在资本主义社会，绝大部分农民失去了土地而转化为产业工人，少数人从事农业生产成为现代农民。资本主义社会的现代农民已不同于传统社会农民的经济和政治地位。农产品一般被定义为公共物品，由于不具备相对于工业产品的市场竞争优势，绝大部分发达资本主义国家都对农产品进行补贴，并采取工业反哺的产业政策。资本主义国家农民制度理性最重要的价值维度是通过农业生产实现发家致富的理想。

在社会主义社会，由于实现了生产资料的公有制，个体农民并不直接拥有土地所有权。但他们拥有通过其他方式与生产资料相结合的权利，并根据按劳分配这一基本分配原则获得生活资料。因此，社会主义社会农民制度理性最重要的价值维度是实现共同富裕的理想。

2. 农民制度理性在特定历史时期的嬗变与转型

尽管历史类型的嬗变和转型对于历史进程具有深远影响，并奠定了特定制度的基本框架，但历史类型的嬗变和转型并不是一个常态的历史事件。因此，农民制度理性的丰富性主要是通过特定制度类型的嬗变与转型不断充实起来的。

在传统社会，中国农民制度理性主要表现在多种经营的生产方式和自给自足的经济模式、技术适应性能力和社会适应性能力、家户制传统、灵活性合作方式等方面。中国农民制度理性的这些方面在每一个历史时期，特别是改革时期都表现出内涵的变化。

例如，在封建社会后期，由于人多地少的矛盾日益突出，再加上封建土地兼并加剧，当平原经济无法满足自给自足的自然经济的基本要求时，农民脆弱的经济平衡关系被打破，从而产生了大量流民。流民为了生存的需要，开始了大规模的山地经济开发活动。一方面，山地经济的开发，从宏观上缓解了国家平衡经济和社会动乱的压力，微观上则解决了流民的生存问题。另一方面，山地经济的开发，从宏观上丰富了农业生产多样化经济结构，提高了产品市场化水平，微观上则提高了农民的技术适应性能力和社会适性能力。

再如，家户制在中国具有悠久的历史传统，其在不同的历史时期内涵不断充实和变化。在封建社会晚期，随着资本主义萌芽的产生，家户制传统进入市场领域，形成以血缘和地缘为基础的商人群体。改革开放以后，中国形成和确立了以家庭承包经营为基础，统分结合的双层经营体制。家庭承包经营是中国农民的伟大创造，也是中国农民制度理性的典型样态。尽管我国宪法确立了农村土地集体所有制这一公有制形式，农民家庭并不拥有土地所有权，但我国法律通过集体经济组织成员权这一基本权利形态确立了农民家庭一系列土地权利和收益分配权利。这些制度的创设都与中国悠久的家户制传统之间具有密切关系。

总之，一方面，由于农民与土地之间具有不可解构关系，中国农民的制度理性具有显著的演进理性特征。演进理性的发展是一个渐进的过程，这就决定了中国传统农民的制度理性与现代农民的制度理性之间具有内在联系，形成一种清晰可变的历史连续性。另一方面，由于社会历史类型和特定历史时期的自然条件和社会条件发生了变化，因此，中国农民的制度理性也表现出了显著差异，打上了历史和时代的烙印。在我国进行农业现代化建设过程中，系统总结传统农民制度理性的生成机理、显著特征、嬗变轨迹和转型规律，对于现代农民制度理性的培育具有基础性价值，对于中国特色现代农业制度的形成同样具有重要意义。

第二节　中国学者关于农民制度理性的研究

中国学者关于农民制度理性的研究起源于中国被迫转入现代社会的洪流。政治上如何独立自主、经济上如何自力更生、人民如何安居乐业是他们研究的共同时代背景。以政治独立为分界点，前一个阶段的研究集中于探讨中国在政治不独立和市场经济不发达的背景下如何保障人民的生计，并在此基础上发展经济等问题上。主要成果集中于马克思主义传统所确立的理论框架、乡村建设学派所确立的经济建设计划、社会人类学派所展示的前景诸方面。后一个阶段的研究集中于探讨中国在政治独立，市场不发达的条件下如何进行现代化经济建设等问题上。主要成果集中于发展马克思主义传统的理论成果、发展经济学的成果、产权缔约理论诸方面。

马克思主义传统所确立的基本理论框架应用于苏区、抗日根据地和解放区的实践,新中国成立后在反复的实践和探索中有所发展。特别是改革开放后,以家庭联产承包责任制为基础发展出的"三农"制度表现了中国农民的伟大创新精神和创造能力。这一理论发展脉络我们将在相应章节讨论,本节不做专门论述。

新中国成立之前,主要的理论成果表现为以梁漱溟为代表的乡村建设理论和以费孝通为代表的社会人类学理论。新中国成立以后,主要表现为以张培刚为代表的工业化理论和以张五常为代表的产权缔约理论。所有这些理论都立足于根据中国实际条件解决中国问题。以梁漱溟为代表的乡村建设学派和以费孝通为代表的社会人类学派的理论都具有浓郁的本土色彩,拒斥建立在个体主义基础上的西方经济自由主义在中国的应用,倡导立足于中国传统的合作经济。西方的实体主义传统与他们的理论旨趣相一致。这些研究成果在恰亚诺夫的研究成果之后,在卡尔·波兰尼和斯科特的研究成果之前。以张培刚为代表的工业化理论和以张五常为代表的产权缔约理论主张西方经济自由主义在中国的应用,倡导将传统农业改造为现代农业以适应市场市场竞争的需要。西方的形式主义传统与他们的理论一脉相承。张培刚的工业化理论早于西方形式主义传统的形成,张五常的产权缔约理论则比西方形式主义传统的出现稍晚。中国农业处于传统农业向现代农业转型之中,传统与现代要素交织在一起,具体情形极为复杂,这决定了中国农民所进行的伟大实践是丰富多彩的,因此,没有任何一种理论能够完整地解释这一伟大实践,不同的理论抓住的是这一伟大实践的某一个重要环节。中国农民学理论建设的任务任重而道远。

一、乡村建设理论

中国的乡村建设理论源于 20 世纪 20 年代开始至抗日战争全面爆发被迫结束的乡村建设运动。乡村建设运动的核心是乡村教育运动,乡村教育运动的主要对象是农民。乡村建设运动致力于通过提高农民的文化水平和生产能力以实现乡村自治和经济自保。最早的是晏阳初先生主持设在河北定县的平民教育促进会,以农民的文化教育为主。

俞庆棠女士在江苏无锡市开办江苏民众教育学院。尽管教育对象不限于农民,但以教育农民为主,教育目的在于推动农业发展,改造农村。黄炎培先生主持的中华职业教育社主要进行职业教育运动,最初在城市进行,后将工作中心转入农村,并在江苏省昆山县徐公桥镇进行农村建设试验。① 梁漱溟先生所进行的乡村建设运动内容最丰富,规模最大,获得的经验最多,所总结的理论最系统。他们共同的希望是通过提高农民的文化水平和生产能力改造传统社会,在新的社会条件下保存中华民族,进行着执着的于绝望处的抗争。

梁漱溟先生所致力的乡村建设植根于他的文化观念和人生信念,属于他的文化观念和人生信念实践的最核心部分。他认为:"我不容我看着周围的情形而不顾——周围种种情形都是叫我不要做佛家生活的。一出房门,看见街上的情形,会到朋友,听见各处的情形,在触动了我研究文化问题的结论,让我不能不愤然的反对佛家生活的流行,而联想到我自己,又总没有遇到一个人同意于我的见解,即或有,也没有如我这样的真知灼见,所以反对佛教推行这件事,只有我来做。这是迫得我舍掉自己要做的佛家生活的缘故。我又看着西洋人可怜,他们当此物质的疲敝,要想得精神的恢复,而他们所谓精神有不过是希伯来那点东西,左冲右突,不出此圈,真是所谓未闻大道,我不应当导他们于孔子这一条路来吗!我又看见中国人蹈袭西方的浅薄。或弄那乱七八糟,弄那不对的佛学,粗恶的同善社,以及到处流行种种怪密的东西,东觅西求,都可见其人生的无着落,我不应当引导他们于至好至美的孔子路上来吗!无论西洋人从来生活的猥琐狭劣,东方人的荒谬糊涂,都一言以蔽之,可以说他们都未尝过人生的真味,我不应当把我看到的孔子人生贡献给他们吗!然而西洋人无从寻得孔子,是不必论的;乃至今天的中国,西学有人提倡,佛学有人提倡,只有谈到孔子羞涩不能开口,也是一样无从为人晓得。孔子之真若非我出头倡导,可有那个出头?这是迫得我自己来做孔家生活的

---

① 梁漱溟著:《乡村建设理论》,上海人民出版社2011年第2版,第421~422页。

缘故。"① 正是儒家的这种士人精神和人生境界一直支撑着梁漱溟先生的乡村建设实践和乡村情怀。

梁漱溟先生认为，中国民族精神最大的特点就是"以是非观念代利害观念。所谓讲理即讲是非，以利害隶属是非，不以是非隶属于利害。……须知中国所求者，就是那个'正'字。'正'即正当合理。这种精神，并不只读书人见之。不拘什么人都喜欢讲理评理。……此可见其心中自信有理，而理为至高至上，虽天也不怕！与宗教徒是何等不同！此人生向上之精神非常伟大，为西洋人没有的。"② 中国民族文化优越论是梁漱溟先生面对西方的强权压迫、巧取豪夺而自信通过乡村建设能够改变中华民族的历史命运，屹立于世界最先进国家的精神动力。

在梁漱溟先生看来，中国社会占最大多数的农民最大的缺陷是散漫。③ 只有把散漫的农民通过理性的方式组织起来，中国才有希望。他认为："我们把许多中国冲突疑难点解决之后，就可以发现一个新的社会组织。这个社会组织乃是以伦理情谊为本源，以人生向上为目的，可名之为情谊化的组织或教育化的组织；因其关系是建筑在伦理情谊之上，其作用为教学相长。这样纯粹是一个理性组织，它充分发挥了人类的精神（理性），充分容纳了西洋人的长处。西洋人的长处有四点：一是团体组织——此点矫正了我们的散漫；二是团体中的分子对团体生活会有力地参加——此点矫正了我们被动的毛病；三是尊重个人——此点比较增进了以前个人的地位，完成个人人格；四是财产社会化——此点增进了社会关系。以上四点是西洋的长处，在我们的这个组织里边，完全把它容纳了，毫无缺漏，所以我们说这个组织是以中国固有精神为主吸收了西洋人的长处。我们能这样把那些冲突矛盾疑难问题解决了，我们心里才不乱，心里不乱才能有道路走，才

---

① 梁漱溟著：《中国文化的命运》，中信出版社2010年版，第3～4页。
② 梁漱溟著：《中国文化的命运》，中信出版社2010年版，第172～173页。
③ 梁漱溟著：《乡村建设理论》，上海人民出版社2011年第2版，第330页。

能为社会开一新道路。"① 梁漱溟先生认为，以中国精神为立足点，适当吸收西洋长处的新道路不可能自发实现，也不可能通过散漫的农民自己去实现，因此，士人应该担当起历史的责任，也能担当起历史的责任。他认为："中国旧日社会秩序的维持，不靠他力而靠自力，不靠强力而靠理性，……但如何得理性常能表现其活力于社会之间，而尽其维持之功？此则在有'士人'者，以代表理性。旧日中国社会的成分，为士、农、工、商之四民，而士居四民之首。士人不事生产，却于社会有其绝大功用；便是他代表理性，主持教化，维持秩序；夫然后，若农、若工、若商始得安其居，乐其业。"② 梁漱溟先生在中西文化之间为中国所做的选择由新人、新组织、新社会、新中国这几个基本要素构成，而士人在各基本要素的有机结合中代表了它们密切相连的理性这一核心部分。

理性话语在梁漱溟先生的乡村建设理论中具有根本地位。那么，中国传统社会是否有理性存在？如果有，理性所存何处？根据张岱年先生的研究，理性是现代汉语中的常用名词，但理性一词在中国古代典籍中却属罕见。理性是来自于西方的翻译名词。中国古代哲学有与理性一词相同的思想。《中庸》中的"德行"，《易经》和《大学》中的"明德"都是指的理性，宋儒讨论的"义理之性"更接近于理性的内涵。③ 按照梁漱溟先生对理性的理解，我们似乎可以得出理性藏于士人，而农民无理性的结论。但实际上，梁漱溟先生所讨论的理性的存在方式是有层次的。从形而上的角度来看，他认为理性是世界上最高的真理，无处不在，无论是圣人还是士人，俗子还是凡夫该生活于理性之中，但理性显身于不同人则有差异。士人承载更丰富的理性，可将其传授于理性比较稀薄之人，这正是他认为农民可以克服其散漫，增加其理性得以建立一个新社会的文化自觉。他认为："所谓

---

① 梁漱溟著：《乡村建设理论》，上海人民出版社 2011 年第 2 版，第 161 页。
② 梁漱溟著：《乡村建设理论》，上海人民出版社 2011 年第 2 版，第 43 页；注：士人在中国文化中的作用的系统研究参见余英时著：《士与中国文化》，上海人民出版社 2003 年版。
③ 张岱年著：《中国哲学观与理性的学说》，载《哲学研究》1985 年第 11 期。

理性，要无外父慈子孝的伦理情谊，和好善改过的人生向上。道理只在眼前，匹夫匹妇能知能行；而讲求起来无穷无尽，圣人难说到家。士人主持教化，启发理性无非在这上边说来说去。"① 在梁漱溟先生看来，理性的"彼在"实无处不在，然要让这一无处不在的理性变成每个人身上的"此在"，化为每个人行动上的"实在"，则需要士人这一中介才能完成。梁漱溟先生所进行的乡村建设实践就是为了完成这一文化和历史使命。

在梁漱溟先生所设想的中华民族复兴之路中，文化复兴之路是根本，具体而言重点是政治复兴之路与经济复兴之路，而政治复兴之路与经济复兴之路必须同时解决。② 政治之路在于谋自强自立，关键在于自治，经济之路在于谋自为自力，关键在于自给。③ 而这一切都必须从乡村做起，别无他路。他所设想的经济发展道路"就是散漫的农民，经知识分子领导，逐渐联合起来为经济上的自为与自力；同时从农业引发了工业，完成大社会的自给自足，建立社会化的新经济结构。分析起来，这里面包含几个要点：①非个人营利，也非国家统制，而是从农民的联合以达于整个社会的大组织；②从农业引发工业，而非从商业发达工业；③从经济上的自为自力入手，以大社会自给自足为归，自始即倾向于为消费而生产，最后完成为消费而生产，不蹈欧美为赢利而生产的覆辙"。④ 梁漱溟先生认为，中国的国家建设和经济建设必须从乡村入手的根据有两个，一是中国农业社会的根基，二是在外力压力下农业的状态。梁漱溟先生认为，中国传统社会是一个伦理本位、职业分立的社会。

梁漱溟先生认为，西方近代个人主义抬头，自由主义盛行。这一

---

① 梁漱溟著：《乡村建设理论》，上海人民出版社2011年第2版，第43页。

② 梁漱溟著：《乡村建设理论》，上海人民出版社2011年第2版，第330页。

③ 梁漱溟著：《乡村建设理论》，上海人民出版社2011年第2版，第165、330页。

④ 梁漱溟著：《乡村建设理论》，上海人民出版社2011年第2版，第330～331页。

趋势是由于对集团主义生活的反动而来。① 梁漱溟先生的这一结论，从文化、政治、经济的发展趋势，跟西方很多学者在其后都有过的论述大致是不缪的。② 他认为："伦理关系，始于家庭，而不止于家庭。何为伦理？伦即伦偶之意，就是说：人与人都在这关系中。……故伦理关系彼此互以对方为重；一个人拟不为自己而存在，乃仿佛互为他

---

① 梁漱溟著：《乡村建设理论》，上海人民出版社 2011 年第 2 版，第 25 页。

② 注：团体生活一直是西方社会生活最核心的诉求。贝尔认为："孔多塞和托克维尔认为现代社会的特色是要求平等。这种强烈的诉求首次作为有力的政治力量出现后，一直持续到 150 年后的今天。但是，在 20 世纪最后三分之一时间里，平等需求被扩大为对社会一系列更为广泛的权利——政治权力、公民权利和社会权力——的诉求。"［美］丹尼尔·贝尔著：《资本主义文化矛盾》，严蓓文译，江苏人民出版社 2007 年版，第 243 页；具有团体自由性质的新罗马自由理论一直在盎格鲁政治理论中占据主要地位。斯金纳认为："新罗马自由理论凸显于 17 世纪中叶的英国革命之中，在 18 世纪时，他被用于批驳英国的寡头统治，后来也被美利坚殖民地人民用来反抗英国王权的革命理论。然而，到 19 世纪，新罗马自由理论渐渐消退。它的一些具体内容只在宪章运动的六点要求和约翰·斯图尔特·密尔对妇女从属地位的解释，以及代表着依从和受压迫的人们的呼喊中。可是自由主义理念的胜利基本上使新罗马自由理论销声匿迹。而与此同时，与植根于古典自由主义之中的自由观念相一致的内容却从未消失，继续在盎格鲁政治哲学中占据主导。"［英］昆廷·斯金纳著：《自由主义之前的自由》，李宏图译，上海三联书店 2003 年修订版，前言，第 1～2 页；桑德尔认为，自由取决于公民的公治共享，取决于公民之间的伙伴关系，取决于公民对共同体的认同，公共知识、归属感、对集体的关心和对自己命运休戚相关的共同体之间的道德联系。共和主义的传统在美国联邦最高法院的司法解释中一直保存着，但是 20 世纪后四五十年，这一传统被自由主义所取代。［美］迈克尔·桑德尔著：《民主的不满：美国在寻求一种公共哲学》，曾纪茂译，江苏人民出版社 2008 年版，第 4～7 页；卡尔·波兰尼认为，直到 19 世纪 20 年代，经济自由主义才开始居于主导地位，在 1834 年《斯皮纳姆法案》废除后，经济自由主义才取得胜利。［匈牙利］卡尔·波兰尼著：《巨变：当代政治与经济的起源》，黄树民译，社会科学文献出版社 2013 年版，第 160、244 页。

人而存在。这种社会，可称伦理本位的社会。"① 费孝通先生后来对这种伦理关系也做过很形象的阐述。

费孝通先生认为："我们儒家最考究的是人伦，伦是什么呢？我的解释就是从自己推出去的和自己发生关系的那一群人里所发生的一轮轮波纹的差序。……在这种赋予伸缩性的网络里，随时随地是有一个'己'作为中心的。这并不是个人主义，而是自我主义。个人是对团体而说的，是分子对全体。……这些观念必须先假定了团体的存在。在我们中国传统思想里是没有这一套的，因为我们所有的事自我主义，一切价值是以'己'作为中心的主义。自我主义并不限于拔一毛而利天下不为的杨朱，连儒家都应包括在内。"② 费孝通先生又说："在差序格局中，社会关系是逐渐从一个一个人推出去的，是私人联系的增加，社会范围是一根根私人关系联系所构成的网络，因之，我们传统社会里所有的社会道德也只在私人联系中发生意义。"③ 费孝通先生没有讨论这种伦理关系现实的状态是利己主义的还是利他主义的，但从他认为调整社会关系的"克己就成了社会生活中最重要的德行"④ 这一命题来看，他是暗示现实生活中的人际关系是利己主义的。

梁漱溟先生对中国伦理的看法没有区分现实生活的人际关系与儒家调整的伦理关系，即应然与实然的人际关系。梁漱溟先生认为，中国传统社会的人际关系是利他主义的，即以自己为中心的利他主义的辩证关系。他的落脚点在于论证社会伦理关系的利他主义特征。实际上，这可能只是儒家希望的一种理性类型，而不是现实生活中真实的人际关系，只有士人才能达到这种境界。正由于此，梁漱溟先生才认为现实的农民最大的特点是散漫，所以才需要代表理性的士人对其进行教育才能达致利他主义的生活方式。

---

① 梁漱溟著：《乡村建设理论》，上海人民出版社2011年第2版，第26~27页。
② 费孝通著：《乡土中国》，人民出版社2008年版，第30~31页。
③ 费孝通著：《乡土中国》，人民出版社2008年版，第34页。
④ 费孝通著：《乡土中国》，人民出版社2008年版，第34页。

美国学者郝大维、安乐哲认为,中国的社会关系既不是个人主义的,也不是集体主义。① 他们认为:"在儒家中,个人秩序和社会秩序是相互包含的。"② "个人与家庭之间的构建连续性说明,具体个人是一个焦点,而家庭是一个场域。……从儒家的角度看,个人主义的缺点是,它对以仪规为秩序的社会形成挑战。在这个社会里,个人的界限可能只是含糊地得到勾勒。儒家中的'自我'并非定位很高的或自成单体,而是一个角色与作用的复杂体。这些角色与作用又与一个人对其所属的各种群体组织的义务相联系。一个具体的人体现于人格化了的关系之中。"③ 这一分析比较接近梁漱溟先生所讨论的伦理本位社会的思想。

伦理本位社会不仅表现在社会和政治方面,也表现在经济方面,对我国经济生活的影响至今。梁漱溟先生认为:"经济方面——夫妇、父子共财,乃至祖孙兄弟等也共财。若义庄、义田一切族产等也为共财之一种。兄弟乃至宗族间有分财之义;亲戚、朋友间有通财之义。以伦理关系而言之,自家人兄弟以迄亲戚、朋友,在经济上皆彼此顾恤,相互负责;有不然者,群指目以为不义。故在中国人生计问题上无形有许多保障。……我们可以看出中国社会,其经济结构隐然有似一种共产。但此共产,其相与为共的视其伦理关系之亲疏、厚薄为准:愈亲厚愈要共,以次递减。同时,也要看这财产的大小;财产愈大,将愈为多数人所共。"④ 斯特特深刻揭示了东南亚国家传统社会这一道义经济学的面相。波普金则认为这只限于保险的范围而不及于福利制度,不是一种财产再分配制度。应该说波普金的观察比较合乎实际的经济关系。因为伦理评价和道德约束是富于弹性的,共产现

---

① [美]郝大维、安乐哲著:《先贤的民主:杜威、孔子与中国民主之希望》,何刚强译,江苏人民出版社2004年版,第128页。
② [美]郝大维、安乐哲著:《先贤的民主:杜威、孔子与中国民主之希望》,何刚强译,江苏人民出版社2004年版,第118页。
③ [美]郝大维、安乐哲著:《先贤的民主:杜威、孔子与中国民主之希望》,何刚强译,江苏人民出版社2004年版,第129页。
④ 梁漱溟著:《乡村建设理论》,上海人民出版社2011年第2版,第27~28页。

象并非法律规定，也就不可能是一种普遍化的经济关系，梁漱溟先生也承认这一点。① 费孝通先生也看出伦理关系具有伸缩性的特点。② 正因为如此，梁漱溟先生才希望通过教育减少农民的伦理需求弹性，使之成为一种具有共产性质的、普遍化的社会理想类型。当然，我们也绝不能低估在外力压力下，为了分散风险，农民自觉减少伦理需求弹性的巨大作用。因为，外力压力具有与道德教化相当的功能。只不过一个是从消极方面，一个是从积极方面增强了农民的理性能力。梁漱溟先生认为，在外力压力下农民减少伦理需求弹性与士人教育农民相结合就可以使为分散风险的共产行为转化为一种普遍化的道义经济学，即：使一种现实生活中的边缘制度形态转化为一种基础性的制度形态，从而形成一种合作经济学的伦理基础。这一结论与恰亚诺夫所得出的结论完全一致。恰亚诺夫认为，在农村公社传统背景下，俄国面临资本主义生产方式的巨大压力，两者相结合，已经形成合作制的条件，且农民正在进行合作制的实践，合作将是农业生产的方向。

梁漱溟先生认为，中国是一个职业分立的社会。其最基本的立足点是，中国是一个无阶级分立的社会，而是一个职业分立的社会。③ 主要原因是："一、土地自由买卖人人得而有之；二、遗产均分，而非长子继承制；三、蒸汽机、电机未发明，乃至较大机械亦无之。"④ 他认为无垄断即无阶级。梁漱溟先生关于中国是一个职业分立社会的论断有其客观性与主观性两个方面。但他的政治经济学本身是分离的。从政治学的角度考察，他认为中国无阶级。但无论中国是否有阶级都不会影响中国是否存在职业分立这一经济学的命题。因为职业分立与否是由劳动分工决定的，而是否存在阶级分立是由职业分化决定

---

① 梁漱溟著：《乡村建设理论》，上海人民出版社 2011 年第 2 版，第 26～27 页。

② 费孝通著：《乡土中国》，人民出版社 2008 年版，第 34 页。

③ 梁漱溟著：《乡村建设理论》，上海人民出版社 2011 年第 2 版，第 26～27 页。

④ 梁漱溟著：《乡村建设理论》，上海人民出版社 2011 年第 2 版，第 29 页。

的。实际上，梁漱溟先生在1951年已经认识到这一问题。① 中国无阶级这一论断实际上不合乎中国现实。

梁漱溟先生还谈到一个观点，即认为我国的官僚制度也不产生经济上的分化，也不形成官民对立。因为官僚是通过考试制度选任的，人人都有机会，他们的政治行为与经济行为是分离的，目的在于减免经济上的垄断，故亦无阶级。② 这一观点与王亚南的研究是不一样的。当官不为发财，只是个别清官的形象，而不是社会现实和政治现实。

王亚南的研究认为，中国官僚将从事政治职业作为获得经济利益的最短途径，这一观察比较合乎中国的官僚制现实。两袖清风的官僚只是特例，做官发财是一种普遍现象。③ 官僚对农民经济上的压榨和盘剥也是深重的，这些行为尽管不是法律所规定的。④ 根据瞿同祖先生的研究，各类官吏强加给老百姓的经济负担种类繁多，有的是法律规定的，有的是朝廷认可的，有的是朝廷默认的，有的是非法的，五花八门，不一而足。仅以州县官为例，朝廷拨付他们的薪俸和养廉银是极为有限的，几乎不够给幕友付酬。但他们必须以此象征性的收入支持整个州县的一切公共开支和私人开支，也就生出法律许可的"摊捐"和"捐献"，法律认可的"陋规"（"惯例性收费"，即"丑陋的规矩"），非法的"规费""门费""茶钱"几乎成为默认的陋俗，更有其贪墨之财，不一而足。州县官离任携带足以供给后人鲜衣美食的积蓄告老还乡不在少数，皆盘剥压榨百姓而来。⑤ 至于书吏、

---

① 梁漱溟著：《梁漱溟全集》第6卷，济南：山东人民出版社2005年第2版，第860～865页。

② 梁漱溟著：《乡村建设理论》，上海人民出版社2011年第2版，第32页。

③ 王亚南著：《中国官僚政治研究》，中国社会科学出版社1981年版，第112页。

④ 王亚南著：《中国官僚政治研究》，中国社会科学出版社1981年版，第125页。

⑤ 瞿同祖著：《清代地方政府》，范中信、何鹏、宴锋译，法律出版社年版，第37～51页。

衙役、长随、幕友、绅士这些朝廷不供养的小吏或地方"员外"对老百姓的敲诈则更是五花八门，手段阴毒。是故，秦晖先生认为中国传统社会的基本矛盾不是地主与佃农的矛盾，而是官僚与农民的矛盾。① 这一结论不仅具有很大程度上的真理性，也具有现实的反思力。梁漱溟先生1951年对自己乡村建设运动时期的认识进行了修正，是一个追求真理的人的品性。

当然，在经济分工层面上，梁漱溟先生的职业分立结论仍然是对传统农业社会的客观考察后得出的基本正确的结论，但存在严重缺陷。他认为传统中国农民"无论为士、为农、为商，各有前途可求，贫富、贵贱升沉无定。……钱是让大家化的，钱多用在消费上"。② 不像西方将一个家庭拆分为男工、女工、童工各自谋生，几乎不必相干。

实际上，实体主义传统关于中国传统小农的家庭经济结构与劳动分工的研究更为确切。这一研究认为，中国传统农民家庭由于地少人多的原因，一般以农业为主，兼及林、牧、副、渔各业，也兼及手工业和商业，或边从事农业、手工业、商业边读书为了进仕。兼业方式各不相同，一般方式是男耕女织，但实际情形则更丰富。男人忙时务农，闲时从事其他各业较为普遍。男人、女人和小孩在家庭中也灵活安排各业。正由于职业不是很分明，分工不是很稳定，但都围绕伦理本位安排家庭生计，所以表现出中国农民极大的灵活性和理性品质。中国农民的这一理性传统一直保存至今，并在新的形势下发挥出巨大的创造力。以致即使是在现代市场背景下，实证研究所得出的结论仍然是："小规模的个体农户在可兼业的条件下，其生产经营规模具有规模经济效率和要素配置效率。"③ 实际上，舒尔茨的研究也得出了同样结论。

---

① 秦晖著：《"业佃"关系与官民关系——传统社会与租佃制再认识之二》，载《学术月刊》2007年第1期。
② 梁漱溟著：《乡村建设理论》，上海人民出版社2011年第2版，第31页。
③ 刘凤琴等著：《土地规模效率和农业经济组织绩效研究》，东北财经大学出版社2011年版，第3页。

第三章　中国农民制度理性话语

马克思也看出中国伦理本位和职业分立的小农经济在面对国外经济压迫和市场经济时所表现出的灵活性与竞争力。在面对英国不平等条约背景下的对华贸易，中国农民依靠小农业与家庭手工业相结合的社会经济结构成功阻滞了英国对华贸易的大规模扩张。马克思相信，不仅现在英国不可能大规模向中国输出商品，而且将来也未必能向中国大规模输出商品。① 费正清、赖肖尔认为："关于对外贸易对19世纪中国的最终影响，观点是有分歧的。认为机械工业产品能摧毁落后国家小农经济式的手工业的经典马克思主义概念似乎只在有限的程度上适用于中国②，因为中国卷入世界经济并没有达到东南亚那些完全殖民化地区的程度。当茶叶和丝绸出口下降的时候，中国开始出口多种产品（茶油、桐油、猪鬃、皮革和毛皮以及大豆）。它们并不是种植园和工业的产品，而主要是使用廉价劳动力的小农户的副产品。"③

---

① 马克思著：《对华贸易》，载《马克思恩格斯文集》第2卷，人民出版社2009年版，第672～678页。

② 注：这是费正清、赖肖尔对马克思主义经典作家马克思关于中国问题论述的误解。马克思主义经典作家的确认为在一般情况下，资本主义生产方式必然炸毁封建主义的生产方式。但是，他们也认识到他们的这一结论主要适用于西欧，而在很大程度上不适宜于解释俄国、印度和中国这些"亚细亚生产方式"国家的社会经济实际。马克思本人在研究英国的对华贸易时就发现，中国的小农业与家庭手工业相结合的社会经济结构成功地阻滞了英国大规模的对华贸易的事实，并预言英国未来也不可能向中国大规模出口商品。马克思的这一发现发生于英国全面推进经济自由主义（1834年）后的25年（1859年）。他观察到，除了不平等条约增加了英国的对华贸易额以外，自由市场并没有增加英国的对华贸易额，相反，即使是在不平等条约的保护下，英国的对华贸易在1854年后也开始大幅度下降。主要原因是中国小农业与家庭手工业相结合的社会经济结构成功地阻滞了自由市场与不平等条约的影响。马克思著：《对华贸易》，载《马克思恩格斯文集》第2卷，人民出版社2009年版，第672～678页。费正清、赖肖尔所得出的结论与马克思的结论实际上是完全一致的。1854后，英国的对华贸易额开始大幅度下降，一个主要原因是中国农民经过20年对市场的适应，经过10年对不平等条约消极因素的抵制，已极大地提高了理性能力和理性水平。这一点马克思主义经典作家并没有充分论述。

③ ［美］费正清、赖肖尔主编：《中国：传统与变革》，陈仲丹、潘兴明、庞朝阳译，江苏人民出版社2012年版，第294页。

马克思、费正清和赖肖尔都看出了中国小农在抵消西方市场经对中国经济冲击和阻滞不平等条约对中国经济的破坏中的重要功能，反映出了中国农民的理性能力的增强和理性水平的提高。

正是由于梁漱溟先生感受到中国农民的理性能力在抵制不平等条约强加给中国人民的经济压迫和阻滞自由贸易对中国人民的经济剥削方面的重要功能，① 所以他才自信能够从乡村建设开始振兴中国的经济和复兴中国的政治。他认为中国必须立足于从乡村经济入手振兴经济是西方势力反逼出来的。② 遗憾的是，梁漱溟先生主要考察了中国伦理本位的社会属性和职业分离的小农经济结构问题，他对农民自身的理性能力缺乏自觉的系统认识，更没有系统论证，根本原因是他过度相信士人的理性。正是抓住了这一点，1953年9月16日至18日，在他与毛泽东同志的著名争论中，尽管他始终站在维护农民利益的立场上，但毛泽东同志还是认为"梁漱溟是用笔杆子杀人"。③ 这次著名的争论是在双方都极不冷静、极不理性的情况下发生的，事后毛泽东同志除接受梁漱溟先生"闭门思过"的请托外，也没有像对其他异议者那样将他划分为"反动分子"或者"右派分子"，实际上默认了梁漱溟先生的历史贡献，这当然也有顾念与梁漱溟先生的私人感情的成分在起作用；梁漱溟先生从此淡出政坛，潜心于人生问题的学问，成就斐然。毛泽东同志逝世多年以后，暮年梁漱溟先生才公布了当时争论的真实情况，对自己"为臣之道"的方式和未充分估计农民的理性能力多有反省和反思，当然也顾念到了与毛泽东同志的"君子之交"。

梁漱溟先生的乡村建设理论是在中国处于半封建半殖民地的背景下为中华民族的文化复兴和国家建设所做的整体设想，按照乡村建设理论的设想，他进行了严肃认真的实验，产生了广泛的社会影响，留

---

① 梁漱溟著：《乡村建设理论》，上海人民出版社2011年第2版，第331~334页。

② 梁漱溟著：《乡村建设理论》，上海人民出版社2011年第2版，第333页。

③ 毛泽东著：《批判梁漱溟的反动思想》，载《毛泽东选集》第5卷，人民出版社1977年版，第107页。

下了珍贵的文化遗产。梁漱溟先生的乡村建设理论是一个包容性很强的理论体系，尽管它不尽善尽美，但仍然包含许多真理性的成分。他关于中国是一个伦理本位的社会的论述反映了传统社会的基本事实，在现代社会也具有重要的分析功能。费孝通、斯科特、郝大维、安乐哲等著名学者均认同这一观点。他关于小农经济基本结构和发展前途必然走向合作制的观点与世界农民学奠基人恰亚诺夫的观点相一致，至今对于中国农村经济发展仍有重要影响。他认为，中国工业的发展应该以满足农民消费为基础才能发展起来的观点被改革开放后乡镇企业的实践所证实，费孝通一直关注和重视乡镇企业的发展。他认为，中国经济发展必须以发展农业为立足点的观点与张培刚的发展经济学观点和舒尔茨的农业发展观点相一致，对于如何发挥农业的基础作用仍然具有启迪意义。他认为，小农社会的经济结构能够在一定程度上抵制列强不平等条约的压迫和阻滞自由市场的消极影响的观点与马克思和卡·尔波兰尼的观点相一致，也得到费正清、赖肖尔历史研究的证明。当然，他的理论也有一系列漏洞。他认为，中国传统社会没有阶级之分的观点既不是历史事实，也被马克思主义者所否定。他认为，中国官僚不以经济为目的的论断是错误的。王亚南先生、瞿同祖先生、秦晖先生的研究都证明中国官僚不仅通过政治权力欺压农民，而且通过政治权力盘剥、榨取农民。

在内忧外患、国破家亡、政治上不能独立自主、经济上不能自力更生的历史条件下，乡村建设理论只是一种改良主义的主张，尽管它对于中国问题的解决能够提供一些有效的分析工具，但在当时只能起极为有限的作用。从本质上讲，乡村建设理论只是一种启蒙思想，乡村建设实验只能在局部地区获得成功，不可能成为当时历史条件下解决中国问题的根本方案。特别是他对士人作为理性代表的身份过度自信，也就难以发现中国农民身上所蕴藏的巨大理性能力和理性力量。我们当然不能苛求前人，毕竟对中国农民理性能力的确信是农民通过自己的伟大创造在十一届三中全会以后才逐步被承认的。他对中国农民地位和命运的深切关怀仍然是弥足珍贵的文化遗产，至今，中国农民问题的解决仍然是中国问题最重要的部分。

尽管梁漱溟先生误将乡村建设理论作为解决中国特定历史时期的

根本建国方案犯了"错置具体感的谬误"（怀特海语）这样的错误。但是，在中国政治上已经独立自主、经济上已经自力更生的新的背景下，梁漱溟先生的乡村建设理论仍然具有重要的时代意义，闪烁着智慧的光芒。特别是在中国政府承诺城乡统筹、解决"三农"问题的条件下，梁漱溟先生的许多观点仍然具有生命力，可资借鉴。尤其是他对农民的那种深切的感情，对于中国"三农"问题的解决，更是弥足珍贵的。实际上，当代许多学者在理论思索和实证调研基础上已得出了许多与梁漱溟先生相一致的结论。

中国的"三农"问题有着自身的历史逻辑，同时，对工业文明和现代市场经济的反思也证明了农业文明和传统小农经济并不是一个能够主观消灭的文明样态和生产方式。马克思主义经典作家认为，未来的社会将是城市文明与乡村文明、工业生产方式与农业生产方式有机结合的社会，而这正是梁漱溟先生的基本思路，仅从这一点来看，梁漱溟先生的历史功绩也是不可抹杀的，他的理论的现实意义也是不可忽视的。正如他所言，农业是解决生命问题的，工业是解决发展问题的。经济越发达，人口会越多，在人地比例和其他条件约束下，小农生产方式是不可能完全消灭的。除了经济上不可能消灭小农生产方式外，由于生活方式的多样化，农业文明的部分生活方式也将成为一部分人在更高层次上的一种选择，也就是说，我们也没有必要彻底消灭作为一种生活方式的农业文明方式。梁漱溟先生1937年发表《乡村建设理论》后，法国杰出的女作家薇依受戴高乐流亡政府之托研究法国战后重建问题，于1944年发表了著名的《扎根》一书，该书对乡村的拔根所导致的文化灾难进行了深刻反思，疾呼扎根的文化意义，产生了广泛的国际影响。梁漱溟先生终生几乎以一己之力致力于乡村建设理论与实验，其人生境界和神圣的事业精神也是值得我们学习和怀念的。如果没有这种人生境界和神圣的事业精神以及对人类未来的思索，"三农"问题的解决就不可能在理性、情感上得到妥当解决。毛泽东同志在情急之下说"梁漱溟是野心家，是伪君子"[①]，而

---

① 毛泽东著：《批判梁漱溟的反动思想》，载《毛泽东选集》第5卷，人民出版社1977年版，第111页。

实际上没有把他打成"右派",归类于"阶级敌人"行列,让其潜心于学问,内心还是承认梁漱溟先生的学术贡献、历史地位和高洁人品的。

二、微型社会学理论

20世纪30年代,"中国社会学界已独立自发地组织起一场对文化变迁和应用人类学的真正问题学术上的攻关"。① 在这一学术氛围下,师从英国人类学家马林诺夫斯基的费孝通先生将中国社会学界通用的田野调查的方法和西方人类学的方法相结合写成《中国农民的生活》(Peasant Life in China) 的博士论文,Routledge 书局在1939年以《江村经济》为名出版,从此使用至今。② 由于在《江村经济》出版之前,西方的人类学研究的对象主要是欧洲人所谓的"野蛮人"③,而将这一方法应用于一个具有悠久历史的大国的研究则是第一次尝试。其创造性的贡献已被国内外学者所公认。马林诺夫斯基认为:"此书的某些段落确实可以被看作是应用社会学和人类学的宪章。"④ 由于此书的学术贡献,1981年,费孝通先生获得英国皇家人类学会授予的赫胥黎奖章。这是这门学科中的最高荣誉。⑤ 足见《江村经济》的开创性贡献。《江村经济》也成为中国社会学界最重要的研究范式。

《江村经济》研究范式的命名并不是由费孝通本人确定的,他的导师马林诺夫斯基称之为应用社会学或应用人类学,也称之为现代中

---

① [英]马林诺夫斯基:《〈江村经济〉序》,载费孝通著:《江村经济》,刘豪兴编,戴可景译,上海人民出版社2007年版,第9页。

② 费孝通:《〈江村经济〉著者前言》,载费孝通著:《江村经济》,刘豪兴编,戴可景译,上海人民出版社2007年版,第3页。

③ 费孝通:《重读〈江村经济〉序言》,载费孝通著:《江村经济》,刘豪兴编,戴可景译,上海人民出版社2007年版,第276页。

④ [英]马林诺夫斯基:《〈江村经济〉序》,载费孝通著:《江村经济》,刘豪兴编,戴可景译,上海人民出版社2007年版,第8页。

⑤ 费孝通:《〈江村经济〉前言》,《江村经济》,刘豪兴编,戴可景译,上海人民出版社2007年版,第4页。

国的社会学派。① 在后来的英国学术圈，有称这一范式为"微型社会学"（Firth），有称之为"社会学的中国学派"（马林诺夫斯基），有称之为社会人类学（Freeman）。② 从方法论与研究对象之间的独特结合方式来看，费孝通认为称之为微型社会学较为贴切。③ 微型社会学实际采用解剖麻雀的方式不断积累类型，归纳形成模式，描述不同类型模式的发展趋势或提出对策建议。微型社会学工作者很少像乡村建设学派的思想家那样亲自进行乡村建设实验。

微型社会学的研究范式始于《江村经济》，并在《绿村经济》和《中国城镇化道路》中进一步发展。费孝通终生关注农村的现实与发展问题，他认为研究农村是研究中国国情的基础性工作。这一立场与乡村建设学派的主张相一致。他认为："农村研究实在是了解中国国情的基础工作，只从80%以上的中国人居住在农村里这一事实就足够作为这一句话的根据了，而且还可以说即使那小部分不住在农村的里的人，他们的基本社会结构和生活方式大部分还是等同于农民或是从农民的形式中发展起来的。因之至少可以肯定研究中国社会文化应当从农村入手。"④ 研究农村的方法有很多，但费孝通先生采用的方法属于微观观察的方法。他认为："这种小范围的深入实地的调查，对当前中国经济问题宏观的研究是一种必要的补充。在分析这些问题时，它将说明地区因素的重要性并提供事实的例子。"⑤ 尽管费孝通先生的社会关切与梁漱溟先生的社会关切完全一致，但费孝通先生所采用的功能主义的方法与梁漱溟先生所采用的建构主义的方法存在差

---

① ［英］马林诺夫斯基：《〈江村经济〉序》，载费孝通著：《江村经济》，刘豪兴编，戴可景译，上海人民出版社2007年版，第8～10页。

② 费孝通：《重读〈江村经济〉序言》，载费孝通著：《江村经济》，刘豪兴编，戴可景译，上海人民出版社2007年版，第280～281页。

③ 费孝通：《重读〈江村经济〉序言》，载费孝通著：《江村经济》，刘豪兴编，戴可景译，上海人民出版社2007年版，第286页。

④ 费孝通：《重读〈江村经济〉序言》，载费孝通著：《江村经济》，刘豪兴编，戴可景译，上海人民出版社2007年版，第290页。

⑤ 费孝通著：《江村经济》，刘豪兴编，戴可景译，上海人民出版社2007年版，第13页。

异。梁漱溟先生的建构主义的方法是从传统文化和社会结构中提炼出一种理想类型的模式,然后通过士人支持的乡村建设实验将这一理想类型嵌入乡村的社会生活之中,阐释者与实验的组织者融为一体,即按照儒家知行统一论进行阐释和实验。费孝通先生的功能主义方法主要不在于自己介入实验,而在于从特定社区中提炼出社会制度,并为充分发挥这一制度的功能而给更大范围的社会管理者提供建议。他认为:"如果要组织有效果的行动并达到预期的目的,必须对社会制度的功能进行仔细分析,而且要同它们意欲满足的需要结合起来分析,也要同它们的运转所依赖的其他制度联系起来分析,已达到对情况的适当阐述。"[1] 功能主义方法的主要目的是发现特定社区的制度,并阐述制度的特征以及与其他制度之间的关系。功能主义者只是一个阐述者,他对于实验的作用主要限于鼓动者的地位。阐释者与行动者之间存在差异。

《江村经济》(1939年)的时代背景与梁漱溟先生的《乡村建设理论》(1937年)处于同一时期。农村的传统社会结构自身的发展逻辑在西方压力下发生了改变。费孝通先生所思考的问题是在中国传统与西方压力下中国向何处去的问题。正如马林诺夫斯基所言:"费博士是中国的一个年轻爱国者,他不仅充分感觉到中国目前的悲剧,而且还注意到更大的问题:他的伟大祖国,进退维谷,是西方化还是灭亡?既然是人类学者,他毕竟懂得,再适应的过程是何等困难。他懂得这一过程必须逐步地、缓慢地、机智地建立在旧的基础之上。他深切地关注到,这一切改变是有计划的,而计划又需是以坚实的事实和知识为基础的。"[2] 在传统社会内部变动的趋势和外力压力双重作用下,中国仍然应该以自己的社会结构为基础才能重建一个新中国,这是费孝通先生与梁漱溟先生之间殊途同归之处。

《江村经济》中作为研究对象的开弦弓村所处的时代背景和地理

---

[1] 费孝通著:《江村经济》,刘豪兴编,戴可景译,上海人民出版社2007年版,第15页。

[2] [英]马林诺夫斯基:《〈江村经济〉序》,载费孝通著:《江村经济》,刘豪兴编,戴可景译,上海人民出版社2007年版,第7～8页。

位置都具有独特性。但费孝通先生只花费很少的笔墨交代时代背景,主要原因是他坚持导师马林诺夫斯基的功能主义方法。在研究人类学过程中,由于马林诺夫斯基很少交代研究对象(主要是部落)的历史,故其方法受到部分学者的责难。费孝通先生为此辩护认为,由于研究对象本身的历史变化很小,故没有突出历史情境的描述,同时,通过对现状的研究也可以回溯性地追述历史。① 对于早期人类学的研究来讲,历史相对比较稳定的部落可以淡化历史的描述,但将这一方法应用于一个具有悠久历史和传统的大国的某一个观察对象则须谨慎从事。费孝通先生晚年也认识到这一问题。他说:"至少我认为今后在微型社区里进行田野工作的社会人类学者应当尽可能地注重历史背景,最好的方法是和历史学作者合作,使社区研究,无论是研究哪层次的社区都必须具有时间发展的观点,而不只是为将来留下一点历史资料。真正的'活历史'是前因后果串联起来的一个动态的巨流。"②为了更好地理解费孝通先生《江村经济》范式的历史状态,我们有必要补充一下当时农民经济状况的历史资料。

中国当时所处的社会经济条件是半封建、半殖民地的国家。人民,特别是农民的经济负担早已超出其承受能力。谢和耐认为:"自1895年起,中国不得不肩起三重负担:战争赔偿、外国银行贷款、组建现代军队的开支。除了这类重担之外,还有一些特别因素起作用,既改变又同时削弱中国经济。的确,中国经济变得越来越受世界市场变化的左右,因而更为脆弱。农业与手工业都顺应国外需求,前者发展起新的种植业,不惜放弃粮食作物,后者开发新兴加工业(如进口棉纱、织布),因此,若干部门经过一度繁荣随即便突然衰退。……纺织品也遇到相同的命运:1885—1887年丝织品出口表现明显回升之后,很快便遇到日本、里昂和意大利丝绸生产的竞争而衰

---

① 费孝通:《重读〈江村经济〉序言》,载费孝通著:《江村经济》,刘豪兴编,戴可景译,上海人民出版社2007年版,第295~296页。
② 费孝通:《重读〈江村经济〉序言》,载费孝通著:《江村经济》,刘豪兴编,戴可景译,上海人民出版社2007年版,第297页。

落。"① 不平等条约和国际市场给中国农村经济发展带来巨大压力。

由于中国的半封建、半殖民地国家性质，外国势力、官僚、军阀、地主强加给农民沉重的负担，使许多小农沦为佃农或者农村无产者。农民的负担有三类：第一类是赋税，第二类是帝国主义强加给中国的战争赔款，第三类是地主的剥削。

根据陈翰生的研究，农民的赋税主要的就有14种之多。赋税中的很大一部分又是为了还外债。近代中国有抵押的外债有280亿元以上。②"1911年，中国公开外债已达2亿银圆，至1924年更高达8亿美元。这个落入贫困最底层的国家永远也不可能偿清世界上最强盛富有的诸国压在其头上的巨额负担。"③ 实际上的苛捐杂税和摊派则更多，不胜枚举。

战争赔款压垮了中国经济，而这些负担主要由农民承担。"《马关条约》之前，赔款数目中国经济尚能负担，自1900年左右，此类赔款即将摧毁中国经济。日本战胜后强加于中国的赔款已相当于国家年收入的三倍。六年之后的《辛丑条约》赔款终于使中国破产，陷入混乱之中。"④ 社会的混乱极大地破坏了农业生产，小农生活艰难，部分小农纷纷沦为佃户或者农村无产者，且人数越来越多。

地主在外部压力下不断将负担转嫁给佃农。根据周谷城先生的考察，佃租按照比例租分成，通常有三种方式：第一种是对成分，即地主佃农各得出产物五成。第二种是三七分，即地主得出产七成，佃农得出产三成。这一分成方式在全国较少，但在湖南洞庭湖地区，因土地肥沃，便于耕作，收获颇丰，三七分成普遍。第三种是四六分，即

---

① [法]谢和耐著：《中国社会史》，黄建华、黄迅余译，江苏人民出版社2010年版，第511页。
② 周谷城著：《中国社会史论》，湖南教育出版社2009年版，第222页。
③ [法]谢和耐著：《中国社会史》，黄建华、黄迅余译，江苏人民出版社2010年版，第510页。
④ [法]谢和耐著：《中国社会史》，黄建华、黄迅余译，江苏人民出版社2010年版，第509～510页。

地主得出产六成，佃农得出产四成，全国比较普遍。① 由于农业受自然条件的约束，本身就是一个风险产业，又由于国家混乱时期各种社会风险叠加，为保证地租不受损失，地主很少采用比例租的方式收租，而是采取定额租的方式收租。1935 年，河北全部地租的 4/5 和山东的 3/5 收取的是定额租。② 比例租只用于亲密戚友之间或者最可靠的佃户，已是很大的恩惠。③ 地主采用定额租的方式实际上把所有风险都转嫁到佃户身上。地主在任何情况下都坚持收得议定租额，而不管佃户是否"欠收"。④ 在这种条件下，佃农要么沦为地主的债务人，要么沦落为农村无产者。⑤ 随着政治条件和经济条件的恶化，许多农民沦落为农村无产者，生存无着落。

中国农民所遭受的苦难是各方面的原因造成的。"这许多苦乱是由一连串历史事件造成的。一个能够养活如此大量人口的国度，经济少许失衡都不能不深受其害。"⑥ 谢和耐认为："苦乱的根源在于：人口与财富流往开放口岸，旧时的生产活动转为非生产活动（鸦片、烟草、投机、从军等），存在于外国资本渗透相联系的违背自然的政制。归根结底，苦乱乃是 19 世纪末以来华夏世界日渐受外侮的产物。"⑦ 费孝通先生所考察的开弦弓村就是处在这样一个社会背景和经济区位上的一个古老村落。

费孝通先生的研究没有将宏观经济条件作为一个压倒一切的因素

---

① 周谷城著：《中国社会史论》，湖南教育出版社 2009 年版，第 225～226 页。
② ［美］黄宗智：《华北的小农经济与社会变迁》，中华书局 2000 年版，第 213 页。
③ ［美］黄宗智：《华北的小农经济与社会变迁》，中华书局 2000 年版，第 217 页。
④ ［美］黄宗智：《华北的小农经济与社会变迁》，中华书局 2000 年版，第 217 页。
⑤ 周谷城著：《中国社会史论》，湖南教育出版社 2009 年版，第 226 页。
⑥ ［法］谢和耐著：《中国社会史》，黄建华、黄迅余译，江苏人民出版社 2010 年版，第 516 页。
⑦ ［法］谢和耐著：《中国社会史》，黄建华、黄迅余译，江苏人民出版社 2010 年版，第 533 页。

进行考察，也没有局限于只讨论开弦弓村的经济区位特征，而是将开弦弓村作为一个历史存在和特定地理环境中的存在而考察其经济根基、社会结构在外部压力下如何形成适应性的问题。他说："这是一本描述中国农民的消费、生产、分配和交易等体系的书，是根据对中国东部，太湖东南岸开弦弓村的实地考察写成的。它旨在说明这一经济体系与特定地理环境的关系，以及与这个社区的社会结构的关系。"① 费孝通先生不仅要说明这个典型的中国村落社区的基本社会经济结构，而且要说明这个村落社区在面对新的历史条件时是如何应对的。他认为："同大多数中国农村一样，这个村庄正经历着一个巨大的变迁过程。……研究也将促使我们进一步了解传统经济背景的重要意义及新的动力对人民日常生活的作用。强调传统力量与新的动力具有同等重要性是必要的，因为中国经济生活变迁的真正过程，既不是从西方社会制度直接转渡的过程，也不仅是传统平衡受到干扰而已。目前形势中所发生的问题是这两种力量相互作用的结果。例如，对我们观察的这个村庄的经济问题，只有在考虑到两方面的情况时才能有所理解，一方面是由于世界工业的发展，生丝价格下跌；另一方面是以传统土地占有制为基础的家庭副业在家庭经济预算中的重要性。对任何一方的低估都将曲解真实的情况。此外，正如我们将在以后的描述中所看到的，这两种力量相互作用的产物不会是西方世界的复制品或者传统的复归。"② 中国传统乡村经济以户为单位的经济单元与西方一个人为经济主体的经济单元之间存在差异。中国的家户制传统不仅不同于西方的经济结构，而且也不同于俄国和印度的村社传统。③ 家户制传统与世界市场接触使得双方在中国都发生了变化，最根本的问题是中国农民的理性水平和理性选择能力在最终起作用。

一方面，在与世界市场的接触过程中，中国农民为适应市场条

---

① 费孝通著：《江村经济》，刘豪兴编，戴可景译，上海人民出版社2007年版，第13页。

② 费孝通著：《江村经济》，刘豪兴编，戴可景译，上海人民出版社2007年版，第13～14页。

③ 徐勇：《中国家户制传统与农村发展道路——以俄国、印度的村社传统为参照》，载《中国社会科学》2013年第8期。

件，调整种植结构或者选择劳动密集型的手工业。当茶叶和丝绸出口下降的时候，他们就通过种植多种植物出口多种产品，如茶油、桐油、猪鬃、皮革、毛皮和大豆。当他们发现手工纺纱无法与机器纺纱竞争时，他们就选择购进棉花，从事棉纺生产。因为机器纺纱是手工纺纱效率的80倍，而机器织布只有手工速度的4倍。① 另一方面，由于传统农村的经济结构是一种非常脆弱的平衡关系，任何外力的消极作用都会造成对这一平衡的极大破坏。对农村的破坏既有中国内部的破坏，也有世界市场对小农经济形成的挑战。内部破坏主要是军绅政权相互勾结，共同鱼肉人民，破坏对象主要是农村。小康自给人家逐渐变成赤贫，衣食不能自给，流落为匪的良民日益增多，为军队提供了不竭的兵源。② 农村不仅因为国内的原因而遭到破坏，而且也因为不能适应世界市场（实际上是不平等条约下的世界市场在中国的不公平形态③）而遭受重大损失。在被帝国主义不平等条约和战争赔款扭曲了的市场参与竞争，小农的理性能力根本无法发挥作用。

  费孝通先生在调查过程中发现，中国农村的基本问题是农民的收入降低到不足以维持最低生活水平所需的程度。中国农村真正的问题是饥饿问题。饥饿问题的产生主要是由于平衡家庭预算至关重要的家庭手工业的衰落。经济萧条不是由于农民生产的产品质量低劣或者作物产量下降，而是由于价格下降，乡村工业与世界市场之间的关系，尤其是世界市场进入中国时对中国商品交换的不利。费孝通先生认为，萧条的原因是由于蚕丝价格的降低，是由于生产和需求之间缺乏协调的原因造成的。④ 这只是表面的原因，真正的原因是中国商品与国外商品在中国市场上处于不同的地位。外国商品进入中国市场是在

---

  ① ［美］费正清、赖肖尔主编：《中国：传统与变革》，陈仲丹、潘兴明、庞朝阳译，江苏人民出版社2012年版，第293～294页。

  ② 金观涛、刘青峰著：《开放中的变迁：再论中国社会超稳定结构》，法律出版社2011年版，第159页。

  ③ ［美］费正清、赖肖尔主编：《中国：传统与变革》，陈仲丹、潘兴明、庞朝阳译，江苏人民出版社2012年版，第11章第4节。

  ④ 费孝通著：《江村经济》，刘豪兴编，戴可景译，上海人民出版社2007年版，第211页。

条约体系下进行的，它们不向中国纳税，①毫无疑问减少了成本而扩大了利润空间。而中国商品内销时则必须交纳各种税，在外销时还必须缴纳关税，从而增加了中国商品的成本。再加上技术和规模方面的原因，家庭手工业劳动密集的优势就被抵消了。如果不是在条约体系下的不公平竞争和市场扭曲，而是在公平条件下的市场竞争，即使在技术和规模处于劣势的情况下，家庭手工业仍然可以通过其灵活的劳动组合和劳动密集的优势在某些商品的生产和销售方面赢得市场。历史事实表明，乡村手工业工人的低微工资，转过来使用铁轮机的手工棉织业得以和现代棉织厂竞争，1932—1936年间，手工织布仍占中国棉布总生产量的66%。②我国改革开放后在国际竞争中的比较优势实际上就是用劳动密集型方式和中国人的吃苦耐劳精神赢得的。所以，当时家庭手工业衰落的主要原因还是由中国的半殖民地地位决定的。③半殖民地地位对中国经济的影响是：一方面，它将中国的经济纳入市场体系之中；另一方面，这个市场对于中国商品和外国商品提供了极不平等的强制性条件。不平等条约使得中国家庭手工业既不可能集中资本优势发展出资本密集型产业，也不可能通过改造技术发展出技术型产业，而只能在家庭手工业基础上通过劳动组合形成合作制乡村工业。在缺乏资本和技术的条件下，由于乡村工业只能通过劳动密集方式赢得市场地位，然而，由于整个市场体系都是在不平等条约下运行的，国外势力形成绝对的市场定价权，因此劳动密集的优势就会被抵消，而资本、技术和规模不足的优势就会凸显出来。

中国农民并不害怕市场竞争，从他们对种植种类的调整和家庭手工业的合作共济来看，中国农民为参与市场竞争准备了条件。黄宗智认为："不是自足的'自然经济'，而是商品化了的手工业对近代工业的入侵做出了顽强抵抗。而且，与其说帝国主义瓦解了所谓的

---

① [美]费正清、赖肖尔主编：《中国：传统与变革》，陈仲丹、潘兴明、庞朝阳译，江苏人民出版社2012年版，第289页。

② [美]黄宗智著：《华北的小农经济与社会变迁》，中华书局2000年版，第203页。

③ [法]谢和耐著：《中国社会史》，黄建华、黄迅余译，江苏人民出版社2010年版，第533页。

'自然经济',不如说它把以国内市场为基础的手工业转变为纳入世界经济,并受市场影响的手工业。"① 费正清和赖肖尔指出:"一心指望有机会发财的外国商人,当其理想中的黄金国成为泡影的时候,也相应地受到挫折。19世纪70年代和80年代,中国并没有为西方商品提供预期的市场。……这一停滞的主要原因无疑是中国的贫穷、自给自足和保守主义。但英国商人把这些归咎于官员的阴谋。"② 实际上,帝国主义都低估了中国小农经济的灵活性和适应性,也低估了农民的理性能力和理性水平。中国农民的理性能力不仅表现在由吃苦耐劳为基础的劳动密集优势,还表现在由小农经济发展出的灵活的劳动组合能力与合作供给传统方面。正是中国小农通过灵活的劳动组合方式、吃苦耐劳的精神与合作共济的传统才成功地维持了我国经济的基本秩序。

通过对开弦弓村的调查与思考,费孝通先生相信中国问题的解决必须从两个方面着手:

第一,土地问题。费孝通先生认为由于内忧外患的相互作用,饥饿成为农村的真正问题。他认为当饥饿超过枪杀的恐惧时,起义便爆发了。这一看法后来被斯科特理论化。费孝通先生认为,由于饥饿导致农民对土地所有人和收租人的仇恨。但事实上导致饥饿的原因是极为复杂的——所有原因的恶性循环耗尽了农民的血汗。他认为,通过合理有效的土地改革不仅能够解决农民的饥饿和贫困问题,也是打败外国侵略者的有力保证。而实际上,在内忧外患的历史条件下,根本就没有条件,也没有机会能够妥善解决土地问题。罗荣渠认为:"30年代工业增长每年至少6%以上,而农业增长率每年不到1%。许多地区出现农业出超,金融枯竭。小农激烈分化和贫困化并未能改变旧经济结构,资本主义化困难。在中国试行的各种乡村建设实验都没有

---

① [美] 黄宗智著:《华北的小农经济与社会变迁》,中华书局2000年版,第203页。

② [美] 费正清、赖肖尔主编:《中国:传统与变革》,陈仲丹、潘兴明、庞朝阳译,江苏人民出版社2012年版,第293页。

不失败的。农村的破产是社会动乱的不可遏止的根源。"[1] 土地问题的解决必须有一个稳定的政治条件和社会条件,这与中国共产党通过土地革命发动农民推翻旧的统治秩序的逻辑是不同的。中华人民共和国成立后,大陆地区进行的土地改革和台湾地区进行的土地改革都是在经济逻辑下进行的。而新民主主义革命时期的土地政策主要是基于政治需要而不是经济逻辑解决土地问题。地权的逻辑不同于产权的逻辑。地权的逻辑是一个政治学命题,产权的逻辑才是一个经济学命题。费孝通先生混淆了解决地权与产权问题的先决条件。指望在政治完全不独立、经济严重依附的历史条件下妥善解决土地问题实际上是不可能的。

第二,增加农民的收入。费孝通先生认为,中国的农民问题不是一个缩减开支的问题,而是一个增加农民收入的问题。因为在内忧外患的背景下,农民的生活已经降低到了维持生存的最低限度,根本没有缩减开支的可能性。他认为要增加农民的收入,根本的措施只有恢复农村企业。但是由于西方工业扩张的缘故,在发展工业问题上,中国同西方列强处于矛盾之中。他希望能够和平地解决这一个问题。他从农村工业的合作中看到了希望,但也知道农村企业在发展过程中所遇到的很多困难不是农业本身能够解决的。他认为农村企业组织的成功与否,最终取决于中国工业发展的前景。[2] 其实,与梁漱溟先生的善良愿望一样,费孝通先生希望中国的工业化之路能够从农村手工业开始,在不断积累的条件下再发展出现代化的大工业来,走上一条自然而然的工业化道路。

费孝通先生所设想的中国经济发展道路与梁漱溟先生完全一样,但都缺少一个至关重要的先决条件,那就是帝国主义,特别是已侵略中国的日本帝国主义,它们会给中国按照自身经济发展逻辑发展乡村工业和工业经济的时间和机会吗?同时,饥寒交迫、挣扎于生死边缘

---

[1] 罗荣渠著:《现代化新论——世界与中国的现代化进程》(增订本),商务印书馆2009年版,第339页。

[2] 费孝通著:《江村经济》,刘豪兴编,戴可景译,上海人民出版社2007年版,第211～214页。

的农民还有时间等待吗？因此，与梁漱溟先生的乡村建设理论一样，费孝通先生的主张仍然属于改良主义道路，都不能从根本上解决中国的出路问题。因为西方列强只想把中国变成他们的廉价原料供应地和商品销售地，而日本帝国主义则从根本上只想把中国变成他的殖民地。实际上，如果不能从根本上解决政治上的独立问题，中国的经济问题绝不可能完全解决。这是马克思主义的一个基本原理，也被西方史学界所接受。谢和耐认为："1895年至20世纪初，中国实际上失去了经济、领土、政治、军事的独立。富国工业进程加速的时候，中国却进入自己历史上最悲惨的阶段。历史形成的状况足以说明中国失败的原因，没有必要非难其政治、社会及文化。在不同的情况下，中国可能会适应工业时代的大变迁；中国并不缺乏具有组织意识的人士，也不缺乏科学、技术传统。朝廷的铺张浪费与萎靡不振、贪污腐化、怀念过去、抗拒现代化等等，更多的是情况使然的产物，而不是华夏固有的因素。"① 严格地讲，费孝通先生和梁漱溟先生所提出的改良主义方案都犯了"错置具体感的谬误"的错误，历史也证明改良主义方案在当时的历史条件下根本不可能为彻底解决中国问题提供最基本的先决条件。

正是由于费孝通先生对中国乡村经济基础和社会结构作为一种具有坚韧性与适应性存在的自信，所以他坚定地相信，即使开弦弓村被侵略者所占领，或者在地理上已不再存在，但它作为一种文化的存在，必将在中华大地坚韧地生存下来并发展下去。② 在这里，他对中国作为一个文化存在充满自信，而这种自信源于他对农民的理性能力的充分把握。

费孝通先生回国后，即开始了《绿村经济》的研究。《绿村经济》是《江村经济》的续篇，由于江村是附近都市的附庸，代表着受现代工商业影响较深的农村社区形式，核心问题是在市场环境条件

---

① ［法］谢和耐著：《中国社会史》，黄建华、黄迅余译，江苏人民出版社2010年版，第491页。

② 费孝通著：《江村经济》，刘豪兴编，戴可景译，上海人民出版社2007年版，第16、214页。

下，农民如何通过合作的方式组织起来发展农村工业的问题。而绿村则以土地为中心生存与生活，因此土地制度和土地流转成为《绿村农田》考察的中心。费孝通先生发现，1936年的江村全村已有70%的人家成了没有田的佃户了，地主有很大的田产，一般住在市镇里。而在绿村，小土地所有者占多数，土地流转很少，地主田产也少，一般都住村里。根本原因是劳动力充斥和资本分散。[1] 在《绿村经济》的研究过程中，费孝通先生开始有意识地运用应用类型比较法的方法研究农村社区的不同"类型"或者"模式"。[2] 终其一生，费孝通先生都运用应用类型比较法对我国不同的社区和经济区进行分门别类的精细化研究，将微型社会学推到了更为精致化的阶段。

新中国成立之前，费孝通先生完成了单个社区调查到多个社区调查的提升过程，确立了应用类型比较法这一科学的方法。新中国成立以后，由于我国的经济结构安排与费孝通先生的经济发展逻辑相反，他的理论自然成为批判对象而不是应用对象，他本人也被迫中断了学术活动。

当特定的历史约束条件解除以后，梁漱溟先生与费孝通先生的理论的适切性就表现出来了。但遗憾的是，他们理论的运用不是被决策层自觉选择的，而是经过极大的挫折后由农民通过自己的理性行为证实的。中国农民用自己的创造精神拂去了洒落在梁漱溟先生和费孝通先生理论上的灰尘，让他们的理论再一次放出光辉。

改革开放以后，特别是农村生产方式改革以后，费孝通先生的理论被农民的首创精神所证实，他从此又恢复了学术生命。改革开放以后，费孝通先生主要研究中国城镇化道路问题。他关于中国城镇化道路问题的研究实际上是在新的历史条件下《江村经济》与《绿村经济》的继续。从1983年发表的《小城镇　大问题》到1995年发表的《农村·小城镇·区域发展——我的社区研究历程的再回顾》，记录

---

[1] 费孝通著：《绿村经济》，载费孝通著：《江村经济》，刘豪兴编，戴可景译，上海人民出版社2007年版，第311～316页。

[2] 费孝通：《〈云南三村〉序》，载费孝通著，刘豪兴编：《江村经济》，戴可景译，上海人民出版社2007年版，第484页。

了费孝通先生立足于农村,从农村走出去这一始终坚持不渝的基本思路。他终其一生关注农民生活的改善,但又不限于只是改善农民的生活,而是放眼中国乃至世界。《农村·小城镇·区域发展——我的社区研究历程的再回顾》一文集中总结了他毕生的追求与信念。

他一生确立了"志在富民"这一信念和人生追求。[①] 但在地少人多靠土地无法养活人的旧中国,家庭手工业在平衡家庭经济预算方面具有至关重要的作用。一旦家庭手工业受到威胁,农民的生存就会受到威胁。但是,帝国主义将中国小农经济拖入世界市场的同时,又通过不平等条约使得中国家庭手工业处于不公平竞争的地位。家庭手工业在受到不公平的世界市场的冲击下,农民通过合作方式试图挽救破产的命运。但这种合作方式对于不平等条约控制下的市场扭曲不会起重要作用。费孝通先生从农民的这一合作形式中看到了中国经济发展的希望。但在政治不独立、经济不自主的历史条件下,寄希望于帝国主义的恩惠与仁慈是不可企及的。

新中国成立以后,由于主客观方面的原因,作为农民生计平衡工具的家庭副业和农村发展基础的乡村工业,一直处于波折之中,而没有获得充分发展。改革开放以后,特别是农村生产方式改变以后,具有家庭副业传统和侥幸留存下来的社队企业获得了前所未有的生机,表现出旺盛的生命力。随着劳动力配置弹性的增加,大量劳动力从农业生产的一部分环节中解放出来,社队企业在满足社区消费的同时也积累了一定的资本,农村富余劳动力与小资本的结合产生了雨后春笋般的乡镇企业。乡镇企业面临两个难题:一是它的政治属性问题,二是它的空间载体问题。乡镇企业的政治属性问题基本上是通过模糊产权的折中方式处理的,以防止引起意识形态争论。空间载体问题成为一个关键问题。理论上有两种主张:一种主张是从规模经济和集约经济的需要出发,主张乡镇企业未来的发展方向是城市化;一种主张是中国的工业化空间载体必须同时满足农民与市民两方面的需求。费孝通先生是坚定地站在城镇化这一立场上的。

---

① 费孝通著:《中国城镇化道路》,内蒙古人民出版社 2010 年版,第 268 页。

费孝通先生认为："中国在发展经济道路上的一个崭新特点：中国社会的工业化是在农业的基础上发生和发展的，它又反过来促进了农业的进一步繁荣和发展，推动农业走上了现代化的道路。……在欧洲工业化初期新兴的机器工业集中到了城市，农村却濒于破产，农民不得不背井离乡，涌进城市，充当新兴工业的劳动后备军。西方工业化的发展是以农村的萧条和崩溃为代价的，这是西方工业化道路的一大特点。中国当然也要顺应历史潮流，实现工业化，但在当前的历史条件下，绝不可能走西方工业化的道路。我们不能想象上亿乃至数亿的农民涌入城市来发展工业，中国的工业化只能走适合自己特点的路子。在农业繁荣的基础上，农民利用来自土地的积累兴办乡镇工业。这种工业也以巩固、促进和辅助农业经济为前提，农副工齐头并进，协调发展。"① 在这一背景下，费孝通先生开始密切关注小城镇的功能问题。

费孝通先生在小城镇研究上的成就被决策层采纳，中国基本上否定了单纯的城市化的道路。在城镇化概念基础上，他又提出了经济区域的概念，② 后又提出了"经济发展区域"概念。③ 在巩固了"经济发展区域"概念的调研基础上，他又提出了"经济圈或经济带"的概念。④ 在巩固了"经济圈或经济带"概念的调研成果后，他大胆提出了"洲际经济区域"这一概念。⑤ 从费孝通先生概念体系的构建角度考察，我们能够清晰地看到儒家的身影。正如他对"伦"的解释一样，他认为："我们儒家最考究的是人伦，伦是什么呢？我的解释

---

① 费孝通著：《中国城镇化道路》，内蒙古人民出版社2010年版，第271页。

② 费孝通著：《中国城镇化道路》，内蒙古人民出版社2010年版，第272页。

③ 费孝通著：《中国城镇化道路》，内蒙古人民出版社2010年版，第273页。

④ 费孝通著：《中国城镇化道路》，内蒙古人民出版社2010年版，第276页。

⑤ 费孝通著：《中国城镇化道路》，内蒙古人民出版社2010年版，第289页。

就是从自己推出去的和自己发生社会关系的那一群人里所发生的一轮轮波纹的差序。"① 从乡村社区到"洲际经济区域",在这一轮轮波纹的差序中,包含着儒家大同世界所依凭的"天下体系"② 中最核心的经济体系。

费孝通先生一直认为,他只是总结农民自己的创造,③ 而不是像梁漱溟先生那样以理性代表者的资格说话,他只是作为农民的一个代表说话。他认为:"对我们来说,把科学研究和实践政策联系起来是正当的,甚至是必要的。在某种程度上,我们是代替中国农民当了原告。在我们陈述了他们的理由,提出了证据之后,我们就应该呼吁一些实际的行动来改善他们的生活。在我们的陈述的最后,我们将概括一下最基本的事实,以争取一个合适的政策。"④ 他只是一个理性农民的化身,而不是一个理性知识分子的代表,他是一个执着的呐喊者,这是费孝通先生与梁漱溟先生话语的最大差异。

三、农业国工业化理论

农业国工业化理论由我国具有国际重大影响的经济学家张培刚先生第一次系统论证。1945 年张培刚在哈佛大学攻读经济学博士学位写成《农业与工业化:农业国工业化问题研究》,1949 年由哈佛大学出版社出版。"鉴于它是第一部从历史和理论上比较系统地探讨了贫穷落后的工业国家如何走上工业化道路的初步尝试之作,该文由此获得 1946—1947 年度哈佛大学经济学专业最佳论文和威尔士奖金。……此书后来被国际学术界誉为'发展经济学'的奠基之作,

---

① 费孝通著:《乡土中国》,人民出版社 2008 年版,第 30 页。
② 赵汀阳著:《天下体系:世界制度哲学导论》,中国人民大学出版社 2011 年版,第 11 页。
③ 费孝通著:《中国城镇化道路》,内蒙古人民出版社 2010 年版,第 271 页。
④ 费孝通:《〈云南三村〉英文版的"导言"与"结论"》,载费孝通著:《江村经济》,刘豪兴编,戴可景译,上海人民出版社 2007 年版,第 505 页。

从而先生本人亦被誉为'发展经济学的创始人'之一。"①

张培刚先生自武汉大学读书起就认识到两个问题：第一，像中国这样贫穷落后的农业国家，除了实现国家工业化、兴办现代工业之外，别无振兴经济之道。第二，西方在城市大工业兴起过程中导致农业工业纷纷破产，加之土地兼并接踵而至，农民不得不背井离乡，流落街头，景象悲惨。因此，他认为中国在实行城市工业化的同时，也必须实现农业工业化。② 20 世纪 20 年代末 30 年代初，关于中国经济发展道路问题学术界存在"以农立国"与"以工立国"的争论。在这一争论过程中，出现了以乡村手工业为基础先发展乡村工业再慢慢发展现代大工业的"第三条道路"。1934 年，张培刚先生发表《第三条道路走得通吗？》的论文，认为"第三条道路"根本走不通，中国必须走同时建设工业化的城市和工业化的乡村的经济发展道路。③ 他认为，中国经济的问题不是某一个方面的问题，而是各个方面的问题。

在农业调查过程中，张培刚发现五个具有重要理论意义的问题：①他发现"南人食米，北人食麦"的说法不确切。实际上，"南人食米，北人食麦"的说法只适用于富人或小康之家。无论南方人还是北方人，绝大部分穷人都以杂粮为主食。④ 这可以从各个方面说明，马克思主义者认为是穷人受地主剥削和阶级压迫的结果，实体主义认为是自然禀赋与劳动力组合的产物，张培刚先生采取的是形式主义的解释方式，他认为农民在市场上受到双重垄断竞争的不利状态。⑤ ②他认为不能因为某些年份中国从其他国家进口粮食就推断我国粮食

---

① 张培刚口述、谭慧整理：《〈农业与工业化〉的来龙去脉》，载张培刚著：《农业与工业化》，中信出版社 2012 年版，第 15 页。

② 张培刚口述、谭慧整理：《〈农业与工业化〉的来龙去脉》，载张培刚著：《农业与工业化》，中信出版社 2012 年版，第 27～28 页。

③ 张培刚口述、谭慧整理：《〈农业与工业化〉的来龙去脉》，载张培刚著：《农业与工业化》，中信出版社 2012 年版，第 29 页。

④ 张培刚口述、谭慧整理：《〈农业与工业化〉的来龙去脉》，载张培刚著：《农业与工业化》，中信出版社 2012 年版，第 33 页。

⑤ 张培刚口述：《〈农业与工业化〉的来龙去脉》，谭慧整理，载张培刚著：《农业与工业化》，中信出版社 2012 年版，第 34 页。

不能自给。我国粮食进口的原因：一是海关被洋人把持，洋米进口税收甚微，同时手续极为简便。二是由于国内交通不便，沿途关卡重重，运费和关卡费层层加码，致使内地粮食市场被洋米所垄断。这一分析实际上包含了交易费用与市场关系的原理，但交易费用的原理至20世纪60年代才由科斯提出。③他在调查中发现，农民无论是在买方市场还是卖方市场上都不存在"完全竞争"。农民卖粮时，市场由粮商垄断，农民没有讨价还价余地。农民购买生产资料时则被另一批商人所垄断。农民处于双重不利地位，主要原因是农村市场不发达，易被数量少的商人所垄断。④粮食与经济活动的区位化有关。在调查过程中，他发现人口的分布主要由粮食的生产所决定，谷物种植的分布决定了人口的分布，在此基础上形成了乡村工业和市场布局。这一发现比美国学者施坚雅在20世纪60年代关于农村市场与社会结构的发现要精细得多，解释力也更强。⑤他发现农民受地主地租和政府捐税双重压迫，农业生产进步迟缓，生活进一步提高困难。① 发现和系统思考这些问题成为张培刚先生提出农业国工业化之路的重点问题。

张培刚先生的农业国工业化理论的一个根本观点是："农业国家或者经济落后国家，要想做到经济起飞和经济发展，就必须全面（包括城市和农村）实行'工业化'。"② 要准确理解张培刚先生的"全面工业化"的农业国工业化理论，理解"工业化"这一概念至关重要。在英文版中，张培刚先生将"工业化"定义为"一系列基要的生产函数连续发生变化的过程"。③ 为了完善和通俗表达，后来他将"工业化"定义为"国民经济中一系列基要生产函数，或生产函数组合方式，连续发生由低级到高级的突破性变化的过程"。④ 张培

---

① 张培刚口述：《〈农业与工业化〉的来龙去脉》，谭慧整理，载张培刚著：《农业与工业化》，中信出版社2012年版，第33～36页。

② 张培刚：《农业国工业化理论概述》，载张培刚著：《农业与工业化》，中信出版社2012年版，第51页。

③ 张培刚：《农业国工业化理论概述》，载张培刚著：《农业与工业化》，中信出版社2012年版，第54页。

④ 张培刚：《农业国工业化理论概述》，载张培刚著：《农业与工业化》，中信出版社2012年版，第54页。

刚先生的这一定义深受熊彼特"创新理论"的影响,属于现代化范式的一种定义方法。熊彼特在《经济发展理论》一书中将源于生物学"突变"概念的"创新理论"应用于解释"资本主义"的形成与特征。熊彼特认为,资本主义在本质上是经济变动的一种形式或方法。它从来就不是静止的,而是不断从内部革新经济结构,即不断地破坏旧的、不断地创造出新的结构的过程。这一过程是一个"产业突变"的过程。因而,"创新""新组合""经济发展"是资本主义的本质特征。① 熊彼特的这一认识对张培刚先生的"工业化"定义产生了决定性的影响。

熊彼特的"创新理论"并不是一个严格意义上的形式主义的经济学定义,而是一个人文化的定义。这一定义抓住的是现代主义的特征。由于资本主义是第一个张扬现代主义的社会形态,因此,熊彼特认为资本主义的本质属性就是现代主义。这里面实际上存在一个逻辑关系不明的问题。现代主义借助于资本主义这一场域表现得酣畅淋漓,而资本主义借助于现代主义主宰了经济和社会生活,但现代主义不能等同于资本主义。1888年,尼采预言现代主义以后的必然结果是虚无主义。他认为:"整个欧洲文化如今正走向灾难,带着一代代以来增长着的无知无息的、剧烈的、一往无前的扭曲张力,像一条奔向尽头的河流不再回顾过去,也害怕回顾过去。"② 现代主义具有一种不予反思的自发冲动特征。"欧文·豪认为,必须用'现代主义不是什么'来定义现代主义,因为现代主义是一个'包含性否定词'。……现代性'存在于对流行风格的反叛中,是对正统秩序的不屈不挠的愤怒攻击。'"③ 丹尼尔·贝尔认为:"现代主义是对19世纪两个社会变革的回应。一是感觉层面上对社会环境理解的改变,一是自我的意识的改变。在日常感觉世界里,因为通讯和运输革命,人

---

① 张培刚口述:《〈农业与工业化〉的来龙去脉》,谭慧整理,载张培刚著:《农业与工业化》,中信出版社2012年版,第24页。
② [美]丹尼尔·贝尔著:《资本主义文化矛盾》,严蓓文译,江苏人民出版社2007年版,第1页。
③ [美]丹尼尔·贝尔著:《资本主义文化矛盾》,严蓓文译,江苏人民出版社2007年版,第47页。

们对运动和速度、光速和声速有了新认识，由此发生了时间和空间上的错乱感。宗教上的确性，对来世、天堂或地狱的信念失落了，并有了一种生命有大限、死后万事空的新意识，由此导致了自我意识的危机。"① 熊彼特的"创新理论"实际上将他对现代主义的理解应用于对资本主义的分析。

张培刚先生将熊彼特的这一现代主义的定义应用于对"工业化"的定义进一步抓住了现代主义在经济领域中的这一显性特征。因此，他的这一定义与马克思主义、实体主义和形式主义的定义之间存在很大差异，具有显著的独特性。从现在的观点来看，张培刚先生的"工业化"定义包含两个方面的内容：一个是教义学上的工业化概念，即以机械化或电气化或信息化为标志的广义的工业化概念，另一个是现代化概念。但整体上他倾向于通过广义的经济现代化概念来界定广义的"工业化"概念。② 因此，我们在理解张培刚先生的"农业国家工业化理论"时最好将"工业化"理解为经济现代化更为贴切。③ 罗荣渠先生认为："'现代化'这个概念是用来概括人类近期发展进程中社会急剧转变的总的动态的新名词。"④ 对现代化含义的理解多样，主要有三类：第一类认为，现代化是指在近代资本主义兴起后的特定国际关系格局下，经济落后国家通过大搞技术革命，在经济和技术上赶上世界先进水平的历史过程。我国政策性解释基本上属于此类。第二类认为，现代化实质上就是工业化，即经济落后国家实现工业化的进程。用"工业化"来突出现代社会变迁的动力、特征、

---

① ［美］丹尼尔·贝尔著：《资本主义文化矛盾》，严蓓文译，江苏人民出版社2007年版，第48页。

② 张培刚：《农业国工业化理论概述》，载张培刚著：《农业与工业化》，中信出版社2012年版，第54页。

③ 注：张培刚先生之所以没有用"经济现代化"一词，而用"工业化"一词，是因为"现代化"于20世纪60年代才在西方流行的一个术语，（罗荣渠著：《现代化新论——世界与中国的现代化进程》（增订版），商务印书馆2009年版，第3页），而张先生的理论定型与20世纪40年代。

④ 罗荣渠著：《现代化新论——世界与中国的现代化进程》（增订版），商务印书馆2009年版，第8页。

进程和主要内容，已为经济史学界和社会史学界广泛接受。第三类认为，现代化是自然科学革命以来人类急剧变动的统称。第四类认为，现代化主要是一种心理态度、价值观和生活方式的改变。马克斯·韦伯最早将这一概念用于分析资本主义的兴起和发展。[①] 从上述现代化的类型分析可见，由于张培刚先生攻读的博士学位是经济史方向，因此，他用"工业化"概念表达现代化概念合符学科规范，不至于引起学科内学者的误读。但在当代，日常用语中的"工业化"概念已经狭义化，而经济现代化概念演变成为一个教义学上的更具包容性的概念，故将张培刚先生的"工业化"定义理解为经济现代化概念更为准确。

张培刚先生的农业国工业化理论包括以下六个方面的内容：

第一，农业与工业之间是相互依存的关系，农业对工业和整个国民经济具有重要贡献，处于国民经济的基础地位。

在调研过程中，张培刚先生发现中国的农村市场存在垄断现象，受到垄断商人控制。一方面，农产品市场被少数粮商垄断，农民没有讨价还价余地。另一方面，农业生产资料市场被另一些商人垄断，农民也没有讨价还价余地。[②] 在经济领域农民受到双重垄断的剥削。尽管如此，张培刚先生通过对发达国家工业化历史的研究发现一个自由竞争的农村市场还是城乡之间、工农之间不可或缺的联系要素。

张培刚先生通过研究西方经济史发现，农业对于工业乃至整个国民经济具有重要贡献。这些贡献主要包括粮食、原料、劳动力、市场和资金五个方面，由于农业的这五个重要贡献，因此它处于国民经济的基础地位。[③] 后来国际上有影响的经济学家对这五个方面也进行了归纳，但都没有脱离张培刚先生所确立的框架。

第二，农业国工业化既包括城市的机械化和现代化，也包括农村

---

① 罗荣渠著：《现代化新论——世界与中国的现代化进程》（增订版），商务印书馆2009年版，第9～15页。

② 张培刚：《农业国工业化理论概述》，载张培刚著：《农业与工业化》，中信出版社2012年版，第52页。

③ 张培刚：《农业国工业化理论概述》，载张培刚著：《农业与工业化》，中信出版社2012年版，第53页。

的机械化和现代化。张培刚先生认为,中国应该避免走西欧城市繁荣、农村衰落的工业化老路,也不赞成中国的"乡村建设"学派提出的先发展农村工业、再发展城市工业的缓慢发展的工业化道路,更不赞成苏联式样的只强调制造业的工业化道路。他认为,农业国工业化道路必须是工业与农业、城市与乡村的全面现代化道路。因为城市与乡村、工业与农业是相互扶持而不是相互对立的。① 偏离全面现代化的道路,必然引起经济发展的不平衡问题。

第三,基础设施和基础工业是全面工业化的先导领域。全面工业化道路必须从基础设施和基础工业领域着手,充分发挥基础设施和基础工业的"先行官"作用。全面工业化道路并不是所有领域的齐头并进,而是有轻重缓急。由于工业化是最核心的基要生产函数的新变化,因此,交通、运输、动力工业、机械工业、钢铁工业等具有基本功能,对于农业和工业乃至整个国民经济都具有拉动作用。② 如果基础设施和基础工业不能优先发展,整个国民经济都将受到制约。

第四,工业化的发动要素与限制要素。工业化的发动要素和定型工业化最基本的要素包括五种最重要的要素:人口的数量、构成和地理分布;资源或物力的种类、数量和地理分布;社会制度,人的和物的要素所有权的分配;生产技术,特别是发明的应用;企业家的创新管理能力,他能够改变已有的生产函数或应用新的生产函数,即改变已有的生产要素组合或应用新的生产要素组合。这五种要素发动并制约工业化进程。可以分为两类:一类是工业化的发动要素,包括企业家创新精神和管理能力以及生产技术。另一类是工业化的限制要素,包括资源和人口。至于社会制度,既可能是工业化的发动要素,也可能是工业化的制约要素,关键在于其是否与生产方式相适应。③ 这些要素的功能都是相对的,关键在于各方面起作用的主客观条件,都存

---

① 张培刚:《农业国工业化理论概述》,载张培刚著:《农业与工业化》,中信出版社2012年版,第54~55页。
② 张培刚:《农业国工业化理论概述》,载张培刚著:《农业与工业化》,中信出版社2012年版,第56~57页。
③ 张培刚:《农业国工业化理论概述》,载张培刚著:《农业与工业化》,中信出版社2012年版,第57~58页。

在相互转化的可能性。

第五，工业化对农业生产和农村剩余劳动力的影响。工业化对于农业生产的影响包括三个方面：①工业发展与农业的改革或改进是相互影响的，但两者相互影响的程度绝对不相同。"工业革命"前，农业改革曾经比较显著地促进了工商业的发展，农业积累进入工商业和农村劳动力与工业资本相结合使得现代工厂制度成为可能。农业对于工业的支持多于工业对于农业的支持。但产业革命后，工业对于农业的影响明显大于农业对工业的影响。工业产品成为农民的主要消费品，农业生产资料除土地外对工业品的依赖越来越高，由于工业发展了现代交通和运输系统，加之工业工艺的广泛应用，大规模的农业生产和农产品加工成为可能。农业支援工业具有历史必然性，工业反哺农业具有正当性。②当工业化进入成熟阶段后，在市场规律的支配下，农业生产结构必然发生显著变化。同时，由于工业化增加了人民的收入，提高生活水平的要求表现出来。满足吃饱穿暖的基本要求进一步向吃好穿好的方向发展，随着食物结构的变化，种植业的多样化成为可能。同时，由于审美需求的增长，经济作物的多样化需求也表现出来，相应产业也会建立起来。③随着工业化的发展，由于农产品市场的扩张和农业生产技术的改进，农业生产的总产量和单位产量必然增加，农业生产规模也会随之扩大。但由于一系列原因，农业生产的增速会低于制造工业的增速。一是农业受自然禀赋和生物规律的支配，即使进行基要要素的改善，也存在可预期的极限。同时，由于工业化需要土地，随着工业用地和城市用地的增加，土地资源会不断减少，也制约农业生产的规模和产品总量。二是农业生产方式无论是种植业还是畜牧业，都是一种"增长"产业，而工业是以"加工"或"制造"方式出现的，农业受资源规律和生物规律的限制。三是农产品的"需求弹性"远低于工业品的"需求弹性"，基本需要低于"享受"的需要，① 即受恩格尔系数的制约。

工业化对农村劳动力会产生重要影响：①一方面，当工业发展到

---

① 张培刚：《农业国工业化理论概述》，载张培刚著：《农业与工业化》，中信出版社2012年版，第59～61页。

一定阶段，农业或农村的剩余劳动力就会受到城市的吸引而转到城市工业或其他行业。这样的农村劳动力转移是受市场机制的作用转移的，可以称为"拉"的作用。另一方面，由于工业化对农业产生影响，随着农业规模的扩大和农业生产率的提高，农村劳动力会出现剩余，产生转移的内在推动力，可以称为"推"的作用。在"拉"和"推"的相互作用下，农村劳动力会发生转移，但转移的强度主要受城市工业"拉"的作用的影响。"拉"与"推"的作用受城市工业的主导，而城市工业本身有一个波动的过程，因此，很多经济学家认为保持农村劳动力在工业化中的蓄水池功能是必要的，但这里导致一个农民工的处境与地位问题。②农村剩余劳动力向城市工业的转移有其基本规律，主要是按照职业类型排序的。最先被城市现代工业吸引的劳动力是城市手工业者或工场劳动者，然后吸收的是农村的手工业者，最后城市工业吸收的是农村普通劳动力。城市工业在农村劳动力的转移过程中主导了排序顺序，农村劳动力的转移是一个漫长而又艰难的过程。特别是在中国这样一个人口众多的农业大国，工业化的条件不充分，农村劳动力的转移更为缓慢和艰难。③在工业化发展的比较高级阶段，农业的机械化应用存在差异。像美国那样人少地多、农村劳动力相对缺乏的国家，机械化程度会不断提高。但像中国这样人多地少、耕地地貌复杂的国家，机械化会受到地貌、价格、成本、就业等各方面的影响，表现出复杂的情况。① 因此，中国的农业机械化应该因地制宜，不能千篇一律。不适合机械化的地区可以通过其他生产要素的组合方式提高生产率。

第六，农业国工业化过程必须善于利用外资和自身的外贸优势。由于中国是一个贫穷落后的国家，农业积累和工业资本都很少，要在这样的经济条件下实现全面工业化的目标，资本是最稀缺的资源。因此，在保证政治独立的前提下，必须千方百计利用外资。同时，由于资本主义国家产能过剩，资本没有合适的投资场所，也需要寻找适合的投资场所。两者结合起来，对于双方都是有利的。但是，由于我国

---

① 张培刚：《农业国工业化理论概述》，载张培刚著：《农业与工业化》，中信出版社2012年版，第61～62页。

的生产需求弹性大，国外的生产需求弹性小，因此，我国在国家贸易领域会出现不平衡和不平等的交换关系，处于不利地位。① 这一发现成为依附论的理论渊源。

张培刚先生的农业国工业化理论是在归纳西方工业化道路的基本规律的基础上形成的，是在假设市场和竞争都存在的条件下才有可能性的。实际上，农业国工业化需要很多经济和制度条件，而这些条件在经济落后国家是稀缺的。可以说，张培刚先生的全面工业化理论并不能作为批判政治不独立、经济不自主条件下中国所出现的"乡村建设"理论。因为全面工业化理论实际上是市场条件已有一定基础后的一种理想状态。实践也证明，不仅在新中国建立之前这种理论无法实现，就是在新中国建立以后，运用这种理论——实际上新中国成立后我国基本上是运用这种理论的，导致了严重的经济问题和社会问题。其原因并不是这一理论出现了问题，而是这一理论本身需要满足很多条件才可能实现。严格地讲，在条件不满足的情形下，如果强制推动这一理论的实现，就会出现"左"的错误。张培刚先生全面工业化理论在我国到现在才出现了部分条件。这一理论需要许多辅助性理论才有可能避免被错误使用。

另外，张培刚先生的农业国工业化理论是落后国家走向经济现代化发展道路的一个梗概，细节之处需要进一步完善。特别是这一理论充满现代主义精神，而中国是一个具有悠久历史的国家，传统与现代化之间的关系并非是一个直线的关系，而是会展现出复杂的变迁轨迹。同时，由于中国是一个农业人口占绝大多数的国家，农民在经济现代化中也会表现出多样性的选择，使得中国的经济现代化具有中国属性。这一点农业国工业化并没有系统论证。农业国工业化理论中，不仅中国的制度，特别是习俗和惯例的功能是被给定的，而且农民的理性能力和理性类型也是被给定的，而实际上，正是由于制度类型的差异和农民的理性类型的差异才使得中国的经济现代化道路显示出不同的发展轨迹，这一事实已被改革开放后以农村改革为先导的中国改

---

① 张培刚：《农业国工业化理论概述》，载张培刚著：《农业与工业化》，中信出版社2012年版，第63～64页

革的实践所证明。也就是说，在张培刚先生的理论中由于过度强调经济发展的世界性和现代性，从而中国属性和传统属性的作用在这一理论网孔中被滑落。

第三节 外国学者关于中国农民制度理性的研究

外国学者对中国农民制度理性的研究通常是以西方的研究方法作为叙事方式的，概念化书写成为一种主要方式。① 根据黄宗智的概括，西方学者关于中国农民制度理性的研究包括以下两种规范认识：

第一，20世纪50年代源自近代化（现代化）② 理论的"传统"中国与"近代"中国的规范认识。在这一规范认识形成了以费正清为代表的"西方的冲击"与"中国的反应"的"冲击—反应"模式。这种观点认为，中国不存在内在的走向现代化的驱动力，中国走向现代是由于外力作用的结果。③ 费正清、赖肖尔认为："通过历史能最好地理解中国。之所以这样说，有如下原因：一是比起世界其他民族来，中国人更注重从历史的角度来看待自己，他们对自己的历史遗产具有强烈的意识，通过历史来观察他们就是以他们自己的方式来认识他们；二是中国在艺术、思想和制度方面的独特成就，只能在其历史演进过程中才可以得到最佳的研究，这些成就都应该与当代中国分开加以考察。只有审视源远流长的中国历史，才能领悟发展的方向，并对中国现在发生的事情有所理解。中国当前社会发展的实质是各种新兴力量和传统的习惯及思维模式之间的相互作用，而新兴力量不少又

---

① 张佩国：《质疑近代中国乡村史的概念化书写》，载复旦大学历史系、复旦大学中外近代化进程研究中心编：《近代中国的乡村社会》，上海古籍出版社2005年版，第222页。

② 注：罗荣渠先生认为，将日文中的"近代化"概念在翻译过程中直接翻译会导致中国史学中的许多误解和歧义，最好的方法是把"近代化"概念统一为"现代化"概念。罗荣渠著：《现代化新论——世界与中国的现代化进程》，商务印书馆2009年版，第6～8页。

③ ［美］黄宗智：《中国研究的规范认识危机》，载黄宗智著：《华北小农经济与社会变迁》，中华书局2000年版，第378～379页。

来源于西方。"①

第二,"近代早期论",这一理论对"传统中国论"及其派生的"冲击—反应"模式进行了批评。这一模式类似于中国学术界中的"资本主义萌芽论"。②按照"近代早期论"的观点,施坚雅、马若孟和赵冈的市场论属于"近代早期论"的典型分析样式。

外国研究中国传统社会与现代社会之间关系的学者以美国学者居多,由于他们所采用的理论框架以西方现代经济、社会和制度模式作为尺度,中国问题只是检验其理论框架的一个例证。尽管如此,他们关于中国农村社会的研究成果还是具有重要学术价值。

外国学者对中国农村的研究涉及经济史、社会史、制度史诸多学科,人类学方法是普遍采用的方法。概括地分类,可以分为以人伦关系为基础的研究类型和以生产方式为基础的研究类型。以人伦关系为基础的研究类型包括家族共同体的研究、市场共同体的研究、权力共同体的研究、文化共同体的研究等。以生产方式为基础的研究类型包括停滞论、增长论等。不同的研究类型都是相对的,他们之间存在错综复杂的关系。尽管中国农民制度理性的研究错综复杂,但托尼（R. H. Tawney）认为：＂底子里却十分简直,一言以蔽之,是现有资源不足以维持这样多的人口。＂③中国农民的制度理性在很大程度上是为了通过自身的智慧使得有限的资源养活数量巨大的人口。

下面我们选取具有包容性的过密化增长论、市场共同体论和文化共同体论进行论述,以便能够反映外国学者研究中国农民制度理性的学术概貌。选取这三种理论的逻辑是按照生产方式、交往媒介和文化功能安排的。中国传统农业的生产方式不是纯粹由生产力的发展水平决定的,生产单位不是单个人而是一个家庭,因此,生产单位本身不只是一个经济实体,也是一个社会实体,一个交往实体,一个文化实

---

① [美]费正清、赖肖尔著：《中国：传统与变革》,陈仲丹、潘兴明、庞朝阳译,江苏人民出版社2012年版,第2页。

② [美]黄宗智：《中国研究的规范认识危机》,载黄宗智著：《华北小农经济与社会变迁》,中华书局2000年版,第379～380页。

③ R. H. Tawney, Land and Labour in China, P103. 转引自费孝通著：《江村经济》,刘豪兴编,戴可景译,上海人民出版社2007年版,第347页。

体;市场不只是一个商品交换的场所,也是一个人际交流平台,一个信息交换中心,一个融入社会的窗口,一个文化分享的舞台;文化不只是一个表现的符号,也是一组和谐的保证,一束习俗规范,一个共同体的历史记忆,一种生活方式。它们之间具有内在关联,构成一个有机的网络,每一个农民都贡献了自己的智慧,生活其中,繁衍生息,汇入中华民族生生不息的历史长河。

一、过密化增长论

由黄宗智提出并论证的过密化增长论是停滞论与增长论的折中表达方式。黄宗智运用克利福德·吉尔茨的"农业内卷化"① 概念分析中国传统农业"高土地生产率与低劳动生产率"相结合的这样一种现象。② 过密化增长论是在"农业内卷化"作为一个基本事实条件下讨论中国农民的分业方式与分化方式相互关系的综合论述。③ 在叙述过密化增长论之前,我们有必要先了解一下停滞论与增长论的基本观点。

传统观点认为:"中国的农业经济极端贫困,人均水平处于停滞状态,甚至有所下降,而且表现在土地、租佃及安全保障方面的严重不平等。"④ 20世纪30年代,托尼对中国农村问题的研究得出了停滞论的结论,这一结论影响了20世纪60—70年代研究中国经济史学者的认识。托尼强调,苛捐杂税与高利贷、军阀主义、土地占有的细小化、贫瘠的土壤以及人口压力是中国农村苦难日益深重的主要原因。他认为:"我们甚至有理由相信,在中国的某些地区,人口增长导致土地压力的增加,使得农村人口的生活状况恶化,事实上可能比不上

---

① [美]黄宗智著:《华北小农经济与社会变迁》,中华书局2000年版,第6页。
② [美]黄宗智著:《华北小农经济与社会变迁》,中华书局2000年版,第13页。
③ [美]黄宗智著:《华北小农经济与社会变迁》,中华书局2000年版,第14页。
④ [美]李丹著:《理解中国农民:社会科学哲学的案例研究》,张天虹、张红云、张胜波译,江苏人民出版社2009年版,第204页。

两个世纪前的水平……我们很难抵制这样的结论：大部分中国农民经常濒临赤贫状态。"① 托尼的停滞论既讨论了经济本身的局限性，也讨论了政治和社会条件对农民贫困的深刻影响，不是一个纯粹经济学的解释框架。

20世纪60—70年代，对于农民贫困的政治原因的解释发展出解释中国革命的理论。"如韩丁（William Hinton）的名著《翻身》，将土地革命描绘成是经受经济盘剥和文化压迫的农民翻身解放的史诗性实践，而弗里曼（Edward Friedman）、毕克竟（Paul Pickowicz）和塞登尔（Mark Selden）所著的《中国的乡村，社会主义的国家》（Chinese Village, Socialist State），其结论是土地制度改革及其以后的集体化不但没有解放农民，给贫苦农民以权力，反而将乡村中的权力交给了地痞和无赖，即是说，革命并不意味着被压迫阶级对压迫阶级的胜利，而是使中国社会的不良分子得以掌权，且使潜存于中国的恶劣习性与态度泛滥成灾。"② 由于本文讨论的是农民的经济理性问题，在此不讨论农民的革命性问题。

对农民贫困经济原因的解释被纳入马尔萨斯主义和斯密主义的解释范围。这两种解释体系都认为由于中国人口增长，资源有限、技术停止和市场残缺注定了中国农民生活水平的低下，③ 加之外部环境恶化，农民生活必然下降。这一理论显然受到"封建主义论"的影响。

与20世纪60—70年代的停滞论相反，20世纪90年代几个重要的学术团体提出了中国农业经济增长论的观点。"在分析19世纪最后几十年和20世纪最初30年时，罗斯基（Thomas Rawski）(1989)和白洛伦（1989）主张，农业产量、农民收入和生活水平都有相当的

---

① R. H. Tawney, Land and Labour in China, P71-72. 转引自[美]李丹著：《理解中国农民：社会科学哲学的案例研究》，张天虹、张红云、张胜波译，江苏人民出版社2009年版，第204页。

② 张佩国：《质疑近代中国乡村史的概念化书写》，载复旦大学历史系、复旦大学中外近代化进程研究中心编：《近代中国的乡村社会》，上海古籍出版社2005年版，第224～225页。

③ [美]李丹著：《理解中国农民：社会科学哲学的案例研究》，张天虹、张红云、张胜波译，江苏人民出版社2009年版，第204页。

增长。在对中国经济发展更长时段的重要分析中，彭幕兰（Kenneth Pomeranz）（2000）和王国斌（1997）认为，在1700年前后，近代早期的中国农业和同时代的欧洲相比，生产能力大体相同，而且中国和英格兰的农村生活水平接近。此外，李中清和他的同事们［李中清和康文林（Cameron Campbell）1997、本格特森（Tommy Bengtsson）等人2004、李中清和王丰1999］挑战了关于中国历史上人口状况的马尔萨斯主义阐述。他们认为，中国人口史显示，人口的出生率增长适度并受到社会控制，这就批驳了人口增长导致中国不可能实现现代经济增长的观点。"① 这一理论显然受到"资本主义萌芽论"的影响。

  为什么在经济史的研究中对于中国农村的经济问题的结论会得出相反的结论？除了学术重述受到意识形态的影响之外，显然，时代背景也影响中国农村经济研究的结论。20世纪二三十年代，中国农村经济受到帝国主义的压迫，地主阶级为了摆脱经济负担，千方百计通过定额租、向工商业转移资本等方式将负担转移给农民；同时，在内忧外患的背景下，农民负担不断增加，抗租、抗税、暴动、起义、革命不断发生，特别是中国共产党领导的土地革命规模空前，所到之处，极大地动摇了帝国主义和封建主义的经济基础，得出停滞论的结论具有时代的合理性。这一结论主要是为中国农民革命提供经济上的说明。20世纪六七十年代，由于受极"左"思想的支配，农村生产水平极大地降低，农民生活水平显著下降，也给停滞论提供了现实证据。20世纪90年代，由于80年代中国农村经营体制改革取得巨大成就，不仅改变了中国农村的经济状况，提高了农民的生活水平，而且极大地促进了中国的经济体制改革和中国经济的快速发展，而农村经营体制改革本身是农民自己的伟大创举。② 在这一背景下，农民还是中国农民，土地经营方式由集体经营体制回到了小农经营体制，但经济却取得了巨大成就。如果仍然坚持停滞论的观点，就无法说明现实

---

  ① ［美］李丹著：《理解中国农民：社会科学哲学的案例研究》，张天虹、张红云、张胜波译，江苏人民出版社2009年版，第204～205页。
  ② ［美］罗纳德·哈里·科斯、王宁著：《变革中国：市场经济的中国之路》，徐尧、李哲民译，中信出版社年2013年版，第95页。

的经济成就和农民的创造精神。因此,通过增长论来证明现实经济巨大成就的历史连续性不仅维护了农村经营体制改革的成果,也为坚持农村经济体制改革提供了正当性。这一结论本身就深深打上了时代的烙印。

尽管停滞论与增长论都能找到各自的历史证据加以证明,但这两种对立的观点是否具有共存于一个理论框架的可能性成为理论创新的一个机会。正是在思考这一问题的基础上,黄宗智先生受到"农村内卷化"概念的启发提出了过密化增长论这样一个具有包容性的折中理论类型。根据吴承明先生的研究,20世纪20年代初,中国的现代工业总产值占农业总产值不到5%,加上工场手工业,中国资本主义发展水平约为10%左右。① 根据陈庆德先生的研究,20世纪30年代中国农业年增长率1%左右,工业经济年增长率6%以上。在陈庆德先生看来,农村的凋敝不仅源于帝国主义的压迫,而且源于农业积累不断向工商业转移,经济结构的变化使得农业资本主义困难重重,使得农业的破产成为社会不可遏止的动乱根源。② 一方面,即使在帝国主义和封建主义双重压迫下,农业仍然缓慢增长;另一方面,农业积累不断向工商业转移,而中国的工商业又主要依附于帝国主义的经济体系。这样,中国的工商阶层就变成一种特权阶层,依附于帝国主义条约体系和政治特权的资产阶级又反过来成为剥削农民的力量,③从而加速了农村的阶级分化。

黄宗智认为,中国经济没有像西方那样蓬勃发展,意味着中国社会变迁的方式与西方的方式各不相同。西欧农村在近代经历了长期的社会分化:一方面是资本家的兴起,另一方面是小农的无产化。④ 在

---

① 吴承明:《中国资本主义的发展述略》,载《中华学术论文集》,中华书局1981年版,第333~334页。

② 陈庆德:《论中国近代农村商品经济低层次扩散的历史性质》,载《近代史研究》1989年第1期。

③ [美]费正清、赖肖尔著:《中国:传统与变革》,陈仲丹、潘兴明、庞朝阳译,江苏人民出版社年版,第288~294页。

④ [美]黄宗智著:《华北小农经济与社会变迁》,中华书局2000年版,第14~15页。

无产化的过程中，越来越多的人丧失了生产资料而依赖雇佣劳动为生。从农村雇佣劳动者到乡村手工业作坊和小型工厂的雇工、城市各种服务业中的伙计，以至现代工厂的工人，都是小农无产化的结果。小农社会便渐渐地被资本主义工业所取代。① 与此相反，华北农村的演变，没有像西欧典型的无产化过程那样导致经营性农场的资本化和越来越多的小农从他们的家庭土地经营中分化出来。由于失去了传统的手工业市场作为平衡家庭经济预算的机会，在从事家庭土地经营之余，农村劳动力在两个方面投入剩余的劳动：一是在农业领域打短工或者长工，另一部分到附近的城镇打短工或者长工。黄宗智将这一过程称之为"贫农经济的形成"，或称之为小农经济的"半无产化"。"半无产化"并不意味着这一过程必然要过渡到资本主义和完全无产化的中间阶段，而是要表明一个受到人口和阶级分化双重压力，又没有蓬勃资本主义经济发展的情况下，小农经济的特殊形式。② 为了进一步说明中国农业过密化增长的具体内容，黄宗智分析了华北的家庭式农场和经营式农场的内卷化问题。

对于家庭农场而言，由于小农经济的根本目的是为了生存而不是为了追求利润而生产，③ 在没有其他就业机会或者家庭手工业市场被剥夺了的情况下，为了维持家庭脆弱的经济平衡，小农不得不将剩余的劳动力全都投入家庭土地以增加土地生产率——尽管这样土地生产率的边际效率越来越逼近于零，劳动生产率越来越趋近于零，小农还是坚持这种生产方式。由于没有平衡家庭经济预算的其他机会，家庭式农场的生产内卷化仍然是一种理性安排。生存压力下的小农只能相信"有"胜于"无"这一朴素的生存法则。有学者将这一现象称之为小农的隐形失业。家庭农场的内卷化是一个容易证实的现象。

经营式农场的内卷化不是生产自然发展的产物，而是与生产关系

---

① ［美］黄宗智著：《华北小农经济与社会变迁》，中华书局2000年版，第15页。

② ［美］黄宗智著：《华北小农经济与社会变迁》，中华书局2000年版，第15页。

③ ［美］黄宗智著：《华北小农经济与社会变迁》，中华书局2000年版，第176页。

相联系所出现的一种现象。黄宗智认为："经营式农场是华北平原最大和最成功的农场。它伴随着商业性农业而兴起，证实了本地区农业的发展；其未能导致农场生产力发生质的改变，则说明了农业经济的停滞。"① 黄宗智认为，经营式农场和小农经济及其上层建筑的社会制度锁链在一起。在生产技术没有质性突破的情况下，经营式农作的最佳规模是100至200亩。超过这个规模，经营式农场便不合算，而农场主也可凭借他的财力，考虑采用其他谋利的方式。他可以把地租出，从事商业，投资于下一代的教育，谋得功名学位，希望能爬上社会上层，而追求更高的利益。这样，经营式农场通过地主制而返回原来的小农耕作。② 黄宗智认为，由于自然环境、人口和社会政治制度构成一个连锁体系，因此，中国的经营式农场没有像西方经营式农场那样成为资本化的农场。③ 由于经营式农场存在于贫农经济和社会政治体制的夹缝之间。大量廉价劳动力的存在，抑制了经营农场为节省劳动力而萌生资本投资的动机。经营式农场大多尽量少用畜力多用人力，因为畜力比人力的成本高，大量使用畜力是不合算的。另外，在现有政治体制下，仕商途径获利远高于农业。因此，当经营农场发展到100亩至200亩的规模后便会转向地主经济，而无法发展到能改造现有生态条件的投资规模。华北地区的经营式农场没有发展成为资本主义企业，它仍旧是富裕小农经济，是出租地主再生产的一种途径，也是把剩余转向非生产性的地产投资的一条途径。④ 黄宗智所描述的是传统经营方式与传统政治体制之间的关系，但没有考察传统经营方式受到新的社会条件约束背景下国家所采取的新措施之间的关系问题。

---

① ［美］黄宗智著：《华北小农经济与社会变迁》，中华书局2000年版，第14页。
② ［美］黄宗智著：《华北小农经济与社会变迁》，中华书局2000年版，第177页。
③ ［美］黄宗智著：《华北小农经济与社会变迁》，中华书局2000年版，第177～178页。
④ ［美］黄宗智著：《华北小农经济与社会变迁》，中华书局2000年版，第308～309页。

传统经营方式与传统的政治体制之间的关系大致按照这样的逻辑展开：小农的家庭经济预算依赖于家庭手工业来进行平衡，但由于家庭手工业受到不平等的市场制约，① 大量劳动力不得不投入到现有的家庭小块土地之中，使得家庭式农场出现土地生产率提高和劳动生产率下降的过密化增长逻辑之中。与此同时，庞大的剩余劳动力大军中的一小部分剩余劳动力怀着平衡家庭经济预算的目的在经营式农场中"有幸"找到机会，他们的劳动力价格远远低于畜力的价格，因此，经营式农场主缺乏资本化投资的动力。另外，由于工商业的年经济增长率远高于农业，② 也由于官僚自古将做官作为获取经济利益的最短途径，③ 因此，经营式农场主一般将其从廉价农民劳动力身上榨取的利润投入到工商业或者用于购买官职，从而使得经营式农场也陷入过密化增长的逻辑之中。经营式农场主将从市场和政治中获得的权力用于继续对农民的剥削和保护自己的利益。黄宗智先生的这种解释体系与王亚南先生的解释框架完全一致。④ 过密化增长论只是将新经济现象纳入一个传统社会所确定的解释框架之中，它的解释是不充分的。

过密化增长论通过自然经济的传统解释框架来解释经营式农场的过密化现象的一个最大缺陷是没有解释新政策为何失败的原因。实际上，我国20世纪30年代前后农村的情形与英国19世纪30年代的农村的情形是非常相似的。但英国为何在1934年后迅速走向了经济自由资本主义道路而我国仍然徘徊于封建经济之中呢？

根据汤普森的研究，19世纪大部分农业收入仍然顽固地不肯转换成统计数字，英国不仅面临劳动力需求上明显的季节性起落，而且至少面临四种不同的主仆关系：①按年度或季节雇佣的农场仆佣；

---

① 费孝通著：《江村经济》，刘豪兴编，戴可景译，上海人民出版社2007年版，第211页。

② 陈庆德：《论中国近代农村商品经济低层次扩散的历史性质》，载《近代史研究》1989年第1期。

③ 王亚南著：《中国官僚政治研究》，中国社会科学出版社1981年版，第112页。

④ 王亚南著：《中国官僚政治研究》，中国社会科学出版社1981年版，第12篇。

②基本上按年度雇佣的大农场里的全日制长工;③按计时工资和计件工资付给报酬的临时工;④或多或少的有技术的专门人员,他们按工作签订合同。① 汤普森注意到,1834年以前,小农的生产方式和生活方式并没有根本改变,但1834年以后,受到圈地运动掠夺和失去《济贫法》保护的农民迅速沦为雇佣劳动力的大军。② 并不是小农经济的自然分化,而是国家采取自由资本主义的政策才使得农民被迫沦为雇佣劳动力大军。1834年以前英国一直通过《工匠法》《济贫法》《斯皮纳姆法案》等法律保护农民的生存权,避免其沦为雇佣劳动力。③ 1832年,中产阶级获得了政权,1834年,《斯皮纳姆法案》被废除,农民的生存权被剥夺,统一雇佣劳动力市场建立起来,农民成为雇佣大军。④ 卡尔·波兰尼认为:"在它希望要提供一套贫民习艺所中之真正平穷的标准时,它碾碎了许多人的生命。"⑤ 无论是汤普森还是卡尔·波兰尼都揭示了英国的自由资本主义并不是小农自然分化的产物,而是资本主义政策的产物。

由于平衡小农经济的家庭手工业受到帝国主义建立的不平等市场秩序和政治秩序的支配,⑥ 小农只能通过三种方式维持最基本的生存条件。第一种方式是增加家庭土地的劳动量换取微薄收入。第二种方式是到城镇寻求短工或者长工的雇用机会。⑦ 但这样的就业机会是非

---

① [英] E. P. 汤普森著:《英国工人阶级的形成》(上),钱乘旦等译,译林出版社2013年版,第235~236页。

② [英] E. P. 汤普森著:《英国工人阶级的形成》(上),钱乘旦等译,译林出版社2013年版,第236~259页。

③ [匈牙利] 卡尔·波兰尼著:《巨变:当代政治与经济的起源》,黄树民译,社会科学出版社2013年版,第148、160页。

④ [匈牙利] 卡尔·波兰尼著:《巨变:当代政治与经济的起源》,黄树民译,社会科学出版社2013年版,第160、163页。

⑤ [匈牙利] 卡尔·波兰尼著:《巨变:当代政治与经济的起源》,黄树民译,社会科学出版社2013年版,第168页。

⑥ [法] 谢和耐著:《中国社会史》,黄建华、黄迅余译,江苏人民出版社2010年版,第490~491页。

⑦ 费孝通著,刘豪兴编:《江村经济》,戴可景译,上海人民出版社2007年版,第177~178页。

常稀少的。第三种是通过合作方式发展家庭手工业以提高市场竞争力。发展合作经济以提高农村工业的市场竞争力是政府扶持政策的重点。1927年国民政府成立后，农村建设逐渐成为政府的主要政策，对乡村丝业和合作运动给予特殊关切。政府对合作工厂提供资金支持。① 由政府支持的乡村工业改革没有取得预期的效果，原因是多方面的。费孝通先生认为改革失败的主要原因是：①改革者没有控制价格水平，由于市场波动大，好的产品没有卖到好的价钱，农民收入没有提高。②资金问题没有很好地解决。农村工业发展应该将利润转化成生产资料，但农民只考虑家庭经济平衡问题，不愿意继续增加投资，从而导致资金短缺。③农民比较愿意提高生产技能，但是对如何承担主人翁的责任缺乏认识。④随着机械化程度的提高，乡村企业没有找到新的投资方式解决剩余劳动力就业问题。⑤城市工业吸引农村劳动力，改革者的目的之一就是阻止这一过程，但乡村工业受到原料等限制，不能充分利用农村剩余劳动力。② 从当时政府的经济措施来看，这些措施既不同于英国1834年前采取的福利化保护措施，以保护小农的生存权利，也不同于英国1834年以后所采取的自由资本主义政策，通过加速小农破产的方式形成庞大的雇佣劳动力大军，而是采取了发展乡村工业的方式。正如费正清、赖肖尔和谢和耐所揭示的，中国政府支持乡村经济发展失败的根本原因不是小农的理性缺陷，也不是改革方案本身的问题，而是中国经济受帝国主义压迫的结果。即使政府采取英国1834年后的经济措施，中国的经济状况也不可能走上资本主义道路，相反会加速经济的崩溃。

总之，由于农民在这种双重压迫下被剥夺了通过家庭手工业补偿土地收入不足的可能性，农业经济脆弱的平衡被打破，阶级分化表现得越来越突出；同时，农民不得不将没有其他出路的劳动力不断投向

---

① 费孝通著，刘豪兴编：《江村经济》，戴可景译，上海人民出版社2007年版，第172～174页。

② 费孝通著：《江村经济》，刘豪兴编，戴可景译，上海人民出版社2007年版，第175～177页。

土地，以获得微薄的收益。这样一来，土地的边际效率就表现出来，就出现了土地效率缓慢增长，但劳动效率不断下降的现象。过密化增长论实际上描述的是农民的传统分业方式和其他就业机会被剥夺的情形下所做出的一种理性安排，是在无法分业压力下的农民的分化现象，并不具有普遍意义。这从改革开放以后，农民通过传统分业以及寻找其他就业渠道的方式获取更多收入以维持经济平衡的现象的比较中可以得出结论。实际上，传统农业既存在理性分业与寻找其他就业渠道平衡家庭经济预算以防止分化的因素——这些因素有利于农民积累一定的资本继续发展农业经济或者发展农村工业，也存在由于分家与自然风险破坏家庭经济预算出现分化的因素——这些因素分散了农民的积累，不利于农业的规模扩大和农村工业的发展。如果没有外部压力，传统农业将保持一种脆弱的经济平衡，一旦遇到外部压力或者遭遇自然灾害，农民就会走向分化。政府如果在农民家庭经济平衡被破坏前提供帮助，则农村的稳定是可能的，如果政府在农民家庭经济平衡濒于破坏的边缘增加农民的负担，则农民的分化必然发生，并且会成为巨大的反叛力量。

黄宗智先生在研究中国小农经济的过密化增长过程中也研究了帝国主义所建立的不平等经济秩序对于农业经济内卷化的巨大影响，同时也研究了处于内卷化压力和帝国主义压迫下的民族资本主义与国家政权所遭遇的双重压力，由于各种因素的相互作用，内卷化成为我国小农不得不做出的选择。中国的小农经济并非自身不理性，必然走向停滞，而是由于外部原因扼杀了它走出停滞之路。特别是经营式农场并不包含走向内卷化的必然逻辑，而是由于自然属性和政治体制原因走上了内卷化道路，如果工业得到一定程度的发展，小农经济也会展示出另外一种前景。费孝通认为中国小农经济的出路，最终取决于中国工业发展的前景，[①] 这一评估是适当的。也就是说，过密化增长只是中国小农经济在近代历史境遇中的一种特殊表现方式，而不是小农经济的内在逻辑，本身不具有规律性，不能成为对小农经济规范分析

---

① 费孝通著：《江村经济》，刘豪兴编，戴可景译，上海人民出版社2007年版，第211页。

的逻辑起点。

二、市场共同体论

过密化增长论解释了近代特殊历史条件下小农的生产组织形式，特别是这一理论适合于解释小农在面对不平等的市场地位如何做出理性化的经济安排这一问题。由于不平等市场的支配作用，小农的市场取向特征被阻滞。人多地少并不是小农拒绝市场取向的原因，是不平等的工业市场抛弃了小农，而不是小农抛弃了工业市场。

由施坚雅和马若孟所倡导的市场共同体论分析了小农与农村市场之间的关系以及中国农村市场的历史沿革和功能，同时也讨论了农村的市场在城市的市场兴起后的新变化以及小农在城市的市场中的命运。

中国的小农经济是否存在市场一直是一个充满争论的话题。传统观点认为，中国小农经济的本性是自给自足，家庭既是一个生产单位，又是一个消费单位，这决定了小农经济的内向性，小农的生产与生活依赖于自然条件而不是市场。这一观点由恰亚诺夫首先提出，对我国学术界产生了深刻影响。

关于我国是否存在土地市场的问题，传统观点认为，土地是我国小农经济的生产和生活要素，但不是市场要素。由于土地是小农生存的唯一依靠，失掉土地就意味着失掉生存的条件，小农珍惜土地就是珍惜自己的生命，不到走投无路是绝不言出卖土地的，更不用说存在希望通过出卖土地而获利的动机，尤其是在没有其他途径获得生存条件的情况下，小农是不会出卖土地的。[①] 由于珍惜土地，小农受人口自然增长和分家的影响，土地细碎化成为一种必然趋势，这反过来强化了小农的土地占有观念。为了防止小农失去土地而成为盲流，威胁政权稳定性，土地制度严格限制土地买卖。失去土地不仅对小农是危险的，而且对于国家政权也是危险的。这一观点不仅影响对传统小农经济的解释，也影响对目前的土地流转制度的理性考量。主流观点都

---

① 费孝通著：《江村经济》，刘豪兴编，戴可景译，上海人民出版社2007年版，第315页。

认为土地所有权和使用权问题是一个政治学问题,很少考虑经济因素。① 即使在当下,土地流转仍然属于极为谨慎的改革领域,充满激烈的争论和担忧。② 的确,小农的土地观念和国家的土地制度都不鼓励土地所有权的买卖,但传统观点忽视了一个基本历史事实:中国传统农业社会建立了甚至比西方国家更为发达的土地产权交易体系。③ 发达的土地产权交易体系对于充分发挥土地要素在小农经济中的作用起着不可替代的功能,极大地增强了小农经济自身的活力,在很大程度上减少了人多地少的矛盾,并在其他生产要素的组合中起着重要作用。关于这一点,不仅传统观点没有引起足够注意,就是主张市场共同体的施坚雅和马若孟也没有给予必要的关注。

小农经济发达的产权交易体系之所以没有进入学术视野,主要是由于这一问题从现有分析工具中滑过了。

马克思主义传统取向于阶级分析,重在揭露地主对农民的剥削和压迫。其常用的分析工具是地租和土地兼并。一般观点认为,地主通过封建土地所有制向佃农收取超过其经济承受能力的高额地租。地主通过地租剥削佃农的经济方式有两种:一种方式是地主向佃农索取高额的分成地租,另一种方式是地主向佃农收取高额的固定地租。在这两种方式中,地主为了转移经营风险,越来越多地采用定额地租而不是比例地租的方式。④ 同时,为了防止佃农交租过程中出现的风险,地主越来越多地采用货币地租的方式控制交租费用。高额地租使得许多佃农无产化。在租佃关系中,佃农根本没有任何谈判地位和谈判条件,只能听任地主的摆布。另一方面,地主利用其在国家政权和地方政权中获得正适合非正式地位对小农的土地进行巧取豪夺,使得小农

---

① [英]阿瑟·刘易斯著:《经济增长理论》,周师铭、沈丙杰、沈伯根译,商务印书馆1983年版,第143页。

② 贺雪峰著:《地权的逻辑:中国农村土地制度向何处去》,中国政法大学出版社2010年版,第7章。

③ 龙登高、林展、彭波著:《典与清代地权交易体系》,载《中国社会科学》2013年第5期。

④ [美]黄宗智著:《华北小农经济与社会变迁》,中华书局2000年版,第225页。

纷纷沦为地主阶级的佃农。因此，要从根本上解放农民，就必须彻底推翻封建土地制度。在这一分析框架中，土地产权交易体系这一有利于提高小农经济生产效率和增加封建土地制度弹性的市场行为方式被剥削和压迫的阶级分析工具遮蔽了。

实体主义传统认为，作为小农基本构成单位的家庭经济单位既是一个生产单位，也是一个消费单位。在这一认识基础上，实体主义传统更多关注家庭经济内部的劳动分工与分业方式对于平衡家庭经济的作用。同时，为了适应市场经济的发展，实体主义传统特别关注家庭经济单元之间的合作化问题，并将合作化作为小农经济发展的未来方向。在这一分析框架下，小农经济内部的土地产权交易体系没有引起重视。

形式主义传统建立在理性小农认识的基础上。形式主义传统的主要关切是小农经济的市场适应性，对家庭式农场与经营式农场的效率问题以及如何提高小农的理性能力和理性水平问题则没有论及，对小农经济内部的土地产权交易的经济性问题也没有进行讨论。

劳动力市场是农村市场不可缺少的条件，但无论是否赞成农村市场的观点都没有系统研究农村的劳动力市场问题。

家庭经济内部的劳动力安排是小农经济理论探究的重点，一般认为它是家庭经济不可分割的一部分，也是小农经济富于弹性的一部分。在这一领域只存在道义关系，不存在市场行为，也不存在市场交易关系。

农业雇工问题一般是放在为平衡小农家庭经济预算的分业概念中讨论的。农业雇工不具有以出卖劳动力作为生存方式的劳动力市场的属性，无论短工还是散工，一般都是为了获得贴补家计的收入，而不是希望靠此收入维持基本生活。长工以出卖劳动力作为生活手段，但由于地主非到万不得已，一般是不雇用长工的；另外，长工在地主家并不是从事单一的劳动，而是从事地主要求的任何劳动。这就决定了长工一是需求量少，二是难以计算劳动量，也就难以形成劳动力市场。[①] 因此，研究小农经济条件下的农业雇工现象都没有将其作为劳

---

① 费孝通著：《江村经济》，刘豪兴编，戴可景译，上海人民出版社2007年版，第382~391页。

动力市场进行研究。

　　非农业雇工则是放在农业人口流动概念或者小农无产化概念中讨论的。城镇的市场是按照一定规则排序吸收雇佣劳动力的。首先是城镇手工业者按照地缘优势进入劳动力雇用市场，其次是农村手工业者，在此时，城镇居民最后是破产的小农或剩余农村劳动力。小农进入城镇劳动力市场的机会较少，即使进入城镇劳动力市场也处于极为被动的地位：一是工作不稳定，二是收入微薄，处于城镇劳动力市场的最低层，一般以做苦力为主，大部分成为城镇流浪者或者年老体弱时被迫返乡者，境况艰难，生活凄凉。近代资本主义比较发达的地区，进入城镇市场而组织能力提高的农村劳动者的境况有所改善，但组织能力弱的农村劳动者境况没有太多改善，① 即使在改革开放以后，进入城镇劳动力市场的农民工仍然处于社会的边缘。杰华观察道："从80年代后期开始，农村的实际收入开始停滞不前，而农村地区之间以及城乡之间的收入不均等也日益扩大。可耕种面积的短缺，本地就业机会的不足，农产品价格的跌落和税收的增加，加之地方干部肆无忌惮的腐败，所有这些都迫使农民走出他们的村庄。由于电视的影响和跨地区交往的增加，人们想走出去看看外面的世界的愿望如今变得越来越清晰，改善自己物质生活的愿望，加上一些希望逃避压迫或者家庭冲突的需要，进一步驱使农村人走向城镇。与此同时，由政府放松管制以及中国加入世界市场所导致的城市经济膨胀，造成了城市对无特殊技能的廉价劳动力的大量需要。这些新工作多半是短暂的，不提供社会保障，也无福利可言，是低地位、重体力、工作环境恶劣的差事。毫无疑问，它们大部分是城里人不愿干的，其结果是对农民工的需求飞速增长，因为他们接受这些恶劣的条件，而且雇佣价格更加便宜。"② 学术界一般将非农业雇工作为一个研究体制缺陷的证据，或者作为一个人道主义问题进行研究，很少将其作为一个劳动

---

　　① 张茂元著：《社会地位、组织能力与技术红利的分配——以近代缫丝女工为例》，载《中国社会科学》2013年第7期。
　　② [澳]杰华著：《都市里的农家女：性别、流动与社会变迁》，吴小英译，江苏人民出版社2006年版，第4页。

力市场的参与者进行研究。农村政府将农民工输出作为改变农村面貌的措施，城市政府将农民工作为城市经济的调节器。在国家的统计数据中，农民工不是户籍和福利意义上的城镇居民，而在城市化率的统计数据中，农民工则隐性地被统计为城镇化居民。小农经济意义上的非劳动力市场化观念一直延续至今，少数地方出现了罕见松动。

真正将小农的雇佣行为纳入市场框架进行理性分析的是张五常先生。张五常先生应用产权经济学原理将租佃关系视为一种小农经济关系的合约形式是一个独具特色的理论创新。他的重点是将产权理论应用于对分成地租的分析。他认为："分成租佃制是一种土地租佃方式，在该安排下，合约规定了每一时期佃农按其产出的多少交纳一定比例的地租。一般来说，土地所有者提供土地，佃农提供劳动力；其他投入可由当事人任何一方提供。因此，分成租佃制也是一种分成合约行为，在这里，我们可以把它定义为两个或更多当事人为生产出某种相互同意的产出而把私有资源组合在一起，然后合约当事人根据他们所放弃的生产资源的某些权利来约定一个共同所接受的报酬比例，据此来分享实际的产出。"[①] 由于张五常先生的产权缔约分析属于一种涉及多种生产要素之间关系的混合合约类型，加之这一产权缔约分析属于纯粹的形式主义传统，剥离了小农雇佣关系的诸多社会条件，这一理论应用于分析小农经济中的劳动力市场则理论功能极为有限。

施坚雅和马若孟所论及的我国小农经济的市场共同体主要讨论的是农村的产品交换市场和生产资料交换市场，甚至牵涉作为人际交往场所的功能。

施坚雅所讨论的农村市场不仅是一个经济学意义上的交换生产资料和生活资料的市场，也是一个具有构造农民社会功能的社会实体。他认为："我对中国农村的市场活动作了一些局部的描述和初步分析。这个被忽视的课题所具有的意义远远超过了严格的经济学的内容。由于这里根据中国情况描述的这种市场结构看来具有被称之为'农民'社会或'传统的农耕'社会的全部文明的特征，它特别引起

---

① 张五常著：《佃农理论——应用于亚洲的农业和台湾的土地改革》，商务印书馆2000年版，第1页。

了人类学家的注意。在这类重要的复杂社会中，市场结构必然会形成地方性的社会组织，并为使大量农民社区结合成单一的社会体系，即完整的社会，提供一种重要模式。"① 施坚雅考察了中国农村社会中的自然村落、土地庙、杂货店、集市、集镇、市镇、城镇与农民生产、生活、交易、交往、农村社区分布之间错综复杂的关系。他认为，中国农民以农村的市场为中心，按照便利于生产、生活、交易和交往的方式理性地安排自己的居住场所。农民不仅是经济生活中的理性人，也是人际交往和社会关系中的理性人。市场共同体不仅是一个符合自然条件约束的阶梯式社会结构，也是一个理性选择的社会等级结构。他认为，政府的社会制度安排必须与市场共同体自身的发展基本规律相适应，人为地破坏市场共同体发展的基本规律会导致整个社会结构的破坏，产生严重的社会后果。

施坚雅认为，中国的农村市场不仅是一个具有交换意义的经济实体，一个具有社区构造功能的社会实体，也是一个具有极强时间维度的动态空间。由于传统农业受制于生物规律的制约，农民的生产和生活具有极强的时间性，因此，农村的市场也受到时间的制约。时间制约着农村市场的集期长短、规模大小、功能分配和职业分化特征，也制约着农民参与市场的深度和广度。随着交通条件的改善和信息能力的增强，时间对于农村市场的约束会逐步下降。因此，农村市场的发展必须着力于解决交通运输和通信渠道问题。

施坚雅认为，传统村落社区、乡镇、市镇和地方政权的形成和设置都建立在农村市场的基础之上，农村市场是村落形成和乡镇、市镇、地方政权设置的基础。如果人为打破以农村市场为基础的社区和行政设置，必然产生一系列社会问题，不仅影响农村经济的发展，而且引起社会管理和行政管理上的一系列问题。

李丹认为："施坚雅的著作对当代中国研究产生了重大影响。作为一位经济人类学家，他构建了多种多样的常规模型来分析和解释农业中国的重要特征，例如村庄、市镇、城市之间的等级关系、集市时

---

① ［美］施坚雅著：《中国农村的市场和社会结构》，史建云、徐秀丽译，中国社会科学出版社1998年版，序，第1页。

间的安排结构；可能使传统中国得到合适分析的文学巨区（physiographic macroregion）、晚期帝国官僚体制行政设置的逻辑、中国19世纪不同地区城市化程度差异的起因，如此等等。施坚雅引领了一代学人，努力回避那些中国研究的传统预设，采用能够同传统中国大量的经验信息和历史信息最相适应的理论工具，从而为这个领域建立起了中国中心的方法。"① 施坚雅的市场共同体理论建立在对中国问题自身逻辑与历史发展轨迹的观察和思考基础之上，他所得出的农民理性的内容不同于形式主义传统所得出的农民理性的内容。施坚雅采取的是实体主义的分析方式，但极大地突破了实体主义传统所确立的边界。实体主义传统一般都是以小农的家庭经济单元为基础展开分析的，强调家庭经济单位内部的分工与劳动力安排方式，对于小农经济的未来发展前景几乎都肯定新的劳动组合——合作经济的重要性。施坚雅超越了这一分析框架，采用了更为形式主义和更具有现代属性的农村市场概念作为基本范畴，这一概念在承接传统与现代方面更具有历史连续性和现实可能性。农村市场不仅是传统社会的根基，也是现代社会的起点。共同体市场理论为传统社会的现代转型提供了历史根据，也提供了新的起点。

马若孟对日本人在华北农村的调查资料进行了分析，得出了一系列完全符合舒尔茨的形式主义传统的结论：第一，中国农村经济是高度竞争的。商品和劳动力的市场价格以及生产要素所带来的收入都由市场上供求双方的竞争力决定。在这一农村市场经济中，垄断从来没有长期存在过，对农户的经济剥削也几乎不存在。第二，从晚清直到第二次世界大战前，华北的农业生产处于商业化过程中，有更多的集镇、乡村和农户依赖发展中的市场经济。在这一阶段，农户极大地加强了使其经济活动适应于产品市场和要素市场的程度，以劳动交换商品和劳务的传统经济衰退了。第三，在这一时期，除了偶然发生暴力行为时市场经济受到破坏外，那些卷入市场经济的农户的物质生活水平都有轻微改善。第四，如果中央和地方政府能够对农民及农村的基

---

① ［美］李丹著：《理解中国农民：社会科学哲学的案例研究》，张天虹、张红云、张胜波译，江苏人民出版社2009年版，第74页。

础设施投入更多的资源和技术以支持农业生产,家庭农场的产出和生产力本应增长得更快。① 马若孟所得出的结论不仅与马克思主义传统所得出的结论截然相反,与实体主义传统得出的结论迥然不同,甚至比形式主义传统得出的结论也新颖得多。

马若孟认为,几乎没有任何证据证明一个阶层对另一个阶层的剥削是严重的。土地所有权制度的作用是使没有土地的农户和有土地的农户之间的土地利用平均。当地主改征收分成地租为定额地租时,佃农受到某种刺激要生产更多的产品。② 马若孟还提出了许多与马克思主义传统截然相反的观点。仅就上面的三个观点而言,他所得出的结论都是值得怀疑的。首先,由于帝国主义侵略所形成的不平等条约体系的作用,中国农民的生活条件由于失去了平衡家庭经济预算的家庭手工业市场,生活更为艰难,无产化和半无产化程度加深,费正清、赖肖尔、谢和耐、费孝通先生等的历史学和经济人类学研究都证明了这一点。更不用说马克思主义学者所得出的结论与马若孟所得出的结论之间的尖锐对立。第二,土地所有权制度正是地主得以剥削农民的制度条件,它不因市场的作用而改变。相反,费孝通先生的研究则从技术上进一步证明:越是受市场影响大的地方,土地越是集中于少数地主,特别是不在村地主手中;受市场作用较小的地方,在村地主则很少能集中土地。黄宗智先生的研究则证明,地主将地租积累投入工商业或者用于购买政治权力是农业内卷化的重要原因。土地所有权制度不仅不是使地主与农民之间平均利用土地的制度,相反是使农民失去土地的制度。在这里,我们自然没有必要列举马克思主义理论提出的基本观点。第三,地主将分成地租改为定额地租并不是为了刺激生产更多的产品,而是为了向佃农转移受到不平等条约压迫的损失和自然风险所造成的损失。黄宗智先生的研究也证明,地主普遍采取额定

---

① [美]马若孟著:《中国农民经济:河北和山东的农民发展:1890—1949》,史建云译,江苏人民出版社2013年第2版,中译本前言,第1~2页。

② [美]马若孟著:《中国农民经济:河北和山东的农民发展:1890—1949》,史建云译,江苏人民出版社2013年第2版,第352页。

地租代替分成地租的方式是为了向农民转嫁损失和风险。同时，张五常先生的研究也表明，定额地租并不是一种比分成地租更有效的配置生产要素的方式。

马若孟认为，中国农村的市场是一个完全竞争性的市场，在这个市场中，完全没有形成垄断性市场，一切生产要素都是按照市场规律进行配置的。① 他的这一观点是对张伯伦的垄断市场理论在中国的直接应用。张伯伦认为，美国的城市市场完全处于垄断竞争之中，而农村市场则是一个完全竞争的自由市场。张培刚先生在留学哈佛大学时就对这一理论提出了反驳，在其著作《农业与工业化》中更进一步对这种理论提出了批判。他以出国留学前的农村调查材料为根据，认为旧中国的农村市场完全处于垄断之中。在消费品市场，少数商人垄断了消费品，农民完全没有任何讨价还价的余地。在生产资料市场，另一批商人垄断了市场，农民也没有任何讨价还价的余地，正是由于在两个市场中农民都处于无任何讨价还价余地的地位，从而加剧了农民的贫困化。即使是舒尔茨所确立的形式主义传统，也承认传统农业不存在完全竞争的自由市场。

在马若孟看来，中国传统农业社会不仅存在发达的、自由竞争的完整市场，而且市场在消除阶级剥削、消解两极分化、合理配置生产要素、越过制度藩篱、提高农民生活水平等方面都发挥了基础性的作用。马若孟所描述的中国传统农业社会的市场经济不仅比舒尔茨所描述的农村市场更为发达，甚至比农业现代化高度发达的国家市场经济更发达，充满跨时空的想象力，正由于这一不同寻常的想象力的作用，他对施坚雅的中国传统农业社会的市场观念表达了不满。

施坚雅研究中国农村市场的主要目的是为了揭示农村市场的发育和发展与社会结构变迁之间的关系，他希望通过对社会结构形成的经济基础的分析发现看似非经济的发展进程之经济动力。② 施坚雅的核

---

① [美]马若孟著：《中国农民经济：河北和山东的农民发展：1890—1949》，史建云译，江苏人民出版社2013年第2版，第352～353页。

② [美]李丹著：《理解中国农民：社会科学哲学的案例研究》，张天虹、张红云、张胜波译，江苏人民出版社2009年版，第91页。

心命题是希望通过对中国农村市场的考察发现中国社区，特别是城市社区的现代化过程。他所关注的是由农村市场所推动的城镇化过程，即中国的城镇化何以可能的问题。马若孟对施坚雅的巨区理论的独立性提出了质疑。他认为区际贸易的发达证明了中国农村市场所形成的巨区并不是独立的，而是开放的。李丹认为马若孟对施坚雅的巨区理论提出的挑战其理由是不充分的，并不能驳倒施坚雅的发现。① 实际上，施坚雅与马若孟所预设的中国现代化进程的向度是不同的。施坚雅关注于中国现代化进程中的城镇化维度，② 而马若孟关注的则是中国现代化进程中的市场化维度。城镇化与市场化并不是一种非此即彼的对立关系，而是相辅相成的关系。他们所得出的结论正确与否不是城镇化与市场化的关系，而是其理论预设是否能经受住历史事实与经验事实的检验。费正清、赖肖尔、谢和耐的研究表明，中国的城镇现代化进程主要不是由农村市场推动的，而是由在帝国主义条约体系之下所确立的商业口岸开放政策推动的。费孝通先生和黄宗智先生的研究也证明了这一点。在商业口岸开放政策推动下，传统的丝织业市场和棉织业市场不断向口岸开放城市转移，导致传统农业市场的萧条和农村集镇的衰落。

施坚雅认为，市场具有聚合效应，市场的聚合效应在传统农村社区与现代城镇之间构成一种历史联系。③ 市场的聚合效应在传统农村社区与现代城镇发展过程中具有双向增强作用。马若孟则强调市场的流动性。他认为由于农村市场是一个完全竞争的自由市场，在市场的作用下，聚合效应不是按照区域化的方式分布的，而是均衡分布的。由于农村市场自由竞争所形成的流动性使得具有独立性的乡村城镇发生了深刻变化。他认为通商口岸的经济发展只对口岸中心发生了影

---

① [美]李丹著：《理解中国农民：社会科学哲学的案例研究》，张天虹、张红云、张胜波译，江苏人民出版社2009年版，第92页。
② [美]李丹著：《理解中国农民：社会科学哲学的案例研究》，张天虹、张红云、张胜波译，江苏人民出版社2009年版，第101～103页。
③ [美]李丹著：《理解中国农民：社会科学哲学的案例研究》，张天虹、张红云、张胜波译，江苏人民出版社2009年版，第109～112页。

响，而对内地市场没有发生显著影响。① 他认为："由于安宁和最低限度的农业进步，村庄的数量增加了，甚至有些村庄的规模也扩大了。产量提高了，城市得到了更多的粮食和工业用作物，全国城市的商业和手工业都有所发展。有效经营更大面积的农场的技术和管理方面的限制，刺激了富裕农民把他们的财富和能力向城市工商业领域的转移。由于这些原因，农业发展决定了城市发展的速率和特征以及农业能够供养的非农业人口的规模。不是城市发展新的工业和增进交通运输业在不变的基础上吸收大量农村人口，不是城市决定农业的特征和进步，而是在 1890 年以前，农业在任何基本方面都没有受城市的影响。"② 马若孟认为，中国的现代化轨迹是农村市场的发展决定城镇化进程，而不是城镇化进程决定农业经济的发展。

基于对农村市场在中国现代化进程中的无限希望，马若孟认为制约农业经济和农村发展的关键问题是农业技术的滞后。他认为，中国传统社会的小农具有艰苦工作的能量、对新事物的敏锐反映、节俭、理性计划、预计得失的能力等诸方面的品质。这些理性品质只有在提高农业技术的条件下才能够激发出来。③ 他认为，如果政府能够提高农业技术，则农村市场将进一步繁荣，从而在农村自由市场的推动下促进整个国家的经济发展和现代化水平提高。

马若孟没有讨论口岸经济的市场是属于垄断性市场还是属于自由竞争市场的问题，由于他直接将张伯伦的垄断竞争理论应用于对中国农村市场的分析，他应该暗含口岸市场是属于垄断性竞争市场的。马若孟对中国的传统农村市场在整个国家经济现代化和社会现代化中的基础地位寄托厚望。诚然，中国传统农业社会的确存在发达程度不同的市场，这对于矫正认为中国传统农业社会只是一个自给自足的自然经济体的观念无疑是一剂良方。但马若孟所描述的中国传统农业社会

---

① ［美］马若孟著：《中国农民经济：河北和山东的农民发展：1890—1949》，史建云译，江苏人民出版社 2013 年第 2 版，第 354 页。

② ［美］马若孟著：《中国农民经济：河北和山东的农民发展：1890—1949》，史建云译，江苏人民出版社 2013 年第 2 版，第 359 页。

③ ［美］马若孟著：《中国农民经济：河北和山东的农民发展：1890—1949》，史建云译，江苏人民出版社 2013 年第 2 版，第 359 页。

的农村自由竞争的市场可能并不存在,而只不过是作者建构的市场乌托邦。

施坚雅和马若孟的市场共同体理论之间并没有直接的冲突,只是对中国传统农村市场的功能及其发展向度之间的认识产生了分歧。市场共同体理论揭示了中国传统农业社会的市场维度,它在破除中国自给自足的自然经济观念方面发挥了重要理论功能。但中国传统农业社会的市场是否具有市场共同体理论所描述那样具有构造社会和推动现代化进程那样的基础地位和重要功能则是一个需要进一步甄别的问题。

三、文化共同体论

文化共同体论应该由马克斯·韦伯和梁漱溟先生共同分享。但两人的立场和学术路径绝然不同。梁漱溟先生立足于中华民族传统文化的内在逻辑,通过中西比较的方法,认为中国的发展只能建立在传统文化的基础之上,而不能靠完全移植西方文化来促进中国的发展。他所关切的是中华民族文化传统的命运与中国未来发展的可能性之间的关系,具有浓郁的本土化色彩。马克斯·韦伯以西方自由资本主义市场经济的文化根基为准绳,反观中国不能发展出自由主义市场经济的文化根源。他认为中国之所以在具备一般社会前提条件下没有发展出自由主义市场经济的根源是由于作为中国文化根基的儒家和道家思想造成的。在他的文化共同体论中,他系统分析了儒家文化阻碍中国发展出自由主义市场经济的原因。

马克斯·韦伯认为,中国具备发展资本主义的有利条件和良好机会,但最终没有发展出资本主义。他认为,中国人有着强烈的赢利欲,这种欲望长期以来得到了高度发展。中国在与非本族人的竞争过程中,具有强烈的竞争意识,没有任何民族能与之相比。中国人的勤勉和工作能力也一向被认为是无与伦比的。这些都是中国发展资本主义的有利条件。[1] 他认为,在欧洲人看来,中国人口在18世纪有了

---

① [德]马克斯·韦伯著:《儒教与道教》,洪天富译,江苏人民出版社1997年版,第78页。

巨大增长，贵金属的储备也不断增加，应该是发展资本主义的大好时机。尽管有这样的有利条件，也有这么好的发展时机，但中国还是没有像西方那样发展出资本主义，而是出现了农业人口剧增，小农经济比例增高的发展趋势。相反，同时期英国的农业人口比例显著下降，德国的大型农场不断发展。① 马克斯·韦伯认为，造成这一巨大反向发展差异的原因不可能通过中国垄断性行会对自由市场的强烈限制这一原因得到圆满解释。② 他认为问题的根源在于中国传统文化没有资本主义精神。

我国学者在解释中国没有发展出资本主义的原因时一般认为是由于两个方面的原因造成的：

第一，有学者认为是由于中国人地比例的原因造成的。托尼和黄宗智持这一观点。这一理论无法解释西欧国家自由资本主义发展的稀缺资源主要是劳动力问题。英国甚至不惜将农民从"公地"赶出去以解决工场劳动力缺乏问题。马克斯·韦伯也认为人口的增长是发展自由资本主义的必要条件。③ 另外，改革开放后中国发展市场经济取得巨大成就的事实也证明这一理论的局限。

第二，有学者认为是由于中国的封建专制体制阻碍了资本主义的发展。按照马克思·韦伯的分析框架，他认为中国没有发展出自由资本主义的原因是由于文化、制度、技术三者的缺陷共同作用的结果，但文化的作用带有根本性。黄仁宇先生完全按照马克斯·韦伯的分析框架分析中国没有发展出资本主义的原因，但他认为封建专制制度带有根本性。他认为："传统中国的政治与社会结构与西方现代型国家的经济组织相去甚远，而且自思想理论至生活经验，中国文化中可改

---

① ［德］马克斯·韦伯著：《儒教与道教》，洪天富译，江苏人民出版社1997年版，第78页。

② ［德］马克斯·韦伯著：《儒教与道教》，洪天富译，江苏人民出版社1997年版，第78页。

③ ［德］马克斯·韦伯著：《儒教与道教》，洪天富译，江苏人民出版社1997年版，第78页。

造利用者相当少。"① 他的这一结论实际上与马克斯·韦伯的结论是不一致的。马克斯·韦伯认为，传统中国的政治与社会结构在18世纪这一关键时点上并不比西方更不利于资本主义的发展。另外，尽管梁漱溟先生的中国文化论有可能存在美化的缺陷，但断言中国传统文化没有改造的前景则是一种典型的西化论的主张。林毓生先生认为："自由、理性、法治与民主不能经由打倒传统而获得，只能在传统经由创造的转化而逐渐建立起一个新的、有生机的传统的时候才能逐渐获得。"② 中国现代化发展过程中正反两方面的经验都证明了中国的现代化不可能通过完全否定传统而实现。传统与现代在不同领域和不同时期对于现代化的贡献所起的作用是不同的，所占的分量也存在差异。

黄仁宇还认为："明清之间一脉相承的组织与结构，……其行政精神的最大特色为极度的中央集权，但是朝廷不直接控制兵员与物资，而依赖一种半永久性的预算，保持各省与地方单位之间的对称与均衡。又注重科举制度及文教的力量维持社会的流动性和向心的力量，一般而言，刑法之使用多于民法。这样的社会环境只能使人口增加，而不能在人民生活上作质量的改进。政府用不着以特殊的手段歧视商人和商业利益。……我们知道商业资本之存积必须有合适的司法制度积极维持，否则信用无法展开，服务性质的事业无从着手，纵有特殊例外的情形，一个人的富裕与一个家庭的兴旺不能构成任何社会制度。一个商行缺乏与他交易的对手，资金无法周转，经理人才依赖血缘关系，则其经营无从展开扩大。"③ 黄仁宇认为，由朱元璋建立、清朝继承而一直沿用至20世纪的洪武型财产制度对资本主义的发展

---

① ［美］黄仁宇著：《资本主义与二十一世纪》，生活·读书·新知三联书店1997年版，第453页。
② ［美］林毓生著：《中国传统的创造性转化》（增订本），生活·读书·新知三联书店2011年版，自序，第6页。
③ ［美］黄仁宇著：《资本主义与二十一世纪》，生活·读书·新知三联书店1997年版，第466～467页。

产生了巨大的阻碍作用。① 他认为洪武型财产制度的基本内容是对王安石变法内容的全面反动。朱元璋看穿了宋朝以经济最前进的部门作为财政税收的基础，整个国家追随不及的矛盾，于是进行了大规模改制。他以宋儒的理论为基础，以最落后的经济部门为全国标准，注重均分。他实行恐怖政治，打击高级官僚巨家大族，确定全国小自耕农为主的本位。他下令商贾之家不允许穿丝绸，全国军民不许泛海。政府官员的薪金极尽刻薄，一部分官吏的征派采取无给制。对外贸易全部以进贡的名目，由礼部掌管。全部措施既彰显平等，又提倡节约。② 黄仁宇先生按图索骥地运用马克斯·韦伯的分析框架，但得出了不同于马克斯·韦伯的结论。马克斯·韦伯也承认，制度缺失是阻碍中国发展资本主义的重要原因，但不是根本原因。他认为："中国许多可能或必然有碍于资本主义产生的因素，同样存在于西方，并且在近代资本主义最终形成的时期里，这种不利于资本主义产生的原因仍然存在。"③ 按照马克斯·韦伯的分析，中国不是没有发展资本主义，而是没有发展出自由市场的资本主义，中国很早发展的是政治资本主义。④ 而政治资本主义正是垄断资本主义的早期形态。⑤ 马克斯·韦伯的这一结论在周谷城先生的研究中得到了印证。

周谷城先生认为："专制政治的发展与商人势力的扩张是相依的。在封建时代，一切制度都是以封建地主为中心而形成的，都带有地方主义（localism）的色彩。各封建地主各有其独特的货币制度，税收制度，及度量衡制度等。迨商业发达了，这些制度都成了商人的

---

① ［美］黄仁宇著：《资本主义与二十一世纪》，生活·读书·新知三联书店1997年版，第466页。

② ［美］黄仁宇著：《资本主义与二十一世纪》，生活·读书·新知三联书店1997年版，第445页。

③ ［德］马克斯·韦伯著：《儒教与道教》，洪天富译，江苏人民出版社1997年版，第278页。

④ ［德］马克斯·韦伯著：《儒教与道教》，洪天富译，江苏人民出版社1997年版，第272页。

⑤ ［德］马克斯·韦伯著：《儒教与道教》，洪天富译，江苏人民出版社1997年版，第278页。

桎梏。商人为欲拥护其自身的利益，于是消极方面努力冲破地方主义，破坏那带有地方主义色彩，且不便于自己的种种制度；积极方面努力帮助国王，压抑封建地主，建立统一国家，造成集权政治，并实行那统一而且便于自己的货币制度，税收制度，及度量衡制度等。所以商人发达之时，商人势力扩张了，必然有打破地方主义促成绝对专制的趋势，凡此等等。欧洲 14 世纪到 17 世纪时的历史可为证明。不过这些还只是指国内的情形而言。若就国外的情形而言，统一的国家和集权政府当为商人所不可少。盖商业发达了，商人经营国外贸易的多了。不能不有强大的集权政府作保障。……中国历史不能与欧洲的全同（实则就是欧洲的各国，彼此也不能全同，）但也有若干相似之处，商人的需要集权政府，便是相似的一端。中国自隋唐历宋元明至于清朝，国内国外两方面的贸易都极发达。……故，绝对专制的发展与商人势力扩张是相依的，绝对专制发展之日，就是商人势力扩张之时。自宋初至鸦片战争时代，正是商人势力与绝对专制平行演进的时代。"[1] 周谷城先生深刻揭示了专制制度与政治资本主义之间的内在逻辑，比一般学者泛泛而论地认为专制制度阻碍了我国资本主义发展的结论更为精准。毫无疑问，专制制度抑制了中国自由资本主义和整个国民经济的发展，造成了中国社会的长期停滞。[2] 但是，自鸦片战争以后，专制制度与政治资本主义之间的关系不仅没有中断，而且以新的方式出现，新官僚主义与政治资本主义之间的关系进一步加强。王亚南先生认为："新的官僚政治体制一经依着买办财政金融的补强与支援而确立起来，它一碰到政治权力可以集中运用的战时机会，就很快地造出了全国的前所未有的官僚经济形态，于是反过来把他自身安置在更为广泛的基础之上。经由政治与经济的这种反复相互作用，当作一个庞大的极有渗透性的怪物看的官僚政治经济混为一体就逐渐完成了。它现在正在以无所不在、无所不入的极大压力，向着每个中国人，甚至每个官僚自己，发出'遵从我，否则就是灾祸'的威吓

---

[1] 周谷城著：《中国政治史》，中华书局 2007 年版，第 220～221 页。
[2] 王亚南著：《中国官僚政治研究》，中国社会科学出版社 1981 年版，第 12 篇。

性命令。"① 因此，认为专制制度阻碍了资本主义的发展这一结论是含混性的，是缺乏类型化分析力的。马克斯·韦伯所讨论的资本主义精神实际上是特指自由资本主义的，他将垄断资本主义排除在资本主义精神之外。② 当然，垄断资本主义也有不同的类型。自由资本主义在缺乏政府干预的情况下最终必然会导致市场取向的垄断资本主义。而与集权政治相结合的资本主义则是政治资本主义。马克斯·韦伯、周谷城先生和王亚南先生所揭示的则是中国的政治资本主义。马克斯·韦伯所称的政治资本主义有各种名称：王亚南先生称之为中国官僚政治，是从政治学角度命名的；吴敬琏先生称之为权贵资本主义，是从经济学角度命名的。

马克斯·韦伯所揭示的政治资本主义现象在中国属于"上层"的经济形态，在整个国民经济中占据绝对支配地位。实际上，他也承认，"下层"经济仍然是小农经济，但处于从属地位。马克斯·韦伯在考察中国没有发展出自由资本主义的根本原因时运用了高度的学术技巧：他运用类型化的方法对中国经济实体进行分类，并以此为线索展开理论分析。同时，他运用中西比较的方法将非基本原因排除，将根本原因提炼出来。最后，他得出中国经济没有发展出自由资本主义的根本原因在于中国传统文化无所不在的支配力。

马克斯·韦伯的学术路径与学术思路如下：

第一，将中国经济分为三种类型。

一类是民间经济类型，一类是官僚经济类型，一类是国家经济类型。民间经济类型包括小农经济类型和商人经济类型。官僚经济类型指封建国家将官制非财政经济学处分而进行经济学处分所形成的经济类型。③ 国家经济类型指以财政经济学为基础的国家经济体系。韦伯

---

① 王亚南著：《中国官僚政治研究》，中国社会科学出版社1981年版，第180页。

② ［德］马克斯·韦伯著：《儒教与道教》，洪天富译，江苏人民出版社1997年版，第278页。

③ ［德］马克斯·韦伯著：《儒教与道教》，洪天富译，江苏人民出版社1997年版，第70页；瞿同祖著：《清代地方政府》，范忠信、何鹏、晏锋译，法律出版社2011年第2版，第2章第3节。

认为,三种不同经济类型的理性类型在实践层面差异显著,但都可以归结为中国传统文化无所不在的支配力。三种不同类型的经济理性都有指向发展出自由资本主义的有利条件,但都受到一只看不见的手的支配,最终都出现了自反性,并且不可解构地交织在一起,成为自由资本主义发展的障碍。

第二,民间经济没有发展出自由资本主义的原因。

马克斯·韦伯认为,中国民间蕴藏着巨大的经济潜力,有利于自由资本主义的发展,但由于基于血缘关系所形成的家产制度、自治制度和官僚制度、国家制度之间不利于自由资本主义发展的因素相互交织,窒息了民间经济发展自由资本主义的有利因素,从而没有形成一股强大的超越性动力。也就是说,民间有利于促进自由资本主义发展的因素在发展到一定阶段的拐点处受到自身产生的自反性和不利制度的抑制作用又开始反向发展,逼回到原有的轨迹之中,无法超越自身,形成一种超稳定的社会结构。

从经济人类学的角度看,中国人有强烈的赢利欲,并得到高度发展;非本族之间的竞争程度激烈;中国人的勤勉与工作能力无与伦比。所有这些都是中国发展自由资本主义的有利条件。[①] 但由于自身、制度和文化的原因,经济人类学上的有利因素只能局部发挥作用,这些有利因素与其他制度相结合时,就出现了边际递减效应,并最终撤回原有逻辑之中。

由于人多地少的原因,中国农民普遍采取小农经营方式。小农经营方式以家庭为单位安排劳动力,是一个生产单位;也以家庭为单位拥有经营所得,形成家产制,成为一个消费单位;同时,家庭也是一个生存保障单位和人际交往单位。国家从两个方面强化家庭的重要性并将其制度化、法律化。

首先是从经济方面,国家按照财政经济学的逻辑而不是国民经济学的逻辑将家庭确立为征税单位和国家义务单位。家庭除了承担税收义务外,还要承担徭役和兵役等义务。由于地租、财政经济学取上的

[①] [德]马克斯·韦伯著:《儒教与道教》,洪天富译,江苏人民出版社1997年版,第78页。

税负安排、地方政府的各种合法与非法律根据但不为法律禁止的规费、摊派、徭役和兵役对农业的不利影响等叠加在一起，小农经济被迫往复循环。① 国家经济结构安排的财政经济学模式成为小农制度理性创新的主要障碍。

其次是在社会结构方面，国家按照儒家文化安排家庭内部与家庭外部的社会关系网络。

瞿同祖先生认为："家应指同居的营共同生活的亲属团体而言，范围极小，通常只包括两个或三个时代的人口，一般人家，尤其是耕作的人家，因农田亩数的限制，大概一个家庭只包括祖父母，以及已婚的儿子和未婚的孙儿女，祖父母逝世则同辈兄弟分居，家庭只包括父母及其子女，在子女未婚嫁以前很少超过五六口以上。"② 国家对家庭的干预依其所信奉的思想不同。秦朝信奉法家，以国家法律的方式鼓励分家。瞿同祖先生认为："秦时民有二男以上不分异者倍其赋，又令民父子兄弟同室内息者为禁。"③ 秦朝时之所以鼓励分家，主要不是由意识形态决定的，而是由于秦朝穷兵黩武，致力于一统天下，兵员需求旺盛，农耕受到影响，为鼓励农耕，为战争提供物质储备，奖励农耕。儒家基于伦理需要，鼓励合家，但分家仍为常态。④ 三世共财备受赞赏，四世同堂被世人颂扬，佐证家庭内部结构一般不过二世同堂。平常人家的家长制权力在祖父手中，生产劳动由其分配，财产亦由其掌握。法律不仅通过意识形态维护其以孝道为核心的道德权威，而且通过刑法维护其支配性权威，甚至生杀予夺之权。就是他的子孙也被认为是他的财产。⑤ 由于家庭一般不过二世，规模不大，孝悌所及经济范围有限，也就难以发展出规模经济。马克斯·韦伯认为，以神灵信仰为基础的家内孝道，对人的生活方式拥有极为强大的影响力。他对于家庭内部也是一种强大的凝聚力量，在劳动分工

---

① ［德］马克斯·韦伯著：《儒教与道教》，洪天富译，江苏人民出版社1997年版，第79～91页。
② 瞿同祖著：《中国法律与中国社会》，中华书局2003年版，第3页。
③ 瞿同祖著：《中国法律与中国社会》，中华书局2003年版，第3页。
④ 瞿同祖著：《中国法律与中国社会》，中华书局2003年版，第3～4页。
⑤ 瞿同祖著：《中国法律与中国社会》，中华书局2003年版，第17页。

的基础上可以扩展成为家族企业。这是它有利于自由资本主义发展的条件。但中国经济组织的范围和强弱程度,依赖孝道的调节范围。而从经济学的观点来看,这种人格化的力量又是对生产规模客观化需求的一种限制,将一个人的理性力量限制在与家庭事务联系的范围之内,抑制了自由资本主义精神。① 经济人类学上农民的制度理性扩展能力被文化和封建制度锁定在一个狭窄的范围之内。瞿同祖先生认为:"经济圈的掌握对家长制的支持力量,极为强大。中国的家族是着重祖先崇拜的,家族的绵延,团结一切家族的伦理,都以祖先崇拜为中心——我们甚至可以说,家族的存在亦无非为了祖先的崇拜。"② 由于中国人的家产制没有更高的利益追求,又取向于非经济学目的,经济人类学上的欲望理性主义要素便被窒息了。安宁与和谐是一种有限理性主义的追求,发展被限定在一个狭窄的范围。一般人家,以小康为不可超越之理想。

家庭向外扩展,出现家族、氏族和村落。家族、氏族之间依伦的范围而有亲疏。有道义上的同舟共济义务,易于形成一种合作精神,形成一种自然的合作结构。③ 这种合作精神有利于自由资本主义的发展,但合作的边际限于生存保障,超越不了祖先定义勘定的边界,也就抑制了市场的发展。④ 自然村落是一个安全的共同体,主要承担防御功能。⑤ 村落也有调争止息的功能,受到法律的肯定和鼓励。村落的内部是分化的,特别是缙绅成为一个与村落利益相对立的阶层。⑥

---

① [德]马克斯·韦伯著:《儒教与道教》,洪天富译,江苏人民出版社1997年版,第265~266页。
② 瞿同祖著:《中国法律与中国社会》,中华书局2003年版,第6页。
③ [德]马克斯·韦伯著:《儒教与道教》,洪天富译,江苏人民出版社1997年版,第107~108页。
④ [德]马克斯·韦伯著:《儒教与道教》,洪天富译,江苏人民出版社1997年版,第108~109页。
⑤ [德]马克斯·韦伯著:《儒教与道教》,洪天富译,江苏人民出版社1997年版,第110页。
⑥ [德]马克斯·韦伯著:《儒教与道教》,洪天富译,江苏人民出版社1997年版,第113~115页。

村落内部的分化阻碍了村落理性管理能力的提高。南方村落以氏族为基础,北方村落多杂居。以氏族为基础的村落与多家庭为基础的村落之间存在差异,但在对市场的反应上不同。前一类反应比较敏感,后一类则相对迟钝。这就涉及商人与市场的关系问题。

中国的商人阶层在经济领域极为活跃。无商不成市。胡适曾对"无徽不成镇"这一现象进行过解释。他认为:"一个地方如果没有徽州人,那个地方就只是个村落。徽州人住进来了,他们就开始成立店铺;然后逐渐扩张,就把个小小村落变成小市镇了。"① 尽管商人在中国传统市场中处于极为重要的经济地位,但商人在意识形态中的地位与在民间社会中的影响之间处于极为尴尬的地位。一方面,商人在传统社会意识形态中的地位极为低贱,为四民之末。唐力行先生认为:"重本抑末贯穿于中国传统社会的始终。"② 另一方面,商人在民间社会中的地位仅次于士。③ 唐力行先生认为这主要是商人的实力影响民间社会的缘故。④ 这自然是不缪的,除此之外,国家对商人的实力也是不得不在事实上承认的。唐力行先生认为:"大一统的专制政权与抑商政策间的'俄狄浦斯情结'也有松懈之时。"⑤ 周谷城先生也观察到专制权力与商业发展之间是相互依存的。⑥ 专制政权需要商业发展来支撑,商人需要与权力媾和获得资本增值。

一方面是广阔的市场和民间对于商人实力的承认,另一方面是国家对商人势力的依赖。这些都是中国具备发展自由资本主义的有利条

---

① 转引自王振忠著:《明清徽商与江淮社会变迁》,生活·读书·新知三联书店1996年版,第3页。

② 唐力行著:《商人与中国近世社会》修订本,商务印书馆2003年版,第10页。

③ 唐力行著:《商人与中国近世社会》修订本,商务印书馆2003年版,第39～43页。

④ 唐力行著:《商人与中国近世社会》修订本,商务印书馆2003年版,第41页。

⑤ 唐力行著:《商人与中国近世社会》修订本,商务印书馆2003年版,第10页。

⑥ 周谷城著:《中国政治史》,中华书局2007年版,第220～221页。

件，但中国商人为何没有像西方资产阶级那样发展出自由资本主义？封建社会所采取的重本抑末政策固然是抑制商人发展自由资本主义的重要因素，但商人自身的局限也是不可忽视的。西方商人在发展自由资本主义过程中所遇到的阻碍并不比中国小，他们最终不得不采取资产阶级革命的方式推翻封建势力。中国商人为何没有采取资产阶级革命的方式推翻封建制度发展资本主义呢？主要原因是中国商人在特定的社会结构中不断脱序与媾和，蜕变为官僚经济或者财政经济的一部分，不再属于民间经济基础的一部分，亦不再代表民间社会的利益。

商人的脱序与媾和方式最初是通过利用封建制度自身的演化过程实现的，其后在中国近代化过程中则与半封建半殖民地的社会结构相结合。

第一，传统商人脱序与媾和的方式起源于血缘关系的垄断竞争。

血缘关系助力传统商人演化为官商，脱离了民间经济的序列。唐力行先生认为："自古以来，我国的商人就是以家庭为单位经营商业的。这种家庭的经营以父子、兄弟之间的合作最为常见。……明代中叶，随着商品经济的繁荣，商业竞争更为激烈。商人在经营活动中仅仅依靠家庭力量，已不足以参与较大规模的竞争。于是宗族亲缘组织在商业经营活动中开始发挥越来越大的作用。……借助宗族势力经商，能大大增强商人的竞争力。"[1] 宗族势力在商业经营中具有重要功能：①借助宗族势力，获取资金和人力上的支持；②借助宗族势力，建立商业垄断；③借助宗族势力，展开商业竞争；④借助宗法制度，控制从商伙计；⑤借助宗族势力，投靠封建政权。[2] 借助于宗族势力，商人接近国家权力，或成为地方缙绅，或转化为官商，成为红顶商人。由于商人与传统社会之间关系密不可分，封建积习甚深。官商相互为用，商人演化为特权阶层，成为政治资本主义的载体，在市场上缺乏进取心，而谋求通过政治途径获取超额垄断利润，脱离了民

---

[1] 唐力行著：《商人与中国近世社会》修订本，商务印书馆2003年版，第73页。

[2] 唐力行著：《商人与中国近世社会》修订本，商务印书馆2003年版，第73～84页。

间经济的逻辑序列。

科举制度助力传统商人演化为儒商，商业经营脱离了民间经济的序列。商人通过市商或官商方式积累了大量财富，基于彰显自身价值的需要，文饰之风盛行。① 由于科举制度的确立，商人发现通过投靠封建势力谋取和维护垄断利益的方式具有偶然性，而要使自身的垄断利益固化的最好方式就是自己培养权贵势力。王振忠先生认为儒商形成的机理在于商人的生活方式文化化。② 实际上，商人生活方式的文化化只是一种表象，本质则在于商人通过其弟子进士方式寻找代理人，以便使其利益固定化。市商向儒商转化本质上是商人与封建势力媾和的一种内在方式，这种方式比投靠封建势力具有更持久的经济效用。它不仅使商人脱离民间经济序列，也使商人生活方式脱离民间生活方式。

传统商人不仅通过血缘关系与封建势力和科举制度媾和建立了自己的垄断竞争地位，而且通过业缘关系和会馆势力建立了与封建社会上层建筑之间盘根错节的复杂关系网络。商人的业缘组织主要是为了建立一种远程垄断控制能力。由于背井离乡，商人血缘关系的作用能力受到限制，为了垄断竞争的需要，商人通过业缘互助方式对内提高互助共济水平，对外提高垄断竞争能力。③ 商人的业缘组织建立了与封建势力多样化的联系通道。会馆势力是血缘与地缘关系的综合体。会馆的种类繁多，大致可以分为三种类型。第一类是以官吏为主的会馆，它们是同乡的官僚、士绅和科举士子居停聚会的场所。第二类是士商共建的会馆。大体上发动创立会馆的以官僚居多，而出资兴建会馆的则主要是商人，这些会馆的控制权往往操持在官僚手中。第三类

---

① 王振忠著：《明清徽商与江淮社会变迁》，生活·读书·新知三联书店1996年版，第146页。

② 王振忠著：《明清徽商与江淮社会变迁》，生活·读书·新知三联书店1996年版，第146～151页。

③ 唐力行著：《商人与中国近世社会》修订本，商务印书馆2003年版，第96～106页。

是以商人为主的会馆。① 会馆具有多种功能,但商人利用会馆以维护自身利益是其最重要的功能之一。② 通过会馆,商人扩张了自身的垄断控制能力。

市商向官商和儒商的转化,其发展轨迹一步一步脱离了民间市场而向权力靠近,最终与权力融为一体;商人经营一步一步脱离经济人类学的逻辑,而归并到官僚经济的逻辑之中。在这种转变轨迹中,文化的作用是巨大的,但问题的谜底藏于封建社会的结构之中,文化只是一种补强要素,而不是根本原因。

第二,近代商人脱序与媾和的方式起源于帝国主义所确立的不平等条约。

近代商人的成分极为复杂,以其可资利用的资源可以分为五个层次:第一层次为官商,兼备权力、财富和地位;第二层次的商人拥有财富和地位;第三层次的商人只拥有财富;第四层次的商人是财富极为有限的下层商人;第五层次的商人是买办商人。③ 不同层次的商人之间是相互转化的,并没有固定的等级化界限。

这五个层次的商人以其对于中国近世社会的影响,大致可以分为三类:第一类是与封建势力之间具有亲和性的传统商人,第二类是致力于民族经济发展的新式商人,第三类是与外国资本紧密相连的买办商人。

传统商人因其与封建势力之间极具韧性的关系,严重阻碍了对社会变革的需求,④ 商人仍然属于封建势力的一部分,维护着封建秩序。

新式商人是适应中国近代化而产生的,一方面,他们与封建势力

---

① 唐力行著:《商人与中国近世社会》修订本,商务印书馆2003年版,第91页。

② 唐力行著:《商人与中国近世社会》修订本,商务印书馆2003年版,第92~96页。

③ 唐力行著:《商人与中国近世社会》修订本,商务印书馆2003年版,第262~273页。

④ [美] 费正清、赖肖尔主编:《中国:传统与变革》,陈仲丹、潘兴明、庞朝阳译,江苏人民出版社2012年版,第302页。

之间的瓜葛较少，进取性较强；① 另一方面，他们中也不乏实业救国之士，胸怀强烈的救国之心。但是，面对近代化的需要与外国资本控制的双重压力，他们既具有内在亲和封建要素的倾向，也有间接助力外国资本的趋势。为了同封建势力和外国资本主义势力做斗争，新式商人成立了商会，商会的成立是中国资产阶级形成的标志。但商会的权力结构具有显著的封建化特征。② 唐力行先生认为："在中国内地，行帮势力强大，封建积习极深，商会的领导层为行帮头面人物把持的现象十分普遍。从行会到商会，一部分商人实现了自身的转型，然而商会所保留的行会成分，显示了这种转型的不彻底。中国资产阶级从它诞生之日起，就因袭着沉重的传统包袱，在新旧杂糅的矛盾中艰难地生长。"③ 尽管新式商人不乏实业救国之士，存抵制外国资本借帝国主义势力侵略中国之心，但在经营项目上他们客观上帮助了外国资本的扩张。周谷城先生认为，随着外国资本借帝国主义势力在中国的扩张，新式商人多以销售洋货为主业，这"无疑地，表明中国由自给自足的农业国，变成为国际资本主义消纳商品的尾闾了。由此可知，近来新式的商业资本之日渐加多，而且也变了性质"。④ 在近代化与外国资本双重压力下，新式商人的主观意愿与客观行为出现了自反性。

买办商人是外国资本主义侵入中国经济领域的一种新类型。外国资本借助于帝国主义强加给中国的一系列不平等条约在商业竞争中迅速取得了支配地位。但外国资本主义对中国的侵入毕竟不同于帝国主义侵略中国的方式。为达其资本扩张之便利，外国资本多通过中国人从中运作，这类人称之为买办商人。对于买办商人的评价，传统上多持绝对否定态度。周谷城先生认为买办商人替在华外国资本家效劳，

---

① 唐力行著：《商人与中国近世社会》修订本，商务印书馆2003年版，第273页。

② 唐力行著：《商人与中国近世社会》修订本，商务印书馆2003年版，第284页。

③ 唐力行著：《商人与中国近世社会》修订本，商务印书馆2003年版，第285页。

④ 周谷城著：《中国社会史论》，湖南教育出版社2009年版，第370页。

从而作为国际资本主义或帝国主义侵略中国的工具。外国资本家，利用买办作为侵略中国的工具，并已成了一种制度。这种制度的弊害为：予中国外交上以不利；助内乱之扩大；影响国政；打击工商业。① 近期研究则比较客观地评价了买办商人在中国经济结构中的地位。唐力行先生认为，买办是中国早期商业资本家最重要的组成部分。买办在经济上对外商的依赖，并不一定就导致其对外商政治上的依附。恰恰相反，经济上的依附和受压抑往往会孕育最强烈的不满情绪和浓厚的民族主义思想。买办中不乏积极投身于发展民族工业，具有强烈民族意识的实业家。总之，买办是一个复杂的新商人类型，其中不乏甘心充当帝国主义经济侵略之走卒者，但是，当买办商人投资于新式企业时，买办资本便实现了向民族资本的转化。② 这一类型化的分析方式应该是比较客观的。

实际上，由于中国沦为半封建半殖民地国家，既受外国资本的侵略，又受近代化的吸引，在这一背景下，无论是新式商人，还是买办商人都被迫间接和直接转入了外国资本主导的经济体系之中。费正清与赖肖尔认为："西方经济侵略在相当大的程度上是中国商人进行的，因此，这种侵略不像早期西方军事力量的侵入和传教士的涌入引起直接具体的防卫性反应。然而，中国在模仿西方工业发展方式方面依然进展迟缓，形成这种状况的原因成了这段历史的一个主要问题。"③ 实际上，中国资产阶级没有得到充分发展是众多原因相互叠加的结果。根子还是封建主义、帝国主义和官僚资本主义的多重压迫。

第三，官僚经济没有发展出自由资本主义的原因。

官僚制没有发展出自由资本主义主要有两个方面的原因，一是官僚供给的家产制传统，二是制度性官职交易。

---

① 周谷城著：《中国社会史论》，湖南教育出版社2009年版，第372～374页。

② 唐力行著：《商人与中国近世社会》修订本，商务印书馆2003年版，第285页。

③ ［美］费正清、赖肖尔主编：《中国：传统与变革》，陈仲丹、潘兴明、庞朝阳译，江苏人民出版社2012年版，第288页。

中国的官僚制度是一项独特的制度形式，它在中国的政治体制中占有重要地位。从政治体制的构造来看，中国的官僚制度源于汉代儒学的意识形态化，与教育体制紧密结合在一起。是故，钱穆先生认为中国的政权性质不能用皇帝制度来概括，而只能用士人政权政治来概括。他认为："我们中国历史从汉代起，就不能叫皇权，因为皇帝一个人不能掌握一个国家的大权。也不能说它是贵族政权，因自汉代起，已没有显然的贵族。说是军人政权吗？我们也看不出汉政府以下，是由军人掌握的。说是资产阶级的政权吗？中国一向没有资产阶级。所以若说政权，则中国应该是一种士人政权，政府大权都掌握在士——读书人手里，从汉到明都是如此。而在考试制度上，读书人跑入政府，也有种种规定。在制度规定上，是绝没有世袭特权的。因此中国社会上读书人，士，只是一种流品，而不成为阶级。"① 尽管钱穆先生的论断不免有绝对化之嫌，但这一结论还是道出了中国官僚体制的显著特征。马克斯·韦伯认为："中国的家产制，为了防止封建等级制的复辟，亦即防止官吏从中央集权中独立出去，采取了一套举世闻名，成效卓著的办法：实行科举，以教育资格而不是出身或世袭的等级来授予官职。这对于中国行政与文化都具有决定性的重要意义。"② 官僚制度是中国政治体制的显著特征，对于这一制度的功能，钱穆先生与马克斯·韦伯的解释是相反的。钱穆先生认为官僚制度是一种政府分权制度，它与皇权分享国家政权，并对皇权形成制约。马克斯·韦伯则认为，官僚制度是加强中央集权的一种方式。

钱穆先生认为，中国官僚制度起源于汉代，其标志是士的官僚化，马克斯·韦伯则认为起源于与科举制度的结合。按照王亚南先生的认识，中国官僚制度起源于汉代，但"唐代以至清代中叶，是中国官僚社会向着更高度发展的一个阶段"。③ 中国的官僚制度一直能

---

① 钱穆著：《中国历代政治得失》，生活·读书·新知三联书店2001年版，第128页。

② [德] 马克斯·韦伯著：《儒教与道教》，洪天富译，江苏人民出版社1997年版，第63页。

③ 王亚南著：《中国官僚政治研究》，中国社会科学出版社1981年版，第90页。

够延续下来，除了政治与儒学结合的原因外，其基础乃在于官僚政治与经济之间的结合。

王亚南先生认为："中国人传统地把做官看得很重要，我们有理由说是由于儒家的伦理政治学教了我们一套修齐治平的大道理；我们还有理由说是由于实行科举制而鼓励我们'以学干禄'，热衷于仕途；但更基本理由，确实长期的官僚政治，给予了做官的人，准备做官的人，乃至从官场退出的人，以种种社会经济的实利，或种种虽无明文规定，但却十分实在的特权。那些实利或特权，从消极意义上说，是保护财产，而从积极意义上说，则是增大财产。"① 官僚获得财产的方式按照法定方式是俸禄，最初是实物俸禄，后为货币俸禄。② 到了清代，州县官只能领到一封名义上的薪俸，从雍正时代开始，在名义薪俸之外，还发给州县官一份实质性的养廉银，知州每年名义上的薪俸是 80 两银子，知县在首府者年俸 60 两，在外地者年俸 45 两。养廉银从 500～2000 两不等，一般在 500～1200 两之间。所有这些俸禄和养廉银不仅要支付州县的所有行政开支和地方建设开支，而且还要支付所有州县书吏、衙役、长随、幕友等人员的酬金，州县官僚全部薪水几乎不够给幕友付酬。③ 此外，州县官僚还要支付各类官方摊派和各路高一级官僚及其附属小吏数不胜数的费用。④ 如此巨大的支出与如此少的薪水足以使任何家产殷实的官僚家族破产。州县官僚的财政平衡方式是通过"陋规"惯例实现的。"陋规"不是一种贪墨行为，而是一种制度，这一制度尽管是非正式的制度，但被朝廷所默认。"陋规"是财税制度的一部分，州县官吏从朝廷向老百姓收取的各类税费中巧取豪夺用于支持地方财政平衡与各类公私开

---

① 王亚南著：《中国官僚政治研究》，中国社会科学出版社 1981 年版，第 112 页。

② ［德］马克斯·韦伯著：《儒教与道教》，洪天富译，江苏人民出版社 1997 年版，第 70 页。

③ 瞿同祖著：《清代地方政府》，范忠信、何鹏、晏锋译，法律出版社 2011 年版，第 37～38 页。

④ 瞿同祖著：《清代地方政府》，范忠信、何鹏、晏锋译，法律出版社 2011 年版，第 40～43 页。

支，有的还能聚敛足够几代鲜衣美食的生活。① 王亚南先生认为，官僚制度之所以能够持续并发展，归根结底是建立在田制税法上。② 田制税法使得官僚可以与朝廷共同分享榨取老百姓的成果。

官僚通过其权力获得实利或特权，并积累了大量资产，但为何他们没有将巨大的资产投入生产领域以获取更多利润呢？王亚南先生认为，中国战国时期，官、商、高利贷者和地主是相通的，到了汉代，首先是禁止商人为官，后来是引商入官。唐代则禁止商人为官，禁止地主经商。尽管没有禁止官吏经商的规定，但由于官吏贵族化了，多半不愿经商牟利。③ 这就使得官僚通过权力手段获得的巨大财产只是一种消费性财产，而没有转化为生产性资本。王亚南先生认为，官僚不愿将财产投入生产领域表面看来是儒家价值观的影响，而实际上是由于官僚始终把政治作为达成经济目的的手段。④ 既然通过权力途径能够获得更多的财产，官僚就不会选择通过生产方式获得财产，对于官僚来讲，获得权力是一种理性的方式，这正是马克斯·韦伯所讨论的中国政治资本主义的根源。

尽管科举制度是中国官僚制度的两大支柱之一，但科举并非进入官僚行列的唯一方式，荫补、捐纳仍然是一种补充方式。⑤ 到了清代末期，为了挽救财政危机，朝廷卖官定制化，进一步强化了经济与权力之间的相互关系，为官僚资本主义的形成提供了基本路径。

到了近代，由于帝国主义的侵略，并通过不平等条约加强了对中

---

① 瞿同祖著：《清代地方政府》，范忠信、何鹏、晏锋译，法律出版社2011年版，第43～51页；［德］马克斯·韦伯著：《儒教与道教》，洪天富译，江苏人民出版社1997年版，第71～76页。

② 王亚南著：《中国官僚政治研究》，中国社会科学出版社1981年版，第91页。

③ 王亚南著：《中国官僚政治研究》，中国社会科学出版社1981年版，第113～114页。

④ 王亚南著：《中国官僚政治研究》，中国社会科学出版社1981年版，第116页。

⑤ 王亚南著：《中国官僚政治研究》，中国社会科学出版社1981年版，第110页。

国的经济侵略，从而出现了旧官僚主义向新官僚政治的转变，从而不仅官僚以个体化的方式消费了生产资料，还使得整个国家的经济体制以整体的方式依附于帝国主义经济体系，加速了中国经济的崩溃。按照王亚南先生的理解，韦伯所说的中国政治资本主义①属于旧官僚政治的范畴，而官僚资本主义属于新官僚政治的范畴。在王亚南先生看来，旧官僚政治的主要方式是以官求财，而新官僚主义的主要方式是以财求官。② 旧官僚政治只是官僚系统个体化的一种表现，国家通过两税制既维护了统治阶级整体的稳定，同时又默认官僚通过权力方式获得巨额财产。而新官僚政治则通过官僚资本的方式垄断经济资源，目的在于维护其政权，表现为一种国家垄断主义，扭曲了国家的经济体系，导致极度腐败和无效率，并与买办资本相结合，将整个国家经济拖入半殖民地的境地，③ 加速了国家经济的崩溃。

将权力作为获取财产的主要手段并不会使生产活动增强活力，相反会消耗生产领域所需要的资本，其只会强化政治资本主义的逻辑，而阻止自由资本主义的形成。

第四，国家经济没有发展出自由资本主义的原因。

中国的国家经济体制是按照财政经济学而不是国民经济学的逻辑进行安排的。财政经济学的显著的特征在于国家的强盛而不是人民的富足。国民经济学的体制安排源于两个方面的考虑：一是建立和维持一支具有战斗力的军队，二是维护官僚政治的运转。

建立和维持一只具有战斗力的军队对于封建王朝的存废具有决定性的作用。对军队的需要基于两个方面的原因。在统一王朝瓦解之际，为了争霸或者大一统的需要而建立一支强大的军队。在王朝统一之时，为了抵御北方游牧民族的侵略和洗劫，也需要一支强大的军队。

---

① ［德］马克斯·韦伯著：《儒教与道教》，洪天富译，江苏人民出版社1997年版，第272页。

② 王亚南著：《中国官僚政治研究》，中国社会科学出版社1981年版，第185页。

③ 王亚南著：《中国官僚政治研究》，中国社会科学出版社1981年版，第185～186页。

在诸侯争霸时期，军事政策决定了国家的兴亡，而军事上的强大又决定于农业政策。从大一统的需要出发，国家将农战结合在一起。商鞅认为："国之所以兴者，农战也。"① 他懂得"民之外事莫难于战，……民之内事莫苦于农"。② 他认为："彼民不归其力于耕，即食屈于内；不归其节于战，则并弱于外。"③ 关于奖励农耕与军功与大一统国家之间的关系，商鞅认为："故治国者欲民之农也。国不农，则与诸侯争权，不能自持也，则众力不足也。故诸侯挠其弱，乘其衰，土地侵削而不振，则无及已。圣人知治国之要，故令民归心于农。归心于农，则民朴而可正也，纷纷则易使之，信可以守战也。"④ 商鞅揭示了国家、军事体制与农业政策之间的关系。

商鞅认为，为使国家在诸侯争霸处于不败之地，并最终实现大一统的目的，就必须建立以军事为中心的国家体制，而要建立和维持强大的军事实力，就必须奖励农耕。在他看来，农耕为内事之本可以使国家获得两个方面的优势：一是农耕可以在物力上支持持续的战争需要，二是农民可以满足战争对兵员的需要。商鞅战争体制的观点不仅适合于传统战争的需要，现代战争的基本规律也与此密切相关。恩格斯认为："现代的作战方式是法国革命的必然产物。它的前提是资产阶级和小农的社会解放和政治解放。资产阶级出钱，小农当兵。两个阶级摆脱封建的与行会的解锁，是创造现今的庞大军队所必需的条件；而与社会发展的这个阶段相联系的富裕程度和文化程度，同样是保证现代军队有必要的数量的武器、弹药、粮食等物质，培养必要数量的有素养的军官，以及士兵本身获得必要智力所必需的条件。"⑤ 古代战争需要的物质条件和勇敢的兵员，以农为本能同时满足这两个条件，现代战争需要的是必要的物质条件和足够数量的有素养的士兵，这是战争的内在逻辑所规定的。

---

① 《商君书·农战篇》。
② 《商君书·外内篇》。
③ 《商君书·慎法篇》。
④ 《商君书·农战篇》。
⑤ 《马克思恩格斯文集》第 2 卷，人民出版社 2009 年版，第 329 页。

即使是大一统国家建立以后，由于始终没有解除少数民族入侵和洗劫的可能性，对军事的需要始终存在着，战争体制仍然是大一统国家具有优先地位的体制。面对北方少数民族的屡次入侵和洗劫，大一统国家的中心问题是如何重构和维持一支足够的有战斗力的军队。① 军队不仅不能增加生产性收入，反而会消耗大量的物质财富，并使劳动力转化为士兵，对生产活动产生破坏性的影响。

为维护军事优先的战争体制和大一统国家的官僚体制所需要的庞大消费性支出，国家按照财政经济学的逻辑安排国家经济体制，农业制度需服从这两个体制的安排。国家按照霍布斯原理确立土地私有制，将土地分配给农民家庭。按照霍布斯原理，一方面，所有土地的所有权都属于皇帝所有，皇帝垄断所有的土地所有权；另一方面，皇帝将土地分配给农民家庭，农民因此拥有了"私人所有权"。② 由于农民家庭从皇帝那里获得了私有土地，因此，农民家庭便有捐税、徭役和兵役的义务。③ 霍布斯主张建立私有财产权制度。④ 但他的私有财产权不是一项自然权利，而是主权项下对财产的分配制度。私有财产权的根据是民约法而不是自然法。本质上，霍布斯所理解的私有财产权建立在主权者拥有全部财产这一根本前提下，私有财产权制度只是主权者所有权项下的财产使用权制度，财产的所有者是主权者，私人并不拥有财产的所有权。他认为："既然私有财产权的建立是建立国家的结果，而国家除开通过其代表外不能做任何事情，所以建立私有财产权便是主权者的一种行为，……臣民的土地私有权是排除所有其他臣民使用他的土地的一种权利，但却不能排斥主权者。"⑤ 霍布

---

① ［德］马克斯·韦伯著：《儒教与道教》，洪天富译，江苏人民出版社1997年版，第83页。

② 秦晖：《农民地权六论》，载《社会科学论坛》2007年第5期（上）。

③ ［德］马克斯·韦伯著：《儒教与道教》，洪天富译，江苏人民出版社1997年版，第83页。

④ ［英］霍布斯著：《利维坦》，黎思复、黎廷弼译，商务印书馆1985年版，第192页。

⑤ ［英］霍布斯著：《利维坦》，黎思复、黎廷弼译，商务印书馆1985年版，第192～193页。

斯原理所确立的实际上是土地分配制度，而不是财产权制度。

按照封建制度的逻辑，土地属于皇帝所有，分配给农民属于皇帝的恩赐，农民因此负有不可解脱的确定性义务。而国家的军事体制具有优先地位，因此，农民就必须纳捐、服徭役并服兵役。另外，官僚是为了农民的"民生"事项服务的，农民也必须交税支持官僚的服务。

军事体制优先与官僚政治相结合的财政经济逻辑使中国处于长期停滞的状态。汤因比认为："一个统一国家对一个文明的经济是沉重的负担。它为了维持自身，要求培养一批收入甚丰的专业文职人员和常备军。如果说随着时间的推移，地方自治政府的腐败和少数民族犯境的压力增大，行政人员越来越多成了大一统国家史的规律之一的话，那么，这些公职所消耗的费用就会膨胀。倘若这个大一统国家——以及被它包容的社会——能够应付这类日益增大的开支，而不致被它们所压垮，那它必定能想出提高生产率的补救办法。但迄今为止，到了文明的这个时代，大部分经济在多数时间已或多或少地处于停滞状态。"[1] 中国封建社会的长期停滞与这种国家体制需求和财政经济学逻辑密不可分。

中国绝大部分时间都面临人多地少的矛盾，农民在克服这一矛盾过程中表现出高度的制度理性能力，[2] 为资本主义的发展准备了条件。但由于建立在人多地少矛盾基础上的经济体制本身就极为脆弱，少数失衡就会深受其害。[3] 由于采取军事体制优先的国策，并通过庞大的官僚支撑一个大一统的国家，农民的制度理性被嵌入财政经济学的逻辑之中，农民的制度理性能力贡献于消费性领域而不是生产性领域，无法获得国民经济学所需要的资本积累，也就不可能发展自由资本主义。

---

[1] ［英］阿诺德·汤因比著：《历史研究》，刘北城、郭小凌译，上海人民出版社2005年版，第40页。

[2] ［德］马克斯·韦伯著：《儒教与道教》，洪天富译，江苏人民出版社1997年版，第78页。

[3] ［法］谢和耐著：《中国社会史》，黄建华、黄迅余译，江苏人民出版社2010年版，第516页。

第五，传统文化如何阻碍自由资本主义的发展。

传统文化阻碍自由资本主义的发展并不是独立起作用的，而是通过渗透到社会结构的各个方面起作用的。

中国农民具有极为强烈的赢利欲，在人多地少的矛盾境况下能够实行精耕细作的生产方式，但"在儒教盛行以及尚未被禁欲主义突破的地区，财富仅被看作确保丧葬礼仪、令名以及占有的荣誉与喜悦的一种手段"。① 它与清教徒不同，清教徒将占有本身视为一种诱惑。② 中国农民将财富看作一种手段是由于财富对家庭具有保障功能，由于地少人多的矛盾，农业生产本身又是一个风险很高的产业，受到自然禀赋和自然条件的限制，因此，以家庭为单位共同求得生存的基本条件是客观原因形成的，儒家以孝道为中心的伦理思想只是提炼了这样一种生活方式，真正的问题还是经济本身的脆弱性。

另外，由于商人一步步脱离民间经济的序列而成为一种特权阶级，它对于农民理性能力的开发也无助益处。同时，官僚政治又默认官僚对农民的巧取豪夺，消耗了生产性资本。将升官作为发财的手段被社会广泛认同，并成为一种文化传统。官僚政治的文化传统对经济发展具有极大的抑制作用，但它本身是大一统国家政治结构的必然，也就是说，是大一统国家对官僚政治的需要决定了官僚主义文化传统，而不是官僚政治传统决定了大一统的国家结构。国家经济体制按照军事体制优先原则安排，并且依赖庞大的官僚集团维持，使得整个国家的经济成为一个消费农民产出的经济体系，生产资料只勉强维持再生产国家政治体制所必需的物资为限度。

农民既要维持家庭的生存，又有义务承担国家沉重的负担，这就形成了农民看似相互矛盾的理性的两个维度。马克斯·韦伯认为："在中国，由于有肯定现世的功利主义以及相信财富乃是全面实现道德完善的普遍手段这种伦理价值，价值有稠密的人口，因而发展出一

---

① [德] 马克斯·韦伯著：《儒教与道教》，洪天富译，江苏人民出版社1997年版，第274页。

② [德] 马克斯·韦伯著：《儒教与道教》，洪天富译，江苏人民出版社1997年版，第274页。

种世上罕见的'精打细算'与知足的心态。中国的小商贩分文必争,锱铢必较,每天都要清点他的钱钞。据可靠的旅行者的报道,当地中国人在日常交往中开口不离金钱与金钱利益。但是令人惊讶的是,这种无休止的、强烈的经济忙碌与经常遭到抱怨的极端的'实利主义'中,并没有发展出伟大的、有条理的、理性的经营观念,而这些观念,至少在经济领域里,曾是资本主义的先决条件。"① 造成中国农民的这种两面性,并不是观念的产物,而是现实决定了这种观念。陶希圣先生认为:"从最底层的农户起到最上层的军阀止,是一个宗法封建社会的构造,其庞大的身份阶级不是封建领主,而是政治力量执行土地所有权并保障其身份的信仰的士大夫阶级。中国资本主义受这个实力的桎梏,所以不能自发的发展。"② 应该说,由于农民的命运嵌套在封建与半封建的社会结构之中,所以其制度理性能力无法得到充分发挥。马克斯·韦伯的观察颠倒了中国社会结构与农民的观念之间的关系。王亚南先生认为:"中国的农民是以具有极强的忍耐性见称的。然而,他们的那种吃苦耐劳的忍耐精神并不是天生的,而是宗法社会组织、伦理教义以及一再再生产出来的那种同形态的统治方式把他们教训锻炼成的。农民的'小人'确实是'学道则易使之也'!可是,正惟他们不是天生的'易使',而是'学道'则'易使',所以,一旦当作'道'来范围他们的社会组织、伦理教义、政治权力发生破绽,他们即使谈不上什么政治觉悟,也将因所受社会经济压迫剥削的过火,而使他们的极度忍耐见机突发为不可抑制的反抗。"③中国治乱循环的历史深藏于自身的社会结构之中。

中国的社会结构表现出权力的自我繁殖与政治资本主义的繁衍过程。由于农民嵌套在财政经济学的逻辑之中,受到官僚和国家的双重剥削,一般仅能维持家庭的基本生存;由于商人与权力结合能获取更

---

① [德]马克斯·韦伯著:《儒教与道教》,洪天富译,江苏人民出版社1997年版,第271页。

② 陶希圣著:《中国社会之史的分析》,岳麓书社2010年版,第31页。

③ 王亚南著:《中国官僚政治研究》,中国社会科学出版社1981年版,第129页。

多的特权，他们在民间经济的发展方面的贡献甚少，不断朝着官商和如上方向发展，到了近代，则部分成为买办资产阶级，使国家的整个经济体系附属于外国资本侵略的需要；官僚在国家的财政经济学逻辑中处于特权地位，权力成为获得经济特权的最有效率的手段，官僚也就没有将其财产投入生产领域的动机，财产只具有消费品的属性；国家按照军事体制优先原则和官僚特权地位安排，消耗了国家的财富，经济上长期处于停滞状态。由于没有制度变革切断财富与权力之间的关系，相反，制度在自我维护与自我拯救过程中不断强化了权力与财富之间的关系，其结果只能是一步步强化政治资本主义的逻辑，而政治资本主义的本质是消费性的，而不是生产性的。

第四节 本章小结

本章讨论中国农民的制度理性问题。关于中国农民的理性假设存在两种相互对立的观念：

一种观念按照"小农"形象刻画农民理性。"小农"观念认为中国农民长期处于自给自足的自然经济条件下，缺乏前瞻意识，缺乏合作精神，缺乏社会适应能力；社会改造的中心任务是教育农民，使之具有合作精神，并与现代化建设相适应。传统士大夫将"小农"视为"小人"，西方现代经济学主流观点认为"小农"非理性，经典马克思主义传统按照社会进化论的主张认为"小农"不可能承担解放自身与人类的历史任务。这种观点在我国很有市场，并影响政治决策。但改革开放后农民从边缘处推动的中国改革进程否定了这一观念。官方承认家庭联产承包责任制是中国农民的伟大创造，近期也承认中国的改革是从农村开始的。[①] 尽管革命和改革实践证明了中国农民的制度理性能力，但作为一种意识形态，这一观念仍然在中国农村改革的制度设计中以不同形态表现出来。由于本文作者在第二章已就农民的理性与非理性问题进行了讨论，得出了自己的结论，且还要在第四章和第五章结合地权与产权、分业与分化进一步展开讨论，故本

---

① 《中央农村工作会议公报》，《人民日报》2013年12月25日。

章没有专门讨论这一观念。

另一种观点按照理性的"小农"形象刻画中国农民的制度理性轨迹。这种观点认为中国农民不仅具有根据资源禀赋促进生产力发展的理性能力，也有利用微观生产关系调整自身行为的理性能力；中国农民所具有的消极印记并非农民自身的问题，而是特定的社会结构在农民身上所刻画的历史印记。

这也是本文作者所持的基本观念。循此观念，作者在资料的组织过程中选取了中外学者的六种观点。它们分别是以梁漱溟先生为代表的乡村建设理论、以费孝通先生为代表的微观社会学理论、以张培刚先生为代表的农业国工业化理论；以黄宗智为代表的过密化增长论、以施坚雅为代表的市场共同体论、以马克斯·韦伯为代表的文化共同体论。六种观点都认为中国农民具有制度理性能力，但由于历史条件的局限，也打上了历史局限性的印记。如果历史自身的局限性被克服，中国农民的制度理性能力就会充分发挥出来。无论是中国革命时期农民所做的选择，还是中国建设时期农民进行的不懈探索，都证明了这一点。

中国学者基本观点的形成（不是著作出版时间）产生于全面抗战前期，是对近代化以来中国农民问题乃至全国问题解决途径的实践和思考，尽管解决问题的路径不同，但都对中国农民的制度理性能力胸怀敬意，对中国农民的理性能力充满希望。

以梁漱溟先生为代表的乡村建设学派对中国传统文化充满眷恋，对西方现代主义的消极后果极为警惕，从而提出了以中国传统文化为根基，适当吸收西方现代化成果改造中国社会的主张。这一主张本质上仍然是按照张之洞"中学为体、西学为用"的思维范式接着往下说的。

梁漱溟先生认为，中国农民最大的问题是散漫，由于缺乏组织性，经济不自给，社会不自治、政治不自强。要改革中国社会，就必须继承儒家传统，充分发挥士的作用。他认为士是理性的代表，中国士的理性不同于西方现代主义所倡导的个人主义理性，而是以天下为己任的合作理性，其合作理性以儒家伦理为基础。中国最大的问题是农民问题，因此，必须通过士的教育作用的发挥，使农民克服散漫的毛病，形成不同层次的合作关系，从而实现中国社会经济自给、社会自治、政治自强的理想。

以梁漱溟先生为代表的乡村建设学派特别强调中国农民在社会结构中的基础地位，特别突出中国士精神在改造中国社会中的作用。如果将其置换为现代知识分子在新旧交错历史背景下的先进作用，则与毛泽东等革命者所持观点有相通之处。只是传统士人是否能够拯救中国社会实是一个建设论的主张，而不是一个革命论的主张。在社会总危机爆发时，改良主义的主张可能犯了"错之具体感的谬误"，当和平建设时期到来之时，乡村建设理论的主张仍然具有其生命力。

以费孝通先生为代表的微观社会学理论与乡村建设理论共享一个基本前提，即认为中国社会问题最根本的农村问题。运用微观社会学的方法和经济人类学的思维方式，费孝通先生认为中国农民具有塑造微观社会结构和适应社会变迁的制度理性能力。他坚信，中国农民不仅能够适应传统的社会结构和小农经济条件，也能适应传统社会向现代社会的变迁和市场经济的发展。他观察到中国农民在新旧交替过程中具有自觉的合作精神。他认为解决中国农民问题最根本的问题是土地问题，土地问题是解决农民饥饿和贫困的根本问题。他认为农民问题最关键的是如何解决农民增收的问题。

微观社会学理论突出农民的制度理性构造能力在不同社会构造中的基础地位。他认为国家应该提供适当的经济和政治条件，使农民的制度理性能力能够在不同层次获得发展。他所提供的基本思路是：首先在农村为农民制度理性能力的发挥提供条件，使农民能在社会变迁过程中形成合作的自觉，其后让农民根据农村社会发展的需求，通过市场的作用发展小城镇，循此逻辑，再发展大城市，这样一轮一轮地向前发展，现代经济体系就能内生性地发展起来。我国改革开放后的农村政策基本上都是按照这种逻辑进行安排的。

以张培刚先生为代表的农业国工业化理论是在否定"以农立国"和"第三条道路"的基础上所确立的"以工立国"道路。他认为贫穷落后的农业国要走上经济发展的道路，实现经济腾飞的理想，就不能走"以农立国"的道路，原因是农业尽管在国家的经济体系中处于基础地位，但农业生产因其生产效率低，而无法使国家摆脱贫穷落后的面貌。同时它也不赞成先以乡村手工业为基础先发展乡村工业，再慢慢发展现代工业的"第三条道路"。他认为贫穷落后的农业国必须走同时建设工业化的城市和工业化的乡村的经济发展道路，这条道路就是农业国工业化道路。

农业国工业化理论包括六个方面的基本观点：①农业与工业之间是相互依存的关系，农业对工业和整个国民经济具有重要贡献，处于国民经济的基础地位。②农业国工业化既包括城市的机械化和现代化，也包括农村的机械化和现代化。③基础设施和基础工业是全面工业化的先导领域。④工业化的发动要素与限制要素。⑤工业化对农业生产和农村剩余劳动力的影响。⑥农业国工业化过程必须善于利用外资和自身的外贸优势。

农业国工业化理论本质上属于全面工业化的理论形态，只有当国民经济发展到欠发达阶段才具备适用条件。对于一个贫穷落后的农业国，这只是一个远景规划。在工业化的启动阶段，这一理论遇到的最大问题是庞大的建设资金问题，无论是农业支持工业的方式还是出口替代方式都不可满足全面工业化所需要的庞大建设资金。实际上，苏联的经济发展道路和新中国成立后我国所采取的经济政策都是按照农业国工业理论进行设计的。短时间内取得了显著成就，但也留下了严重的经济结构性问题。改革开放后，我国在现代化启动阶段基本上是按照"第三条道路"制定政策的。近年来，当我国的经济总量占世界第二时，我们才着手进行工业化、信息化、城镇化和工业现代化的"四化同步"建设，农业国工业化理论才具备适用的经济和社会条件。因此，从经济发展道路所需要的社会和经济条件来讲，农业国工业化理论不属于经济现代化启动阶段和初期发展的理论，而属于经济腾飞的理论类型。如果过早适用这一理论，将出现"错置具体感的谬误"，不仅不能使贫穷落后的农业国走上现代化道路，还会留下一系列经济失衡的问题。

外国学者基本观点的形成都发生于20世纪60年代以后，讨论的是小农经济背景下的中国农民理性问题。中国学者与外国学者的学术路径是不同的。中国学者以中国问题的解决为学术使命，外国学者以讨论中国农民的制度理性形态为学术旨趣，问题性与学术性是其显著差异。

外国学者对中国的研究成果众多,但以例证化研究为主要特征,他们的研究只是将中国农民理性作为其理性假设的一个例证。本章我们选取具有包容性的过密化增长论、市场共同体论和文化共同体论进行叙述,目的在于勾勒出外国学者研究中国农民制度理性的学术概貌。选取这三种理论的逻辑是按照生产方式、交往媒介和文化功能安排的。中国传统农业的生产方式不是纯粹由生产力的发展水平决定的,生产单位不是单个人而是一个家庭,因此,生产单位本身不只是一个经济的实体,也是一个社会实体,一个交往实体,一个文化的实体;市场不只是一个商品交换的场所,也是一个人际交流平台,一个信息交换中心,一个融入社会的窗口,一个文化分享的舞台;文化不只是一个表现的符号,也是一组和谐的保证,一束习俗规范,一个共同体的历史记忆,一种生活方式。它们之间具有内在关联,构成一个有机的网络,每一个农民都贡献了自己的智慧,生活其中,繁衍生息,汇入中华民族生生不息的历史长河。

由黄宗智先生提出的过密化增长论是对中国经济停滞论与中国经济增长论的一种折中化的理论模型。经济停滞论以马克斯·韦伯为代表,他认为由于中国特定的文化传统缺乏资本主义的进取精神,经济长期处于停滞状态。这一理论在中国也有很多理论变种,其中,中国社会超稳定结构理论比较突出。中国经济增长论以施坚雅为代表,他认为中国自古存在市场网络,产品交换、社区分布与人际交往都是按照市场网络形成的,具备资本主义发展的基础条件。经济增长论在我国也有很多变种的理论,"资本主义萌芽论"比较突出。

黄宗智先生认为,中国传统农业呈现"高土地生产率与低劳动生产率"相结合这样一种现象。他认为,由于人多地少的自然禀赋的限制,劳动替代就成为高土地生产力的原因。低产出率主要是三个方面的原因形成的:①在小农家庭中,农民为生存而生产而不是为利润而生产,边际递减效应在家庭农场中根本不起作用。这本质上是农民的一种隐性失业现象。②在家庭农场中,农民通过多样化的种植方式分散经营风险,并通过灵活安排劳动力的方式提高土地产出率实现经济平衡。③由于大量农村剩余劳动力没有非农产业可以转移,经营性农场利用灵活用工的优势保证土地产出率，从而没有形成技术替代的内在动力；同时，由于其与封建制度之间的亲和性，便将部分资本用于与封建制度之间的链接；另外，由于商业利润高于土地利润，便将部分资本转移到商业领域。因此，本身具有资本化潜力的经营性农场最终出现了小农生产方式再生产循环，出现了发展逻辑上的自反性。

过密化增长论运用综合分析的方法讨论其根源。小农家庭的分析是以生产力的构成要素为基础进行分析的；家庭农场是以生产组合方式为基础进行分析的；经营性农场是以生产关系为基础进行分析的。总体来讲，小农家庭经济和家庭农场的过密化增长是中国小农经济的内在逻辑，具有客观性。但经营性农场的过密化增长只是中国小农经济在近代历史境遇中的一种特殊表现方式，而不是小农经济的内在逻辑，本身不具有规律性，不成其为对小农经济规范分析的逻辑起点。

以施坚雅为代表的市场共同论认为小农经济与农村市场网络之间的关系是相辅相成的。通过经济人类学的调查和分析，他认为农村市场不仅是农民生产资料的集散地，也是农业产品的交换地，还是人际交往的场所。农村市场在小农经济中的地位和功能远远超过了纯粹经济学的考查范围，具有不可或缺的中心地位。农村市场具有构造农村社区的重要功能，农村社区以农村市场为中心分布。农村市场成为连接城市的历史纽带，展示了小农经济向现代经济发展的未来。

市场共同体论揭示了中国传统经济与现代经济之间的有机联系，与费孝通先生的微观社会学分析脉络具有异曲同工之妙。我国以农村为先导的经济体制改革的发展轨迹在很大程度上印证了市场共同体论的真理性。

文化共同体论由马克斯·韦伯提出，与梁漱溟先生的分析基点是相同的，但由于文化立场决然相反，所得出的结论也是相反的。

梁漱溟先生认为，中国传统文化具有拯救中国经济乃至中华民族命运的不可替代的功能，其根本原因是儒家文化是唯一理性的文化类型。中国的衰败与落后不仅不能归因于中国传统文化的落后，相反，这一局面正是由于抛弃了中国传统文化的结果。

马克斯·韦伯承认以儒家为基础的中国传统文化是理性的，但其属于目的合理性类型，而资本主义精神属于价值合理性类型。他承认中国发展了资本主义，但属于政治资本主义类型，而不属于自由资本主义类型。之所以出现这样的结果，最终都可归因于中国传统文化的根基。

马克斯·韦伯分析了旧中国的民间经济、官僚经济和国家经济都没有发展出自由资本主义的原因。民间经济中的小农经济因家产制安排而不具备发展资本主义的条件，且受到商人、官僚和国家的多重剥削和压迫；商人具有发展自由资本主义的潜力，但在家产制的制约下，趋向于权力化而不是资本化，从市商转化为官商、儒商和买办商人，脱离了自由资本主义的发展轨迹；官僚通过对权力操纵获得了大量财富，也有发展自由资本主义的潜力，但在家产制度的制约下，他们将财产转化为通过权力继续牟利的手段，大量的财产成为一种消费性资源而不是生产性资本；国家按照财政经济学的逻辑用以维持一支具有防御能力的军队和一个庞大的官僚体系，根本没有生产要素组织功能，无益于国民经济学逻辑的展开。究其原因，乃在于受儒家思想支配的家产制传统，而家产制是以权力为依归的。

文化共同体论揭示了中国政治资本主义的内在逻辑。毫无疑问，传统文化是制约中国发展自由资本主义的一个重要原因，但将中国没有发展出自由资本主义的原因都归因于传统文化的终极作用则缺乏足够的解释力，具有化约主义的显著特征。实际上，中国没有发展出自由资本主义远比文化共同体论所揭示原因复杂得多，是多种原因的一个结果。

第四章　地权制度

　　土地是人类生存和发展最重要的资源,人与土地的关系也是最重要的社会关系。① 由于界定人与土地关系的理论形态不同,人与土地的结合可以从自然权利角度去理解,也可以从法律权利角度去理解。土地财产权倾向于从自然权利角度去理解,土地所有权倾向于从法律权利角度去理解。在法治社会,确立人与土地之间的关系是最重要的法律关系。但随着人口的增长和土地的稀缺性增加,为防止因土地而引起的矛盾,西方国家开始更多倾向于从法律角度理解人与土地之间的关系。因此,从自然权利角度去理解的地权在法治社会也需要通过法律进行确认,从法律权利角度去理解的地权则本身被认为是法律赋予的土地权利。

　　中国传统的地权制度是在丰饶的含混性②背景下通过实践理性方式建立起来的,既包含自然权利层面的理解,也包含法律权利角度的理解。在现实生活中,中国农民与土地之间的关系仍然包含这种丰饶的含混性。

　　本书用地权这一范畴用来讨论中国农民与土地之间的关系,没有采用土地所有权或土地财产权这两个概念作为最高理论范畴,依据的是中国农民与土地之间的自然关系与法律关系的历史与现实。

　　目前也有社会学者使用地权概念,但更多是在财产权这一理论体系下对地权概念的意识形态化操作,并未区分农民的土地所有权与土地产权之间的关系,关注的是问题而不是理论,侧重于意识形态的功

---

　　① 恩格斯:《国民经济学批判》,《马克思恩格斯文集》第 1 卷,人民出版社 2009 年版,第 70 页。

　　② 注:"丰饶的含混性"这一范畴由史华慈(Benjamin I. Schwarz)1959 年提出,欲了解其基本含义,见林毓生著:《热烈与冷静》,上海文艺出版社 1998 年版,第 182～185 页。

能而不是理论的功能。① 财产权理论最大的特点是不突出所有权与产权之间的区分,故也不讨论所有权与产权之间的功能派分与联系机制,采用实用主义的方法论,在理论上也就缺乏透辟性。实际上,产权经济学的奠基人科斯由于其法学家身份已明确将权利与产权的区分作为构造产权理论的基本前提。而这一关键问题并未引起学者的广泛注意。

法学界使用所有权概念作为最高理论范畴,但中国农民地权的形态似乎不能与罗马法的所有权类型完全对应,② 这就使得在对传统地权的解释上和现有地权的保障上出现缝隙。

采用地权这一概念作为最高理论范畴,并不表明这一概念比财产权概念或所有权概念更为清晰,相反,地权概念比财产权概念和所有权概念更含混。本文的理论目的并不是要追求一种蒙昧主义的含混性,而是希望找回从财产权概念或所有权概念的网孔中滑过的那些历史事实,因为这些历史事实在现实生活中又被部分复活了,并带着新的面孔。人们让它们试穿财产权或所有权不同类型的舞鞋舞蹈,但它们感觉不合脚。承认财产权或所有权工具箱的短缺,并不是为了否定财产权或所有权概念的理论功能和实践价值,而是为了更好地丰富人与土地之间关系的工具箱。这就是史华慈发明"丰饶的含混性"③ 这一概念的学术意义所在。承认人与土地之间关系的多样性,就是要通过回溯性地追寻历史的方法为解决现实问题提供更多的工具。任何化约主义的方法论只会使本身复杂的现实问题变得更为复杂。地权的秘密藏在历史的长河中,它只会向自己概念化的素描和意识形态化的漫画发笑。对"丰饶的含混性"的历史关照,只会使我们更理性,更具创新性,而不是更混沌、更无措。无论是西方的,还是中国的人地关系,都远比财产权概念或所有权概念所描述的关系复杂得多。在将

---

① 贺雪峰著:《地权的逻辑——中国农村土地制度向何处去》,中国政法大学出版社2010年版。

② 杨国桢著:《明清土地契约文书研究》,中国人民大学出版社2009年修订版,第4页。

③ 林毓生著:《热烈与冷静》,上海文艺出版社1998年版,第182~185页。

中国农民的人地关系与西方的财产权概念或所有权概念进行对照过程中我们把发现的新问题认定为中国问题的独特性或制度创新，因为西方的财产权概念或所有权概念也不可能涵摄西方所发生的所有人地关系。我们的发现或许也能够在西方或其他地区发现相似的人类足迹。

第一节　地权理论

一、地权界定

土地是人类获取生存条件最基本的生活资料，也是人类获得发展的最基本生产资料。马克思认为："土地（在经济学上也包括水）最初以食物，现存的生活资料供给人类，它未经人的协助，就作为人类劳动的一般对象而存在。所有那些通过劳动只是同土地脱离直接联系的东西，都是天然存在的劳动对象。例如从鱼的生活要素即水中分离出来的即捕获的鱼，在原始森林中砍伐的树木，从地下矿藏中开采的矿石。"[①] 恩格斯认为："土地是我们的一切，是我们生存的首要条件。"[②] 人与土地之间的关系是最基础的自然关系和社会关系。地权是表明人与土地之间社会关系的一个范畴。地权的理解在罗马法系和英美法系所使用的基本概念是不同的。罗马法系国家将地权理解为一种所有权，英美系国家将地权理解为一种财产权。

罗马法将地权概念纳入所有权概念之中。所有权是罗马法体系的基础。根据我国学者的理解，"所有权概念有广义和狭义之分。广义的所有权涉及宪法、民法、刑法、行政法等许多法律部门中有关财产所有关系以及相应的权利和权力的规定。狭义的所有权则是一种民事权利或民事法律关系。作为民事权利，所有权是所有人享有的独占的支配权或称为所有人享有的占有、使用、收益和处分的权利。作为一种民事法律关系，所有权是由特定的所有人与不特定的义务人在特定

[①] 马克思：《资本论》第 1 卷第 5 章，《马克思恩格斯文集》第 5 卷，人民出版社 2009 年版，第 208～209 页。

[②] 恩格斯：《国民经济学批判大纲》，《马克思恩格斯文集》第 1 卷，人民出版社 2009 年版，第 70 页。

的财产上形成的权利义务关系。"① 由于物的稀缺性，所有权本身是一个具有复杂结构的概念体系而不是一个单一的概念，其内部充满不确定性。同时，所有权作为一种法律关系，涉及所有权人与不特定的义务人之间的复杂关系，因此，所有权概念也涉及一系列复杂的社会关系。

由于物的稀缺性和所有权的内外复杂性，为防止所有权的不确定引起社会纠纷，各国都通过法律方式确定所有权，以便形成相对确定的法律关系。我国学者认为："各国民法都从狭义上规定所有权。但是在给所有权下定义时，各国民法采取了两种不同的方式：一是列举式，即具体列举出所有权的权能或作用，以此给所有权下定义。《法国民法典》第四十四条规定：'所有权是对物有绝对无限地使用、收益及处分的权利，但法令所禁止的使用不在此限'。二是抽象概括式，即不具体列举所有权的权能，而只是规定所有权的抽象的作用。例如《德国民法典》第九百零三条规定：'物之所有人，在不违反法律或第三人权利之范围内，得自由处分其无，并得排除他人对物之一切干涉。'我国《民法通则》采取了列举式的所有权定义。该法第七十一条规定：'财产所有权是指所有人依法对自己的财产享有占有、使用、收益和处分的权利。'"② 根据这一定义，地权是人依法对土地享有占有、使用、收益和处分的权利。

由于物自身的复杂性，所有权本身实际上是不确定的，这就决定了所有权制度实际上是具有内在弹性的制度体系。彭梵得认为："所有权可以定义为对物最一般的实际主宰或潜在主宰。"③ 他认为，所有权人的权利是不可能用列举的方式加以确定的。人们不可能在所有权定义中列举所有权人有权做什么，实际上，所有权人可以对物行使所有可能行使的权力。因为物潜在的用途是不确定的，而且在经济—社会运动中也是变化无穷的，在某一特定时刻也是无法想象的。因

---

① 佟柔主编：《中国民法》，法律出版社1999年版，第229页。
② 佟柔主编：《中国民法》，法律出版社1999年版，第229页。
③ ［意］彼德罗·彭梵得著：《罗马法教科书》，黄风译，中国政法大学出版社2009年修订版，第148页。

此，法最好用否定的方式界定所有权的内涵，确定对物主宰权的一般性约束。同时，在所有权的实在结构固有的法律限度外，所有权一般保障的权利，甚至最基本的权利都可能在不同程度上甚至在其整体外延上，因某些关系或竞合的权利而从所有权人那里剥夺。但是，即使在这些最一般的情况中，所有权仍然潜在地保留着完整性，因为上述关系或竞合的权利终止将使它当然地重新获得通常所固有的那些权利。这种主宰权的潜力在因权利竞合降低到最低限度之后，可能重新得到扩张和充实，现代学者称之为所有权的弹性。① 所有权的弹性不仅说明了所有权自身的本质属性，更重要的是在现代制度体系中，它构成产权制度的基本前提。关于这一问题，我们将在第五章讨论。

英美法系国家一般将地权纳入财产权概念体系之中，但财产权概念是一个比所有权概念更模糊的概念体系。财产权是"与财产相联系的权利义务，将各种权力和责任赋予个人和集体，以确定作为财产的'物'将会发生什么情况。这些物可能是物质的，也可能是抽象的。"② 财产权概念与所有权概念并没有显著的差异，财产权概念将所有权概念中的客体——物转化为——财产，更突出人与客体之间联系的紧密性。

正如所有权概念体系一样，财产权概念体系也具有高度的复杂性。"财产权作为一种社会制度，无论是在其所包含的物的分类上，还是在对人与财产客体之间关系的表达方式上，都呈现出极大的不同。对调整特定社会财产的法律制度的充分描述，都会因这些事实而变得错综复杂。"③ 尽管如此，人们还是能从财产权概念体系中甄别其基本要素：①财产权不仅受制于法律，而且受制于社会习俗和舆论的作用；②财产权明显与所有权有关，一个人能够对物合法使用的最大权能，通常掌握在所有者手中；③财产权事项必然是有限的。它不

---

① [意] 彼德罗·彭梵得著：《罗马法教科书》，黄凤译，中国政法大学出版社 2009 年修订版，第 148 页。
② [英] 戴维·米勒、韦农·波格丹诺英文本主编：《布莱克维尔政治学百科全书》，邓正来等译，中国政法大学出版社 2002 年版，第 654 页。
③ [英] 戴维·米勒、韦农·波格丹诺英文本主编：《布莱克维尔政治学百科全书》，邓正来等译，中国政法大学出版社 2002 年版，第 654 页。

可能开出财产权客体的物的所有种类和等级的细目表;④人们对享有的财产权的不同利益是不可能穷尽的;⑤财产权的取得方式和丧失方式以及转让方式是多样的。① 英美法系国家的财产权概念实际上既包含大陆法系的物权概念,也包含债权概念。

财产权概念体系的复杂性不仅由其外延引起,也由其内涵的复杂性所决定。根据布莱克法律词典相关描述,权利有 7 种不同的含义:① That which is proper under law, morality, or ethics 〈know right from wrong〉. ② something that is due to a person by just claim, legal guarantee, or moral principle 〈the right of liberty〉. ③ A power, privilege, or immunity secured to a person by law 〈the right to dispose of one's estate〉. ④ A legally enforceable claim that another will do or will not do a given act; a recognized and protected interest the violation of which is a wrong 〈a breach of duty that infringe one's right〉. ⑤ (often pl.) The interest, claim, or ownership that one has in tangible or intangible property 〈a debtor's rights in collateral〉〈publishing rights〉. ⑥ The privilege of corporate shareholders to purchase newly issued securities in amounts proportionate to their holdings. ⑦ The negotiable certificate granting such a privilege to a corporate share holder. ②由于对权利的理解不同,对财产权概念的理解也是多元的。

由于中国法律近代化以大陆法为基础,因此将地权概念纳入所有权概念体系之中是一种通识。改革开放后,随着市场经济的发展,我国也经常将地权概念纳入财产权概念体系之中。中国的地权制度由政策和法律两部分构成。由于中国的地权政策受政治影响很深,改革开放前一般将地权纳入所有权概念体系,改革开放后使用地权概念越来越多。法律以所有权概念为基础界定地权,但也出现了在所有权概念体系内使用财产权概念的现象。政策和法律规范在地权概念使用上的

---

① [英]戴维·米勒、韦农·波格丹诺英文本主编:《布莱克维尔政治学百科全书》,邓正来等译,中国政法大学出版社 2002 年版,第 654 页。

② Bryan A. Garner, *Black's Law Dictionary*, 8th Edition, Thomson West, 2004, P. 1347.

混乱导致了政策执行与法律实施层次上的一系列问题。学术界对于地权概念的界定也出现指称和意义上的混乱,给地权研究的深入造成极大的困难。

二、地权学说

不管是纳入所有权概念体系的地权概念,还是纳入财产权概念体系的地权概念,对于描述我国人与土地之间的社会关系来说都是一种理论上的借鉴。

（一）地权观念的分化

人与土地之间的关系一开始就是一种社会关系这一命题是成立的。因为无论是从生物学还是从社会学角度考察,人都是一种社会性动物,都不可能离开社会而生存。但人与土地之间的关系的社会性联系在分量上是不同的,这就引起关于人与土地之间关系的不同理解方式。而这种理解方式与土地的稀缺性密切相关。在地广人稀,土地不是一种稀缺资源的条件下,人与土地之间的自然关系的分量重于人与土地之间的社会关系的分量。地权关系可以表述为一种"对物权"。但在人口不断增长,土地越来越成为一种稀缺资源的条件下,人与土地之间的自然关系的重要性就让位于人与土地之间关系的重要性。地权关系就可以表达为一种"对人权"。实际上,地权法定实际上是土地资源稀缺性的一种确定方式。在现代社会,地权关系都表现为一种法律关系。当然,我们不能因此逆推任何时代的人与土地的关系都是法律关系。

在现代社会,人与土地之间关系的形成是通过"对物权"的方式表达"对人权"的法律关系,本质上是一种对"对人权"。这一命题也是正确的。霍菲尔德认为:"人的确可能与某些物体形成密切的物质关系且利害关系:其在物质上支配并使用该物,并在物质上排除他人的同类支配与使用。但显然,此种纯物质关系却与有组织社会的法律风马牛不相及,有时甚至南辕北辙——物质关系与法律关系本是不同的两码事。法律关系的性质源自法律;只缘法律本质是为规制人的行为而设,是以一切法律关系的意义唯有清晰明确,方可确定具体之行为。"① 决定地权法律关系的社会关系是不断变迁的，因此，地权法律关系归根结底是由其历史和现实决定的。

构造地权制度可以从不同的角度去理解，从而形成了不同的地权学说。人类所有权或财产权观念的形成都是从地权观念开始的。我们在讨论地权制度的不同学说时所讨论的是所有权或财产权。这种讨论方式不会影响对地权制度的不同理解。

古老的地权观念认为地权是通过"自然方式取得的"。梅因认为："罗马'法学阶梯'在对于各种各样的所有权下了定义之后，进而讨论'取得财产的自然方式'。凡是不熟悉法律学史的人，对于这些取得的'自然方式'，似乎不致在看一下就有理论上的或者是实践上的兴趣的。猎人捕获或杀死的野兽，由于河流在不知不觉中的淤积而在我们的田野上增加的土地，和生根于我们土地上的树木，这些都是罗马法学家称之为我们可以自然地取得的东西。较年长的法学专家一定曾注意到，这类取得是普遍的为他们所处的小社会的惯例所认可的，后一时期的法律学家既然发现了这些取得被归类于古'万民法'中，并把它们看作最简单的一种取得，就在'自然'律令中给它们分配了一个地位。这些财产所受到的尊严性在现代时期正在继续不断增长，直至完全超过了它原来的重要性。理论已把它们作为它的美好食料、并使它们在实践上起着最最严重的影响。"②"先占"在"自然取得"方式中具有基础性地位，它给我们提供了一种有关根据自然法的原则所确立的财产起源学说。③ 随着人口的增加和社会的发展，土地变成一种稀缺的资源，古老的基于平衡法上的"自然取得"方式的所有权的基础地位就让位于基于法律规定的所有权了。④ 地权观

---

① ［美］霍菲尔德著：《基本法律概念》，张书友编译，中国法制出版社2009年版，第98～99页。

② ［英］梅因著：《古代法》，沈景一译，商务印书馆1959年版，第139页。

③ ［英］梅因著：《古代法》，沈景一译，商务印书馆1959年版，第139～140页。

④ ［英］梅因著：《古代法》，沈景一译，商务印书馆1959年版，第163页。

念就开始分化了。

在现代社会，为了建立地权法律制度体系，出现了种种财产权学说。西方财产权制度经历了一个复杂的演变过程，始终围绕财产权与人的基本权利展开。财产权与生存权、财产权与自由权、财产权与人格权之间的关系构成财产权与人的基本权利的主线，勾勒出不同发展阶段理论成果之间的谱系。以下我们从地权制度的体系化思考角度简述霍布斯、洛克、亚当·斯密、黑格尔的财产权学说。

(二) 洛克财产权理论的两个维度

将财产权作为一项自然权利乃是洛克自然权利学说最具特色的一部分。斯坦和香德认为："洛克将财产法归结为自然法。"[①] 洛克的财产权理论源于对霍布斯财产权理论的改造。霍布斯主张建立私有财产权制度。[②] 但他的私有财产权不是一项自然权利，而是主权项下对财产的分配制度。私有财产权的根据是民约法而不是自然法。本质上，霍布斯所理解的私有财产权建立在主权者拥有全部财产这一根本前提下，私有财产权制度只是主权者所有权项下的财产使用权制度，财产的所有者是主权者，私人并不拥有财产的所有权。他认为："既然私有财产权的建立是建立国家的结果，而国家除开通过其代表外不能做任何事情，所以建立私有财产权便是主权者的一种行为，……臣民的土地私有权是排除所有其他臣民使用他的土地的一种权利，但却不能排斥主权者。"[③] 作为主权的坚定捍卫者，霍布斯认识到削弱主权绝对地位的自然法传统正是以财产权的争夺为契机的。他要捍卫主权的绝对地位，就必须将财产权置于主权的绝对控制之下。

洛克的财产权概念直接源于霍布斯，但他花了大量笔墨论证财产权为一项自然权利。

洛克首次将财产权与生存权勾连在一起。他认为："人类一出生

---

① [英] 彼得·斯坦、约翰·香德著：《西方社会的法律价值》，王献平译，中国法制出版社2004年版，第19页。

② [英] 霍布斯著：《利维坦》，黎思复、黎廷弼译，商务印书馆1985年版，第192页。

③ [英] 霍布斯著：《利维坦》，黎思复、黎廷弼译，商务印书馆1985年版，第192～193页。

即享有生存权利，因而可以享用肉食和饮料以及自然所供应的以维持他们的生存的其他物品。"① 洛克从生存权保障的角度来论证财产权，这是连霍布斯也不会反对的一个可经验性观察的结论，也是所有的唯物主义者不会反对的结论。

紧接着，洛克认为用以维持生存权的物品都是上帝的造物，是上帝将财产交给他的子孙。② 因此，没有人能够宣称对财产的所有权。洛克此论的目的显然是对霍布斯认为主权者对所有的财产拥有所有权的反驳。洛克认为，既然财产是上帝交给他的子孙享用的，那么，个人就自然获得了上帝的恩惠，无须通过社会契约就取得了对财产的支配权。洛克从上帝造物的角度论证财产权，这是所有神学论者都不可能推翻的结论。

在洛克从维持生存权和上帝造物的角度论证了财产权的自然权利属性以后，问题就转入个人怎样才能主张对财产的所有权这一根本问题上。因为上帝给予他的子孙的是一种共有的或者说只有上帝自身才具有终极所有权的财产，而财产要成为私人所有的财产权就需要提供财产权原始取得的证据。洛克在这一问题上继承了霍布斯的劳动学说。洛克认为劳动是个人拥有私有财产权的证明。他认为："劳动在万物之母的自然所完成的作业上面加上一些东西，这样它们就成为他的私有的权利了。"③ 霍布斯与洛克共同开启了劳动价值论。

洛克也考虑到，通过劳动个人所拥有的财产将不同。以此为出发点，洛克提出了财产权的另一个维度。他认为："财产的幅度是自然根据人类的劳动和生活所需的范围而很好地规定的。"④ 洛克如果仅仅将财产权与劳动价值论勾连在一起，并且认为财产幅度按照自然法

---

① [英]洛克著：《政府论》（下篇），叶启芳、瞿菊农译，商务印书馆1964年版，第18页。
② [英]洛克著：《政府论》（下篇），叶启芳、瞿菊农译，商务印书馆1964年版，第18页。
③ [英]洛克著：《政府论》（下篇），叶启芳、瞿菊农译，商务印书馆1964年版，第19页。
④ [英]洛克著：《政府论》（下篇），叶启芳、瞿菊农译，商务印书馆1964年版，第23页。

安排,那么,他也就在捍卫平等派的理论而不是产权理论的发展,财产权理论将被封闭在所有权的结构之中,财产权与自由权、财产权与产权之间的关系就没有勾连的可能性。

实际上,洛克已认识到了财产权不仅与生存权之间存在密切联系,而且也与其他基本权利之间存在关联的必然性。他所遇到的第一个问题就是剩余产品问题,他从两个方面对剩余产品予以肯定:一方面,他将财产权与追求幸福的权利勾连在一起。他认为财产不仅是为了生存,而且也是为了舒适的生活。[①] 舒适的生活是人的幸福的一部分。另一方面,他认为,虽然财产是维持生存权的必需品,但财产必然会出现剩余,特别是货币的发明会使财产的拥有出现不平衡的现象。他认为:"不同程度的勤劳程度会给人不同数量的财产,同样的,货币的这一发明给了他们以继续积累和扩大他们财产的机会。"[②] 在这一部分论证中,洛克没有继续对财产权与自由权之间的关系展开论述。他认为,少有财产的人只要财产份额不威胁到他的生存权利,也就不会对多有财产的人存在不满,多有财产的人其多有部分与其生存和舒适生活也没有直接关系,因此,只要在生存和舒适限度内,人们也不会对财产多寡产生争论。既然这样,那么政府就可以通过法律规定财产权,而用成文宪法规定对土地的占有。[③] 显然,洛克并没有继续探讨财产权与自由权之间的关系。

洛克的财产权理论涉及财产权理论中的两个维度:一类是道义性的财产权,它与生存权之间的关系不可解构,属于人的基本权利;另一类是经济性的财产权,它与自由权和追求幸福的权利之间的关系不可化约,是社会繁荣的动力。杰里米·瓦德荣(Jeremy Waldron)认为,洛克的财产权理论包括两部分:一部分是为人的生存提供保障的普遍的自然权利,它的基础是道德考量;另一部分是为公民的舒适生

[①] [英]洛克著:《政府论》(下篇),叶启芳、瞿菊农译,商务印书馆1964年版,第18页。

[②] [英]洛克著:《政府论》(下篇),叶启芳、瞿菊农译,商务印书馆1964年版,第31页。

[③] [英]洛克著:《政府论》(下篇),叶启芳、瞿菊农译,商务印书馆1964年版,第32~33页。

活提供法律保障的特别权利，它的基础是需要的满足。政府不能对普遍权利设置限制，但是必须为公民舒适的生活提供保障。洛克财产权理论的核心是特别权利，但特别权利的论证不是洛克鼓励资本主义发展的证明。① 瓦德荣的认识似乎颠倒了洛克财产权理论两个维度的重心，洛克财产权理论的中心乃是财产权与生存权之间关系。

（三）财产权理论的重心转移

亚当·斯密在洛克财产权理论的两个维度中突出了财产权与经济自由权之间的关系，从而使西方财产权理论发生了第一次重大转变。

斯密认为："这个世界上所有的辛苦和劳碌是为了什么呢？……是为了提供生活上的必需品吗？那么，最低级劳动者的工资就可以提供它们。我们看到工资为他们提供食物、衣服和舒适的住房，并且养活整个家庭。"② 他认为财产权的设定主要不是为了生存的需要，而是为了满足人们基于自爱的、追求幸福的欲望。他认为："把资本用来支持产业的人，即以谋求利润为唯一目的，他自然总会努力使他用其资本所支持的产业的生产能力具有最大价值。"③ 斯密在洛克舒适的生活与追求幸福的权利这一维度中凸显了财产权与自由权之间的关系，从而为资产阶级的发展提供了理论支持。

斯密继承了洛克关于财产权的生存保障功能的逻辑起点，但他将生存保障的权利改造成了洛克追求幸福权利的原动力，从而将洛克财产权的两个维度转化成了经济性财产权的两个维度。在穷人和富人问题上，斯密继承了亚里士多德分配的正义观，却祛除了亚里士多德自然的公正观。亚里士多德认为："既然人人具有同等的价值，就应当分配给同等的权利。"④但亚里士多德又认为："法律规定所谓平等，

---

① Jeremy Waldron, Locke's Discussion of Property, The Right to Private Property, Capt, 6, Oxford University Press, 1988.

② ［英］亚当·斯密著：《道德情操论》，蒋自强等译，商务印书馆1997年版，第60页。

③ ［英］亚当·斯密著：《国民财富的性质和原因研究》（下卷），郭大力、王亚南译，商务印书馆1974年版，第27页。

④ ［古希腊］亚里士多德著：《政治学》，吴寿彭译，商务印书馆1965年版，第167页。

就是穷人不占富人的便宜：两者处于同样的地位，谁都不做对方的主宰。"①平等权在西方最早出现在雅典民主制政治领域。② 而亚里士多德第一次将其引入财产权之中。显然，亚里士多德的财产权理论中存在两种不同类型的财产权。一类是基于人格平等基础上的财产权，属于自然正义范畴，被黑格尔继承作为论证财产权人格性的基础。另一类是基于经济活动的财产权，属于分配的正义范畴，被斯密继承作为论证财产权经济性的基础。斯密认为："法律和政府似乎只有这个目的：它们保护那些积了巨资的人，使他们能够平安地享受劳动的成果，由于法律和政府的作用，一切技艺日益蓬勃发展，并且它们所促成的贫富不均现象，也因之持续下去。"③ 斯密认为可以通过富人基于自爱的贪婪心和穷人基于窘迫的羞耻心推动财富的增长。一旦这种秩序被打破，就运用法律的力量予以惩罚。④ 相对于洛克特别是黑格尔的财产权理论而言，斯密的财产权理论是基于工具论而不是本体论的考察。他轻描淡写地遮蔽了关于财产权与人性尊严之间关系的考察。在斯密的论域中，财产权的经济学意义得到了根本性论证，极大地推动了资本主义的发展。

（四）财产权理论两个维度紧张关系的调解

自斯密将财产权理论的两个维度之间的紧张关系显明化以后，致力于调和两者之间的紧张关系的努力就从来没有中断过。

一般观点认为，斯密重在突出财产权与经济自由权之间的关系而

---

① ［古希腊］亚里士多德著：《政治学》，吴寿彭译，商务印书馆1965年版，第189～190页。注：他认为"既然不公正的人和不公正的事都是不平等的，在不平等与不平等之间就显然存在一个适度，这就是平等"。［古希腊］亚里士多德著：《尼各马可伦理学》，廖申白译，商务印书馆2003年版，第134页。

② ［美］斯塔夫里阿诺斯著：《全球通史》（第7版），董书慧等译，北京大学出版社2005年版，第107页。

③ ［英］坎南编：《亚当·斯密关于法律、警察、岁入及军备的演讲》，陈福生、陈振骅译，商务印书馆1962年版，第176～177页。

④ ［英］亚当·斯密著：《道德情操原理》，蒋自强等译，商务印书馆1997年版，第108～113页。

淡化财产权与生存权之间的关系。近期也有观点认为斯密重在调和财产权的生存保障功能与经济发展功能之间的关系。他们认为，斯密在《国民财富的性质和原因的研究》中阐述了自利的经济人思想，在《道德情操论》中阐述了同情心的美德，①而在《关于法律、警察、岁入及军备的演讲》中试图调和自利心与同情心之间的关系。实际上，从财产权理论发展的谱系来看，洛克讨论的是自然人与自然人之间关于财产权的两个维度的优先性问题，而斯密讨论的是公民与公民之间，特别是穷人与富人之间财产权的两个维度的优先性问题，两人讨论的类型学根据是不同的。斯密重在讨论财产权与经济自由权之间的关系。

第一位从理论高度试图调解财产权两个维度紧张关系的哲学家是黑格尔。黑格尔的财产权理论融合了亚里士多德的自然权利、洛克的生存权与追求幸福的权利以及康德人性尊严诸观念。他认为人格是自在自为的自由意志。②罗马法将人的权利分为人格权和物权，以及康德将权利分为物权、人格权和物权性质的人格权都造成权利分类的混乱。③他将权利分为人格权、物权和诉权。④他认为："物权就是人格本身的权利。"⑤物本身没有意志自由，物自身没有权利，物权乃是人格自身的权利。他认为人格权对物形成两种层次的权利：一种是占有式的、不可扬弃的所有权。一种是可转让或能生产剩余价值的契约

---

① 注：一般观点认为亚当·斯密在《国民财富的性质和原因研究》中关于自利人的真正伦理基础在《道德情操论》中的同情心。参见汪丁丁、罗卫东、叶航著：《人类合作秩序的起源与演化》，载［美］赫伯特·金迪斯、萨缪·鲍尔斯著：《人类的趋社会性及其研究：一个超越经济学的经济分析》，浙江大学跨学科社会科学研究中心译，上海人民出版社2006年版，第16页。

② ［德］黑格尔著：《法哲学原理或自然法和国家学纲要》，范扬、张企泰译，商务印书馆1961年版，第45页。

③ ［德］黑格尔著：《法哲学原理或自然法和国家学纲要》，范扬、张企泰译，商务印书馆1961年版，第48页。

④ ［德］黑格尔著：《法哲学原理或自然法和国家学纲要》，范扬、张企泰译，商务印书馆1961年版，第48页。

⑤ ［德］黑格尔著：《法哲学原理或自然法和国家学纲要》，范扬、张企泰译，商务印书馆1961年版，第49页。

权。占有式的、不可扬弃的所有权是人格必须且不可扬弃的权利。他认为:"那些构成我的人格的最隐秘的财富和我的自我意识的不变本质的福利,或者更确切地说,实体性的规定,是不可转让的,同时,享受这些福利的权利也永远不会失效。"① 同时,他认为:"收入跟占有不同,收入属于另一领域,即市民社会。"② 显然,黑格尔认为人格不可扬弃的财产权与人格可扬弃的财产权之间对人格权具有不同意义。前者属于人的本体论范畴,后者属于人的工具论范畴。尽管黑格尔认为财产权的本质都是基于人的自由意志,但财产权的最终目的都是为了人格尊严,即服从康德律令:"成为一个人,并尊重他人为人。"在黑格尔的论域中,人格权得到了根本性论证。他将洛克为生存权辩护的财产权提升到了人格权和人性尊严的高度,突出了财产权的伦理意义。P. G. 斯蒂尔曼和玛格丽特·简·拉丹认为,黑格尔始终围绕保持人的尊严的必要条件是赋予其享有最低限度的财产权,即使这样做的代价是削减他人的财产权这一命题讨论财产权的。③ 不具有人格意义的财产权不应该优于具有人格意义的财产权。在他看来,有关生命的保护和自由的现实化条件的财产权是不可扬弃的固有权利。黑格尔通过价值排序方式调和财产权理论两个维度之间的紧张关系,确立了与保障和发展人格权相关联的财产权的优先地位。

三、地权类型

地权可以从不同角度进行分类。按照地权的时代特征可以分为古代地权和现代地权;按照地权法律关系主体对土地的支配力可以分为土地所有权、地役权、用益权和永佃权;按照地权的形式分类可以分

---

① [德] 黑格尔著:《法哲学原理或自然法和国家学纲要》,范扬、张企泰译,商务印书馆 1961 年版,第 73 页。

② [德] 黑格尔著:《法哲学原理或自然法和国家学纲要》,范扬、张企泰译,商务印书馆 1961 年版,第 58 页。

③ P. G. 斯蒂尔曼著:《黑格尔在〈权利哲学〉中对财产权的分析》,黄金荣译,原载 Cardozo Law Review, 1989 (10);玛格丽特·简·拉丹著:《财产权与人格》,沈国琴译,原载 Stanford Law Review, 1982 (34),第 957～1015 页。

为部落所有制、公社所有制或者国家所有制、封建的或等级的所有制。

(一) 古代地权与现代地权

古代地权与现代地权之间的差异主要表现为法律关系上"对物权"与"对人权"的分量不同。由于地权从本质上来讲都是为了通过人与土地之间的关系而确立人与人之间的社会关系,因此,所有地权都表现为一种"对人权"。由于地权客体与人之间关系的变化以及人们对地权客体的认识不同,古代的地权观念与现代的地权观念出现了分化。

根据梅因的研究,古代地权主要是通过"自然方式取得的",表现为一种"对物权",先占权具有普遍性。地权主要是通过惯例法方式确认的。不仅惯例法承认地权,而且判例法和法典也承认古代地权的地位。[1] 古代地权存在的前提条件是存在较多的"无主物",人口较少,土地相对比较丰富,一部分人对土地的占有不会威胁其他人的生存与发展。现代地权主要是通过法律方式获得的,表现为一种"对人权",分配具有普遍性。地权主要是通过法律规定确认的。现代地权形成的条件是人口越来越密集,土地资源的稀缺性越来越高,只有通过法律的规定才能保证人生存与发展的基本条件,维护社会的基本秩序。从消极方面来讲,如果在现代社会仍然按照古代地权的方式处理人与土地之间的关系,那么现代社会根本就不可能存在。当然,现代地权的形成并没有完全排除古代地权方式,相反,古代地权方式在现代地权结构中仍然以各种不同的方式表现出来。[2] 因此,古代地权与现代地权的分类也只是相对的。在我国,古代地权要素在地权制度体系中仍然具有重要地位。例如,尽管我国确立了农村土地集体所有权制度,但同时法律也确立了农民家庭具有根据集体经济组织成员权获得用益物权与准用益物权的权利。家庭承包经营权、宅基地

---

[1] [英] 梅因著:《古代法》,沈景一译,商务印书馆1959年版,第139～142页。

[2] [英] 梅因著:《古代法》,沈景一译,商务印书馆1959年版,第139页。

使用权等都具有古代地权的显著特征。

(二) 土地物权

按照地权法律关系，土地物权主体对土地的支配力可以分为土地所有权、地役权、用益权、永佃权和地上权。土地所有权在上面已作系统介绍，下面主要介绍地役权、用益权、永佃权和地上权。

1. 地役权

地役权是对他人土地所有权的最古老的古典权利，是为一块被称作需役地的土地设立的。这种权利当然归需役地的所有人所有，权利人随需役地所有人的更迭而更换。这就决定了地役权是因为土地的自然属性而确立的一项权利。它的设立与土地不可分离的属性联系在一起。因此，地役权是为了提高土地的使用效力，而不是为了需役地人获得一项独立的权利类型。[①] 罗马法最先获得地役权地位的是通行权和用水权。我国民法将其纳入相邻权的范围。随着土地资源新用途的发现增多，越来越多的地役权类型也随之出现。

2. 用益权

"用益权是指在不毁坏物的实体的情况下使用他人物品并获取孳息的权利，法学家们认为这种使用中也不能改变物的经济用途。"[②] 用益权在古代地权制度中是一种普遍的权利，特别是在封建租佃关系中是一项基本制度。这一制度随着分工的发展而变得越来越发达，在现代地权制度中占有越来越重要的地位。中国封建社会的用益权制度一直非常发达，并发展出多种地权的实现形式。改革开放后，我国的用益权制度发展迅速，在我国的农业现代化过程中的地位也越来越重要。

3. 永佃权

永佃权源于用益权，但比用益权制度的出现要晚得多。在罗马法中，永佃权是一种可以转让的并可转移给继承人的物权，它使人可以

---

① [意] 彼德罗·彭梵得著：《罗马法教科书》，黄风译，中国政法大学出版社2009年修订版，第190～192页。

② [意] 彼德罗·彭梵得著：《罗马法教科书》，黄风译，中国政法大学出版社2009年修订版，第195～196页。

充分享用同时负担不毁坏土地的并交纳年租金的义务。[①] 我国封建社会也存在永佃权,但法律规定永佃权不得转让。[②] 实际生活上中存在永佃权普遍被转让的事实,"私相授受"的事实一般被习俗所认可,[③] 在判例中有时也得到审判官的承认。[④] 罗马法永佃权的可转让性与中国封建社会永佃权的不可转让性反映了土地稀缺程度上的差异,也反映了财税政策上的差异。

中国封建法不承认永佃权的可转让性,主要原因是永佃权的转让可能导致税赋的流逝,影响国家财政平衡。有学者认为我国改革开放后的家庭承包经营权本质上属于一种永佃权。在某些构成要素方面,家庭承包经营权与永佃权之间确有相似性,但由于所有制不同,差异也是显著的。

4. 地上权

地上权是以利用他人土地做建筑物、工作物和竖立物为目的而取得的一种用益物权。地上权的取得主要有两种方式:一种方式是通过直接与土地所有权人的设定行为,取得地上权人的法律地位。这种取得方式是一种契约方式。另一种是基于法律规定而发生的法定地上权关系。当法律条件成就时,地上权人取得地上权。法定取得地上权是指,土地和建筑物所有人仅以地上建筑或同时将房地设定抵押,但因未能清偿债务而遭拍卖,造成土地和建筑物的所有权人不同的时候,法律规定使建物所有权人对土地享有地上权。

一般观点认为,我国的农户宅基地使用权、集体林权制度改革中的农户造林权、植树土地使用权、非农户住宅建筑土地使用权都可以认定为地上权,但我国物权法和土地法目前没有采纳这一概念。随着

[①] [意]彼德罗·彭梵得著:《罗马法教科书》,黄凤译,中国政法大学出版社 2009 年修订版,第 195~196 页。

[②] 杨国桢著:《明清土地契约文书研究》,中国人民大学出版社 2009 年修订版,第 72 页。

[③] 杨国桢著:《明清土地契约文书研究》,中国人民大学出版社 2009 年修订版,第 77 页。

[④] 杨国桢著:《明清土地契约文书研究》,中国人民大学出版社 2009 年修订版,第 87~88 页。

我国农村土地制度改革的不断发展和完善，建立一个完整的地上权法律体系有利于推动改革的深化。

(三) 所有制的形式

由于分工的发展，所有制的形式也出现了相应的变化，与此同时，所有权形式的变化又强化了这一分工形式。马克思、恩格斯认为所有制形式有部落所有制、古典时期的公社所有制或国家所有制、封建的或等级的所有制。

1. 部落所有制形式

马克思、恩格斯认为："第一种所有制形式是部落所有制。它与生产的不发达阶段相适应，当时人们靠狩猎、捕鱼、畜牧，或最多靠耕作为生。在人们靠耕作为生情况下，这种所有制是以有大量未开垦的土地为前提的。在这个阶段，分工还很不发达，仅限于家庭中出现的自然形成的分工的进一步扩大。因此，社会结构只限于家庭的扩大：父权制的部落首领，他们管辖的部落成员，最后是奴隶。"[①] 决定部落所有制的基本条件是分工很不发达，人口数量少，土地相对充裕。

2. 公社所有制形式或国家所有制形式

马克思、恩格斯认为："第二种所有制形式是古典古代的公社所有制或国家所有制。这种所有制首先是由于几个部落通过契约或征服联合为一个城市而产生的。"[②] 除公社所有制之外，动产私有制以及后来发展的不动产私有制已经发展起来，但它们是作为一种反常的、从属于公社所有制的形式发展起来的，受到公社所有制形式的约束。随着分工的发展，一些代表城市利益的国家同一些代表乡村利益的国家之间的对立出现了。在这种情况下，出现了国家所有制形式。[③] 马克思、恩格斯所描述的公社所有制形式或者国家所有制形式与我国的

---

① 马克思、恩格斯：《德意志意识形态》，《马克思恩格斯文集》第1卷，人民出版社2009年版，第521页。

② 马克思、恩格斯：《德意志意识形态》，《马克思恩格斯文集》第1卷，人民出版社2009年版，第521页。

③ 马克思、恩格斯：《德意志意识形态》，《马克思恩格斯文集》第1卷，人民出版社2009年版，第521页。

所有制形式之间存在很大差异。

3. 封建的或等级的所有制形式

马克思、恩格斯认为:"第三种形式是封建的或等级的所有制。古代的起点是城市及其狭小的领域,中世纪的起点则是乡村。"① 随着罗马的征服,土地面积得到扩大,农业生产得到普及。但由于罗马帝国的衰弱及其被蛮族征服,前罗马帝国范围内的人口减少,农业衰落、工业一蹶不振,商业停滞或被迫中断。在日耳曼人的军事制度下,发展了封建制度。这种所有制形式像部落所有制和公社所有制一样,也是一种以共同体为基础的所有制形式。但是作为直接进行生产的阶级而与这种共同体处于对立之中。② 生产阶级不再是共同体内互助共济的成员,而是奴隶或者农奴。封建所有制或等级所有制形式的内在动力是通过这种方式满足政权所需要的巨大的军事需求和财政需求。这一点在中国封建社会表现得尤其显著。为了满足军事体制和官僚体制的巨大需求,国家一直维护封建制度。

第二节 地权制度的演变

一、西方地权制度的演变

地权制度的演变经历了一个漫长的功能分化和历史类型的形成过程。

梅因认为:"我们所能得到的有关所有权的概念不外乎包括三个要素——'占有','他主占有',即不是一种任意的或从属的而是一种针对世人来说的绝对占优,以及'时效',也就是'他主占有'不间断地延续着一定期间。"③ "占有"是所有权"自然取得的"一种

---

① 马克思、恩格斯:《德意志意识形态》,《马克思恩格斯文集》第1卷,人民出版社2009年版,第521页。

② 马克思、恩格斯:《德意志意识形态》,《马克思恩格斯文集》第1卷,人民出版社2009年版,第521—522页。

③ [英]梅因著:《古代法》,沈景一译,商务印书馆1959年版,第144～145页。

普遍方式，而"先占"又是"自然取得的"一种主要方式。① 从抽象的角度看，"先占"的对象是一种"无主物"。但"先占"的对象是否真是"无主物"并不取决于"先占"者自己的主观意志，而是他人对"无主物"的意志。因为，通过"先占"的方式所取得的所有权是一种对世权，它依赖于世人对其"先占"的尊重，并承诺承担相应的义务。

由于这一要求，梅因认为"先占"取得并不是一种古老的制度类型，而是文明社会的一种制度类型。他认为："一般对于'先占'在文明第一阶段中所起的作用所产生的印象，恰好和真相直接相反。'先占'是实物占有的有意承担；至于这样一种行为赋予人们对'无主物'享有权利的看法，不但不是很早社会的特征，而且很可能，这是一种进步法律学和一种在安定的情况下法律产生的结果。只有在财产权利的不可侵犯性在实际上长期得到认可时，以及绝大多数的享有物件已属于私人所有时，单纯的占有可以准许第一个占有人就以前没有被主张所有权的物品取得完全的所有权。产生这个学理的情绪和作为文明开始时期的特征的所有权的少见及不固定，是绝对不能调和的。它真正的基础，并不在于对这'财产权'制度出于天性的偏爱，而是在于这个制度长期继续存在而发生的一种推定，即每一种物件都应该有一个所有人。"② 在梅因看来，"先占"通过时效而取得所有权的根本原因并不在时效本身，而在于私有制度已经建立并形成了一种关于贵重物的法律意识形态。如果没有这样一种法律意识形态存在，时效本身是不可能单独起作用的。

梅因的洞见仍然留下了一个缝隙——既然"先占"取得是建立在私有制已被法律所确认，那么，"先占"的对象——"无主物"的"无主性"则是需要证明的，时效并不是世人唯一的"默示"方式。要弥补梅因洞见的这一缝隙，就必须考察"无主物"的"无主性"

---

① ［英］梅因著：《古代法》，沈景一译，商务印书馆 1959 年版，第 139～140 页。

② ［英］梅因著：《古代法》，沈景一译，商务印书馆 1959 年版，第 145～146 页。

证明问题。

西方的物权体系或财产权体系都是在判例法发展到一定程度的产物。罗马法建立了法典化的物权体系,但在法典化之前,罗马社会的法律基础仍然是建立在判例法基础上。沃森认为:"法律请求就是那些在制度化的程序中可能提起的请求,制度化程序的特别目的就是阻止尚未发生的无规范调整的冲突,法律规范就是那些能使在正当的程序中做出的判决产生效力的规范。因此,无论法官们的立场和他们的判断是什么,法官们所认为的法律,找法的途径和适当的典据,对于一个法律制度而言则是基本的。所以,无论法律判决对于将来的案件是否有约束力,法官们的推论可以给一个法律制度许多解释。"① 罗马法关于所有权的法律规定是建立在对罗马法以前判例法总结的基础上的。

发达的财产权保障制度是英国成为第一个资本主义国家的重要条件。但从封建制度对于土地所有权的诉讼界定到洛克为资产阶级奠定现代财产权理论为止,土地所有权的发展经历了一个漫长的历史过程。

土地是封建社会最重要的资源,在分封制条件下,土地所有权纠纷成为一种主要的纠纷方式。但在亨利二世统治之前,这一领域的诉讼根据和诉讼方式极为混乱,也不理性,既制约了土地所有权经济效用的发挥,也引起了一系列社会问题。在这一背景下,亨利二世对土地所有权诉讼制度进行了改革。

首先,他确立了权利令状在土地所有权纠纷中的重要地位。令状在亨利二世以前是一个可以购买的王室恩典。但由于签署令状无固定格式,也不是日常行为,因此,其局限性十分明显。这一不确定性导致土地所有权争议解决的不确定性。到了亨利二世时期,皇权日益强大,司法制度日臻完善,司法体系牢固建立,在这一背景下,亨利二世将令状提升为权利令状。这既加强了皇权对司法权的控制,也保障了土地所有权的安定性,有益于土地的开发利用。权利令状是解决土

---

① [美]艾伦·沃森著:《民法法系的演变及形成》,李静冰、姚新华译,中国政法大学出版社1992年版,第56页。

地所有权归属的令状。亨利二世确立了一个原则,即:如果没有王室令状,任何人都可以拒绝针对其自由保有地产所开始的诉讼。这一原则最终发展为如下原则:未经审判,任何人的自由保有地产都不得受到侵犯,没有国王的命令和令状他也不必出庭答辩。① 亨利二世通过法律原则的方式解决了"占有"(possession)与"所有权"(property)的问题,使得"所有权"偏向于对"占有"的事实性确认,有益于土地效益的发挥。显然,将"占有"与"所有权"直接联系起来,并不是如萨维尼所言通过时效取得的,② 而是通过皇权的直接介入而取得的。严格地讲,它也不是按照梅因所说的推论方式取得的,而是公法规范对于私法规范的直接强制。

其次,他确立了土地所有权争议人诉讼方式的自由选择权。土地所有权争议主要是通过司法的决斗判决这一所谓"最高正义"的方式解决的。由于决斗判决固有的弊端,亨利二世确立了土地所有权争议人选择其他诉讼形式的自由选择权。③ 从而为理性的诉讼方式奠定了基础。

亨利二世的诉讼制度改革留下了两个问题需要解决:一是权利令状解决了"占有"(possession)与"所有权"(property)的问题,但没有解决"占有"(seisin)与"权利"(right)之间的问题。④ 这就使得真正的"权利"人可能失去了"所有权"资格,而强制"占有"人却获得了"所有权"。第二,由于实际占有土地的人通过权利令状所赋予的特权获得了诉讼豁免权,也就不需通过选择诉讼的方式证明"占有"的合法性。相反,实际上的"权利"人面对"所有权"

---

① [英] 梅特兰著:《普通法的诉讼形式》,王云霞、马海峰、彭蕾译,商务印书馆2009年版,第67页。
② [英] 梅因著:《古代法》,沈景一译,商务印书馆1959年版,第144页。
③ [英] 梅特兰著:《普通法的诉讼形式》,王云霞、马海峰、彭蕾译,商务印书馆2009年版,第66页。
④ [英] 梅特兰著:《普通法的诉讼形式》,王云霞、马海峰、彭蕾译,商务印书馆2009年版,第67页。

丧失的危险，只能选择"最高正义"的方式索回自己的"所有权"。①亨利二世的诉讼制度改革的局限性既是特权的局限性，也是自身自反性的必然结果。

为了解决"占有"（seisin）与"权利"（right）之间的关系，英国后来发展出了侵占令状制度，并发展出了恢复新近被占土地之诉、收回被占继承土地之诉与最终圣职推荐权之诉这三种占有之诉的类型。② 其后又发展出了更加复杂的土地所有权之诉的类型。

梅特兰认为，英国的占有之诉可能有一些罗马法和教会法的痕迹，但它们绝没有为占有之诉提供范本。③ 按照克雷格的理解，尽管罗马法没有为英格兰民法提供直接的范本，但他对于英格兰民法的影响也绝不是"痕迹"。他认为："事实上，英格兰的法律能够独立于民法的地方极少，几乎它的每一个部分都借助于从民法衍生而来的原理和先例来阐明，况且，英格兰的法律中的一些最有争议的主题的确都是依仗民法而得出的结论。英格兰人喜欢把这些原则和先例归功于英格兰审判制度的创造力，而不情愿承认他们究竟有多少受惠于古罗马的法学家。不过，那些对于民法有深刻了解、不辞劳苦地考察那些占据英格兰法庭注意力的比较重要的案件的人都明白，民法如何强烈地影响着英格兰法律问题的讨论。人们将会看到，解释他们面前难题的答案往往就在罗马皇帝和法学家的'解答'里，这些解答构成了民法的渊源。"④ 如果克雷格的结论是正确的，英格兰的所有权之诉应该是在吸收了罗马法的所有权制度之后所做的诉讼形式上的创新。

通过"自然方式"所取得的所有权尽管通过时效或者诉讼方式予以确认，但它仍然只是一种偶然方式，其确定仍然会受到新的

---

① ［英］梅特兰著：《普通法的诉讼形式》，王云霞、马海峰、彭蕾译，商务印书馆2009年版，第67页。

② ［英］梅特兰著：《普通法的诉讼形式》，王云霞、马海峰、彭蕾译，商务印书馆2009年版，第67页。

③ ［英］梅特兰著：《普通法的诉讼形式》，王云霞、马海峰、彭蕾译，商务印书馆2009年版，第67页。

④ 转引自［美］艾伦·沃森著：《民法法系的演变及形成》，李静冰、姚新华译，中国政法大学出版社1992年版，第83页。

"他主占有"的挑战，所有权的安定性并不能得到充分保障。也就是说，通过时效和诉讼方式将"对物权"转化为一种"对人权"仍然不能完全满足所有权的全部要求，这种方式的所有权仍然是残缺的或是不安全的。因此，为了保障所有权的安定性并充分发挥物的权能，就需要通过法律方式确定所有权关系，将不确定的古老所有权形式转化为现代的所有权形式。物权法定原则的确立是古代所有权形式向现代所有权形式转化的标志。

梅特兰认为："诉讼形式制度或者说令状制度是英国中世纪法律最重要的特征，直到19世纪它才逐渐遭到破坏并被正式废除。……我们已经埋葬了诉讼形式，但它们依然在坟墓里统治着我们。"[1] 我们认为，以权利令状为核心的所有权制度具有典型的特权和个案化特征，在经济日益发展的社会背景下，它必然难以满足土地所有权稳定的基本需要。特别是随着资产阶级的不断发展，以权利令状方式所确立的土地所有权保障制度严重阻碍了资本主义的发展，废除封建制度，建立以物权法定为基本原则的土地所有权制度就成为资本主义发展的基本要求。

土地所有权制度的演变首先是从公有制体系中私有制成分中发展起来的，通过消极的时效方式或者积极的诉讼方式，人们获得了土地所有权，当个体化方式所获得的土地所有权不断扩大时，随着对土地所有权类型的不断提炼，通过立法方式确定土地所有权的法律条件就已形成，当社会条件对土地所有权提出系统化要求时，两者结合起来就产生了土地所有权制度。现代土地所有权制度不是一次发明的，而是在无数的历史实践中不断积累起来的。

二、中国地权制度的演变

要理解中国地权制度的演变形态，就必须深入研究中国地权制度的历史，在研究中国地权制度的历史之前，有必要首先梳理马克思主义经典作家对土地所有权的相关论述。

---

[1] ［英］梅特兰著：《普通法的诉讼形式》，王云霞、马海峰、彭蕾译，商务印书馆2009年版，第34页。

(一) 中国的土地私有制度

马克思主义经典作家认为像中国这样的国家不存在土地私有制。但这一论断并不合乎中国土地所有制的特征。恩格斯认为:"不存在土地私有制,的确是了解整个东方的一把钥匙。这是东方全部政治史和宗教史的基础。"① 恩格斯认为,东方国家没有达到土地私有制,甚至没有达到封建的土地所有制的主要原因是气候和土壤的性质决定的。政府由财政、军事和公共工程三个部门组成,财政和军事部门不断进行调整,而公共工程被抛弃了。由于农业完全依赖人工灌溉,土地肥力是靠人工达到的,一旦灌溉工程遭到破坏,土地肥力就消失了,农业也就断送了。在自然和社会制度安排的双重制约下,土地私有制已没有形成的动机,也没有形成条件。② 根据徐勇先生的研究,经典马克思主义是以西欧作为范本进行研究的,在经典马克思主义的视域中,印度、俄罗斯和中国都属于东方范畴。他认为,东方的土地所有制度和经营制度不同于西方,但即使是在东方,俄罗斯和印度实行的是村社制,而我国实行的是家户制。③ 他认为家户制是典型的"中国特征"。这又导致了另外一个问题,家户制是典型的"中国特征"吗?

根据马克思、恩格斯的理解,土地所有制的形式有部落所有制形式、古典古代的公社所有制或国家所有制形式和封建的或等级的所有制形式三种。④ 按照这一分类形式,俄罗斯和印度的村社制都属于古典古代的公社所有制形式。马克思、恩格斯也承认,古典古代的公社也存在动产私有制和不动产私有制,只不过这种私有制属于一种反常的、从属于公社所有制的私有制类型。恩格斯所说的东方不存在土地

---

① 恩格斯:《马克思和恩格斯的书信——恩格斯致马克思》,《马克思恩格斯文集》第 10 卷,人民出版社 2009 年版,第 113 页。

② 恩格斯:《马克思和恩格斯的书信——恩格斯致马克思》,《马克思恩格斯文集》第 10 卷,人民出版社 2009 年版,第 113~114 页。

③ 徐勇:《中国家户制传统与农村发展道路——以俄国、印度的村社传统为参照》,载《中国社会科学》2013 年第 8 期。

④ 马克思、恩格斯:《德意志意识形态》,《马克思恩格斯文集》第 1 卷,人民出版社 2009 年版,第 521~522 页。

私有制应该指的是从整体上来讲,私有制没有作为一种基本制度类型建立起来。因为马克思、恩格斯也认识到,封建的或等级的所有制形式中仍然存在公有制,只不过公有制从属于私有制体系。从列宁对土地所有制的认识中,我们也会发现马克思、恩格斯断言东方不存在土地私有制的内在逻辑。列宁认为:"我们从来没有废除过农民对消费品和工具的个人所有制。我们废除的是土地私有制,而农民并没有私有的土地,他们是在租来的土地上经营。在许多国家里都存在这种制度。"① 根据列宁的论断,俄罗斯的村社制度仍然属于土地私有制度的一部分,许多国家都存在这样一种制度类型,根本不是俄罗斯社会制度的典型"俄罗斯特征"。

要澄清经典马克思主义关于东方不存在土地私有制论断的矛盾之处,就必须回到马克思恩格斯关于土地所有制的定义中去寻找。马克思认为:"土地所有制的前提是,一些人垄断一定数量的土地,把它作为排斥其他一切人的,只服从自己个人意志的领域。"② 恩格斯认为:"完全的、自由的土地所有权,不仅意味着不折不扣和毫无限制地占有土地的可能性,而且意味着把它出让的可能性。"③ 显然,马克思、恩格斯所界定的土地所有权是一种纯粹理想类型的所有权。④ 即使在马克思、恩格斯自己划分的土地所有权历史类型中,也不存在这种纯粹理想类型的形式。

马克思、恩格斯对中国问题关注极少,其少量关注的时间是鸦片战争后的一个时间点,视域是一个世界资本主义中的中国社会经济结构问题,使用的也是二手的间接资料。对于中国漫长封建社会的土地所有权制度根本没有做过任何研究。马克思认为,影响英、美等西方

---

① 列宁:《新经济政策和政治教育委员会的任务》,《列宁专题文集——论社会主义》,人民出版社2009年版,第258～259页。

② 马克思:《资本论》第3卷,《马克思恩格斯全集》第25卷,人民出版社1974年版,第695页。

③ 恩格斯:《家庭、私有制和国家的起源》,《马克思恩格斯选集》第4卷,人民出版社1995年版,第167页。

④ 杨国桢著:《明清土地契约文书研究》,中国人民大学出版社2009年修订版,第2页。

资本主义国家对华贸易的主要因素是中国的小农业与家庭手工业的结合，而这种结合是中国社会经济结构的基础。东印度也存在这种结合方式，它曾经阻止了英国的商品向东印度输出，但由于东印度的这种结合方式是以公社土地所有制为基础的，英国通过征服的方式破坏了这一土地所有制，取得最高土地所有者的地位，强迫印度一部分自给自足公社变成纯粹的农场。而在中国，英国没有能力使用这种权力，将来也未必能使用这种权力。① 马克思认为，在中国小农经济的汪洋大海中，西方资本主义无法做到破坏这一社会经济结构。在经典马克思主义的讨论中，小农是一种土地所有制度与经营制度的概念。它有时指一种土地所有权制度，有时指一种土地经营制度。恩格斯认为："小农，是指小块土地的所有者或租佃者——尤其是所有者，这块土地既不大于他以自己全家的力量通常能耕种的限度，也不小于足以让他养家糊口的限度。"② 根据恩格斯对法德农民的研究，以家庭为基本单位的小农所有制和经营制度都极为普遍，因此，认为家户制是典型的"中国特征"，这一论断是站不住脚的。实际上，至少在罗马法中，家庭作为一个与权利和政治机构相联系的具有特定社会功能和经济功能的主体就非常发达，家庭法是罗马法的基础。彭梵得认为："在整个真正的罗马时代，罗马私法就是'家父'或家长的法。"③ 在传统社会，家户制是一种普遍现象，并非中国所独有，中国问题的独特性可能是这一制度作为一种经营体制的基础在现代社会中激发了自己的活力。

马克思主义经典作家认为东方不存在土地私有制的论断是源于下述理由：主权就是在全国范围内集中的土地所有权，国家就是最高的地主，尽管存在对土地的私人的和共同的占有权和使用权，但仍然没有私有土地的所有权。在国家土地所有制条件下，地租和赋税合为一

---

① 马克思：《对华贸易》，《马克思恩格斯文集》第2卷，人民出版社2009年版，第672～676页。

② 恩格斯：《法德农民问题》，《马克思恩格斯文集》第3卷，人民出版社2009年版，第512页。

③ [意]彼德罗·彭梵得著：《罗马法教科书》，黄凤译，中国政法大学出版社2009年修订版，第87页。

体,也不存在同这个地租形式不同的赋税。① 我国也有学者认为,中国封建社会根本不存在私人土地所有权,只有国家土地所有权。② 马克思所理解的土地所有权属于典型的霍布斯理解方式。霍布斯认为只有主权者才有绝对的所有权,主权项下的任何私人所有权都是主权项下的所有权的分配方式,它只能对抗其他的任何人,但不能对抗国家。按照霍布斯的理解,任何主权国家的土地所有权都是国家的所有权,也就不存在只有东方才存在这种所有权的论断。"普天之下莫非王土"就是在霍布斯意义上使用土地所有权概念的。除非按照洛克的自然权利主张理解土地所有权,否则,我们就不可能推翻国家作为主权者的最高地主的地位。

马克思主义经典作家在讨论西欧的土地私有制时严格区分了土地所有权和土地所有权的形式,但在讨论东方问题时,却模糊了土地所有权与土地所有权形式之间的不同功能。本质上,只要主权国家存在,任何国家的土地使用权都是在霍布斯意义上的土地所有权,都是以国家名义绝对占有的土地所有权。但不同国家,不仅仅是东方,在土地所有权的形式上都会因其差异性而表现出自己的典型特征。因此,关于土地所有权研究的真问题是讨论土地所有权形式的结构问题。在主权国家,土地所有权的实现形式才是土地所有权制度的基础。

(二) 中国土地所有权结构的变迁

土地所有权的结构是由土地的权能和土地的所有人之间的相互关系构成的。

土地的权能是由土地自身的属性决定的,反映人们对土地认识和利用的程度。在所有权结构中表现为占有、使用、收益和处分等法律关系。③ 由于人们对土地自身属性的认识和利用不断变化,占有、使用、收益和处分的内容和方式也不相同。因此,所有权的权能演变就

---

① 马克思:《资本论》第 3 卷第 47 章,《马克思恩格斯文集》第 7 卷,人民出版社 2009 年版,第 893~894 页。

② 秦晖:《农民地权六论》,载《社会科学论坛》2007 年第 5 期(上)。

③ 佟柔主编:《中国民法》,法律出版社 1990 年版,第 232 页。

决定了土地所有权人与他人之间关系的变化。产权理论的研究表明："各种商品都可以看作是多种属性的总和，不同商品又包含着不同的数目的属性。各种属性统统归同一个人所有并不一定最有效率，因此，有时人们就会把某一商品的各种属性的所有权分配给不同的个人。当各种属性的所有权这样分割以后，就需要专门做出排他性规定，避免这些所有者相互之间发生侵权的行为。"[①] 因此，土地所有权结构的决定因素是"对物权"而不是"对人权"。在土地的属性和对所有权权能的认识与利用没有较大改变的情况下，单纯改变所有权人的法律关系并不能形成一种"先进"的所有权制度。这是我国"一大二公"的所有权改革失败的主要原因。

由于对土地属性的认识和利用不同，土地所有权所形成的法律关系也是不断变化的。无论是土地公有还是私有，都是由土地本身的属性决定的。随着人们对土地属性认识的不断深入以及利用土地的能力不断提高，必然会出现一种所有制占主导地位的所有制历史形态。但所有制本身不可能是完全单一的。土地公有制占主导地位的所有制中也会出现土地私有制的形式，土地私有制占主导地位的所有制中也会出现土地私有制。[②] 纯粹的、单一的土地所有制只是一种理想形态，在历史上根本没有出现过。列宁认为："既是个人的又是公共的所有制，这个混乱的杂种，这种从黑格尔辩证法中一定能得出的谬论，这个混沌世界，这个马克思叫他的信徒们自己去解释的深奥的辩证法之谜——这又是杜林先生的自由创造和臆想。"[③] 显然，列宁所反对的是杜林将混合所有制作为社会主义的理想，而不是否定社会主义之前所有的所有制形态实际上都是混合所有制形式。因为，按照马克思、恩格斯的设想，共产主义必然走向纯粹的、单一的土地公有制。在这

[①] [美] Y. 巴泽尔著：《产权的经济分析》，费方域、段毅才译，格致出版社、上海三联出版社、上海人民出版社年 1997 版，第 120 页。

[②] 马克思、恩格斯：《德意志意识形态》，《马克思恩格斯文集》第 1 卷，人民出版社 2009 年版，第 521～522 页。

[③] 列宁：《什么是"人民之友"以及他们如何攻击社会民主党人？答〈俄国财富〉杂志反对马克思主义者的几篇文章节选》，《列宁专题文集——论辩证唯物主义和历史唯物主义》，人民出版社 2009 年版，第 191 页。

一所有之中，是没有私有制的地位的。问题是，作为共产主义过渡形态的社会主义，特别是其初级阶段，是不可能完全排除私有制的。这一认识已被所有社会主义国家的经验和教训所证实。

我国封建社会的土地所有权制度经历了一个漫长的演化过程，这一过程与其他土地所有制演化的基本轨迹是一致的，但由于对土地属性的认识和利用方面的差异，也表现出自身的某些显著特征。杨国桢先生认为："中国封建社会的土地所有权，不是完全的、自由的土地所有权。在它的内部结构上，虽然它的横向结构同完全的、自由的土地所有权一样，具有作用不同的权能；但它的纵向结构，却并存着国家的、乡族的和私人的三个不同层次的权利。在中国封建土地所有权史上，这三个不同的层次权利中的每一个，都曾作为土地使用权的主体发挥过作用，成为特定时代特定地区所有制形式的法律表现。私人土地所有权虽然早在中国封建社会初期便已出现，但它作为占主导地位的所有权形式，乃在唐宋之际以后，而且始终附着在国家的或乡族的土地权利上（尽管越来越削弱，但始终没有被消灭）。土地所有权史的这一变迁，反映了土地所有制度从国家所有制、乡族所有制到私人所有制主导地位更换的发展轨迹。"[①] 杨国桢先生经过对中国土地所有权史的长期研究所得出的基本结论符合中国封建社会土地所有权变迁的历史事实。

中国土地所有权结构变迁的显著特征主要表现在两个方面：

一方面，由于人多地少的现实，中国农民对于土地的开发利用很早就达到了相当高的程度。为了充分开发利用有限的土地资源，中国的土地所有权权能高度分化，某些土地所有权权能利用制度极为发达。同时，由于土地资源极为稀缺，人们为了保留土地所有权，发展了许多土地所有权交易制度。

另一方面，在土地所有权人的法律关系构造方面，国家、宗族和家庭共同分享土地所有权的法律关系网络始终存在，尽管土地所有权的主体没有根本改变，但法律关系的重点却逐渐向家庭土地所有方面

---

① 杨国桢著：《明清土地契约文书研究》，中国人民大学出版社 2009 年修订版，前言，第 3 页。

倾斜。国家、宗族和家庭共同分享土地所有权是人类土地所有权史发展过程中的一般规律。中国与西方土地所有权演变之间的不同主要表现其没有明显的古代形式与现代形式。

根据梅因的研究，古代土地所有权与现代土地所有权在法律关系上的差异在于法律关系的构造主体上的差异。古代法的主体是一个集合体的部落、宗族或家庭，现代法的主体则是个人。他认为："罗马'自然法'和'市民法'主要不同之处，是在它对'个人'的重视，它对人类文明所做的最大贡献，就在于它把个人从古代社会的权威中解放出来。但是有必要再一次加以重复的就是'古代的法律'几乎全然不知'个人'。他所关心的不是'个人'而是'家族'，不是单独的人而是集团。即使到了'国家'的法律成功地透过了它原来无法穿过的亲族的小圈子时，它对于'个人'的看法还是和法律学成熟阶段的看法显著地不同的。每一个公民的生命并不认为一出生到死亡为限；个体生命只是其祖先生存的一种延续，并在其后裔的生存中又延续下去。"① 梅因的看法的确反映了西方法律关系转型的基本事实。

庞德更精确地叙述了西方法律关系转型的基本事实。他认为，清教主义是西方法律中的决定因素。清教主义的本质是日耳曼人的个人主义。清教神学和16至17世纪的政治神学都可以归结为日耳曼人的个人主义。当日耳曼人的个人主义挣脱了传统的枷锁后，个体的人就在法律、政治、哲学和宗教领域坚持自己的权利。与此同时，法学上的个人主义起源于16世纪末的自然法理论之外的自然权利理论。这一个人主义的勃兴中有两个主要因素可以认定，那就是中产阶级的解放和新教。他认为，个人主义并非英美所独有，各国都有一定程度的个人主义。英美的独特性表现为个人主义的极端性，对个人利益和财产的毫不妥协的坚定立场成为理学的焦点，并将个人主义凌驾于国家

---

① ［英］梅因著：《古代法》，沈景一译，商务印书馆1959年版，第146页。

和社会之上。① 如前所及，马克斯·韦伯坚持认为资本主义精神源于新教伦理，以此为据，在研究中国为何没有发展出自由资本主义的过程中，他特别突出了儒家竭力维护的家庭伦理是如何通过家产制的制度体系抑制了中国自由资本主义形成的。的确，在漫长的封建社会，儒家的家庭伦理对于巩固以家庭为基础的私有制形式起到了补强作用，但片面强调儒家家庭伦理在以土地所有权为基础的社会制度中的作用则可能导致对中国问题的化约主义的理解。家庭在中国土地所有制结构中绵延不绝的原因并非由儒家伦理所决定，而是有更多的原因，更深刻的根源。关于这一点，我们从改革开放后农民对家庭承包责任制的坚持就可以逆推出马克斯·韦伯的片面性。更多的原因在此不论，前文已及。

（三）中国土地所有权演变的轨迹

在漫长的历史发展过程中，中国一直是一个农业国家，土地所有权制度是国家一切制度的基础。冯友兰先生认为："古代中国和古代希腊的哲学家们不仅生活在不同的地理条件之中，还生活在不同的经济环境之中。中国是一个大陆国家，中华民族历来依靠农业维持生存。……在一个农业国家里，财富的首要基础是土地。因此，在中古历史上，一切社会、经济思想以致政府的政策都以土地的分配和利用为中心。"② 土地的开发和利用促进了土地所有权实现形式的分化，推动了土地所有权演变。

由于人们对土地属性的认识不断深入，同时，开发土地属性的能力不断提高，为土地所有权的权能分化提供了前提条件，土地所有权的权能分化决定了土地所有权人之间法律关系的演变。因此，这一部分的内容以探讨中国土地所有权的权能分化为基础，同时也会讨论相应的法律关系的演变。目的在于勾勒出中国土地所有权运动的基本轨迹。

---

① ［美］罗科斯·庞德著：《普通法的精神》唐前宏、廖湘文、高雪原译，法律出版社2001年版，第25～26页。

② 冯友兰著：《中国哲学简史》，赵复三译，天津社会科学院出版社2005年版，第18页。

中国古代的土地制度经历了无主时代、井田时代、豪强兼并时代、均田制时代、完全的剥削时代、土地公有制酝酿时代。①

根据历史记载，中国在原始公社瓦解后进入了短暂的奴隶制统治时期。奴隶制取代原始公社主要是私有制发展、公社制度逐步解体的结果。商朝代替夏朝也主要不是经过战争的方式，而是通过经济的方式——商朝的私有制比夏朝更发达。② 在奴隶制时期，中国就出现了封建社会基本关系的租佃制。租佃制的名称有"贡"、"助"和"彻"三种基本地租形式。③"贡"在夏朝就出现了，根据夏朝的"贡"法，自由民耕种土地，统治者依据若干年的收获量，定出一个平均数，从平均数中取出十分之一作为"贡"物。"贡"相当于封建社会中的税。"助"就是自由民的耕地，所有权被统治阶者占有了，必须替统治者耕种所谓"公田"，"公田"上的收获物全部归统治者所有。夏朝、周国和周朝都行"助"法。"助"相当于封建社会的劳役。周昭共和前后，王畿内法"助"改为"彻"法，"彻"是一种实物地租。④"助"法得以实施的条件是天子领受"公田"用于祭祀，诸侯也同样领受"公田"，⑤ 一般情况下，天子籍田千亩，诸侯籍田百亩，

---

① 周谷城著：《中国社会史论》，湖南教育出版社2009年版，第33页。

② 范文澜著：《中国通史简编》修订本第1编，人民出版社1949年版，第111页。

③ 范文澜著：《中国通史简编》修订本第1编，人民出版社1949年版，第117页。

④ 范文澜著：《中国通史简编》修订本第1编，人民出版社1949年版，第117页。

⑤ 注：胡适先生认为："孟子的井田制，并不是百姓家有田百亩。他说的公田，固然属于国家的田，但他的'私田'仍是卿大夫士的禄田，是贵族的私产，不是农民的公产。种田的农民，乃是佃农，不是田主。……孟子所主张的，依我看来，只是想把当时佃户所中田，划清疆界，从头分配一番，不管田主是谁，都截长补短，重新做一番经界的手续，使佃户都有平均的佃田，都觉得所佃的田是一种比较可靠的恒产，不致随着田主转来转去。孟子的计划，是要使佃田的只管换主，而佃户不换，故可说是恒。后来的人，不仔细研究，便把孟子的井田制，认为是一种共产制，这便大错了。"转引自周谷城著：《中国社会史论》，湖南教育出版社2009年版，第37页。

名义上是天子诸侯亲自耕种，实际上由农民"助"耕。"助"耕的农民是领得私田的农民。由于"彻"税不断增加，公田收入降低到次要地位。① "彻"法实施后，农民发现交纳"彻"税较之"助"耕更有效力，同时，随着私田的扩大和开垦的附庸土田数量增加，公田制就被废除了。② 中国奴隶制和封建社会早期土地所有权演变的轨迹践行了产权经济学的一个基本原理。巴泽尔认为："因为交易是有成本的……虽然奴隶没有法律保护，但是奴隶所有权本身却从来都不是绝对的。通过给予奴隶所有权来交换奴隶主认为价值更大的奴隶劳务，奴隶主可以增加他们财产的价值。于是，奴隶也成了所有者，有时还能赎回自由。"③ 我国古代社会早期的智慧似乎已洞悉了所有权实现形式的奥秘。

自秦始皇建立了大一统的封建集权国家以后至清末为止，"公田"（后称为"官田"）和"私田"（后称为"民田"）成为土地所有权的一种基本分类方式。表示土地所有者的名称为"田主"和"地主"，这些名称在汉唐就有了，它只表明土地与土地所有者之间的关系，没有阶级意义。④ 自秦国废除井田以后，公田被官田所取代。私田也逐步被民田所取代，以使其名实相符。⑤ "官田"指封建国家掌握和经营的土地。公田的种类繁多，随着公共目的的需要而不断增

---

① 范文澜著：《中国通史简编》修订本第1编，人民出版社1949年版，第143～145页。

② 范文澜著：《中国通史简编》修订本第1编，人民出版社1949年版，第149～150页。

③ [美] Y.巴泽尔著：《产权的经济分析》，费方域、段毅才译，格致出版社、上海三联出版社、上海人民出版社年1997版，第1页。

④ 杨国桢著：《明清土地契约文书研究》，中国人民大学出版社2009年修订版，第2页。

⑤ 注：由于奴隶制末期和封建社会早期的"公田"指天子代表国家所有的田，"私田"指天子代表国家分给贵族的禄田，耕地农民实际上只是"公田"或"私田"的佃农，没有土地所有权。（参见周谷城著：《中国社会史论》，湖南教育出版社2009年版，第37页。）公田被废除后，官田的范围实际上扩大了，其设计不仅仅限于天子祭祀需要和贵族俸禄范围，而是为了满足公共目的。民田的范围及于一切非公共目的的土地。

多。公田一般以来源和使用形式命名。明代官田有"入田官地""还官田""没官田""断入官田",以及未列举的沙田、坍田、绝户遗留地、逃户空田、无主荒地等,系由来源得名。学田、皇庄、牧马草场、城墟苜宿地、牲地、园陵坟地、公占隙地、诸王、公主、勋戚、大臣、内监、寺观赐乞庄田、百官职田、边臣养廉田、军民商屯田。都以使用形式而得名。"民田"指私人占有和经营的土地。有以土地的自然属性区分种类的,如水田、桑田、旱田、洋田、洲田、滩田等;有以耕种状况命名的,如荒田、熟田、小地等;也有以所有者身份得名的,如僧田、族田、社田、会田、客田等。① 官田和私田的种类远比以上列举的更多。

中国封建社会最重要的是土地制度以及与土地制度相联系的赋税制度。周谷城先生认为:"土地制度是什么?其大要的意义,又可以一言以蔽之:规定民众施用自身的劳力于土地,造成出品供人剥削是也。"② 按照这一逻辑,地主阶级实际上就是统治阶级。③ 从事农业劳动的阶级也就是被统治阶级。④ 从阶级分析的角度看,这自然是不谬的。马克思认为东方国家没有土地所有制,正是从这一角度得出的结论。但实际上,地主与佃农之间的关系比阶级分析的内容要丰富得多。

封建社会最重要的是地主和佃农之间的关系。但地主和佃农地位也不是一成不变的。在土地所有权运动的条件下,地主、佃农、自耕农的地位是不断变化的,总体来讲,中国封建土地所有权运动的基本轨迹是:土地所有权初始分配按照等级化方式分配,经过土地所有权运动后,土地所有权被重构;庶民地主越来越多,贵族缙绅地主越来越少,土地兼并严重;私田比例越来越高,公田比例越来越低;佃农

---

① 杨国桢著:《明清土地契约文书研究》,中国人民大学出版社2009年修订版,第1~2页。
② 周谷城著:《中国社会史论》,湖南教育出版社2009年版,第32页。
③ 周谷城著:《中国社会史论》,湖南教育出版社2009年版,第93~94页。
④ 周谷城著:《中国社会史论》,湖南教育出版社2009年版,第100~101页。

从人身依附转化为土地依附关系，自耕农分化显著；土地所有权分化越来越快，但再封建化趋势明显；土地资本化到一定程度后转入资本土地化。中国封建土地所有权运动的过程既是一个封建社会不断走向衰落的过程，也是一个农民在封建制度框架内最大限度地运用理性能力不断创造土地所有权实现形式的过程。

每一个朝代从开始都对土地所有权进行了分配，从而也分配了地主身份，决定了佃农的地位。土地所有权初始分配的地主有：①统治阶级的总头目；②一切特权者如宗室子孙被封为王的，以及外戚亲故被封为侯的也是地主；③一切大官僚也是地主。[①] 随着土地所有权的运动，土地所有权不断重构，地主阶级的成分出现变化。王朝存在期间，初始分配的地主始终保持自己的特权，成为特权地主，土地所有权的运动对他们影响很小。王朝灭亡，特权不存，则地主地位一般也被消灭。官僚地主在职期间为特权地主，离任后一般利用其在职期间获得的资本购置田产，成为缙绅地主，因与封建统治之间千丝万缕的关系，土地所有权运动一般对其利益有利。由于土地所有权可以自由交易，平民中有资产者通过交易成为地主。[②] 马端临曾言："自秦开阡陌之后，田即为庶人所擅。然亦富者贵者可得之，富者有资可以买田，贵者有力可以占田。而耕田之夫率属役于富贵者也。"[③] 在商业不发达之前，地主的构成以贵族缙绅地主为主，没有太多变化，土地所有权运动的一般趋势朝着集中方向发展。

随着商品经济的发展，土地所有权运动加快，地主阶级内部庶民地主的地位上升，自耕农分化加速，一部分转化为庶民地主，一部分则沦为佃农，土地所有权进一步集中。杨国桢先生认为："自耕农的小土地所有制，不仅如同以往一样，作为地主土地兼并的对象而存在，而且内部分化出来的富裕农民向地主转化的过程有了新的发展。

---

① 周谷城著：《中国社会史论》，湖南教育出版社2009年版，第93～94页。

② 周谷城著：《中国社会史论》，湖南教育出版社2009年版，第96～97页。

③ 马端临著：《通考·田赋考（三）》。

国家控制的官田，不仅比例缩小，而且地权不断旁落，下移到皇室地主、贵族缙绅地主乃至于庶民地主的手中。即使仍在国家直接控制下的土地，私人土地权利也有强烈的表现，……土地买卖双方、主佃双方关系的确定，主要依靠经济强制和订立契约的形式，封建宗法关系、人身依附关系和经济外的强制都有了比较明显的削弱。这些都反映了明清土地制度的一个重要特点，即以庶民地主为主干的中国土地制度已经发展到烂熟。"① 贵族缙绅地主的没落主要是缺乏进取心和腐化堕落的结果。② 地主阶级的分化原因众多，但贵族缙绅地主的没落与庶民地主的进取是相辅相成的两条主线。

从静态上看，农民阶级有自耕农、半自耕农、佃农、雇农、手工业者、游民等不同阶层。不同阶层的农民在土地所有权运动过程中出现分化，也有从农民阶级转化为地主阶级的。由于农民受到封建官僚政治超经济的强制性剥削，又受到地主的经济剥削，近代还受到城市工商资本和买办资本的压迫，无产化的现象越来越严重，自耕农变成半自耕农、半自耕农变成佃农、佃农变成雇农、雇农变成人身依附关系的佃仆，因饥荒和不堪压迫而沦落为土匪的也越来越多。③ 农民阶级的分化出现了四种显著的形式：一是农民的再奴隶化，二是农民的再封建化，三是山地经济的形成，四是资本土地化。

封建社会的基本关系是租佃关系，按照租佃关系的一般要求，地主拥有土地，佃农拥有劳动力，租佃关系是一种典型的契约关系，佃农依附的是地主的土地，而不是依附地主的人身。然而，随着土地的集中和农民无产化程度的加深，农民的奴隶化现象出现了。

1670 年《麻城县志》记载："此地稼穑之事，皆由佃民为之，大户无不以家买仆垦殖田地。仆成年有后，其子孙即继承祖业，为世

---

① 杨国桢著：《明清土地契约文书研究》，中国人民大学出版社 2009 年修订版，第 9 页。

② 周谷城著：《中国社会史论》，湖南教育出版社 2009 年版，第 81～82 页。

③ 周谷城著：《中国社会史论》，湖南教育出版社 2009 年版，第 231～235 页。

仆。"① 根据同代人吴伟业记载,在麻城县的梅、刘、田、李这样的封建家族中都有奴仆数千人。在这些地区,乡村居民往往全都是这样的奴仆。尽管麻城县奴仆数与地主比例可能是全国最高的,但这一制度最发达的地区则在皖南地区。② 佃农的奴隶化现象是封建土地所有权超越纯粹的经济关系而利用其政治功能对农民最极端的一种剥削方式。

奴仆制度盛行于明朝中晚期,但它不是一种合法方式,而是一种非法方式。按照法律规定,三品以下官员占有奴仆是被法律明确禁止的。奴仆是通过契约形式确定下来的,奴仆身份可以买卖,也可以继承。这种契约形式本身是违法的,但这一制度为何没有被官府所禁止呢?主要原因是高官享用奴隶合法,而比高官等级低的官僚享用奴仆往往被默示,官官相护的定律起了决定性的作用,宗族势力也维护了奴仆制度。奴仆制度实际上是一系列封建等级秩序与商品经济相结合的结果。它们共同构成一个因果链条,默认、强化了奴仆制度。徽州奴仆制度的内在逻辑是:从事商品化农业和贸易活动的利润,获得功名和官职,具有自觉意识的正统程朱理学人文文化,对古老宗法观念的崇拜以及强有力的仪式化宗族组织的形成,所有这些关系网络相互作用的结果最终导致了奴役关系的普遍化。③ 农民沦为奴仆的途径非常复杂,已经被发现的途径有四种:①强占,土豪劣绅和流氓恶霸强虏农民为奴仆;②投降或投靠,因无法承受苛重的赋税"自愿"卖身为奴仆,或被"强人"逼迫走投无路而"甘愿"卖身为奴仆;③雇工;④佃农,雇工和佃农沦为奴仆的具体形式不得而知,"年限女婿"是比较常见的一种。一般是与地主家的女佣结婚生子受到地主刁难而沦为奴仆的,④ 也有无力娶妻而与地主签订契约的"年限

---

① 1670 年《麻城县志》,卷 3。
② [美] 罗威廉著:《红雨:一个中国县域七个世纪的暴利史》,李里峰等译,中国人民大学出版社 2014 年版,第 111~112 页。
③ [美] 罗威廉著:《红雨:一个中国县域七个世纪的暴利史》,李里峰等译,中国人民大学出版社 2014 年版,第 112 页。
④ [美] 罗威廉著:《红雨:一个中国县域七个世纪的暴利史》,李里峰等译,中国人民大学出版社 2014 年版,第 112~114 页。

女婿"。① 奴仆的来源还有绝卖自身、妻子、儿女的卖身奴仆，也有典卖自身、妻子、儿女的典卖奴仆。绝卖与典卖的方式也有附条件和附时间的方式。② 农民沦为奴仆或者奴隶的途径多种多样，但最根本的一条是被封建制度逼得走投无路的结果。

土地所有权运动所形成的农民的再封建化主要是通过典权和永佃权方式形成的。

典是中国封建社会一项独特的金融制度，但其在封建社会关系网络中又可以转化为一种土地所有权交易制度。从形式上看，典与土地所有权之间的关系似乎既满足了地主的需要，又满足了佃农的需要，还促进了土地流转，从而提高了经济效率，这似乎是一个多赢的封建制度类型。龙登高等认为："典是约定期限内土地经营权及其全部收益与利息的交易，而不是表面上的'租息相抵'。典与其他地权交易形式各有特点，相互关联，形成'胎借—租佃—押租—典—抵押—活卖—绝卖'层次分明的且具有内在逻辑的地权交易体系。典、活卖、押租的回赎机制，有效维护了农户保障和恢复地权的意愿，压缩了绝卖和带有高利贷性质的抵押容易使地权转移空间。多层次的地权交易体系，使农户能够根据市场价格与风险偏好进行选择，以满足自身需要，并有助于实现当期收益与远期收益之间的跨期调剂，从而促进了土地流转与生产要素组合，提高了经济效率。"③ 毫无疑问，对于挽救濒临破产的小农，典权具有通过时间分离规避风险的积极意义，但作者故意将出典人置换成农户则可能掩盖了出典人的主体。作者自己也承认："保护土地所有者，正是典交易盛行的社会基础。"④ 根据周谷城先生的研究，实际上，典交易市场主要不涉及钱庄和自耕

---

① 杨国桢著：《明清土地契约文书研究》，中国人民大学出版社2009年修订版，第47页。

② 杨国桢著：《明清土地契约文书研究》，中国人民大学出版社2009年修订版，第45～48页。

③ 龙登高、林展、彭波：《典与清代地权交易体系》，载《中国社会科学》2013年第5期，第125页。

④ 龙登高、林展、彭波：《典与清代地权交易体系》，载《中国社会科学》2013年第5期，第136页。

农之间的关系，而是涉及钱庄、佃户、地主三方关系。佃户和地主身负两种权利，佃农既是债权者，也是佃户；地主既是债务者，也是地主。"佃户对于收入分配得多，并非真多；只因自己缴有进庄钱于地主，照例须从地主应得之租额中扣出一部分作为进庄钱之利息。地主分配得少，并非真少；只因自己收有佃户之进庄钱，照例须从佃租应纳之租中退还一部分作为进庄钱之利息。……这样看来，佃户的地位长随进庄钱的多少而变迁：不缴进庄钱者，地位最低；略缴少许者，地位稍高；缴得最多者，便与自耕农完全等同了。"① 因此，典这一制度并非有利于佃农，而主要有利于地主，地主通过时间分离和向佃农转移负担的方式，实现了自己的再封建化过程，是一种封建土地所有权自我保护的制度化机制。对于中国封建社会典制度的分析完全按照产权经济学的形式主义理论进行分析可能无法真正理解中国当时的现实。实体主义分析往往更能抓住这一制度的本质。

中国封建社会土地所有权分化最典型的形式是佃户通过对永佃权的"非法"利用而获得的事实上的"田面权"，在土地制度方面形成事实上的"一田二主"现象。永佃权最早在宋代出现，明代中期后"永佃权"及其分离出的"田面权"开始流行于东南地区，清代到民国蔓延至全国，若干地区成为主要的租佃制度和土地制度。

永佃权的契约形式和法律形式为：佃户在不拖欠地租的条件下，有权不限年限，永远耕作地主的土地，地主无权撤租；佃农有自由退租权，但不许转租他人，没有转租权，地租一般以定额地租方式交纳。② 永佃权的获得方式很多，主要与土地开发和复垦有关。但作为一种普遍的现象，它的普遍化必须具备很多社会条件。明清永佃权盛行的原因包括以下几个方面：

第一，租佃关系空间上的分离成为永佃权普遍化的经济基础。杨国桢先生认为，在租佃关系中，定额地租成为一种主要地租方式。定

---

① 周谷城著：《中国社会史论》，湖南教育出版社2009年版，第226~227页。

② 杨国桢著：《明清土地契约文书研究》，中国人民大学出版社2009年修订版，第72页。

额地租是地主的剥削量相对稳定。由于定额地租有利于提高佃农的积极性，佃农为了防止地主"增租夺佃"，与地主进行斗争，因此，永佃权是佃农斗争的产物，也是地主妥协的产物。① 这一解释是不符合永佃权取得的历史事实和契约逻辑的。封建社会的地租形式一般有两种：分成地租与定额地租。定额地租作为一般形式，分成地租作为例外形式，都是商品经济发展的结果。黄宗智对民国时期华北农村的研究证明地主普遍采用定额地租的形式出租土地，而只有亲戚朋友之间才采用分成地租的方式，主要原因是定额地租降低了地主的收入风险。② 同时，随着商品经济的发展，在村地主越来越少，在城地主越来越多，在城地主按照定额地租方式出租土地可以减少收租成本。张五常先生的研究更加证明分成地租无效率。定额地租能提高佃农劳动积极性的传统看法的错误，③ 他因这一发现奠定了产权经济学的基础。因此，我们认为，不是定额地租的普遍化导致了永佃权的普遍化，而是永佃权的普遍化导致了定额地租的普遍化，杨国桢先生颠倒了定额地租与永佃权之间的因果关系。因为，随着商品经济的发展，土地资本化转向资本土地化，地主阶级中的分化趋势加剧，地主阶级中的分化已主要不是贵族缙绅地主与庶民地主之间的分化，而是在村地主与在城地主之间的分化。在城地主在经济条件和社会地位方面都优于在村地主，在城地主如果采用分期合约方式，则会增加每一次合约的费用，如果采取无期合约方式，则会降低合约费用，相当于增加了出租土地的收益。另外，通过无期合约方式与定额地租的结合，则地主不仅降低了合约费用，也降低了收租费用。我们不排除佃农斗争的作用，但更根本的原因是永佃权是地主理性计算的结果。

第二，商品化农业的发展是永佃权普遍化的根本原因。随着商业经济的发展，农产品的商品化加速。为了推动农产品的商业化，必须

---

① 杨国桢著：《明清土地契约文书研究》，中国人民大学出版社2009年修订版，第76页。

② [美]黄宗智著：《华北的小农经济与社会变迁》，中华书局2000年版，第217~218页。

③ 张五常著：《佃农理论》，商务印书馆2000年版，第2~3页。

调整农业种植结构,提高经济作物的种植比例,而经济作物比一般农作物的生长期长,需要稳定的租佃关系才能保证双方的预期利益。① 特别是在城地主,其收入的主要来源源于商业经营,而不是地租收入。这样一来,佃农需要较长时间的租约调整种植结构,增加预期收益,地主需要一个稳定的农产品基地,双方意愿的结合使得永佃权普遍化成为必要,也有可能。

第三,随着商品经济的发展,主佃之间的人身依附关系不断消除是永佃权形成的社会基础。由于商品经济的发展,农民的非农就业率提高,同时,山地经济的发展也增加了对农业劳动力的需求,② 为保证出租收入的稳定性,地主也乐于采用无限期合约方式。

按照永佃权的契约规定和法律的规定,永佃权不得转租。然而,随着经济关系和阶级力量对比的变化,永佃权"私相授受"的现象越来越普遍,地主从最初的不承认到默认,再到承认,佃户从形成既定事实到通过"乡规""俗例"方式确定其"合法性",终于从地主的土地所有权中分离出了一部分"所有权"。地主的所有权为"田底权",佃户的所有权为"田面权",随着"田面权"进入交易和典押领域,佃农就获得了"二地主"的地位,"一田两主"的现象就出现了。③ "田面权"的流转严重威胁到封建国家的赋税收入,封建国家反复申明明令禁止,④ 但由于商品经济的发展与封建社会的衰败无法阻止这一现象,⑤ 最终也只能默认。佃农从地主手中分离出"田面权"是封建社会衰败的结果,佃农获得了更多的经济利益和更高的

---

① 杨国桢著:《明清土地契约文书研究》,中国人民大学出版社 2009 年修订版,第 76 页。

② 杨国桢著:《明清土地契约文书研究》,中国人民大学出版社 2009 年修订版,第 106~108 页。

③ 杨国桢著:《明清土地契约文书研究》,中国人民大学出版社 2009 年修订版,第 77 页。

④ 杨国桢著:《明清土地契约文书研究》,中国人民大学出版社 2009 年修订版,第 89 页。

⑤ 杨国桢著:《明清土地契约文书研究》,中国人民大学出版社 2009 年修订版,第 90 页。

社会地位。但成为"二地主"的佃农在流转过程中会将地主的"田底权"地租和自己"田面权"的地租一起转嫁给最后一个佃农,从而出现了租佃关系的逆转和土地所有权的再封建化过程。① 随着再封建化过程的加速,"二地主"乃至"三地主"对佃农的剥削更为残酷,② 从而加速了农民的无产化进程。封建社会的自我繁殖过程也是自反性的过程,再封建化表明封建社会已走到了穷途末路,不进行土地革命就不可能解放土地所有权本身。

永佃权现象在西方封建社会也很普遍。梅因认为:"封建时代的概念的主要特定,是它承认一个双重所有权,即封建地主所有的高级所有权以及同时存在的佃农的低级财产权或地权。"③ 英国在14世纪至19世纪也出现了无定期租佃关系这样一种永佃现象,英国通过一系列诉讼形式优先保护了佃农的占有(possess)权,同时也保护了领主的占有(seise)权。英国开始确立的是佃户对抗其他侵占人的诉讼形式,但不得对抗领主,后来发展到佃户能够对抗领主,但不得对抗领主的土地所有权的诉讼形式。在对抗领域的诉讼形式中,佃户能够获得损害赔偿,但不能获得土地所有权。④ 英国发达的诉讼形式帮助封建社会度过了自反性的后果,中华法系因其刚性约束机制没有能够阻止再封建化现象的普遍化。

如果说典这一制度是封建土地所有权自身发展出来的一种自我保护机制,是地主土地所有权的积极再封建化方式,那么,从地主阶级的角度来看,永佃权则是一种消极方式。而从佃农角度来看,永佃权则是封建制度再封建化的一种新的方式。典维护了既有地主的土地所有权,永佃权的非法利用则加速了既有地主所有权的没落进程,而产

---

① 杨国桢著:《明清土地契约文书研究》,中国人民大学出版社2009年修订版,第93页。

② 杨国桢著:《明清土地契约文书研究》,中国人民大学出版社2009年修订版,第104页。

③ [英]梅因著:《古代法》,沈景一译,商务印书馆1959年版,第167页。

④ [英]梅特兰著:《普通法的诉讼形式》,王云霞哦、马海峰、彭蕾译,商务印书馆2009年版,第101～117页。

生了新的土地所有权人,在旧地主没有完全消灭,新地主没有完全形成这一过程中,佃农所受到的剥削则是双重的。封建社会之所以明令禁止,事实上默认永佃权的非法利用,目的还是希望加速土地所有权与所有权人的一体化,重构封建统治秩序。

山地经济是中国农业经济的重要组成部分,具有调节平原经济,调整农业产业结构,促进农业产业化和商品化的多重功能。

由于人多地少的矛盾在中国异常突出,尽管平原地区不断发展精耕细作方式以增加产出,人地比例仍然是一个极为脆弱的经济平衡关系,任何细小的不确定因素都可能使这一平衡关系遭受巨大破坏,使人民深受其苦。① 由于农业是一个脆弱的产业,受到自然条件的严格限制,遇到自然条件恶化,歉收不可避免,必然出现大量灾民和流民,为了寻找活路,流民会进山寻找生存机会。流民在寻找生存机会过程会分化出"暴民"(也可能是起义军,也可能沦为土匪,此处用"暴民"仅作中性理解)与棚民。暴民占山为王,对山地进行开发,棚民佃租山主土地,种植为生。由于山地主要以经济作物种植为主,商人接踵而至。各种力量共同作用的结果极大地促进了山地经济的发展,调整了农业产业结构。

山地经济在发展过程也出现了停滞现象。主要原因是:①由于政府敌视山民,害怕山民聚众为"匪",严禁山地开发,并多行禁剿之策,严重阻碍了山地经济的进一步发展,也糜费巨资。② 山民亦对政府的禁剿之策充满敌意,形成以武力对抗朝廷的乡俗。山民筑山寨以防不测,消耗大量资源。③ 这是山地经济发展停滞的政治原因。②山地原地主为了维护自己的既得利益,或禁止开山种植,或挑起土、客

---

① [法]谢和耐著:《中国社会史》,黄建华、黄迅余译,江苏人民出版社2010年版,第516页。

② 杨国桢著:《明清土地契约文书研究》,中国人民大学出版社2009年修订版,第107页。

③ [美]罗威廉著:《红雨:一个中国县域七个世纪的暴利史》,李里峰等译,中国人民大学出版社2014年版,第170~200页。

之争，或驱散棚民，致使山地经济发展速度缓慢。①③由于朝廷和地方势力对山地经济采取敌视态度，棚民也就只做短期打算，采取粗放式耕作方式。商人因种植产品不稳定，也采取掠夺式的经营方式。三种原因共同作用的结果使得山地发达的商品经济类型与极为落后的生产方式相结合，从而窒息了山地经济的进一步发展。② 山地经济随着棚民和商人的进退而兴衰，进一步证明了封建统治的脆弱和残忍，如果不彻底推翻封建统治，进行土地革命，就不可能最终解放生产力，激发农民的制度理性能力。

农业商品化与资本土地化是封建土地制度分离契合的两种趋势。黄宗智先生认为农业商品化是人口压力和家庭手工业双重作用的结果。他认为："人口压力和商品化的家庭手工业生产，对小农分化的基本过程起着双重作用。人口增长，一方面促进农业的商品化；另一方面，它通过分家制度而妨碍了大规模农场的形成。农村手工业，同样地刺激农作物商品化，但同时也协助维持小自耕农经济。"③ 黄宗智先生研究的是1910年棉花传入华北农村后农业商品化的情形，意在证明农业发展内卷化的基本假设，重在说明中国传统农业的商品化为何没有产生农业资本主义，也没有出现农业与工业之间的分离。

黄宗智先生重在从小农分化角度分析农业内卷化的内在逻辑，但没有考察农业商品化的媒介——商人为何没有促进农业商品化的深化以及促进农业与工业的分离。在西欧资本主义发展过程中，商人起着至关重要的作用。罗威廉在研究麻城历史过程中发现，以经商为世业的西村程氏家族一方面将贸易经营收入作为宗族集体财产，另一方面投资于教育以获得功名与官职。④ 西村程氏家族的经营理念浸润着深

---

① 杨国桢著：《明清土地契约文书研究》，中国人民大学出版社2009年修订版，第107页。

② 杨国桢著：《明清土地契约文书研究》，中国人民大学出版社2009年修订版，第108页。

③ ［美］黄宗智著：《华北的小农经济与社会变迁》，中华书局2000年版，第109页。

④ ［美］罗威廉著：《红雨：一个中国县域七个世纪的暴力史》，中国人民大学出版社2014年版，第73～75页。

沉的道德关怀。① 他们将从商业中获得的利润用于购置土地，但没有出现非理性的土地兼并现象。罗威廉认为："在漫长的18世纪，麻城的农业生产关系没有发生急剧变化。新的商业财富不断投资于土地，个人和家族共同拥有的大土地仍很普遍，但没有证据证明清朝中叶和明朝中后期一样是疯狂的土地集中时期。地主与佃仆的关系，仍在仇恨和家长式温情之间保持着相似的平衡。"② 罗威廉的研究证实了马克斯·韦伯的基本结论。农业商品化的成果并没有脱离封建土地所有制度所勘定的边界，再一次回到了资本土地化的轨道上来，其中，传统文化的影响成为不可忽视的要素。

在封建土地所有制运动轨迹中，佃农的再奴隶化、佃农的再封建化、山地经济的兴衰、农业的商品化和资本的再土地化相辅相成，以上四个方面的趋势相结合，再加上买办资产阶级的压榨，中国的封建土地制度就到了崩溃的边缘，已到了不通过土地革命就不能解决中国社会总危机的程度。

第三节　地权重构

一、土地革命

（一）封建土地所有权的危机

第一，封建土地所有权的边际与异化。土地是人类生存的首要条件，③ 它是作为人类劳动的一般对象而存在的。④ "耕者有其田"既是自然正义的要求，也是每个农民的理想。然而，由于分工的发展，人

---

① 程荫南编：《西村程氏宗谱》卷2，1919年，第18～19页。
② ［美］罗威廉著：《红雨：一个中国县域七个世纪的暴力史》，中国人民大学出版社2014年版，第207页。
③ 恩格斯著：《国民经济学批判大纲》，载《马克思恩格斯文集》第1卷，人民出版社2009年版，第70页。
④ 马克思著：《资本论》第1卷，载《马克思恩格斯文集》第5卷，人民出版社2009年版，第208页。

类出现了不同的土地所有制形式。① 封建土地所有制是封建社会的基础，它是以地主对土地的占有为基础、以自耕农的土地占有为补充的一种土地所有制形式。

中国是一个有着漫长封建历史的农业国，由于人多地少的自然限制，历代统治者在开国之初都特别重视土地所有制的合理安排。一方面，统治阶级注重土地所有权向地主阶级倾斜，以维护封建统治秩序；另一方面，统治阶级也注重农民通过土地所有权制度获得基本的生存条件，防止农民的无产化危及统治秩序。

历代统治者在土地所有权的初始分配上既注重统治基础的稳定，也注重通过土地所有权的流转维持绝大多数农民的生存条件。王亚南先生认为："本来，中国历代的专制封建王朝在开国之初，由于承当丧乱之后，例改实行安辑流亡、务农劝工、省刑薄敛等一套办法，有多少朝代，就曾重复过多少次数。在这种场合，一般农民，特别是那些自耕农，还多少有一些喘息的机会。但此后不久，一般自耕农就开始佃农化，一般勉强独立的贫农、小农，就开始隶农化、奴隶化，那些情形，就在正规租赋没有怎么增加，甚或是有皇皇文告予以减免的场合，依旧不免发生。"② 由于财产集中是私有制的一个基本规律，③ 随着政权的稳定，土地所有权便开始不断集中到地主阶级手中，从而打破了统治者新中国成立之初土地所有制所设定的平衡关系，出现了"兴亡周期律"。

中国封建社会末期的土地所有权运动，出现了佃农的再奴隶化、佃农的再封建化、山地经济的衰败、资本的再土地化这样几种显著现象，表明封建土地所有权制度出现了边际效应和异化现象，也表征了封建社会的总危机。

恩格斯认为，土地占有比劳动强，土地占有者靠地租生活，劳动

---

① 马克思、恩格斯著：《德意志意识形态》，载《马克思恩格斯文集》第1卷，人民出版社2009年版，第521～522页。

② 王亚南著：《中国官僚政治研究》，中国社会科学出版社1981年版，第127页。

③ 恩格斯著：《国民经济学批判大纲》，载《马克思恩格斯文集》第1卷，人民出版社2009年版，第84页。

者得到的仅仅是一点点生活资料。较大的土地占有者把小土地占有者从市场上排挤出去，大土地占有者比只有一摩根土地占有者占优势。在农业危机时期，土地集中得更快。这种财产的集中是一条规律，它与所有其他规律一样，是私有制所固有的。中间阶级必然越来越多地消失，直到世界分裂为百万富翁和穷光蛋、大土地占有者和贫穷的短工为止。任何法律，土地占有的任何分割，都无济于事，这个结果必定会产生，而且就会产生，除非在此之前全面变革社会关系，使对立的利益融合、使私有制归于消灭。① 封建土地所有权运动的基本规律决定了中国近代进行土地革命的必要性。

第二，农村的阶级分化。农村的阶级分化是以土地占有关系的改变为基础的。封建社会末期农村的土地所有权运动既发生了显著的阶级分化现象，也出现了局部调整。但在内外危机的背景下，局部调整无法阻止阶级分化加速的总趋势。

农村的阶级分化伴随着封建社会的整个过程，这是恩格斯所揭示的土地私有制的基本规律。农民的无产化现象是封建土地所有权运动的基本规律。周谷城先生认为："一方面是富者愈富，另一方面便是贫者愈贫之现象。于是全体的农民，都朝着无产者的路上跑。自耕农都有变成佃农的趋势，佃农有变成雇农的趋势，雇农甚至有变成土匪的可能。"② 封建社会农村阶级分化的巅峰都是以王朝更替为归宿和新的起点的，并不必然导致土地所有权制度的革命性主张。真正推动土地革命主张提出的是农村阶级分化的加速和新的历史条件下农村阶级分化的不可逆转。

农村阶级分化的加速是伴随着中国半封建半殖民地的进程而出现的。周谷城先生认为，自商业资本发达以后，农村深受商业资本、地租和高利贷资本的毒害，③ 这三股力量是导致农村阶级分化的主要原因。特别是帝国主义通过军事侵略和不平等条约将中国封建秩序纳入

---

① 恩格斯著：《国民经济学批判大纲》，载《马克思恩格斯文集》第1卷，人民出版社2009年版，第83～84页。
② 周谷城著：《中国社会史论》，湖南教育出版社2009年版，第231页。
③ 周谷城著：《中国社会史论》，湖南教育出版社2009年版，第585页。

国际资本控制的范围加速了中国农业经济的崩溃和农村阶级的分化。毛泽东认为:"在经济落后的半殖民地的中国,地主阶级和买办阶级完全是国际资产阶级的附庸,其生存和发展,是附属于帝国主义的。"① 中国农民被迫纳入世界体系使得中国农民由农产品的生产者变成了国际资本主义的工业品消费者;使得中国农民由手工业的消费者变成了国际资本主义的原料生产者。② 从而使农民不仅受地主的剥削,而且受国际资本主义的剥削。在封建主义、官僚资本主义和帝国主义的多重压迫和剥削下,农村的阶级分化加剧。

农村的阶级分化程度一般从两个方面进行测量:一是土地所有权的集中程度,一是土地所有权者与非土地所有权者的比例。土地革命前后中国农村的阶级分化现象已引起国共两党的关注。根据毛泽东在湖南的调查,在长沙的人口中,贫农占70%,中农占20%,地主、富农占10%。③ 根据国民党的调查评估,中国虽然没有大地主,但一般农民90%都没有土地所有权,以租佃地主土地为生。据此,孙中山先生提出"耕者有其田"的主张。④ 根据武汉政府时期国民党中央农业部的调查,大地主占5%,小地主占9%,农民占86%;佃农占50%以上,有的省份高达80%,甚至90%;自耕农、雇农、雇工相对较少。其中地主占有土地55%,农民占土地45%。⑤ 根据土地改革时期中南局对新解放区中南地区的调查。中南地区地主、富农的土地加起来只有40%多,很少有70%的地方。无地、少地的农民数量非

---

① 毛泽东著:《中国社会各阶级的分析》,《毛泽东选集》1卷本,人民出版社1964年版,第3~4页。
② 周谷城著:《中国社会史论》,湖南教育出版社2009年版,第669~670页。
③ 毛泽东著:《中国社会各阶级的分析》,《毛泽东选集》1卷本,人民出版社1964年版,第20页。
④ 陶希圣著:《中国社会之史的分析》,岳麓书社2010年版,第31页。
⑤ 周谷城著:《中国社会史论》,湖南教育出版社2009年版,第627~629页。

常大，高达70%以上。① 农村土地所有权与耕作者之间不可逆转的分离为土地革命提供了原动力。

(二) 土地革命的轨迹

土地革命的轨迹在中国历史上并不是一次形成的，而是无数历史事实相互激荡、相互衔接的结果，表现了中国农民制度理性的变革能力与革新能力。中国农民不仅具有封建土地所有权制度内求生存的"合法"变革能力，而且也有"非法"推翻封建土地所有权制度的革命能力。

封建土地所有权运动的基本规律决定了土地革命的必然性，农村的阶级分化提供了土地革命的原动力，但并不决定土地革命的具体历史进程。

封建社会的土地所有权运动决定了土地革命的要求必然会到来的总趋势不可逆转，但这一过程总会伴随着封建社会的自我调整而出现一定阶段的阶级缓和。通过王朝更迭的方式重新分配土地所有权，化解阶级矛盾是中国封建统治延续两千多年的基本规律。② 金观涛、刘青峰认为："农业经济中主要由自耕农、佃农、地主等成分组织的结构，可以称为地主经济。供养一体化组织的三个层次，需要严格保持地主经济形态，地主和自耕农必须有适当比例。当地主大肆兼并土地，自耕农急剧减少时，国家税源、兵员也将随之骤减，这时为了维持一体化官僚组织的生存，税收和劳役又不得不加到土地数量日益减少的自耕农甚至是无地佃农身上。农民负担就会随土地兼并而不断加重。当自耕农减少到一定限度以下，农村经济在地主与政府双重压力下崩溃，往往会发生全国性农民大起义。历史上，中国封建社会每一个盛大王朝初建之时，自耕农相当多，往往占总农户的60%～70%；到王朝后期，自耕农越来越少，当他们只占总农户的30%以下时，

---

① 杜润生著：《杜润生自述：中国农村体制变革重大决策纪实》，人民出版社2005年版，第9页。

② 金观涛、刘青峰著：《开放中的变迁：再论中国社会超稳定结构》，法律出版社2011年版，第17页。

社会大崩溃也就来临了。"① 国民党政府也曾做过局部调整。其民法和《土地法》都具体规定了对土地所有权的种种限制，也规定了永佃权人因不可抗力致其收成减少或全无者，得请求减少或免除佃租。同时，《土地法》还保留了佃租对出租人出卖其所租之地时的优先购买权，以保障佃户的利益。② 但这种局部调整根本无法阻止封建土地所有权运动的基本规律，农民的无产化和阶级分化仍不断加剧，最终无法挽救国民党政权崩溃的结局。

除了封建土地所有权运动的基本规律外，与之相伴随的腐败和敲诈使得农民始终处于无产化的边缘，农民的土地革命要求以不可抑制的方式爆发出来。王亚南先生认为："大概每个新王朝的最初几代君主官僚们为了收拾人心，特别是为了增加生产以裕税源，还多少能保持一点戒慎恐惧的精神，留意人民疾苦；对于其下属乃至农村豪绅土劣的各种压榨人民的非法活动尚可予以防范或限制。等到安而忘危，积久玩生，或者消费贪欲逐渐随着经济恢复生机而增强起来，官常腐败，贪污横行的现象就不期而然地发生；不幸，每逢这种场合，又是对内对外大张挞伐的年头。在以往的社会，耀武扬威往往是当作一种政治权力的炫示，或特殊消费排场的演出，但由此制造出的贪污机会与借端敲诈的口实，就成为一般人民被损害与被勒索的生死关头。"③ 值此之时，农民利用合法的手段分割封建土地所有权的方式不仅无济于事，而且也无法通过分羹的方式挽救自己一步一步被沦为无产者的悲惨命运。

以合法的方式无法拯救自己的命运，农民就只剩下通过起义、战争或革命的方式寻求与土地之间的联系。封建土地所有权运动最反动的表现形式是农民奴隶化，农奴不仅受封建土地所有权的压迫，而且人身依附于地主，受压迫最深，觉悟最早，最团结，反抗最激烈。罗

---

① 金观涛、刘青峰著：《开放中的变迁：再论中国社会超稳定结构》，法律出版社2011年版，第15页。

② 张晋藩主编：《中国法制史》，中国政法大学出版社1999年版，第494页。

③ 王亚南著：《中国官僚政治研究》，中国社会科学出版社1981年版，第127页。

威廉认为："奴仆们有一种自觉的团结和不满的持续暗流，它在改朝换代之际达到了顶点。"[①] 在封建社会，农奴起义往往因人数较少和力量悬殊而被封建统治阶级所镇压，但每当阶级分化达到顶点时，农奴起义就成为一个腐败王朝覆灭的先导。[②] 它也提供了通过武力方式解决土地所有权不平等的一种革命方式。

在内忧外患的双重压力下，太平天国农民起义被迫以大规模战争的方式解决土地所有权不平等问题。太平天国农民起义的基本原因是大地主的土地兼并和官僚腐败。太平天国农民起义前夜，适逢中国人口急剧增长之时，人地矛盾显著，又逢各色地主利用内忧外患和朝廷无暇顾及之机大肆兼并土地，进一步加剧了农民的无产化。京官无能，地方官贪墨，上下其手，农民已无喘息回旋余地。朝廷无良臣、国无良将、市无良商、江湖无良盗，农民处于水深火热之中。[③] 以战争方式解决封建土地所有权成为太平天国农民起义唯一的选择。

是故，太平天国在取得了局部政权以后就确立了以土地制度为核心的社会变革方案。为达到农民阶级理想的"有田同耕、有饭同食、有衣同穿、有钱同使、无处不均匀、无人不保暖"的大同境界，《天朝田亩制度》宣布废除土地私有制度，均天下田给农民耕种。它把土地按照年平均亩产多少分为上上、上中、上下、中上、中中、中下、下上、下中、下下九等，确定以户为单位，不论男女，好坏搭配，按人口平均分配耕种；并规定丰荒相通、迁徙赈济的动态方法。在此基础上，它又设计了农村公社式的"人人不受私，物物归上主"的社会经济生活模式。农户经营所得除留下必需的口粮之外，皆上缴国库。遇有"婚娶弥月喜事"，所需钱物由国库定额付给，"通天下

---

① [美]罗威廉著：《红雨：一个中国县域七个世纪的暴力史》，中国人民大学出版社2014年版，第128页。

② 傅衣凌著：《明清封建土地所有制论纲》，中华书局2007年版，第125页。

③ 金观涛、刘青峰著：《开放中的变迁：再论中国社会超稳定结构》，法律出版社2011年版，第52～57页。

皆一式"。① 太平天国的土地制度糅合了传统与现代的诸多元素,成为中国农民起义史上的一个转折点。② 太平天国的土地所有权制度既包含了中国农民的理想,也浸淫着西方新教的基本精神,还杂糅了俄罗斯农村公社的基本生活方式。它对新中国建立后农村土地制度变迁产生了深刻影响。

太平天国对于中国历史的深刻影响不只表现在它的土地制度方面,它的一个溢出后果是以大规模战争的残酷方式缓解了中国人多地少的矛盾。在1851—1865年这14年间,全国人口由43000万骤降到31000万,净减11200万,减少26.05%。③ 特别是在太平天国战斗的中心地区江苏、浙江、安徽、江西等省,这些全国最富裕、人口最密集的地区,人口减少最为显著。100年后的1953年,此地区除江苏外,人口总数仍然比1950年少2000万。④ 大规模战争沉重打击了封建地主的势力,人口大规模减少缓解了人地矛盾。根据黄宗智对华北农村的研究,华北农村的商品化程度和阶级分化程度仍然比较低,多以自耕农为主,多数村庄没有占地百亩的在村地主。⑤ 总人口下降一直没有恢复,人多地少的矛盾得到了初步缓解,按照这一逻辑,农民的土地革命要求应该降低了,但农民的土地革命要求为何变得越来越强烈?

陶希圣先生认为:"农民问题,大地主多固然是严重,大地主少也不失其严重的性质。"⑥ 这一洞见可能反映了这一辩证关系。申言

---

① 叶孝信主编:《中国法制史》,北京大学出版社1989年版,第265～266页。

② 金观涛、刘青峰著:《开放中的变迁:再论中国社会超稳定结构》,法律出版社2011年版,第52～57页。

③ 葛剑雄著:《中国人口发展史》,福建人民出版社1991年版,第253页。

④ [美]何炳棣著:《1368—1953年中国人口研究》,上海古籍出版社年版,第244页。

⑤ [美]黄宗智:《华北的小农经济与社会变迁》,中华书局2000年版,第233～234页。

⑥ 陶希圣著:《中国社会之史的分析》,岳麓出版社2010年版,第31页。

之,由于封建土地所有权与阶级分化之间相互转化的关系,封建土地所有权运动的结果已从单纯的经济斗争上升到了政治斗争的层面。中南地区是土地革命的策源地,根据土地改革时期中南局对新解放区中南地区的调查。中南地区地主、富农的土地加起来只有40%多,很少有70%的地方。但无地、少地的农民数量非常大,高达70%以上。① 这就为农民通过政治斗争的方式进行土地革命提供了社会条件,也意味着封建土地所有制再一次走到了它的崩溃边缘。

正是在这一背景下,中国共产党吸取第一次国内革命战争失败的惨痛教训,为适应农民的土地诉求提出了土地革命的主张。农民强烈的土地革命要求和中国共产党新民主主义革命的思想相结合,从此,中国革命进入到轰轰烈烈的土地革命阶段,宣告了封建土地所有制的破产,也决定了中国革命道路的独特性。

(三) 土地革命的内容

土地革命的内容不是一次提出来的,而是在总结农民运动经验和动员农民参加革命的背景下逐步丰富起来的。

1926年7月,北伐军连连告捷,"北伐战争的胜利推动了以湖南为中心的农村大革命,有力地打击了地主豪绅的反动政权。湖南、湖北等省农民运动空前发展,有力地支援了北伐战争"。② 湖南农民运动提出了改良封建土地制度的要求。他们以强制地主不准加租加押、不准退佃和减息的方式限制地主的封建土地所有权。③ 但湖南的农民运动没有提出土地革命的主张。1926年12月13日,党的汉口特别会议专门讨论了农民问题,并形成了《关于湘鄂赣三省农运决议案》,主要针对农民的政治斗争与军事斗争提出决议。关于封建土地所有权,主要还是限于"减租减息"的土地改良措施,反对土地革命的

---

① 杜润生著:《杜润生自述:中国农村体制变革重大决策纪实》,人民出版社2005年版,第9页。

② 姜华宣、张蔚萍、肖甡主编:《中国共产党重要会议纪事》(1921—2006)增订本,中央文献出版社2006年版,第34页。

③ 毛泽东著:《湖南农民运动考察报告》,《毛泽东选集》1卷本,人民出版社1964年版,第27页。

要求。① "四一二"反革命政变以后,1927年4月27日—5月10日,党的第五次全国代表大会对"四一二"反革命政变的惨痛教训进行了总结,认为过去党中央没有提出"激进的土地改良之要求,以巩固与农民的团结。"大会形成了《土地问题决议案》,决议案指出:"现在阶段之中,革命的主要任务,是土地问题的激进解决。"决定没收一切所谓公有的土地以及祠堂、学校、寺庙、外国教堂的土地,交给农民耕种,但属于小地主的土地不变。② 尽管这次会议提出了封建土地所有权的边缘性问题,但仍然没有触及土地革命的核心问题。1927年6月7日,中央政治局会议前共产国际通过《关于中国问题的决议》,要求开展土地革命,没收地主土地,但此次会议没有采纳共产国际的主张。③ 此后多次会议都拒绝了共产国际的土地革命主张。

大革命失败后,1927年8月7日,中央召开紧急会议,明确提出了土地革命的方针,从此,中国共产党进入十年的土地革命战争。土地革命时期,根据地出台了一系列土地政策,制定了多部土地法。这些政策和法律直接针对封建土地所有权,特别是地主的土地所有权,利用革命的手段,采取没收归公的方式。

第一,没收土地的对象。这一时期多有变化。《井冈山土地法》规定"没收一切土地",犯了原则错误。《兴国土地法》更正为"没收一切公共土地及地主阶级的土地"。《中华苏维埃共和国土地法》规定"所有封建地主、豪绅、军阀、官僚及其他大私有主的土地,无论自己经营或出租,一概无任何代价地实行没收",富农,一切反革命组织及白军武装队伍的组织者和参加者的土地都在没收之列。坚持了正确的方向,但扩大了对富农的没收范围。中央执行委员会《关于改变对富农政策的命令》对此进行了纠正,宣布"富农自耕及

---

① 姜华宣、张蔚萍、肖甡主编:《中国共产党重要会议纪事》(1921—2006)增订本,中央文献出版社2006年版,第34~36页。

② 姜华宣、张蔚萍、肖甡主编:《中国共产党重要会议纪事》(1921—2006)增订本,中央文献出版社2006年版,第39页。

③ 姜华宣、张蔚萍、肖甡主编:《中国共产党重要会议纪事》(1921—2006)增订本,中央文献出版社2006年版,第41~42页。

雇工经营之土地，无论其土地之好坏，均一概不在没收之列"，"此前颁布之土地法及一切法令凡与本命令有抵触者，悉废除之"。

第二，分配土地的方式。六届四中全会以前的土地法令和政策，都明确规定雇农、贫农、红军战士、富农、地主及其家属均享有分配土地的权利。六届四中全会则确立了"地主不分田，富农分坏田"的政策，并写进《中华苏维埃共和国土地法》。

第三，土地分配的办法。通行做法是，没收的土地以乡为单位，按人口平均分配，但也有按照人口与劳动力的混合标准分配的。《中华苏维埃共和国土地法》规定：按最有利于贫农、中农利益分配，或以劳动力和人口的混合标准，或中农、贫农、雇农以人口平分，富农以劳动力与人口标准分配。

第四，土地所有权的归属。六届三中全会前的土地法令与政策都宣布，没收后的土地属于国家所有，分得土地的农民只有占有、使用和收益权。此后的土地法律，先后承认了农民的土地所有权。《中华苏维埃共和国土地法》一方面宣布土地实行国有，但同时规定"现在不禁止土地的出租与土地的买卖"，实际上承认了农民的土地所有权。[①] 按照这一规定，《中华苏维埃共和国土地法》承认的实际上是农民的"田面权"[②]而不是"田底权"，是按照罗马法上的永佃权[③]方式对土地所有权进行的分割。

抗日战争爆发后，除死心塌地的汉奸首要分子的土地没收归公外，政策和法律所贯彻的都是"减租减息"措施，容忍了封建土地所有权制度。这一政策一直持续到解放战争初期。

二、土地改革

土地改革分老解放区的土地改革和新解放区的土地改革。老解放

---

① 张晋藩主编：《中国法制史》，中国政法大学出版社1999年版，第535～536页。

② 注：1950年6月30日由中央人民政府公布实施的、用于规范新区土地改革的《中华人民共和国土地改革法》第12条第2款仍然承认"田面权"。

③ [意] 彼德罗·彭梵得著：《罗马法教科书》（2005年修订版），黄凤译，中国政法大学出版社2005年修订版，第203页。

区与新解放区土地改革的界定是按照解放战争的进程划分的。解放战争至新中国建立之时的土地改革称为老解放区的土地制度改革，新中国成立后至1953年春的土地改革称为新解放区的土地制度改革。土地改革的目的是彻底摧毁封建土地所有权制度，实现"耕者有其田"的理想。适用于老解放区土地改革的《中国土地法大纲》明确宣布"废除封建性及半封建性剥削的土地制度，实行耕者有其田的制度"，适用于新解放区土地改革的《中华人民共和国土地改革法》明确宣布"废除地主阶级封建剥削的土地所有制，实行农民的土地所有制"。因此，从土地所有权制度的角度考察，土地改革是比土地革命时期范围更广、对全中国的基本制度建设影响更深远的彻底的土地革命。

（一）老解放区的土地改革

1946年5月4日，为支持解放战争，中共中央发布《关于土地问题的指示》（一般称"五四指示"），决定将土地革命前和抗日战争时期执行的"减租减息"政策改为没收地主土地分配给农民的政策，是对土地革命时期土地政策和法律的继承。

为贯彻落实"五四指示"，1947年10月10日，中央全国土地工作会议通过《中国土地法大纲》，用于规范解放区的土地改革实践。《中国土地法大纲》共16条，主要内容有：

第一，确立土地改革的基本任务。《中国土地法大纲》规定："废除封建性及半封建性剥削的土地制度，实行耕者有其田的制度"；没收地主、祠堂、庙宇、寺院、学校、机关、团体及富农按平均分配原则多余的土地，按人口平均分配。分配的土地归个人私有，政府发给土地所有证。

第二，规定土地改革的基本原则。《中国土地法大纲》规定："乡村无地少地的农民所组织的贫农团大会及其选举的委员会，为改革土地制度的合法执行机关之一"。贫农是一切农村斗争的骨干，依靠贫农是土地改革胜利的保障；中农是可以团结的力量，在土地改革过程中要注意中农的意见，不允许侵犯他们的合法利益；工商业者的"财产及其合法的经营，不受侵犯"；对地主及其家属"分配给与农民同样的土地及财产"；对富农，只没收其多余的土地财产。

第三，规定土地改革的司法保障。《中国土地法大纲》规定："为贯彻土地改革的实施，对于一切违抗或破坏本法的罪犯，应组织人民法庭，予以审判及处分。人民法庭由农民大会或农民代表大会选举及政府所委派的人员组成。"① 一方面，人民法庭的构成有利于发挥农民的积极性，推动土地改革的进程；另一方面，由于具体决策者与人民法庭构成成员之间的重叠现象，也隐含司法过程中的危险。

土地革命是以改变封建土地所有制的方式为建立根据地最终夺取全国政权的一系列政策与法律。老解放区的土地改革是解放战争后土地革命基本政策和法律的续接。两者的目的都是为了支持战争以夺取全国政权。在执行过程中，曾出现过"左"的现象，出现过乱打乱杀的情况。② 这些偏向，不利于新生人民政权的健康发展，也不利于运用法律保障公民的基本权利。

(二) 新解放区的土地改革

新解放区的土地改革政策和法律制度是在取得全国政权后，经过较长时间的调查和局部试验，并在总结老解放区土地改革经验和教训的基础上制定的，比较符合新解放区当时的实际情况，但在具体执行过程中也出现了偏差。

1949年10月1日，中华人民共和国成立，尽管七届二中全会确立了全国工作的重心要由农村转入城市，但土地革命的任务仍然是新解放区当时工作的重点。③ 新解放区土地改革的焦点在于如何对待富农的土地问题。根据中南局的调查结果，由于无地少地的农民数量非常大，高达70%，仅仅没收分配地主的土地，而不没收分配富农的土地已无法满足农民的土地要求。④ 为此，毛泽东专门向中南局并华

---

① 张晋藩主编：《中国法制史》，中国政法大学出版社1999年版，第537～538页。

② 杜润生著：《杜润生自述：中国农村体制变革重大决策纪实》，人民出版社2005年版，第13～15页。

③ 杜润生著：《杜润生自述：中国农村体制变革重大决策纪实》，人民出版社2005年版，第2～3页。

④ 杜润生著：《杜润生自述：中国农村体制变革重大决策纪实》，人民出版社2005年版，第8～9页。

东局、华南分局、西南局、西北局发出征询意见的通知。征询意见的通知本身表明了毛泽东本人暂时不动富农（包括资本主义富农和半封建富农）的态度。他认为暂时不动富农的理由有："第一是土地改革规模空前伟大容易发生过左偏向，如果我们只动地主不动富农，则更能孤立地主，保护中农，并防止乱打乱杀，否则很难防止；第二是过去北方土改是在战争中进行的，战争空气掩盖了土改空气，现在基本上已无战争，土改就显得特别突出，给予社会的震动特别显得重大，地主叫唤的声音将特别显得尖锐，如果我们暂时不动半封建富农，待到几年之后再去动他们，则显得我们更加有理由，即是说更加有政治上的主动权；第三是我们和民族资产阶级的统一战线，现在已经在政治上、经济上和组织上都形成了，而民族资产阶级是与土地问题密切联系的，为了稳定民族资产阶级起见，暂时不动半封建富农较为妥当。"[①] 毛泽东当时的想法是：当时的主要任务是反封建，由于中国的生产落后，保存富农经济和城乡资产阶级有利于生产的发展。由于有了政权，对于将来贫农由于分地少、有困难的情况，可以从另外方面安排就业或者想其他办法。这一想法也得到斯大林的赞同。[②] 毛泽东的这些思想在1950年6月30日制定公布的《中华人民共和国土地改革法》中得到了体现。

《中华人民共和国土地改革法》具有显著特点，具有过渡性质，满足了当时土地改革的实际情况。

第一，将摧毁封建土地所有权制度的基础与发展经济的双重目的有机结合起来。《中华人民共和国土地改革法》第一条规定："废除地主阶级封建剥削的土地所有制，实行农民的土地所有制，借以解放农村生产力，发展农业生产，为新中国的工业化开辟道路。"由于人多地少的矛盾是中国土地制度内在的基本矛盾。按照毛泽东的理解，土地就那么多，这是客观事实，多说并不就变得多了，少说了也不会

---

① 《毛泽东选集》第5卷，人民出版社1977年版，第15页。
② 杜润生著：《杜润生自述：中国农村体制变革重大决策纪实》，人民出版社2005年版，第9页。

变少。① 只有走工业化的道路，才能彻底解决中国人多地少这一客观矛盾。因此，《中华人民共和国土地改革法》第四条第 2 款规定："地主兼营的工商业及其直接用于经营工商业的土地和财产，不得没收。不得因没收封建的土地财产而侵犯工商业。"《中华人民共和国土地改革法》所要摧毁的是地主阶级封建剥削的土地所有制，而不是建立在封建土地所有制基础上的一切私有制度，相反，对于建立在封建土地私有制基础上的所有工商业都采取法律保护措施，具有显著的过渡性特征。

第二，原则性与灵活性相结合。由于封建土地所有权运动的结果，封建土地所有权已高度分化，表现出所有权形式的多样性和地区之间的差异性。《中华人民共和国土地改革法》充分考虑到了封建土地所有权高度分化和地区差异性的实际。在坚持"废除地主阶级封建剥削的土地所有制，实行农民的土地所有制"和"借以解放农村生产力，发展农业生产，为新中国的工业化开辟道路"双重目标的原则下，采取了许多灵活方式以解决土地改革过程中的复杂问题。

《中华人民共和国土地改革法》采取没收与征收两种形式摧毁地主阶级封建剥削的土地所有制。没收采取无偿方式，征收采取和平赎买方式。对于封建土地所有权高度分化的"田面权"也给予适应市场定价的法律保护。没收或征收的封建土地，也不是一律按照农民所有的方式确定土地所有权。而是根据土地的现存性质、土地所有者的政治行为和政治表现、土地自身的特点分类确立国家所有和农民所有。对于大城市郊区的土地则不纳入《中华人民共和国土地改革法》调整范围。土地分配的方式则在坚持平均分配的原则下，采取了多样化的方式，既考虑到地区之间的差异和调配问题，也考虑到对革命的贡献，还考虑到弱势群体的利益。

关于富农的土地问题，由于地区差异大，农民的土地诉求差异，《中华人民共和国土地改革法》并没有完全按照毛泽东一律不动富农

---

① 杜润生著：《杜润生自述：中国农村体制变革重大决策纪实》，人民出版社 2005 年版，第 9 页。

土地的思想进行规定，而是在坚持原则的基础上进行了更具操作性的规定。《中华人民共和国土地改革法》第六条规定："保护富农所有自耕和雇人耕种的土地及其他财产，不得侵犯。富农所有之出租的小量土地，亦予保留不动；但在某些特殊地区，经省以上人民政府的批准，得征收其出租土地的一部或全部。半地主式的富农出租大量土地，超过其自耕和雇人耕种的土地数量者，应征收其出租的土地。富农租入的土地应与其出租的土地相抵计算。"《中华人民共和国土地改革法》第七条规定："保护中农（包括富裕中农在内）的土地及其他财产，不得侵犯。"这些规定具有既坚持了原则性又坚持了灵活性的特点。

在土地改革过程中，由于农民强烈的地权诉求，以及某些干部"左"的思想影响，在中央同意少数地区因地制宜根据具体情况决定是否征收富农出租的小量土地的背景下，"在实际执行过程中，至少在中南和西南地区，富农的多余土地还是全部变动了"。[1] 根据杜润生先生的记述："我到中南以后，经过太行区和新区土改，觉得有个大问题，即放手发动群众和认真贯彻政策、遵守法制的两难问题。上面两个阶段都是反'左'出右、反右出'左'，总是这个规律，来回反复，从'大革命'一直持续到新中国成立后。"[2] 如何在满足农民的地权诉求和国家的基本任务之间实现平衡将是一个长期的过程。

1953年春，除个别少数民族地区外，中国大陆的土地改革基本完成，土地改革有效地实现了农村地区土地分配的均等化。[3] 土地改革摧毁了封建土地所有权制度，确立了农民的土地所有权，实现了"耕者有其田"的理想。

---

[1] 杜润生著：《杜润生自述：中国农村体制变革重大决策纪实》，人民出版社2005年版，第10页。

[2] 杜润生著：《杜润生自述：中国农村体制变革重大决策纪实》，人民出版社2005年版，第15页。

[3] 黄道霞、余展、王西玉主编：《建国以来农业合作化史料汇编》，中共党史出版社1992年版，第1353页。

三、台湾地区土地改革

(一) 台湾地区土地改革的原因

1949年至1953年,在中国大陆地区进行土地改革之时,中国台湾地区也在国民党领导下进行了土地改革。台湾地区土地改革的主要原因是:

第一,封建土地所有权运动导致阶级矛盾激化。1894年甲午战争以后,台湾被迫"割让"给日本。在日本人占据时期,日本退伍军人、退职文官将台湾作为聚财的乐园,他们与日本财阀公司相勾结,承领土地并转租给农民耕种,收取高额地租。日本人的殖民主义加剧了台湾地区人多地少的矛盾,增加了殖民主义者和本土地主剥削农民的程度。

当时台湾地区的租佃制度由清代的垦佃制度和大小租制度演变而来,极为严苛,剥削严重。具体表现为:①佃租过高。双季稻租率约50%,单季稻租率约44%。②租期短。多数租期为不定期,二三年租期较少。③口头租约较多。很少有固定规范的文书契约形式。④部分地主收取租佃抵押金。一般相当于一年租额,地主并不支付利息,农民大多得支付高额借款利息。⑤普遍采取定额地租方式。经营风险完全由佃农承担。⑥预收地租。一般预收一年地租,也有预收一定租期地租。佃农一般必须告贷,增加了额外的经济负担。⑦收取副产物租。对稻草、麦秆等副产物也收取份额地租,增加了佃农的额外负担。[1] 除此以外,还基于"田面权"的"二地主"对佃农进行双重剥削。[2] 殖民主义者和地主无所企及的各种巧取豪夺的剥削和压榨方式加速了农民的无产化过程,激化了阶级矛盾。在日本帝国主义统治下的台湾完全沦为日本的殖民地,台湾地区的农民比半殖民地的大陆农民的命运更为苦难。但限于日本帝国主义的残酷统治,农民的阶级力量相对比较弱小,不得不承受这种苦难。

---

[1] 殷章甫著:《中国的土地改革》,台湾中央文物供应社1984年版,第63~65页。

[2] 毛家琦主编:《台湾三十年》,河南人民出版社1988年版,第35页。

抗日战争胜利后，台湾回到祖国怀抱，但封建土地所有制并没有改变，租佃关系也基本上是对日本占据时期的沿袭。1948 年台湾地区共有土地 81.63 万公顷，11.69% 的农村地主占有 56.01% 的土地，21.57% 的土地由国民党政府占有，而占农村人口 88.31% 的农民只占 22.42% 的土地，近 50% 的佃农和雇农没有土地。① 由于封建地主采取各种巧取豪夺的方式，佃租占收成的一半以上，有的地方占 70%，而且还要承担额外的负担。② 农民阶级分化严重，阶级矛盾一触即发。

第二，现实和发展的迫切需要。由于战争的原因，台湾地区的农业产量相对于人口下降。1938 年的稻米产量为 138 万吨，1945 年降到 64 万吨，1949 年上升到 121 万吨，同时人口不断增加。1946 年，台湾地区人口 624 万人，1949 年增加到 753.8 万人。③ 人均稻米 160.52 公斤，根本无法满足人口的基本口粮。因此，解决粮食供应，缓解阶级矛盾，提高土地产出率客观要求进行土地改革。陈诚认为，台湾进行土地改革"是一种客观需要，虽有万难不能顾及。"④ 如不进行土地改革，国民党根本无法进行统治。

另一方面，台湾地区选择的发展道路是资本主义道路，而封建土地所有制是发展资本主义道路的严重障碍。陈诚认为："在以农业经济为中心的农业国家，土地之投资与剥削，实已构成阻碍工商业发展之最大障碍，是故欲谋工商经济之发展，亦必须从土地改革中解除资本与劳动力之桎梏。"⑤ 欲发展资本主义，必须彻底改革封建土地所有权制度。

第三，制度对抗的需要。国民党失败退守台湾后，反攻大陆的计

---

① 李非著：《台湾的"第一次土地改革"》，载俞权域，从亚平主编：《台湾的昨天与今天》，新华出版社 1988 年版，第 70 页。

② 来璋著：《台湾三十多年来土地改革的回顾与展望》，载《中华民国历史与文化讨论集》第 10 册《社会经济史》，1984 年编，第 498~499 页。

③ 毛家琦主编：《台湾三十年》，河南人民出版社 1988 年版，第 5 页。

④ 陈诚著：《台湾土地改革纪要》，台湾中华书局 1961 年版，第 42 页。

⑤ 陈诚著：《台湾土地改革纪要》，台湾中华书局 1961 年版，自序，第 1 页。

划没有改变。受到大陆土地改革的影响，国民党欲通过土地改革的方式抵消大陆土地改革对台湾的影响。① 蒋介石曾说："我们要以民生主义的'均富'口号和实践平均地权，节制资本，实现民生主义的行动，来作为粉碎朱毛……'共产'和'土改'的武器。总之，我们的口号越简单明了，我们行动越坚定确切，也就越能昭信于人民。所以我今日特别提出'均富'的口号，来消灭'共产'的毒素。"他还进一步指明："要实现限田和耕者有其田的政策，亦就是要遵照总理所说的'照价征税和土地国有'的原则，使之实现。"② 由于国民党丧失全国政权，其领导能力与合法性深受质疑，通过土地改革满足农民的基本要求，有利于在台湾地区巩固其统治的基础，这是台湾地区土地改革的政治要求。

国民党在台湾地区进行土地改革是由封建土地所有权运动、经济发展的迫切需要和政治上建立统治的合法性需要等各个方面的原因决定的。

(二) 台湾地区土地改革的内容

大陆地区土地改革的方向是社会主义，台湾地区土地改革的方向是资本主义，这决定了台湾地区土地改革的方法、措施、步骤与大陆的不同。

第一，"公地放领"。"公地放领"是台湾旧土地改革的重要内容。台湾地区的公地是台湾回归祖国怀抱后从日本殖民主义手中接管的公地。

1946年台湾进行了公地普查，1947年1月1日台湾公布实施《台湾省共有耕地租用办法》。该办法规定：①放租原则。公有耕地一律放租合作农场经营，零星耕地不适合合作农场经营的，可放租自任耕作农民租种。②放租对象。原则上为合作农场。个体农民在特殊情况下可以领租，依次为现耕农、雇农、一般佃农、半自耕农。③放

---

① 郭德宏著：《中国国民党在台湾的土地改革》，载《中国经济史研究》1992年第1期。

② 中国共中央党校党史教研室编：《三民主义历史文献选编》（1894—1981），中共中央党校科研办公室1987年发行，第440、435、437页。

租面积。合作农场为300亩以上。个体农户以田亩为基本标准。水田15亩至45亩,旱田35亩至75亩。④放租期间。合作农场为9年,个体农户为5年。⑤放租租额。最高不超过地价8%,或全年正产总额1/3。实施过程中基本都是按照1/4收取。

"公地放领"政策主要是为了培植农业经营主体,提高农业规模化经营水平,为农业现代化奠定基础。"公地放领"既具有土地改革的部分功能,也为新土地改革提供了基本经验和所需资金。

第二,"三七五减租"。1949年1月起台湾地区准备减租,6月16日公布《台湾省私有耕地租用办法》,其后公布一系列配套法规。按照《台湾省私有耕地租用办法》的规定:①租额不得超过正产物全年收获总量的千分之三百七十五,超过者减少足额,不及者依约定。②应于订约之时约定交租时间和地点,由承租人实物交租,出租人应按程支付费用。③歉收年得依习惯按协议协商减租,收成不足三成,应全部免组。④出租承租土地应有书面契约,出租人非因土地法和土地实施法不得终止租约。⑤承租人所需耕畜、种子和生产工具,原契约约定由出租人提供的,继续提供,不得拒绝或者索取费用。⑥承租人应自己耕作,不得转让全部或一部分与他人。⑦租佃纠纷由所在地乡、镇(区)公所租佃委员会调解,调解不成由所在地市(县)租佃委员会调处,调处不成由司法机关处理。其后,相关法律对产量标准、租期、纠纷解决程序、承租人优先购买权等都做了具体规定。

"三七五减租"法案实施后,农业产量显著提高、佃户生活改善、土地价格普遍下跌、佃农购地增加、佃农耕地产出提高、租佃纠纷减少,阶级矛盾缓和。[①]减租法案预期目的基本达到,社会矛盾得到一定程度缓和。

"三七五减租"法案的核心是确立了固定的分成地租标准。封建地租方式主要有两种,一种是定额地租,一种是分成地租。封建社会

---

① 郭德宏著:《中国国民党在台湾的土地改革》,载《中国经济史研究》1992年第1期。

末期和民国时期,定额地租是一种主要的方式,分成地租只是个别特例。① 一般地租理论认为,定额地租比分成地租更能激发佃农的生产积极性,更有生产效率。但台湾的实际情况是采用限额分成地租方式后,农业生产率显著提高。为了分析政府管制强行推行的定额分成地租与农业生产率之间的关系,张五常先生提出了著名的佃农理论。②这一理论奠定了产权经济学的基础。

第三,"耕者有其田"。"公地放领"措施有利于培育农业现代化所需要的新型经营主体,提高农业规模化水平,支持工商业的发展。"三七五减租"有利于提高佃农经济社会地位,缓解社会矛盾,提高农业生产效率和供给水平。但"三七五减租"政策实施后,地主土地所有权仍然占主要部分,严重制约资本主义的发展,为此,国民党在台湾地区推行"耕者有其田"的政策。

1953年1月起,国民党在台湾地区推行"限田政策"。"限田政策"的目的是实现"耕者有其田"。具体措施包括:①组织。主管机关为县市政府。县市政府和乡镇区公所设租佃委员会协助工作。②耕地征收。应征收耕地为:地主超过规定保留的耕地、共有耕地、公私共有的私有部分耕地、政府代耕的耕地、祭祀公业和宗教团体的公地、神明会及其他法人团体的耕地、地主不愿保留申请政府一并征收的耕地。③附带征收。农场内的农舍、晒场、沼气池、水利设置等,一并附带征收。④征收耕地的补偿。根据不同等级耕地全年正产收获量总额的两倍半予以补偿。⑤他物权。地役权、地上权随同转移。永佃权、典权、抵押权视同消灭,政府进行补偿。⑥免征耕地。规定了公益用地、商业供应用地、特殊用地、试验用地等的免征条款。⑦地主保留耕地。规定地主的根据法律保留一定比例的耕地。⑧耕地放领对象。现耕农民。⑨承领耕地地价与偿付办法。按照土地全年正产两倍半均分十年偿清。⑩对农户和农业进行扶助。

---

① [美]黄宗智著:《华北的小农经济与社会变迁》,中华书局2000年版,第217页。

② 张五常著:《佃农理论——应用于亚洲的农业和台湾的土地改革》,商务印书馆2000年版,第1～2页。

"耕者有其田"的政策实际上是国民党利用政权强制推行的土地所有权有偿转移的一种变革性方案。此政策实施后，自耕地由61.4%上升到84.8%，出租地由38.6%下降到15.2%。1953年与1951年比较，自耕农由38%上升到55%，半自耕农由25%下降到24%，佃农由37%降低到21%。1985年，自耕农占82%，半自耕农占11%，佃农占7%。① "耕者有其田"政策贯彻彻底改变了台湾地区的土地所有权的比例和农村的阶级结构，提高了台湾地区的农业生产效率。

20世纪50年代后期至70年代，台湾地区又先后实行了"平均地权""农地重划"等措施。80年代后台湾地区进行了"第二次土地改革"，主要是为了解决农业产业结构和农业现代与工商业之间的关系问题，在一定程度上是对土地改革所建立起来的土地制度的改革。

总之，台湾地区所进行的第一次土地改革和其后所进行的土地制度改革基本上是按照孙中山先生提出的核定地价、照价征税、照价收买、涨价归公和耕者有其田的基本理论进行的。台湾地区的实践表明：在有政权的条件下，孙中山先生的土地主张和基本理论是可行的。土地改革的目标也可以通过非暴力的和平赎买方式实现。当然，这种方式在废除了封建地主土地所有制的同时，仍然保留了地主阶级的利益，属于资产阶级的改良措施，一般并不被无产阶级政权所采纳。② 黄宗智先生认为，台湾地区的农业现代化主要由日本帝国主义殖民时期所提供的农业技术条件奠定了基础。③ 这一判断错误的根本原因不涉及民族感情和意识形态，而是涉及对历史事实的基本尊重问题。台湾地区的农业现代化与其土地改革和土地制度改革之间的关系

---

① 郭德宏著：《中国国民党在台湾的土地改革》，载《中国经济史研究》1992年第1期。

② 郭德宏著：《中国国民党在台湾的土地改革》，载《中国经济史研究》1992年第1期。

③ ［美］黄宗智著：《中国的隐性农业革命》，法律出版社2010年版，第6页。

密不可分，土地改革为台湾地区的经济腾飞奠定了基础，[①] 而推动台湾地区土地改革和土地制度改革的根本原因是农民的土地要求。从台湾地区推动土地改革和进行土地制度改革的动因来看，台湾与大陆进行制度竞争的原因不可低估。

大陆地区通过老解放区的土地改革和新解放区的土地改革以革命的方式彻底消灭了封建地主的土地所有权制度，实现了"耕者有其田"的理想，为社会主义的发展提供了前提条件。台湾地区通过减租、限制地权、平均地权的方式，以和平赎买的方式摧毁了封建地主的土地所有权制度，基本实现了"耕者有其田"理想，为发展资本主义制度提供了前提条件。

在地权运动过程中，中国农民不仅以"合法"的方式不断分割封建地主的土地所有权，削弱封建地主土地所有权制度的基础，而且通过暴力或者以暴力相威胁的和平赎买方式摧毁了封建土地所有权制度，为新的社会制度的形成奠定了基础。封建地主土地所有权制度被摧毁以后，中国农民又以自己的制度能力再一次推动了土地制度改革，为中国的现代化建设贡献了自己的力量。

第四节　本章小结

本章讨论农民如何通过自身的理性能力介入地权运动过程，塑造地权的形态，推动地权的变迁和地权的变革，最终实现自己的地权理想的复杂历史过程。

本章分三节对地权进行了阐述，第一节讨论地权理论，为分析地权演变和地权重构提供理论上的分析工具。第二节分析地权演变，意在揭示地权的功能分化所推动的地权运动过程，提炼出农民在推动地权功能分化与地权运动中的基础性作用。第三节分析地权重构这是封建土地所有权运动的必然结果。封建地权运动出现了不可克服的矛盾，中国农民通过暴力或者和平的方式推动了封建土地所有权制度的重构，实现了"耕者有其田"的理想，为新的社会制度的建立和发

---

① 陈恩著：《透视台湾土地改革》，载《南风窗》2006年第6期（下）。

展奠定了坚实基础。

土地是人类生存的首要条件，它作为人类劳动的一般对象而存在。人与土地之间的关系是地权第一层级的关系，也是地权的基础事实关系；通过土地而建立起来的人与人之间的关系是地权第二层次的关系，也是地权的基本社会关系。地权第二层次的关系有利于促进地权第一层次关系的改善，但并不能消灭地权的第一层次关系。因此，地权关系既可以从基础事实角度去理解，也可以从法律关系角度去理解。尽管本章的内容主要是从地权第二层次的关系角度展开，也主要是从地权法律关系角度去理解，但这丝毫不意味本章对于地权第一层次关系的轻视，相反，本章始终将地权第一层次的关系作为理解地权第二层次关系的基础关系。人多地少的基本事实对于中国地权运动具有基础作用。

不同法律传统对地权的理解存在差异，但都承认对土地的占有、使用、收益和处分的权利构成地权的基本内容。我国接受了所有权项下的地权概念，但受到人多地少矛盾的制约，我国传统地权制度具有丰饶的含混性。一方面，它为农民充分利用地权的功能提供了作为空间，另一方面也为地主加强对农民的剥削提供了条件。

地权观念的分化是伴随地权运动而不断发展的。古老的地权观念源于地多人少的实际，"占有"观念成为地权的核心内容，自然取得成为地权取得的主要方式。这种地权取得方式的某些内容仍然以构成要素的方式在现代地权体系中起着一定程度上的作用。在现代社会，由于人多地少的矛盾表现突出，使用、收益、处分权能在地权观念中不断分化出来，法律取得成为地权取得的主要方式。地权的权能分割是地权运动的基本方式，目的在于充分发挥土地的潜能，为人类生存和发展提供更好的条件。

在地权的构造过程中，出现了一系列理论成果。马克思主义以唯物主义和阶级分析为基本方法形成了马克思主义地权学说。马克思主义地权学说认为地权发展与社会发展的一定历史阶段相联系，不同的社会发展阶段决定了不同的地权形式。只有在生产高度发达的阶段，地权的两个层次之间才不会发生矛盾。

西方的地权学说涵摄于财产权理论之中，霍布斯、洛克、斯密、黑格尔都做出了重要贡献。西方财产权制度经历了一个复杂的演变过程，始终围绕财产权与人的基本权利展开。财产权与生存权、财产权与自由权、财产权与人格权之间的关系构成财产权与人的基本权利的主线，勾勒出不同发展阶段理论成果之间的谱系。

西方国家地权演变的历史是从"占有"，特别是"先占"开始发展起来的。无论是在大陆法系国家还是在英美法系国家，入侵者对于自己原始习惯的提炼和先前法律文明的继承以及对其他法律文明的吸收，都伴随着入侵的"占有"，这对于西方地权观念的形成和发展都具有不法替代的意义和决定性影响。① 处理好"占有"关系必然需要法律的介入，否则罗马帝国将无法安宁，也无法建立统治秩序。罗马帝国的入侵是以大规模的方式进行的，财产"占有"，特别是土地的占有数量庞大，根本不可能通过判例法的方式逐步确立地权关系，必须建立概念化的法律体系，以满足"占有"土地的法律确权需要。英国的侵略者侵略的进程相对于罗马帝国的侵入者而言，不论是在规模还是在速度上都要缓慢得多，这就为英国运用诉讼形式逐步建立以"占有"和"侵占"为中心的地权体系提供了条件。随着英帝国主义的日益强大和美洲殖民主义的发展，以"占有"为中心的地权制度一直是西方地权制度的核心内容。西方国家的地权运动的基本方式是：入侵——"占有"——法律化——权利化。其运动过程是一个野蛮到文明化的过程，也是一个事实的占有到法律上的占有的过程，每一寸土地都浸透着被侵略地人民的鲜血和泪水。梅特兰说："诉讼形式制度或者说令状制度是英国中世纪法律最重要的特征，直到19世纪它才逐渐遭到破坏并被正式废除。……我们已经埋葬了诉讼形式，但它们依然在坟墓里统治着我们。"② 不仅是英国，而且在欧洲大陆、美洲，以侵略为前提的"占有"事实都是地权的内在逻辑。

中国的地权运动与西方国家的地权运动方式之间显著不同。由于

---

① ［英］爱德华·甄克思著：《欧陆法律史概览：事件、渊源、人物及运动·原序二》，载［英］梅特兰等著：《欧陆法律史概览：事件、渊源、人物及运动》，屈文生等译，上海人民出版社2008年版，第1～4页。

② ［英］梅特兰著：《普通法的诉讼形式》，王云霞、马海峰、彭蕾译，商务印书馆2009年版，第34页。

中国很早就建立起了大一统的封建国家，土地所有权的分配是历代王朝建立之初都进行的一项基本制度，在这一意义上讲，马克思主义经典作家认为东方，包括中国，不存在土地私有制度具有某种程度的合理性。在大一统国家内，土地所有权属于霍布斯意义上的分配制度，而不是占有制度。但由于土地所有权自身的运动规律和中国历来人多地少的矛盾相互作用，土地集中现象与农民的无产化现象都是相伴随而形成的。在这一过程中，土地所有权的各项权能都得到了最大限度的开发。另一方面，中国从来都没有像西方国家那样以掠人土地为目的发动侵略战争，即使对于暂时处于不利状态的其他国家，中国在对外关系所建立的也是朝贡体系，也就不存在以侵占他人土地为前提条件的"占有"式地权体系。

基于上述两个基本历史事实，中国农民主要是靠开发地权权能方式推动地权运动的。中国的地权经历了无主时代、井田时代、豪强兼并时代、均田制时代、完全的剥削时代、"耕者有其田"时代和土地公有制时代。在这一过程中，均田—兼并—均田伴随着历史过程的始终。地主土地所有权是封建社会的基本制度，封建地权运动的基本规律是地主的土地兼并与农民的无产化。在这一过程中，也出现了农民的再奴隶化、农民的再封建化、山地经济的发展与衰落、土地的资本化与资本的土地化这样一些显著特征。

在封建土地所有权的运动轨迹中，佃农的再奴隶化、佃农的再封建化、山地经济的兴衰、农业的商品化和资本的再土地化相辅相成，以上四个方面的趋势相结合，再加上买办资产阶级的压榨，中国的封建土地制度就到了崩溃的边缘，已到了不通过土地革命就不能解决中国社会总危机的程度。

当封建土地所有权运动伴随着中国一步一步沦为半封建半殖民地的国家，农村的阶级分化和无产化使得土地所有权分割的技术已无法满足农民对地权的强烈要求。在这一背景下，土地革命的要求以不可遏止的方式爆发。土地革命的要求不是一次形成的，而是伴随着封建土地所有权运动不断积累起来的。农民希望通过革命的方式获得土地所有权，无产阶级希望彻底摧毁封建土地所有权制度解放生产力，构建新的生产关系和社会制度，两者的结合决定了封建土地所有权制度寿终正寝的历史命运。中国共产党通过土地革命战争和土地改革运动彻底摧毁了封建土地所有权制度,为社会主义的发展奠定了经济基础。台湾地区在复杂的经济背景和政治条件下通过土地改革等一系列措施最终实现了农民"耕者有其田"的理想,为发展资本主义提供了基本经济条件。无论是中国大陆的土地改革,还是台湾地区的土地改革,最终都实现了中国农民"耕者有其田的"理想。尽管大陆地区与台湾地区对未来社会的理想不同,但不论是社会主义制度,还是资本主义制度的历史前景,都必须建立在摧毁封建土地所有制度的基础之上。

马克思认为,自耕农的自由所有权,对小生产者来说,显然是土地所有权的最正常的形式。① 但小块土地所有制排斥社会劳动生产力的发展,劳动的社会形式、资本的社会聚集、大规模的畜牧和对科学的累进的应用。② 毫无疑问,小块土地私有制具有这样的倾向,这一点不仅在大陆地区表现出来,而且也在台湾地区表现出来。然而,中国农民的伟大创造不仅证明了建立在小土地所有权或使用权基础之上的土地制度能够与现代经营体系相兼容,也能够与不同地区选择的社会制度形态相兼容。台湾地区的经验证明小土地所有权制度能够与资本主义现代经济制度和社会主义相兼容,大陆地区的家庭承包经营权制度也证明了小土地所有权制度能够与社会主义市场经济和社会主义制度相兼容。在此基础上,建立现代农业产权制度成为一个关键问题,大陆地区的土地制度改革和现代农业经营体系正不断朝着这一方向迈进。

---

① 马克思著:《资本论》第3卷第47章,载《马克思恩格斯文集》第7卷,人民出版社2009年版,第911~912页。
② 马克思著:《资本论》第3卷第47章,载《马克思恩格斯文集》第7卷,人民出版社2009年版,第912~913页。

第五章 产权制度

巴泽尔认为:"'产权'这一概念常令经济学家莫测高深,甚至时而不知所云,似乎对这一概念的解释非法学家莫属。但'天下英雄,舍我其谁'的习气又使经济学家们欲罢不能,而提出自己的理解。这两类学者对产权内涵各取所需,却能各得其所。"[①] 科斯1960年发表《社会成本问题》一文以后,对产权这一概念的理解似乎出现了逆转。产权这一概念常令法学家莫测高深,甚至不知所云,似乎对这一概念的解释非经济学家莫属。

根据科斯的理解,产权是行使某些行动的权利,而这种权利是可以买卖的。从法律的角度分析,产权的内涵是法律行为,而其外延则延伸到法律权利本身,法律权利是法律行为的前提。产权的核心内容是通过法律行为开发法律权利的经济功能。

产权的前提是权利,核心问题是通过法律行为开发权利的经济功能,这就决定了产权具有内外结构。产权的内部结构包括法律行为、交易费用、权利组合三个基本要素。产权的外部结构包括权利、权利保障、权利收益三个要素。本文研究农民的制度理性问题,重点研究中国农民如何通过自身的法律行为开发地权的经济功能。因此,本章将按照外部结构和内部结构的顺序讨论中国农村的产权构造和产权运行问题。

本章之所以使用产权概念而不用财产权概念来分析中国农村地权的运动形式,乃是由于无论是地权的取得,还是地权的运动都是由中国农民的制度理性能力推动的。中国农村的土地革命、土地改革和土地制度改革所形成的制度形态都是中国农民制度理性能力运用的产物。本章关注的是中国农村土地制度改革的问题,由于中国农村土地

---

① [美] Y. 巴泽尔著:《产权的经济分析》,费方域、段毅才译,格致出版社、上海三联书店、上海人民出版社1997年版前言。

制度处于改革之中，尽管基本制度已经形成，但基本制度的效能远没有充分发挥，而基本制度效能的发挥离不开中国农民运用自己的法律行为进行深度开发。产权观念的核心是法律行为和法律行为能力问题，这与农村土地制度改革的内在逻辑密切相关。

第一节　土地产权变迁

一、产权观念

（一）产权概念

第一，产权概念诸定义。

从经济学角度看，产权概念属于新制度经济学的一部分，从法学来看，产权概念属于经济分析法学。严格地讲，产权概念发展至今，仍然是一个观念形态，而没有形成严格的理论体系。

1960年，科斯发表《社会成本问题》一文，奠定了产权观念的基础。科斯认为："如果行使某些行为的权利可以买卖，那么，这些权利就会被那些能使其发挥出最好价值的人获得，不管是用作生产或者娱乐。在这个过程中，为了使那些行为能被实施，权利会被获得、分割与联合，从而带来最高的市场价值。有权行使权利的人必定阻止其他人进行生产或娱乐的机会，因为他们为了获得权利而付出了很高代价。当然，在权利的获得、分割和联合的过程中，新的权利集合所带来的收益价值的增加一定要和为实现那个新的权利集合而需要的交易实施所花费的成本进行比较。权利的重新配置只有在为实现它而需要的交易成本小于权利再分配所可能带来的价值增加时才会发生。"[①]科斯的产权观念主要是围绕权利的法律行使及其产生的成本和收益问题展开的。在科斯看来，通过积极行使权利而获得权利的新的组合方式是实现帕累托最优的理想方式。

阿尔钦认为，产权是一个社会强制实施的选择一种经济物品的使用的权利，是授予特别个人某种特权的办法，利用这种特权，产权人

---

① [美]罗纳德·哈里·科斯著：《企业、市场与法律》，盛洪、陈郁译校，格致出版社、上海三联书店、上海人民出版社2009年版，第12页。

可以从不被禁止的使用方式中选择任意一种对特定物品的使用方式。① 阿尔钦仍然是从权利行使的角度界定产权概念的。无论是法律权利的赋予，还是法定权利的行使，都意味着权利主体的自由选择权和他人配合其实现权利的义务。而权利的行使又是通过法律行为实现的。因此，行使权利的法律行为和对权利行使的法律行为的尊重乃是产权概念的核心。一方面，对权利行使的法律行为的尊重既包括国家的积极义务，也包括国家的消极义务。国家的积极义务意味着国家不得干涉权利人自由行使其权利，国家的消极义务意味着当权利人的权利受到侵犯时，国家有义务提供救济，以恢复权利人的权利。康芒斯认为："公民的权利就是官员的义务。就这个问题来说，公民有权利要求官员代表他使用暴力。"② 另一方面，对权利行使的法律行为的尊重既包括他人的积极义务也包括他人的消极义务。他人的积极义务意味着他人不得干涉权利人自由行使其权利，他人的消极义务意味着当权利人的权利受到他人侵犯时，他人必须承担法律责任。

诺思认为："产权是个人支配其自身劳动及其所拥有之物品与劳务的权利。这种支配权是法律规则、组织形式、实施机制以及行为规范的函数。也就说，是制度框架的函数。"③ 诺斯认为产权是制度所包含的经济内容。权利的行使创设了基本制度，基本制度也确立了权利行使的边界，而权利的经济要素的运行对于制度创设和变迁具有决定作用。因此，制度的改善有利于提高涵摄于权利之中的经济内容的绩效。

巴泽尔认为："个人对资产的产权由消费这些资产、从这些资产中取得收入和让渡这些资产的权利或权力构成。运用资产取得收入和让渡资产需要通过交换，交换是权利的相互转让。一般来说，法律权

---

① ［美］阿尔钦：《产权：一个经典注释》，载《财产权利与制度变迁》，上海三联书店1991年版，第46页。

② ［美］康芒斯著：《制度经济学》下册，于树生译，商务印书馆1962年版，第351页。

③ ［美］道格拉斯·C. 诺斯著：《制度、制度变迁与经济绩效》，杭行译，韦森译审，格致出版社、上海三联书店、上海人民出版社2008年版，第46页。

利会增加经济权利,但是,对于后者存在而言,前者既非必要条件,也非充分条件。人们对资产的权利(包括他们自己的和他人的)不是永久的,它们是他们自己直接努力加以保护、他人企图夺取和政府予以保护程度的函数。最后这点主要通过警察和法庭奏效。在公地上居住的人,对于他们占据的土地的权利,不如合法土地所有者的权利有保障,这并不是因为他们没有合同,而是因为这样的占有很难希望得到警察保护。正如这里下的定义那样,产权不是绝对的,而是能够通过个人的行为改变的。"[1] 巴泽尔关于产权的描述在古老的占有关系和"占有式"的资本主义发展道路中的实例不胜枚举。我们在第四章已经讨论过,无论是大陆法系国家还是英美法系国家的古代和现代,占有都是侵入和侵略的一种必然方式,占有先于法律关系的形成在西方国家是一个基本事实。

第二,产权概念的不同解释。

我国法学领域一般认为产权就是财产权。这一理解并没有廓清产权观念的指称问题。本文第四章已经讨论过,由于财产权是一个内涵极为丰富,而外延并不清晰的概念体系,因此,用财产权概念去理解产权概念反而会模糊产权概念的内涵和外延。实际上,除科斯和阿尔钦外,产权概念比财产权概念要宽泛得多。利贝卡普的产权定义反映了产权观念的广泛性。他认为:"产权是一些社会制度。这些制度界定或划定了个人对于某些特定的财产,如土地或水所拥有的特权的范围。这些财产的私人所有可以包括很多权利,其中包括阻止非所有者进入的权利,挪用因为使用资源和对资源投资所得的租金流的权利,将资源卖给或转让给他人的权利。正式制度安排的产权制度的范围,包括宪法条款、法令和司法规则,一直到对财产使用和分配的非正式的传统和风俗习惯。这些制度对于资源使用决策的制定会产生至关重要的影响,因此,也会影响经济的行为和绩效。通过分配决策权,产权制度也决定了经济系统中谁是经济活动的参与者,并且界定了社会

---

[1] [美] Y. 巴泽尔著:《产权的经济分析》,费方域、段毅才译,格致出版社、上海三联书店、上海人民出版社1997年版,第2~3页。

中财富的分配。"① 按照利贝卡普的理解，产权是有关财产权的一系列制度，而不是财产本身。

按照科斯的理解，产权的前提只是可买卖的权利，而不是所有权利。而财产权既包括可买卖的财产权利，也包括不可买卖的财产权利。如我国的农村集体土地所有权就属于不可买卖的财产权。根据科斯的理解，产权比较接近大陆法系国家民法学上的债权概念。科斯所理解的产权概念与大陆法系国家的债权概念比较接近，是产权概念的狭义理解。

诺斯的产权概念涵摄于制度框架内，与法律财产权比较接近，但它的制度范围比法律制度更为宽泛。主要原因是诺斯致力于运用产权概念分析制度变迁之间的内在联系。它的目的在于说明权利（主要是自然权利）的行使对制度的塑造，以及基本制度如何界定权利的边界，在这种相互作用过程中，经济功能是如何被开发出来并表征为经济绩效的。这一产权观念比较适合于分析经济宪法和经济法的形成以及经济宪法和经济法是如何作用于个体经济权利的行使的。

巴泽尔的产权概念源于将产权概念应用于更古老的经济权利的形成过程。他相信古老的经济权利形成方式对于现代社会的经济权利的形成仍然起着某种作用。这在他对奴隶制的分享产权机制的分析中表现得最为显著。② 巴泽尔的研究方式是对梅因和梅特兰研究范式的继承。"占有式"的产权观念具有举足轻重的地位。"占有式"产权观念的基本问题是"对物权"相对于"对人权"的优先性。我国封建社会末期的"田面权"具有梅因所描述的"对物权"优先于"对人权"的显著特征。

根据梅因的研究，古代地权主要是通过"自然方式取得的"，表现为一种"对物权"，先占权具有普遍性。地权主要是通过惯例法方式确认的。不仅惯例法承认地权，而且判例法和法典也承认古代地权

---

① ［美］加里·D. 利贝卡普著：《产权的缔约分析》，陈宇东、耿勤、秦军、王志伟译，中国社会科学出版社2001年版，第1页。

② ［美］Y. 巴泽尔著：《产权的经济分析》，费方域、段毅才译，格致出版社、上海三联书店、上海人民出版社1997年版，第105～116页。

的地位。① 他认为："我们所能得到的有关所有权的概念不外乎包括三个要素——'占有','他主占有',即不是一种任意的或从属的而是一种针对世人来说的绝对占有,以及'时效',也就是'他主占有'不间断地延续着一定期间。"② "占有"是所有权"自然取得的"一种普遍方式,而"先占"又是"自然取得的"一种主要方式。③ 从抽象的角度看,"先占"的对象是一种"无主物"。但"先占"的对象是否真是"无主物"并不取决于"先占"者自己的主观意志,而是他人对"无主物"的意志。因为,通过"先占"的方式所取的所有权是一种对世权,它依赖于世人对其"先占"的尊重,并承诺承担相应的义务。

由于这一要求,梅因认为"先占"取得并不是一种古老的制度类型,而是文明社会的一种制度类型。他认为:"一般对于'先占'在文明第一阶段中所起的作用所产生的印象,恰正和真相直接相反。'先占'是实物占有的有意承担;至于这样一种行为赋予人们对'无主物'享有权利的看法,不但不是很早社会的特征,而且很可能这是一种进步法律学和一种在安定的情况下法律产生的结果。只有在财产权利的不可侵犯性在实际上长期得到认可时,以及绝大多数的享有物件已属于私人所有时,单纯的占有可以准许第一个占有人就以前没有被主张所有权的物品取得完全的所有权。产生这个学理的情绪与作为文明开始时期特征的所有权的少见和不固定,是绝对不能调和的。它真正的基础,并不在于对这'财产权'制度出于天性的偏爱,而是在于这个制度长期继续存在而发生的一种推定,即每一种物件都应该有一个所有人。"④ 在梅因看来,"先占"通过时效而取得所有权的

---

① [英] 梅因著:《古代法》,沈景一译,商务印书馆1959年版,第139~142页。
② [英] 梅因著:《古代法》,沈景一译,商务印书馆1959年版,第144~145页。
③ [英] 梅因著:《古代法》,沈景一译,商务印书馆1959年版,第139~140页。
④ [英] 梅因著:《古代法》,沈景一译,商务印书馆1959年版,第145~146页。

根本原因并不在时效本身，而在于私有制已经建立并形成了一种关于贵重物的法律意识形态。如果没有这样一种法律意识形态存在，时效本身是不可能单独起作用的。

梅特兰认为，为了解决"占有"（seisin）与"权利"（right）之间的关系，英国发展出了侵占令状制度，并发展出了恢复新近被占土地之诉、收回被占继承土地之诉与最终圣职推荐权之诉三种占有之诉的类型。① 其后又发展出了更加复杂的土地所有权之诉的类型。他认为英国的占有之诉可能有一些罗马法和教会法的痕迹，但它们绝没有为占有之诉提供范本。② 在第四章我们已讲过，罗马法之所以没有通过占有之诉解决"占有"与"权利"之间的关系问题，主要是因为入侵者是以大规模的方式进行的，庞大的土地"占有"只有通过立法的方式才能确认其"权利"。

巴泽尔将梅因和梅特兰的"占有"与"权利"之间的关系通过"占有式"的个人主义方式转化成了"先手行为"与"产权"之间的关系，从而扩大了通过"占有"而获得新权利组合的范围。在巴泽尔看来，产权就是通过"先手行为"对法律权利的剩余部分的经济利益的发现和占有，就是对法律漏洞中的经济利益的发现和占有，就是对"法外空间"中的经济利益的发现和占有。因此，他认为产权不仅是一项权利，也是一项通过自己努力所维护的权力。在现代社会，这种方式仍然以某种方式统治着我们的财产关系。我国的集体经济组织成员权和优先权，以及小产权房的内在逻辑都与这种产权观念有关。

通过上面的分析，我们发现，有多少对于权利的理解，就有多少关于产权概念的界定。在法治国家已成为共识的背景下，我们最好以科斯意义上的产权概念作为我们的基本分析工具。但由于我国农村土地制度处于改革之中，用科斯产权概念作为基本工具在某些方面可能

---

① ［英］梅特兰著：《普通法的诉讼形式》，王云霞、马海峰、彭蕾译，商务印书馆2009年版，第67页。
② ［英］梅特兰著：《普通法的诉讼形式》，王云霞、马海峰、彭蕾译，商务印书馆2009年版，第67页。

不足，我们最好用诺斯的产权概念加以补充。因为塑造我国农村土地制度及其发展方向的不仅有法律制度，而且有共产党的政策，在农村土地政策的发展过程中，共产党的政策总体上所起的作用比法律所起的作用更大。另外，巴泽尔意义上的产权概念也不是毫无用处，它在我国农村土地制度的变迁过程中仍然以某种方式在起作用，特别是各种不同形式的小产权房，在一定程度上体现了这一产权观念。

（二）产权观念的范式

第一，权利是产权的逻辑起点。产权观念的结构包括内部结构和外部结构。内部结构为法律行为，交易费用、权利组合三个基本要素；外部结构包括权利、权利保障、权利收益三个要素。内部结构反映了产权的运行逻辑，外部结构奠定了内部结构运行的逻辑起点和运行结果。产权观念的逻辑起点是某些权利，这些权利是通过可买卖的权利来运行的。由于科斯将产权观念的逻辑起点界定在权利这一基础上，因此在中国受到了某些马克思主义学者的指责。吴易风先生认为："科斯不懂得唯物辩证法和历史唯物论，不知道经济关系和法权关系之间的决定与被决定的关系，不知道它们之间的作用与反作用关系。他只看到产权的重要性，便倒果为因地认为法律所决定的产权决定了人们之间的经济关系。在产权观念的内外结构中，法律行为具有至关重要的作用。"[①] 在吴易风先生看来，权利并不是产权观念的逻辑起点，产权观念的逻辑起点应该是社会的生产方式。

科斯的产权观念似乎无意分析法权与生产方式之间的关系这一本体论问题，也无意讨论人与人之间的生产关系，他只是想表明权利通过法律行为的行使所出现的权利组合方式与交易费用密切相关。他认为最理想的权利运行状态是当交易费用为零时能够实现经济上的帕累托最优（科斯定律Ⅰ）。他也认识到，在权利的运行过程中，交易费用永远也不可能为零，因此，通过法律行为行使所形成的权利组合永远只会青睐比较交易费用少的人，通过法律行为的行使和交易费用的比较，新的权利组合就出现了，而新的权利组合意味着资源的重新分

---

① 吴易风：《产权理论：马克思和科斯的比较》，载《中国社会科学》2007年第2期。

配和利益的调整（科斯定律Ⅱ）。

科斯将权利作为产权的逻辑起点的前提有两个：一是法治社会基本形成。法治社会确立了权利体系。在现实社会中，尽管权利体系的确立并不表明每一个人分配了同等的权利，但作为一个理论模型，科斯的命题中假设法治社会分配给每个人的权利是同等的。二是权利是利益的法律表现形式。科斯接受了耶林的利益法学观念。他认为权利与利益之间是一种形式与内容之间的关系。因此，权利的行使意味着利益的实现或者利益的重新组合，而利益的重新组合方式表征为新的权利组合。无论是利益的实现还是利益的重新组合，交易费用都起着决定性的作用，即交易费用决定了权利转化为利益的成本。

吴易风认为："马克思用崭新的无产阶级世界观构建了产权理论大厦的主体工程。产权是所有制的法律形态。作为财产形式的法权关系，产权不但是反映经济关系的意志关系，而且是历史的产物和历史的范畴，具有历史的形式。马克思着重研究了资本主义的财产关系，即在揭示经济领域中资本和雇佣劳动之间对立关系的基础上将价值增值过程表述为法学和产权理论中的所有权关系及其占有过程，涉及所有权、占有权、使用权、支配权、经营权、索取权、继承权等一系列权利的统一与分离，从而论证了资本主义财产关系和产权制度的阶级对抗性质。马克思揭示的从'消极扬弃'到'积极扬弃'的变革方向，把资本主义生产关系及其产权制度将被公有制的经济关系和法权关系所代替这一历史必然性和长期发展趋势清晰地呈现出来。"[①] 毫无疑问，从辩证唯物主义和历史唯物主义的立场来看，科斯没有追溯权利背后的社会关系确实表现了其理论的非充分性。但科斯的理论旨趣似乎不在揭示人类发展的一般规律方面，而在于解释以权利为逻辑起点的微观经济学问题和经济分析方法的微观法学问题。揭示经济学和法学的本体论问题不是科斯的理论追求。

另外，值得注意的是，马克思致力于揭示人类发展的一般规律，他的经济理论似乎也不能概括为产权理论。将产权观念安置在马克思

[①] 吴易风：《产权理论：马克思和科斯的比较》，载《中国社会科学》2007年第2期。

经济理论的大厦之中是否合适也是一个需要进一步探讨的理论问题。将产权观念安置于马克思主义经济理论的大厦之中是否会犯"错之具体感的谬误"也是值得深思的。

第二，法律行为是产权的基本运行方式。产权观念特别注重缔约分析这一思维方式。张五常先生开启了产权的缔约分析之门。① 巴泽尔认为："对合同的研究是产权研究的核心。合同不论是正式还是非正式的，都是签约方之间的权利的重新分配。"② 不仅如此，科斯和巴泽尔还将对合同关系的微观理解引申到权利交换以外的更广泛的宏观社会制度领域。在科斯看来，企业不过是一组相对稳定的合同。③ 在巴泽尔看来，企业不过是一个"合同之网"。④ 诺斯则更是将合同关系解释为制度形成和制度变迁的内在关系。产权理论对合同关系的关注似乎是对美英法系传统的经济学和法学解释。梅因认为："在'人法'中所提到的一切形式的'身份'都起源于古代属于'家族'所有的权力和特权，并且在某种程度上，到现在仍旧带有这种色彩。因此，如果我们依照最优秀著者的用法，把'身份'这个名词用来仅仅表示这些人格状态，并避免把这些名词适用于作为合意的直接或间接结果的那种状态，则我们可以说，所有进步社会的运动，到此为止，是一个'从身份到契约'的运动。"⑤ 毫无疑问，契约在资本主义和市场经济中起着不可替代的作用，它也是权利行使的一种重要方式。正是在这一意义上，赵海怡、李斌认为产权与英美法系国家的财

---

① ［美］道格拉斯·C. 诺斯著：《制度、制度变迁与经济绩效》，杭行译，韦森译审，格致出版社、上海三联书店、上海人民出版社2008年版，第49页下注释。

② ［美］Y. 巴泽尔著：《产权的经济分析》，费方域、段毅才译，格致出版社、上海三联书店、上海人民出版社1997年版，第38页。

③ ［美］罗纳德·哈里·科斯著：《企业、市场与法律》，盛洪、陈郁译校，格致出版社、上海三联书店、上海人民出版社2009年版，第35～52页。

④ ［美］Y. 巴泽尔著：《产权的经济分析》，费方域、段毅才译，格致出版社、上海三联书店、上海人民出版社1997年版，第164页。

⑤ ［英］梅因著：《古代法》，沈景一译，商务印书馆1959年版，第97页。

产权概念一致,但与大陆法系国家的财产权概念不一致。① 我们却发现,科斯意义上的产权观念刚好与大陆法系国家的债权观念相一致,而与英美系国家的财产权理论不一致。产权观念的核心是权利行使行为,也就是大陆法系国家的法律行为概念。

尽管合同行为是法律行为的一种重要方式,但大陆法系国家的法律行为概念比合同行为的内容要丰富得多。另外,从制度构造和制度变迁角度考察,法律行为的法律构造功能也不同于纯粹的合同行为。庞德认为:"如果比较一下罗马法与英美法一般制度中考虑问题的方式,即可了解这种观念在普通法中的重要性。在罗马法学家的体系里,是法律行为的概念扮演主要角色,意义在引起法律后果、实施行为人意愿的行为产生预期的法律后果。在发展了的罗马法体系里,核心就是保证并使行为人的意愿产生后果,一切都从行为人的意愿推论而出。……关系及其法律后果的观念贯穿于英美法的每一个方面。……我们的公法,也是围绕着同样的关系的概念而建立的。"② 在庞德的历史考察中,关系的观念是日耳曼制度所独有的,法律行为的重要形式——合同在英美法律史上没有基础。

庞德梳理了英美法接受合同观点的历史过程。他认为,历史到了 19 世纪,由于清教主义和个人主义的兴起以及 18 世纪自然权利学说的传播,法律工作者和法院更多地想到保护个人而不是团体关系,这使得法学家认为具有古代身份制度表象的任何事物都是错误的。罗马法学者的契约观念成了最流行的法律思想。就像梅特兰所指出的,契约成了法律范畴中最为急需的。由于罗马法学者的学说把个人意愿的法律实现作为中心思想,人们试图使不止一个部门的英美法罗马化。这种趋势因为政治意识形态和法律意识形态而不断加强。梅因"从身份到契约的进步运动"的论断反映了这一意识形态的要求。但整个英美法的历史都证明了这一意识形态努力的落空,如 19 世纪的立

---

① 赵海怡、李斌:《"产权"概念的法学辨析——兼大陆法系与英美法系财产权制度之比较》,载《制度经济学》第二辑 2003 年 4 月。

② [美] 罗科斯·庞德著:《普通法的精神》,唐前宏、廖湘文、高雪原译,法律出版社 2001 年版,第 14 ~ 17 页。

法确立公用事业公司的义务是基于一种关系而不是基于一种合同。普通法的关系概念包含权利、责任和义务。关于雇佣关系的立法也将责任强加在雇主身上，这一规定并不是基于合同而是基于关系。① 在庞德看来，只强调权利而不强调责任和义务的契约主义正是罗马法的精神实质，而不是英美法的精神。

我们也发现，在产权观念中所强调的是通过法律行为的权利的自由行使以及权利的新组合，而根本没有看见责任和义务的踪影。故产权观念不是对英美法精神实质的继承，而是罗马法债权理论在现代社会中的复活和再一次狂野勃发。由此，我们在讨论中国的土地产权时首先讨论了土地地权，地权乃是产权的根本前提，我们不可能脱离地权而讨论产权。地权乃是产权的基础和严格的约束条件。我国部分学者在讨论产权时不加界定地运用这一概念将无法理解土地产权所承担的责任和义务。

二、土地所有权转变

（一）农民土地所有权的确立

从1946年5月4日开始，老解放区进行土地改革，根据《关于清算减租及土地问题的指示》(《五四指示》)的规定，没收地主的土地分配给农民，但农民获得土地的性质没有确立。因为老解放区没收地主的土地开始是农民自发的行动，《五四指示》只是为了满足农民的土地要求，以便支持解放战争的胜利。② 为了落实《五四指示》精神，1947年10月10日公布实施《中国土地法大纲》，这一政策规定没收地主土地及公共土地均分给农民，分配的土地归农民私人所有，并由政府发给土地所有证，从而确立了农民的土地所有权。在老解放区土地改革过程中，《五四指示》要求"一般不动富农的土地"，但在实际行动中，都动了富农的土地。农民从富农那里获得土地的权属

---

① ［美］罗科斯·庞德著：《普通法的精神》，唐前宏、廖湘文、高雪原译，法律出版社2001年版，第19页。

② 薄一波著：《若干重大决策与事件的回顾》上卷，中共中央党校出版社1991年版，第116页。

第五章 产权制度

问题是需要进一步明确的问题。

1950年6月30日《中华人民共和国土地改革法》公布实施，用于规范新解放区的土地改革，没收地主的土地均分给农民确立了农民的土地所有权。该法第一条规定："废除地主阶级封建剥削的土地所有制，实行农民土地所有制。"但对于没收富农的土地是否确认了农民的土地所有权，法律没有明确规定，实际上也无法统计。鉴于老解放区土改对富农土地的没收带来的不利影响，在征得斯大林同意的基础上，新解放区的土地改革确立了原则上保护富农的原则，但考虑到新解放区土地改革的差异性，也确立了例外措施。例外措施对特定富农的土地采取的是征收而不是没收的方式。《中华人民共和国土地改革法》第六条规定：

保护富农所有自耕和雇人耕种的土地及其他财产，不得侵犯。

富农所有之出租小量土地，亦予保留不动；但在某些特殊地区，经省以上人民政府的批准，得征收其出租土地的一部分或全部。

半地主式的富农出租大量土地，超过其自耕和雇人耕种的土地数量者，应征收其出租的土地。富农租入的土地应与其出租的土地相抵计算。

尽管有原则性的规定和严格的程序性措施，在执行过程中，"至少在中南和西南地区，富农的多余土地还是全变动了。"[①] 杜润生先生没有说变动的方式是没收还是征收。对于违反此法律规定所获得土地的农民是否获得了土地所有权的问题，情况极为复杂，需要进一步研究。

1953年春，除个别少数民族地区外，大陆地区土地改革的任务完成，农民实现了"耕者有其田"的理想。1954年9月20日《中华人民共和国宪法》（《五四宪法》）颁布实施。《五四宪法》第八条规定："国家依照法律保护农民的土地所有权和其他生产资料所有权。"国家首次以根本法的方式确认了农民的土地所有权。由于《五四宪法》采用了"依照法律"的引致性规范的方式确认农民的土地所有

---

① 杜润生著：《杜润生自述：中国农村体系变革重大决策纪实》，人民出版社2005年版，第10页。

权,而没有通过宪法自身的效力保护农民的土地所有权,因此,农民从富农那里获得的土地是否有所有权的问题成为一个新问题。《五四宪法》关于农民土地所有权所留下的法律漏洞,农民土地所有权在没有物权法和其他民事法律保护的背景下,因长期的政策优先于法律的意识形态和对战争体制的路径依赖逐渐变成一个空洞的条款。这也为农民土地所有权无形地转化为土地集体所有权提供了机会。可以说,《五四宪法》所确立的农民土地所有权只是霍布斯意义上的土地所有权,这一所有权能够对抗其他人,但不能对抗国家,正是在这一逻辑上,农民土地所有权因国家的制度选择的需要而必然转化为集体所有权或国家所有权,这是社会主义的本质所决定的。

(二) 农村土地集体所有权的确立

农民土地所有权转化为农村土地集体所有权是中国共产党取得全国政权决定走社会主义道路的必然选择。其中的争论只涉及时机、速度和方式等问题。毛泽东的认识在当时具有代表性。他认为:"土地改革,使我们在民主主义的基础上同农民结成联盟,使农民得到土地。农民得到土地这件事,是属于资产阶级民主革命性质,它只破坏了封建所有制,不破坏资本主义所有制和个体所有制。这一次联盟使资产阶级第一次感到孤立。1950年,我在三中全会上说过,不要四面出击。那时,全国大片地方还没有实行土地改革,农民还没有完全到我们这边来,如果就向资产阶级开火,这是不行的。等到实行土地改革之后,农民完全到我们这边来了,我们就可能和必要来一个'三反'、'五反'。农业合作化使我们在无产阶级社会主义的基础上,而不是在资产阶级民主主义基础上,巩固了同农民的联盟。这就会使资产阶级最后孤立起来,便于最后地消灭资本主义。在这件事情上,我们是很没有良心哩!马克思主义就是那么凶哩,良心是不多哩,就是要使帝国主义绝种,封建主义绝种,资本主义绝种,小生产也绝种。"[①] 农民土地所有权已不可逆转的方式转化为农村土地集体所有权是由社会主义理想所决定的。

我国农村土地集体所有权的确立分为事实上的农村土地集体所有

---

① 《毛泽东选集》第5卷,人民出版社1977年版,第198页。

权、政策上规定的农村土地集体所有权和法律上规定的农村土地集体所有权,三者在时间上是不一致的。具体而言,事实上的农村土地集体所有权始于1956年多数省市实现的高级合作社,形成于1958年9月10公布实行的《中共中央关于在农村建立人民公社问题的决定》,政策层面上的农村集体土地所有权确立于1962年9月中共中央颁布的《农村人民公社工作条例修正草案》,法律层面上的农村土地集体所有权确立于1975年通过的宪法。

土地改革后,我国农村经历了家庭经营、互助组、初级合作社、高级合作社、人民公社五个阶段。五个阶段的进程,在互助组与初级合作社阶段,主要是农民自发进行的;在高级合作社和人民公社阶段,主要是以毛泽东为核心的中央领导集体执行"左"的农村工作政策推动的。

我国农村的土地改革始于1946年5月4日,完成于1953年春,在这近7年的土地改革过程中,国家确认了农民土地所有权。由于老解放区和新解放区之间土地改革的时间跨度比较大,土改后农村工作中出现的新问题首先在老解放区出现。其中出现的问题主要是如何看待农村的阶级分化现象和在什么时候引导农民走上集体化道路这两个问题上。对此,党内出现了不同的意见,依据的理论基础不同。

争论的焦点是山西老解放区是否应该将互助组引导到合作化道路上来。山西老解放区1946年完成土地改革任务,分配的土地归农民所有。1951年,土地改革完成后5年,山西出现了两种新现象:一是农村阶级有所分化,有人卖地,出现了高利贷,一部分农民向富农方向发展;二是由于耕作的需要,传统的生产互助合作形式出现了,但在农村难以巩固下来。对此,山西省委希望通过两种体制结合的方式向互助合作方向发展,不断培育社会主义要素。具体方式是,把长期互助组提高一步改造成农村生产合作社(初级合作社,源于苏联的共耕社),发展成具有社会主义要素的农村生产合作组织。一方面允许土地入股分红,一方面按劳分配,两者相结合,但按土地分红的比例不得大于按劳分配的比例。具体做法是,农民将土地入股农村生产合作社,按入股土地分红,同时,积累一点公积金和公共财产,农民如果退社,公积金和公共财产不允许带走。农村生产合作组织采取集体劳动的方式，按劳分配。① 由于华北局对此有不同意见，上报刘少奇。刘少奇不同意山西省委意见，认为没有农村生产技术的提高和机械化这些基本条件就采取动摇私有制的步骤是空想的农业社会主义。② 华北局和中央农工部都反对山西省委的意见，但毛泽东支持山西省委的意见。③ 1951年9月全国第一次互助合作会议召开，会后起草了《关于农业生产互助合作的决议（草案）》，简称《草案》。《草案》强调既要保护互助合作社的积极性，又要保护个体农民单干的积极性；既要防右，又要防"左"。由于毛泽东的大力倡导，④ 全国农业互助合作运动有了很大发展。1952年底，"组织起来的农户，老区占65%以上，新区占25%左右，全国各地成立了4000个农业生产合作社，创办了十几个集体农庄（即高级合作社）。"⑤ 农村生产互助合作社没有改变农民土地所有权。

1951年的争论实际上是1950年争论的继续，其后又发生了1955年的争论。1950年和1951年的争论发生于《中国人民政治协商会议共同纲领》《共同纲领》颁布以后；1955年的争论发生于《五四宪法》颁布实施前后。这一时期的一个显著特征是农村的制度变迁受党的政策影响较大，宪法性文件和法律所起的作用很小，或者实际上没有起什么作用。尽管《共同纲领》和《五四宪法》都确认了农民土地所有权，但随着党的政策的变化，农民的土地所有权还是转化为农村土地集体所有权。

1951年围绕山西农业生产合作社争论以后，农业合作社发展迅

---

① 杜润生著：《杜润生自述：中国农村体系变革重大决策纪实》，人民出版社2005年版，第27～28页；薄一波著：《若干重大决策与事件的回顾》上卷，中共中央党校出版社1991年版，第184～187页。

② 薄一波著：《若干重大决策与事件的回顾》上卷，中共中央党校出版社1991年版，第187—189页。

③ 薄一波著：《若干重大决策与事件的回顾》上卷，中共中央党校出版社1991年版，第189～191页。

④ 《毛泽东选集》第5卷，人民出版社1977年版，第59页。

⑤ 薄一波著：《若干重大决策与事件的回顾》上卷，中共中央党校出版社1991年版，第194页。

速：1951年12月制定《关于农业生产互助合作的决议草案》时300多个；1952年6月3000多个；1953年12月正式发布《关于发展农业生产合作社的决议》时14000多个；1954年春为10万个；1955年春为67万个；1955年夏季后，发展速度加快，年底，参加合作社的农户达到全国农户总数的60%以上；1956年4月底全国基本实现了初级形式的合作社；10月底，多数省市实现了高级合作社。[①] 也就是说，到1956年10月底，多数省市的农民土地所有权事实上已经转化为农村土地集体所有权了。

农村土地所有权的转变固然有地权运动自身的逻辑在起作用，但政策起了主要作用。大陆地区土地改革后确定了走社会主义道路，在这一问题上党内没有什么争论。农村走苏联集体农庄的社会主义道路，这一点党内也没有什么实质性争论。三次争论的焦点在于什么时候走社会主义道路，走社会主义道路的步骤怎样这两个问题上。[②] 以刘少奇为代表的领导人认为中国生产力不发达，地权运动出现阶级分化不可避免，新民主主义的任务还没有完成，新民主主义道路有一个比较长的过程。社会主义道路要走，但要走"先机械化，再合作化"的道路。以毛泽东为代表的领导人认为生产力不发达可以通过改变生产关系的方式进行弥补，新民主主义的任务已经完成，社会主义革命的任务是现实的任务，可以走"先合作化、再机械化"的道路。两人因此发生争论。

造成农业合作化运动过"左"的原因既有认识上的原因，也有客观原因。薄一波先生认为认识上的原因有三个：一是过分害怕农民自发倾向引起的两极分化，二是把农民的绝对平均主义当成社会主义，三是离开工业化去谈农业社会主义改造。[③] 薄一波先生认为客观

[①] 《毛泽东选集》第5卷，人民出版社1977年版，第170～171页；薄一波著：《若干重大决策与事件的回顾》上卷，中共中央党校出版社1991年版，第326页。

[②] 薄一波著：《若干重大决策与事件的回顾》上卷，中共中央党校出版社1991年版，第194～195页。

[③] 薄一波著：《若干重大决策与事件的回顾》上卷，中共中央党校出版社1991年版，第207～210页。

上的原因主要是粮食供给问题。粮食问题给了中央很大压力。新中国成立以后，全国人民吃饭的问题一直是摆在党和国家面前的头等大事。土改以后，农业生产力获得极大解放，粮食产量迅速超过历史最高水平，但粮食供需矛盾仍然突出。尽管我国在1953年就已建立了粮食等主要农产品统购统销的销售体制，党还是担心小农经济不能满足日益增长的粮食需要。而1952年苏联共产党召开十九大，马林科夫宣布苏联通过集体化道路解决了苏联最尖锐、最困难的粮食问题，这就坚定了中央将农民土地所有制改造为农村土地集体所有制的决心。① 毛泽东认为："需求不断增加，供应不上。从解决这种供求矛盾出发，就要解决所有制与生产力的矛盾问题。是个体所有制，还是集体所有制？是资本主义所有制，还是社会主义所有制？个体所有制的生产关系与大量供应是完全冲突的。个体所有制必须过渡到集体所有制，过渡到社会主义。合作社有低的，土地入股；有高级的，土地归公，归合作社之公。"② 毛泽东的这一思想始终没有变化。

1956年全国农村基本上实现了合作化，多数省市实现了高级社，但农业出现了新中国成立以来的第一次减产。③ 农民对合作社不满，最早采取"闹社退社"方式，后来出现了反向集体化的包产到户等不同形式的措施。④ 如何对待农民的"退社"和单干问题，邓子恢与毛泽东之间发生了争论。邓子恢受到毛泽东的严厉批评。毛泽东对个体劳动——互助组——初级社——高级社这一苏联的农业社会主义道

---

① 薄一波著：《若干重大决策与事件的回顾》上卷，中共中央党校出版社1991年版，第363页。

② 《毛泽东选集》第5卷，人民出版社1977年版，第119页。

③ 杜润生著：《杜润生自述：中国农村体系变革重大决策纪实》，人民出版社2005年版，第77页。

④ 杜润生著：《杜润生自述：中国农村体系变革重大决策纪实》，人民出版社2005年版，第84页。

路感到失望,决定走一条"以苏联为鉴"① 的不同的社会主义道路,于是开始了大跃进和人民公社化的运动。② 1958 年农业合作化以后,农民土地所有权和其他生产资料全部转化为农村集体所有权。1958 年全面实行人民公社制度以后,由于自然灾害、统购统销、公社生产体制的无效率等方面的原因叠加在一起,中国出现了全国性的饥荒,饿死了至今无法统计出具体数字的庞大农村人口,给共和国的历史加上了沉痛的一笔。其后,毛泽东没有认真反思这一连串历史事件之间的内在逻辑关系,而是认为一个理想的制度形态被资产阶级当权派搞糟了,于是又发动了与资产阶级当权派进行政治斗争的"文化大革命",使中国惨遭 10 年浩劫,国民经济濒于崩溃的边缘。

回忆这段历史,我们不应忘记马克思、恩格斯的论断:"到现在为止我们都是以生产工具为出发点,这里已经表明了在工业发展的一定阶段上,私有制是必要的。在采掘工业中私有制和劳动还是完全一致的;在手工业以及到目前为止的整个农业中,所有制是现在生产工具的必然结果;在大工业中,生产工具和私有制之间的矛盾才是大工业的产物,这种矛盾只有在大工业高度发达的情况下才会产生。因此,只有随着大工业的发展才有可能消灭私有制。"③ 这也是刘少奇一再坚持的主张。我国是一个被迫走上社会主义道路的经济落后的农业国,始终面临马克思所言的"卡夫丁峡谷"的严峻挑战,加之外国敌对势力的长期封锁,与苏联的关系又出现了恶化,在发展工业和应付战争威胁的双重任务下,本已脆弱的农业做出了巨大牺牲。在这一复杂的历史背景下,我们不能将全部责任都归结于毛泽东晚年的

---

① 注:1956 年,毛泽东发现苏联并没有像 1952 年报告所言解决了最尖锐、最困难的粮食问题,因此,对苏联农业集体化道路产生怀疑,决定走中国的农业社会主义道路。(薄一波著:《若干重大决策与事件的回顾》上卷,中共中央党校出版社 1991 年版,第 365 页)。但思路仍然是沿着 1953 年 10 月形成的思想进一步向"左"的方向迅速发展。

② 杜润生著:《杜润生自述:中国农村体系变革重大决策纪实》,人民出版社 2005 年版,第 76~77 页

③ 马克思、恩格斯:《德意志意识形态》,载《马克思恩格斯文集》第 1 卷,人民出版社 2009 年版,第 556 页。

"左"倾思想。① 历史、现实、事件和人物相互纠缠在一起共同起着作用,我们应记住的是这一历史教训,而不应苛求于某一个人物。

除了在条件不成熟的情况下过早、过快、规模过大实行农业集体化的弊端以外,粮食供需矛盾的解决方案也存在致命的缺陷,这也是引起全国性饥荒饿死无以计数的农民的重要原因。根据阿玛蒂亚·森的研究,除了增加生产以外,解决粮食供需矛盾的重要方法应该是权利方法而不是计划方法。② 实际上,不仅是解决粮食供需矛盾需要采用权利的方法,在其他方面也需要使用权利的方法。而权利的方法必须有法治对权利的保障。

在总结过去的教训和展示未来时,杜润生先生提出了自己的希望。他认为:"在土改中,剥夺地主垄断权是合法的,可是'打乱平分'就有负面影响,侵犯了中农利益。土改后实行合作化期间,合作占有和财产归大堆,两者之间政策界限划分不够严格。今天在实行家庭承包制中,农民的土地使用权缺乏法律保障,村干部任意调整地权事件层出不穷,违背中央关于土地使用权 30 年不变的政策。今后如果不能走法治轨道,就无法确立社会主义市场经济体制。以法治取代人治,乃是时不可待的事情。"③ 土地改革后,我国所进行的以高级社为目标的合作化运动和以共产主义为目标的人民公社运动都是在"左"的政策驱动下进行的,其中一个深刻的教训是政策大于法,人治甚于法治。1953 年 10 月,土地改革完成不久,毛泽东就认为:"'确保私有财产','四大自由',都是有利于富农和富裕中农的。为什么法律又要写呢?法律是说保护私有财产,无'确保'字样。现在农民卖地,这不好。法律不禁止,但我们要做工作,阻止农民卖地。办法就是合作社。互助组还不能阻止农民卖地,要合作社,要大合作社才行。大合作社也可以使得农民不必出租土地了,一二百户的

---

① 程关松著:《反思型宪法观导论》,中国社会科学出版社 2013 年版,第 198~201 页。
② [印度]阿玛蒂亚·森著:《贫困与饥荒》王宇、王文玉译,商务印书馆 2001 年版,第 13~15 页。
③ 杜润生著:《杜润生自述:中国农村体系变革重大决策纪实》,人民出版社 2005 年版,第 21 页。

大合作社带几户鳏寡孤独，问题就解决了。"① "左"的政策在推行过程完全置《土地改革法大纲》《中华人民共和国土地改革法》《中国人民政治协商会议共同纲领》和《中华人民共和国宪法》于不顾，法律，甚至宪法形同虚设。这一历史教训必须世世代代铭记，成为我们民族集体记忆的重要部分。

第二节　土地制度改革

一、早期土地制度改革尝试

1956年，农业合作化运动基本完成，高级合作社在农村普遍建立。在这种体制下出现了一系列问题，其中最重要的问题是：第一，生产无效率。由于分工和监管困难，管理成本高，管理水平也跟不上，生产无效率。农业生产出现了新中国成立以来的第一次减产。② 第二，劳动分配制度不公平损害农民生产积极性。由于采取吃"大锅饭"的分配方式，原来设想的按劳分配的原则难以落实，多劳动不会多得，少劳动不会受到处罚，劳动质量与劳动报酬之间没有直接关系，严重挫伤种田能手和老实勤劳的农民的积极性。第三，农民没有退社的权利。生产互助合作时期，农民拥有土地所有权和生产资料所有权，生产互助合作是基于劳动分工的需要，农民有绝对自由。③ 初级合作社时期，农民自愿加入互助组或者合作社，也有退社的绝大部分自由，但公积金和公共财产在政策约束下不予退还。高级合作社采取"自愿"入社方式，但没有退社自由了。④ 根据薄一波先生的考察，所谓入社"自愿"，实际上也是强迫的。"在鼓励入社时，有的

---

① 《毛泽东选集》第5卷，人民出版社1977年版，第117页。

② 杜润生著：《杜润生自述：中国农村体系变革重大决策纪实》，人民出版社2005年版，第77页。

③ 注：农民的生产合作形式在封建社会时期就有，土地革命时期和抗日战争时期也有，但大规模引导农民走生产合作的道路始于新中国成立后。《毛泽东选集》第5卷，人民出版社1977年版，第170页。

④ 蔡昉、王德文、都阳著：《中国农村改革与变迁：30年历程和经验分析》，格致出版社、上海人民出版社2008年版，第24页。

办社干部公开宣布：入了社可以少派粮食征购任务，不入社就要多派。许多地区为了办社，要求土地联片，对不入社的农户强制调换土地。有些干部甚至对不入社的农民进行恐吓。致使不少农民是抱着惴惴不安的心情入社的。"① 由于被强迫入社，入社后又不允许退社，土地等生产资料都归公了，农民失去了"四大自由"。② 随着人民公社化运动的完成，农民没有生产和生存的土地等生产资料了，就不断寻求体制内的某些修正。"包产到户"就是在这一背景下产生的。

农民入社以后，为了解决生产效率低和管理困难的问题，1955年就出现了临时包工的形式，在政府的引导下，出现了季节性包工制。对于包工形式往上进一步的农村工作方法，毛泽东予以充分肯定。③ 杜润生先生认为当时的包工包产试验，一般是包到生产队和作业组一级。④ 包工到生产队和作业组应该是在人民公社体制建立以后，"三级所有，队为基础"的体制没有建立以前的情况。由于包工制与劳动成果之间没有建立必然联系，效果也不好。许多农业社就将包工和包产结合起来，包到作业组或者生产队，直至包工包产到每户社员。四川江津、浙江温州等地区都进行了包产到户的试验。人民日报 1956 年 4 月 29 日还发表了何燕凌（署名何成）的文章：《生产组和社员都应该"包工包产"》。文章中提到安徽芜湖地区生产组包工包产、四川江津地区包产到户的例子，认为这些做法"是完全正确的"。在包产到户被批判后，四川江津龙门区刁家乡在区委副书记主持下，干脆把合作社的田土按劳力、人口情况分到了户。肥料、种子也分了，耕牛不好分，就轮流喂养，轮流使用。生产、收成由各户自

---

① 薄一波著：《若干重大决策与事件的回顾》上卷，中共中央党校出版社 1991 年版，第 331 页。

② 注："四大自由"指"保障农民土地所有权、允许土地买卖、允许雇工、借贷自由、贸易自由等"，"四大自由"是毛泽东批判邓子恢使用的词语。《毛泽东选集》第 5 卷，人民出版社 1977 年版，第 208 页；杜润生著：《杜润生自述：中国农村体系变革重大决策纪实》，人民出版社 2005 年版，第 30 页。

③ 《毛泽东选集》第 5 卷，人民出版社 1977 年版，第 235～236 页。

④ 杜润生著：《杜润生自述：中国农村体系变革重大决策纪实》，人民出版社 2005 年版，第 84～85 页。

己负责,各家收的各家得,只按预定产量交纳公粮和部分公积金,统一分配也取消了。许多农民将其称为"二道土改"。各地都采取了不同形式的包工、包产方式,到组、到劳、到户的形式都有。承包方式也各不相同,有的包作业面,有的包小宗生产,有的包小作物生产。人们总结各种承包方式的好处,偷工减料的少了,懒的少了,装病的少了,放掉农业出去找副业的少了。好处是:责任清楚好,劳动质量好,大家动脑筋好,增产可靠好,干群关系好,记工方便好,等等。第一次"包产到户"时,政策比较宽松,探讨的方式多样。① 由于"包产到户"管理成本低,生产效率高,普遍受到群众欢迎。

由于"包产到户"这种方式在形式上非常像单干,因此受到中央的批判和禁止。早在1955年7月30日,毛泽东就认为:"农业生产合作社,在生产上,必须比较单干户和互助组增加农作物的产量。决不能老是等于单干户或互助组的产量。如果这样就失败了,何必要合作社呢?更不能减低产量。……合作社胜过互助组,更胜过单干户。"② 他还提出了增加产量的方法:"①坚持自愿、互利原则;②改善经营管理(生产计划、生产管理、劳动组织);③提高耕作技术(深耕细作、小株密植、增加复种面积、采用良种、推广新式农具、同病虫害做斗争等);④增加生产资料(土地、肥料、水利、牲畜、农具等)。这是巩固合作社和保证增产的几个必不可少的条件。"③ 按照毛泽东的设想,只要不向后退,按照增产的办法,合作社是能够越办越好、越办越高级的。按照增产的方法,毛泽东其实也是允许改善经营管理试验的。在1955年编辑《中国农村的社会主义高潮》一书时,他就承认"划分劳动组织和实行包工制"的地位。④ 他也多次讲到如果坚持退社,可以退到互助组,个别人坚持退社,尽最大努力做工作,实在要退社,也允许。但当邓子恢支持浙江退社后,由于出现

---

① 杜润生著:《杜润生自述:中国农村体系变革重大决策纪实》,人民出版社2005年版,第84～87页。
② 《毛泽东选集》第5卷,人民出版社1977年版,第176页。
③ 《毛泽东选集》第5卷,人民出版社1977年版,第177页。
④ 薄一波著:《若干重大决策与事件的回顾》上卷,中共中央党校出版社1991年版,第381页。

了大规模退社现象，毛泽东因此对邓子恢进行了严厉批评。他认为不但要通过提高产量方式巩固合作社，还应该通过整社方式巩固合作社。① 由于认识上的错误，在当时看来，"包产到户"就是单干，许多农民这样认为，中央主要领导也这样认为，因此，在社会主义改造时期出现"包产到户"这样的现象，必然被中央禁止。本质上，只有少数农民认为"包产到户"只是"大集体下的小自由"，中央也有部分领导认为"包产到户"只是完善集体经营制度的一种方式。在当时的背景下，单干被认为是资本主义在农业领域的经济基础。除了上述背景外，台湾地区国民党的土改已进入"耕者有其田"阶段，②为了显示社会主义的优越性，毛泽东绝不采取与国民党相似的政策。他认为刘少奇在农村社会主义改造中的一部分观点是"走台湾道路"。

大跃进和人民公社化以后，一些地区又开始了"包产到户"的试验，庐山会议批判后被制止。三年困难时期，"天灾人祸"饿死了大量农民，"包产到户"又开始出现，形式有"借地"、"责任田"等多种形式，全国不同形式的"单干"占20%～30%。安徽是受祸害最严重的地区之一，1960年底开始"包产到户"的试验，当时称之为"定产到田，责任到人"，简称为"责任田"。由于三年困难时期的深刻教训，当时的许多领导都对"责任田"持支持态度。刘少奇曾鼓励"三自一包"。③ 毛泽东曾容忍"责任田"试验，但七千人大会（1962年1月11日—2月7日）要求全面改正。北戴河会议（1962年8月6日—下旬）以前毛泽东曾派胡耀邦前去调查。胡耀邦在给中央的报告中说："这是一个确实起了作用（增产）但又很危险（易滑向单干）的办法。"④ 1962年7月9日和11日，在北戴河会议前，邓子恢给中央党校作了《关于农业问题》的报告，提出建立严

---

① 《毛泽东选集》第5卷，人民出版社1977年版，第173页。

② 郭德宏：《中国国民党在台湾的土地改革》，载《中国经济史研究》1992年第1期。

③ 注："三自一包"指自负盈亏、自由市场、自留地和包产到户。

④ 杜润生著：《杜润生自述：中国农村体系变革重大决策纪实》，人民出版社2005年版，第88～95页。

格的生产责任制，实行队（生产队）包产、组包工、田间管理包到户；对一些特殊的技术活，可以实行联系产量的超产奖励等责任制。"单干"在北戴河会议上受到毛泽东的严厉批评。毛泽东用阶级分析的方法，运用阶级斗争的观点，认为"包产到户"是走资本主义道路，走修正主义道路，走南斯拉夫道路，走蒋介石的道路。① 在这以后，毛泽东的"左"倾思想进一步发展，"包产到户"被定义为地主、富农复辟的诡计，第三次被否定。"文化大革命"过程中，"包产到户"更是定义为农村阶级斗争的主要表现，被禁止。

二、新时期的土地制度改革

新时期的土地制度改革实际上是从逐步恢复"包产到户"开始的，是农民进行"包产到户"的第四次试验，这一次出现以后就被逐步肯定，最终被政策和法律确定下来并不断发展。1983年被中央认定为"在党的领导下我国农民的伟大创造，是马克思主义农业合作化理论在我国实践中的新发展。"② 2013年12月23日至24日中央农村工作会议指出："我国改革是从农村起步的，农村改革发展的伟大实践，为实现人民生活从温饱不足到总体小康的历史性跨越、推进社会主义现代化做出了重大贡献，为战胜各种困难和风险、保持社会大局稳定奠定了坚实基础。"③ 科斯、王宁认为这是我国从边缘处发生的革命。④ 中国农民用自己的智慧、勇气奠定了新时期农村体制的基础。"文化大革命"期间，"包产到户"不仅被禁止，甚至被认定为犯罪行为，不仅有坐牢的风险，甚至有杀头的风险。"小岗村"农民用生死状的方式试验"包产到户"便是极好的证明。

新时期的土地制度改革也不是一帆风顺的，而是经历了一个艰难

---

① 姜华宣、张蔚萍、肖甡主编：《中国共产党重要狐疑纪事》（1921—2006），中央文献出版社2006年版，第323～324页。
② 《中共中央国务院关于"三农问题"工作的一号文件汇编》，人民出版社2010年版，第20页。
③ 《人民日报》2013年12月25日。
④ ［美］科斯、王宁著：《变革中国：市场经济的中国之路》，中信出版社2013年版，第95页。

的历程，所幸的是在天时地利人和各方面条件相互作用下，"包产到户"不仅被确立下来，而且成为我国农村体制的基础。

"文化大革命"结束的最初阶段，我国农村实行的是集体化体制，但农产品供给严重不足，农民得不到温饱，城市食品严重短缺，影响整个国民经济的发展，引发许多社会问题和政治问题。但当时的观点认为主要是农村集体化过程中的"经营管理"和某些具体政策以及干部作风问题，而没有认识到这是一个体制问题。中央决策层主要针对这些问题提出改进要求。1978年，邓小平在广东等地的讲话中曾首先提出尊重社队自主权，反对"一平二调"、瞎指挥。其后，中央提出了减轻农民负担、提高农产品价格、增加农业投入、提倡副业和多种经营，恢复并适度扩大自留地，开放集市贸易，发展社队企业等一系列措施，但没有从根本上触及人民公社这一体制问题。① 农村改革仍处于酝酿阶段。

1978年，安徽遭遇历史上罕见的特大旱灾，秋种无法进行。9月1日，省委针对这种情况决定借给农民三分地种菜；对能播种小麦的旱地只要种上就不计征购；利用荒岗湖滩种植粮食作物，谁种归谁。有了这种借地方式，"包产到户"找到了复活机会。1978年，实行"包产到户"的生产队就达1200个，次年发展到38000个，约占全省生产队的10%。与此同时，四川、贵州、甘肃、内蒙古、河南等地的"包产到户"试验也公开或隐蔽发展。② 对于各地进行"包产到户"的试验，中央意见不统一，但没有采取否定的态度和禁止的措施，更没有意识形态化争论。1979年中共中央通过《关于加快农业发展若干问题的决议》。决议明确指出除某些副业生产需要的特许和边远地区、交通不便的单独户应当允许包产到户外，其他地方不要包产到户。这是以中央文件方式第一次正式允许特殊地区实行"包产到户"的文件。同时，文件还允许包产到组。这就为许多地区进行

---

① 杜润生著：《杜润生自述：中国农村体系变革重大决策纪实》，人民出版社2005年版，第96～98页。

② 陈锡文、赵阳、陈剑波、罗丹著：《中国农村制度变革60年》，人民出版社2009年版，第27页。

"包产到户"的试验找到了过渡性条件。

截至1980年,全国农村已有93%的生产队建立了不同形式的农业生产责任制。其中,定额包工占39%、联产到组占23.6%、联产到劳占8.6%、包产到户占9.4%、包干到户占5%、其他形式占7.4%。① 随着各地联产承包的不断发展,中央决定正式承认联产承包责任制的正当性。1982年1月1日,中共中央发布《全国农村工作会议纪要》(〔1982〕1号文件),正式承认农业生产责任制的正当性。纪要规定:"目前实行的各种责任制,包括小段包工定额计酬,专业承包联产计酬,联产到劳、包产到户、到组,包干到户、到组等等,都是社会主义集体经济的生产责任制。不论采取什么形式,只要群众不要求改变,就不要变动。"② 1982年12月4日《中华人民共和国宪法》(《八二宪法》)公布实施。《八二宪法》第八条第1款规定:"农村人民公社、农业生产合作社和其他生产、供销、信用、消费等各种形式的合作经济,是社会主义劳动群众集体所有制经济。参加农村集体经济组织的劳动者,有权在法律规定的范围内经营自留地、自留山、家庭副业和饲养自留畜。"《八二宪法》对农村经营体制的问题没有作具体规定,这就为农业生产责任制的试验预留了一个法律空间。

由于中央〔1982〕1号文件和《八二宪法》对农业生产责任制均采取许可或默认的态度,农业生产责任制在规模上进一步发展,在结构上出现了向"包干到户"这一形式集中的状况。1982年,全国农村已有98.7%的生产队建立了不同形式的农业生产责任制。其中,定额包工占9%、联产到组占9%、联产到劳占9%、包产到户占8.8%、包干到户占80.9%。③ 鉴于"包干到户"形式的急剧发展,成为农民选择的最主要生产责任制形式。1983年1月2日,中共中央

---

① 黄道霞、余展、王西玉主编:《建国以来农业合作化史料汇编》,中共党史出版社1992年版,第1390页。

② 《中共中央国务院关于"三农问题"工作的一号文件汇编》,人民出版社2010年版,第3页。

③ 黄道霞、余展、王西玉主编:《建国以来农业合作化史料汇编》,北京:中共党史出版社1992年版,第1390页。

发布《当前农村经济政策的若干问题》（〔1983〕1号文件）的决议。决议规定："党的十一届三中全会以来，我国农村发生了许多重大变化。其中，影响最深远的是，普遍实行了多种方式的农业生产责任制，而联产承包制又越来越成为主要形式。联产承包制采取了统一经营与分散经营相结合的原则，使集体优越性和个体积极性同时得到发挥。这一制度的进一步完善和发展，必将使农业社会主义合作化的具体道路更加符合我国的实际。这是在党的领导下我国农民的伟大创造，是马克思主义农业合作化理论在我国实践中的新发展。"① 在〔1983〕1号文件充分肯定的条件下，我国农村生产责任制进一步发展。由于家庭联产承包生产责任制改变了农村集体的经济组织形式，同时也将农村的行政管理工作提上了议事日程，经济组织形式与行政管理体制分开就成为经济建设和基层政权建设的共同需要。在这种背景下，1983年10月12日，中共中央、国务院发出了《关于实行政社分开建立乡政府的通知》，废除了在农村实行长达25年之久的人民公社政社合一的体制。

1958年农村人民公社化以后，我国农村经济组织建立了人民公社、生产大队、生产小队的三级生产组织和经济核算组织，在反复试验过程中，为了发挥基层组织在组织生产和核算劳动成果的积极性，我国农村确立了"三级所有，队为基础"的生产组织和成果核算体制。这一体制的确立为改革开放后农村生产责任制的试验提供了基本前提。

人民公社政社合一体制废除后，农村经济核算单位迅速变化。1984年，全国农村已有100%的生产队建立了不同形式的农业生产责任制。其中，定额包工占0.9%、联产到组占0.9%、联产到劳占0.9%、包产到户占0.9%、包干到户占99%。② 从"包产到户"到"包干到户"的变化彻底改变了农村的劳动分工体制和经济核算

---

① 《中共中央国务院关于"三农问题"工作的一号文件汇编》，人民出版社2010年版，第20页。

② 黄道霞、余展、王西玉主编：《建国以来农业合作化史料汇编》，中共党史出版社1992年版，第1390页。

体制。

"包产到户"后，尽管土地承包到户，生产也由每户自己安排，但主要劳动成果仍然由生产队统一支配。也就是农户分散劳动，主要劳动成果统一支配，集体统一核算，收入统一分配，生产队为农村经济的基本核算单位，农户仍然没有完整意义上的经营自主权。如果农村经营体制改革只停留在"包产到户"阶段，人民公社体制仍然有存在的必要。农村的经营体制改革也就不会推动其他领域的改革，农村改革对于国家整体改革的贡献也就非常有限。[①] 在"包产到户"基础上，农民将生产责任制进一步推到"包干到户"这一方式，从而不仅引起了农业生产上的变化，也引起了整个农业生产体制的变化。1982年1月1日前，农业生产责任制中的"包干到户"还只占5%，但中央认识到这一形式在农业体制，乃至农村体制上的重要功能。〔1982〕1号文件认为："包干到户这种形式，在一些生产队施行以后，经营方式起了变化，基本上变为分户经营，自负盈亏。但是，它是建立在土地公有基础上的，农户和集体保持承包关系，由集体统一管理和使用土地、大型农机具和水利设施，接受国家的计划指导，有一定的公共提留，统一安排军烈属、五保户、困难户的生活，有的还在同一规划下进行农业基本建设。所以它不同于合作化以前的小私有的个体经济，而是社会主义农业经济的组成部分；随着生产力的发展，它将会逐步发展成更为完善的集体经济。"[②] 由于"包干到户"特别像合作化运动前的个体经济，为了消除误解，鼓励多种生产责任制的发展，文件对此特别进行阐明也是完全有必要的。同时，鉴于土地改革后农村的分化现象，文件也对此生产责任制的完善和发展提出了希望。〔1982〕1号文件公布以后，"包干到户"迅猛发展，1982年占80.9%，1984年占99%。"包干到户"采取"交够国家的，留

---

① 陈锡文、赵阳、陈剑波、罗丹著：《中国农村制度变革60年》，人民出版社2009年版，第32～33页；蔡昉、王德文、都阳著：《中国农村改革与变迁：30年历程和经验分析》，格致出版社、上海人民出版社2008年版，第26页。

② 《中共中央国务院关于"三农问题"工作的一号文件汇编》，人民出版社2010年版，第3页。

够集体的、剩下都是自己的"这样一种简单明了的方式,降低了复杂的体制安排的管理成本和交易成本问题,完全符合现代产权经济学所揭示的一系列基本原理。"包干到户"极大地解放了农村生产力,提高了农业生产效率,增加了农业产出率,提高了整个农业生产水平。① "'包干到户'的经营方式,是农村经济改革在农业经营体制方面所取得的最重要的制度性成果。"② 中国农民将历史悠久的家户制传统③与社会主义合作经济有机结合起来,形成了一种优势叠加效应,极大地解放了农村生产力。

1993 年宪法修正案将《八二宪法》第八条修改为:"农村中的家庭联产承包为主的责任制和生产、供销、信用、消费等各种形式的合作经济,是社会主义劳动群众集体所有制经济。参加农村集体经济组织的劳动者,有权在法律规定的范围内经营自留地、自留山、家庭副业和饲养自留畜。"国家以根本法的方式确认了农村以家庭联产承包为主的生产责任制的宪法地位。1999 年宪法修正案将 1993 年修正案修改为:"农村集体经济组织实行家庭承包经营为基础、统分结合的双层经营体制。农村中的生产、供销、信用、消费等各种形式的合作经济,是社会主义劳动群众集体所有制经济。参加农村集体经济组织的劳动者,有权在法律规定的范围内经营自留地、自留山、家庭副业和饲养自留畜。"从此,以"家庭承包经营为基础、统分结合的双层经营体制"不仅成为我国党的农村政策的基石,④ 也成为国家农村制度的基石。

---

① 蔡昉、王德文、都阳著:《中国农村改革与变迁:30 年历程和经验分析》,格致出版社、上海人民出版社 2008 年版,第 31 页。
② 陈锡文、赵阳、陈剑波、罗丹著:《中国农村制度变革 60 年》,人民出版社 2009 年版,第 33 页。
③ 徐勇著:《中国家户制传统与农村发展道路——以俄国、印度的村社传统为参照》,载《中国社会科学》2013 年第 1 期。
④ 陈锡文、赵阳、陈剑波、罗丹著:《中国农村制度变革 60 年》,人民出版社 2009 年版,第 34 页。

三、农村土地所有制再次引起学术界的争论

以"家庭承包经营为基础、统分结合的双层经营体制"的政策和制度的确立极大地解放了农村生产力,有力地推动了我国的改革开放事业的发展。在家庭承包经营基础上,我国农村出现了一系列新变化,为适应新时期农村变化的新要求,党的政策和法律允许农户承包经营权流转,在农户承包经营权流转过程中,出现了一系列需要解决的新问题,在这一背景下,农村土地所有制问题再次引起学术界的争论。

20世纪80年代初期农村经营制度改革以后,我国已发生了巨大变化,农村经济条件进一步改善,农民生活水平不断提高,但相对于工业现代化进程而言,农业现代化进程相对迟缓;相对于城市居民的收入和福利水平而言,农民的收入和福利水平相对下降。如何促进农业现代化,增加农民的收入,提高农民的福利已引起学术界的重视。学术界的讨论围绕两个基本问题展开:一是农民的土地承包经营权是否能够流转,二是国家是否应该赋予农民土地私有权。

目前,关于农民土地承包经营权是否能够流转的讨论基本上达成共识,且获得法律和政策上的支持。[①] 农民土地承包经营权流转讨论的主要是具体制度安排问题。产权缔约理论在农村土地承包权流转方面具有很好的借鉴作用。关键的问题是如何防范无序流转可能危及农民的生存权问题。这一问题既可以通过国家社会保障一体化方式解决,也可以通过保留基本土地承包经营权方式解决,妥善处理农民的生存保障与经济权益之间的关系,还可以通过城镇化方式解决,但没有否定农民土地承包经营权流转的理由。关于这一问题的具体内容,我们将在本章第三节讨论。

争论难以达成共识的是国家是否应该赋予农民土地所有权。主张农民土地私有权的理由有三个:一是世界通例,坚持土地私有制的国家占绝大多数,只有少数国家实行土地公有制。二是中国自古以来的

---

① 中共中央、国务院《关于加快发展现代农业 进一步增强农村发展活力的若干意见》2012年12月31日。

理想就是"耕者有其田","耕者有其田"是农民最基本的权利诉求。三是土地私有制更能发挥土地的经济效率,更有利于保护农民的经济性权利。① 这一主张的主要动力来源于农民生活水平相对降低的事实和征地过程中对农民权利的侵害。主张农民土地公有的理由有二:一是中国问题特殊,不能照搬西方的土地私有制度。二是土地私有制的主张不是有利于农民而是对农民有害。② 这一主张的主要根据是土地私有制严重阻碍国家的现代化进程,而中国正处于现代化的关键阶段,同时土地私有化将会使得我国农民缺乏最基本的生存保障并且易于使农村富有者获利,且有利于工商资本对农村的侵入。

秦晖先生对反对土地私有化的理由进行了系统反驳,③ 但这不表明他赞成土地私有化。他只是认为反对土地私有化的理由是虚假的。实际上,土地是否私有与中国是否特殊之间并没有必然联系。社会主义之前的所有阶级社会中实行的都是霍布斯意义上的私有土地权。另外,土地私有并不意味着农民全都会无理性地卖绝自己的生存之本。费孝通在江村和绿村调查时发现:江村由于手工业发达,地处经济发达中心圈,易于出卖土地作为佃农,以便兼及副业,灵活分配劳动力;而绿村地处边远,土地稀少,手工业不发达,缺乏灵活分配劳动力的条件,农民卖田者甚少。④ 再说,农民是否受到工商资本的制约本身也与土地是否私有化之间没有必然逻辑关系。即使坚持土地公有,允许流转也不能保证农民不受工商资本的制约。

主张土地私有制的理由也存在诸多漏洞。世界通则是否适合于当下的中国实际仍是一个悬而未决的问题,不足为证。中国人自古就有"耕者有其田"的理想,但理想的追求并不能代替现实的生活。农民土地私有的历史并没有把中国变成人间天堂。

---

① 文贯中著:《日本经验、经济规律和土地制度》,载《经济观察报》2008年7月7日。

② 温铁军著:《"土地私有化"不是中国农村的未来方向》,载《环球企业家》2008年第13期。

③ 秦晖著:《农民地权六论》,载《社会科学论坛》2007年第5期(上)。

④ 费孝通著:《江村经济》,上海人民出版社2007年版,第315页。

目前我国不可能赋予农民土地所有权的理由有两个，一个是积极的理由，一个是消极的理由。

第一，中国选择了社会主义制度，社会主义制度不可能赋予农民土地所有权。

土地改革以后，这一问题在党内曾引起过长期的争论，也出台过一系列政策，最终，《八二宪法》确立了农村土地集体所有权的宪法地位。

《八二宪法》确立农村土地集体所有权是基于地权运动的基本规律所做的选择。在第四章我们已经讨论过，中国历史上的所有封建王朝在开国之初几乎都确立过"均分制"这样的"耕者有其田"的土地私有制度，但随着地权的运动，受到人多地少这一客观条件的硬性约束，最终都出现了农村社会阶级高度分化、农民无产化的结果。每一次王朝更迭都是以农民做出巨大牺牲为代价的，王朝更迭并没有从本身上改变农民苦难的悲惨命运。恩格斯认为，土地占有使得土地占有与劳动对立起来，最终使得土地占有与土地占有对立起来。土地占有靠地租生活，劳动者则靠租佃土地或者出卖劳动力生活，农民所得到的只是一点点生活资料。另外，大土地占有者具有小土地占有者无法拥有的优势，土地集中不断加快，这是财产集中的一个基本规律。[①] 土地改革以后，我国赋予了农民土地所有权，但地权运动的结果出现了阶级分化的迹象，在这一条件下，中国共产党进行了以合作化运动为基础的农村社会主义改造。毛泽东认为："土地改革，使我们在民主主义的基础上同农民结成联盟，使农民得到土地。农民得到土地这件事，是属于资产阶级民主革命性质，它只破坏了封建所有制，不破坏资本主义所有制和个体所有制。这一次联盟使资产阶级第一次感到孤立。1950 年，我在三中全会上说过，不要四面出击。那时，全国大片地方还没有实行土地改革，农民还没有完全到我们这边来，如果就向资产阶级开火，这是不行的。等到实行土地改革之后，农民完全到我们这边来了，我们就可能和必要来一个'三反''五

---

① 恩格斯著：《国民经济学批判大纲》，载《马克思恩格斯文集》第 1 卷，人民出版社 2009 年版，第 83～84 页。

反'。农业合作化使我们在无产阶级社会主义的基础上,而不是在资产阶级民主主义基础上,巩固了同农民的联盟。这就会使资产阶级最后孤立起来,便于最后消灭资本主义。在这件事情上,我们是很没有良心哩!马克思主义就是那么凶哩,良心是不多哩,就是要使帝国主义绝种,封建主义绝种,资本主义绝种,小生产也绝种。"[①] 我国所进行的土地制度改革是在农村土地集体所有权基础上的改革。这一改革方式是按照霍布斯定律的方式解决的。农民所获得的各项权属可以对抗其他人,但不能对抗整个国家。当然,国家也会根据宪法和法律的安排尊重农民的各项权利,并维护和保障这些权利长期不变。

第二,农村土地制度改革是在农村土地集体所有权的基础上通过权利分立的方式实现的。

开发土地的经济功能并不是只有通过土地所有权的私有化才能实现,土地产权的缔结同样有利于开发土地的经济功能,实现农民富裕的理想。杜润生先生认为,有人认为残缺的所有制可交易性是很低的。但实际上,不仅封建社会的土地所有制是残缺的,而且西方的经营权与所有权分离也表明没有任何所有权是绝对完整的。残缺的所有权可以通过所有权与经营权分离的方式处理,关键是必须通过法律方式界定各种权利的关系。农村土地集体所有权是一种终极所有权,国家总是要管理的,农民已经获得许多权利,如土地经营权、收益权、转让权、入股权、抵押权、继承权,关键是要通过法律方式界定不同权利之间的关系,保证各项权利的实现。他认为,目前的农村土地制度不是私有制,但相当于一定阶段的私有制。[②] 这一认识是富于洞见的。我们认为,在国家承诺和法律保障的前提条件下,农村土地集体所有权不仅不成为农民其他权利实现的障碍,而且有利于农民其他权利效力的发挥。这是产权经济学的基本原理所证明了的。因为农民无偿取得集体土地承包经营权使得农民土地使用权的交易费用为零,农民不必为此支付费用,这有利于农民其他权利的实现。

---

① 《毛泽东选集》第 5 卷,人民出版社 1977 年版,第 198 页。
② 杜润生著:《杜润生自述:中国农村体系变革重大决策纪实》,人民出版社 2005 年版,第 202～204 页。

实际上，即使是在其他国家，其重心也是集中于研究产权缔约问题，而不是所有权变迁问题。刘易斯认为："有关土地所有权和使用权的法律和管理，在经济上具有最重要的意义，在农业是主要活动的比较贫穷的地区里，尤其是这样。同时，土地在决定政治和社会地位方面起着巨大的作用，所以在制定规章和形成管理时，很少考虑经济因素。从经济增长的观点来看，我们感兴趣的是农田的使用权、农场的大小，以及这些事情与奖励、资本形成和技术革新之间的关系。"①在新一轮农村土地制度改革之际，我们应该将基于政治逻辑的地权问题与基于经济逻辑的产权问题相对分开，首先从制度实施成本较低的产权制度改革开始，避免意识形态化的争论。如果陷入意识形态化的争论之中，就会使两个不同逻辑的问题之间变得不可解脱地粘连在一起，从而窒息产权制度改革本身的生命力。我们认为没有必要在此时此刻谈论农民土地是否应该私有化这一高度意识形态化的问题，专心致志地研讨土地产权缔约的具体制度问题可能给中国农民带来更多的福利。

我们认为，无论是从国家制度的安定性角度还是从产权制度的有效性角度来讲，农村土地集体所有权都不构成农民权利实现的障碍。这不仅能够从农村土地集体所有权的终极保障功能方面得到证明，而且也能从农民的产权有效性角度得到证明。

第三节 土地产权流转

一、土地产权流转的内容

我国最大的问题是农民问题，农民最大的问题是土地问题。我国农村改革是从生产领域开始的，到现在已确立了农民的一系列土地权利，如何通过市场经济的方式实现农民的权利是新时期农村工作的一个重点问题。在市场经济条件下，农民的这些权利可以通过土地流转的方式实现。土地产权流转的内容包括农民土地承包经营权的流转、

---

① [英]阿瑟·刘易斯著：《经济增长理论》，周师铭、沈丙杰、沈伯根译，商务印书馆1983年版，第143页。

农户宅基地使用权的流转和集体经营性建设用地的流转。

(一) 土地承包经营权流转

1. 土地承包经营权的形成

农村改革是从耕地领域的农业生产方式开始的,最初确立的是各种形式的生产责任制,是一种农业生产管理方式上的改革方式。随着"包产到户"方式的发展,农业生产管理方式上的改革推进到经营体制的改革,但农产品分配和销售制度改革的任务仍然没有完成。随着"包干到户"方式的迅速发展,人民公社体制随之被废除,农产品统购统销体制被取消(1985年),农业生产的管理、经营、分配和销售都由农民自主决定,农户成为自主经营、自负盈亏的生产经营主体。农民与集体之间的关系由一种管理关系转化为一种合同关系,农民与承包土地之间发生直接联系,承包经营土地的行为朝着权利化方向发展。

1984年1月1日,中共中央发布《关于一九八四年农村工作的通知》(〔1984〕1号文件)。文件规定:"土地承包期一般应在十五年以上。生产周期长的和开发性项目,如果树、林木、荒山、荒地等,承包期应当更长一些。"[①] 这是中共中央第一次以文件方式正式确立农民土地承包经营"15年"不变的政策,随后中共中央又确立了"30年"不变和长期不变的政策。农民土地承包经营长期不变的政策确立了农民与土地之间长期的稳定关系,土地承包经营的权利形态开始定型。

鉴于农民与承包土地之间已建立了长期稳定的直接关系,成为自主经营,自负盈亏的经营主体,1986年4月12日,《中华人民共和国民法通则》(以下简称《民法通则》)第一次以法律形式确认了农民的土地承包经营权。《民法通则》第二十七条规定:"农村集体经济组织的成员,在法律允许的范围内,按照承包合同规定从事商品经营的,为农村承包经营户。"《民法通则》第八十条第2款规定:"公民、集体依法对集体所有的或者国家所有由集体使用的土地的承包经

---

① 《中共中央国务院关于"三农问题"工作的一号文件汇编》,人民出版社2010年版,第40页。

营权，受法律保护。承包双方的权利和义务，依照法律由承包合同规定。"

根据《民法通则》的规定，农民所获得的土地承包经营权是一种平等的民事合同关系。发包方一般为村民小组，或自然村，或行政村，或乡政府，承包方为集体经济组织的成员。由于主客观条件的变化，一些地方的发包方经常以各方面的理由调整或者"没收"农民的承包经营土地的一部分或者全部，严重侵犯农民权利，引起大量土地纠纷。有鉴于此，2002年8月29日，《中华人民共和国农村土地承包法》（以下简称《土地承包法》）第十六条规定："承包方享有下列权利：（一）依法享有承包地使用、收益和土地承包经营权流转的权利，有权自主组织生产经营和处置产品；（二）承包地被依法征用、占有的，有权依法获得相应的补偿；（三）法律、行政法规规定的其他权利。"《土地承包法》第十八条第1款规定："按照规定统一组织承包时，本集体经济组织成员依法平等地形式承包土地的权利，也可以自愿放弃承包土地的权利。"《土地承包法》第二十三条第1款规定："县级以上地方人民政府应当向承包方颁发土地承包经营权证或者林权证等证书，并登记造册，确认土地承包经营权。"根据《土地承包法》的规定，农民的土地承包经营权已不属于一项纯粹的民事合同权利，而是一项基于集体经济组织成员权所获得的物权。[①] 2007年3月16日公布的《中华人民共和国物权法》再一次确认了《土地承包法》的原则和具体规定。农民土地承包经营权的物权化不仅规定了承包方所应承担的义务，而且也规定了国家的相应义务。

2. 土地承包经营权流转的功能

土地承包经营权流转具有两个方面的功能：一是为建立新型农业经营体系奠定基础，二是增加农民收入。

"包干到户"成为农村生产责任制的主要形式以后，中共中央就注意到实行家庭联产承包责任制可能导致土地细碎化这一问题。为了

[①] 王利明、周友军：《论我国农村土地权利制度的完善》，载《中国法学》2012年第1期。

帮助农民在家庭经营的基础上扩大生产规模，提高经济效益，〔1984〕1号文件规定："鼓励土地逐步向种田能手集中。社员在承包期内，因无力耕种或转营他业而要求不包或少包土地的，可以将土地交给集体统一安排，也可以经济体同意，由社员自找对象协商转包，但不能擅自改变向集体承包合同的内容。转包条件可以根据当地情况，由双方商定。在当前实行粮食统购统销制度的条件下，可以允许由转入户为转出户提供一定数量的平价口粮。对农民向土地的投资应予合理补偿。"[1] 但文件同时规定："自留地、承包地均不准买卖，不准出租，不准转作宅基地和其他非农业用途。"[2] 这是我国政策第一次规定明确规定有关承包经营土地流转的内容。但根据这些规定，实际上，这里所谓的"转包"并不是一种基于市场的流转行为，只是一种特殊情况下通过协商的补偿方式，所获得的也不是基于土地承包经营权的市场价格。

中央〔1984〕1号文件的规定明确表明了国家对于土地承包经营权"流转"的政策预期。由于家庭承包经营方式的巨大潜力尚没有完全发挥出来，工业化、城镇化尚未对现代农业经营体系提出更高的要求，因此，土地承包经营权流转功能的开发也就没有提上议事日程。随着我国工业化的深入和城镇化的发展，农民承包经营土地碎片化的现实已成为制约现代化发展的一个重要因素，在很大一部分农民非农收入占比不断提高的前提下，2002年8月29日《土地承包法》明确确认了农民土地承包经营权流转的权利。农民的权利与政策预期相结合，土地承包经营权流转在各地普遍展开。2005年12月31日，中共中央、国务院发布《关于推进社会主义新农村建设的若干意见》（〔2006〕1号文件）要求发展农业产业化经营。文件强调要着力培育一批竞争力、带动力强的龙头企业和企业集群示范基地，推广龙头企业、合作组织与农户有机结合的组织形式，让农民从产业化经营中得

---

[1] 《中共中央国务院关于"三农问题"工作的一号文件汇编》，人民出版社2010年版，第41页。
[2] 《中共中央国务院关于"三农问题"工作的一号文件汇编》，人民出版社2010年版，第41页。

到更多实惠。〔2006〕1号文件要求将农民土地承包经营权流转的两项功能有机结合起来。

2012年11月8日，党的十八大报告明确要求："坚持和完善农村基本经营制度，依法维护农民土地承包经营权、宅基地使用权、集体收益分配权，壮大集体经济实力，发展农民专业合作和股份合作，培育新型经营主体，发展多种形式规模经营，构建集约化、专业化、组织化、社会化相结合的新型农业经营体系。"① 2012年12月31日中共中央、国务院发布《关于加快发展现代农业，进一步增强农村发展活力的若干意见》（〔2013〕1号文件），文件首次确认了家庭农场作为现代经营主体之一的地位。文件明确要求："坚持依法自愿有偿原则，引导农村土地承包经营权有序流转，鼓励和支持承包土地向专业大户、家庭农场、农民合作社流转，发展多种形式的适度规模经营。结合农田基本建设，鼓励农民采取互利互换方式，解决承包地块细碎化问题。"② 〔2013〕1号文件认为〔1984〕1号文件所预期的政策目标的社会条件已经具备，解决农民承包土地的细碎化问题是建立现代农业经营体系的基本问题。文件要求政府鼓励和支持农民承包土地向新型经营主体流转。

2013年12月25日中共中央召开农村工作会议，2014年1月19日中共中央、国务院发布《关于全面深化农村改革，加快推进农业现代化的若干意见》（〔2014〕1号文件）。文件明确提出了构建新型农业经营体系的一系列具体措施。文件要求："扶持发展新型农业经营主体。鼓励发展专业合作、股份合作等多种形式的农民合作社，引导规范运行，着力加强能力建设。允许财政项目资金直接投向符合条件的合作社，允许财政补助形成的资产转交合作社持有和管护，有关部门要建立规范透明的管理制度。推进财政支持农民合作社创新试点，引导发展农民专业合作社联合社。按照自愿原则开展家庭农场登记。鼓励发展混合所有制农业产业化龙头企业，推动集群发展，密切与农户、农民合作社的利益联结关系。在国家年

---

① 《十八大报告辅导读本》，人民出版社2012年版，第24页。
② 新华社北京2012年12月31日电。

度建设用地指标中单列一定比例专门用于新型农业经营主体建设配套辅助设施。鼓励地方政府和民间出资设立融资性担保公司,为新型农业经营主体提供贷款担保服务。加大对新型职业农民和新型农业经营主体领办人的教育培训力度。落实和完善相关税收优惠政策,支持农民合作社发展农产品加工流通。"[1] 这是目前为止政府着力推动的以农民承包土地流转为基础建立新型农业经营体系的最完整的方案。

3. 土地承包经营权流转的形式

土地承包经营权流转的方式多种多样,《土地承包法》第三十二条规定:"通过家庭承包取得的土地承包经营权可以依法采取转包、出租、互换或者其他方式流转。"农业部2005年发布的《农村土地承包经营权流转管理办法》(《农业部令第47号》)第三十五条对土地承包经营权流转的主要形式进行了解释:[2]

转让是指承包方有稳定非农职业或者有稳定的收入来源,经承包方申请和发包方同意,将部分或全部土地承包经营权让渡给其他从事农业生产经营的农户,由其履行相应土地承包合同的权利和义务。转让后原土地承包关系自行终止,原承包方承包期内的土地承包经营权部分或全部灭失。

转包是指承包方将部分或全部土地承包经营权以一定期限转给同一集体经济组织的其他农户从事农业生产经营。转包后原土地承包关系不变,原承包方继续履行原土地承包合同规定的权利和义务。接包方按转包时约定的条件对转包方负责。承包方将土地交给他人代耕不足一年的除外。

互换是指承包方之间为方便耕作或者各自需要,对属于同一集体经济组织的承包地块进行交换,同时交换相应的土地承包经营权。

入股是指实行家庭承包方式的承包方之间为发展农业经济,将土地承包经营权作为股权,自愿联合从事农业合作生产经营;其他承包

---

[1] 新华社北京2014年1月19日电。
[2] 吴家梁等编:《中国三农政策与法律实务应用将工具箱》,法律出版社2010年版,第117页。

方式的承包方将土地承包经营权量化为股权，入股组成股份公司或者合作社等，从事农业生产经营。

出租是指承包方将部分或全部土地承包经营权以一定期限租赁给他人从事农业生产经营。出租后原土地承包关系不变，原承包方继续履行土地承包合同规定的权利和义务。承租方按出租时约定的条件对承包方负责。

4. 土地承包经营权流转的问题

土地承包经营权流转的目的主要是为了发挥承包土地的双重功能，但在土地承包经营权流转过程中出现了一系列需要解决的问题。土地承包经营权流转绩效低主要表现为土地流转范围窄，土地流转率低，土地流转收益占农民收入比例低，土地流转方式对农业现代化的贡献率低四个方面。

第一，土地承包经营权流转绩效低。由于长期以来所形成的城乡二元结构的约束，农民具有强烈的土地情结，将土地作为生存和养老的基本保障，不愿流转土地，或者只愿意短期流转土地。由于农民长期生活于熟人社会环境，偏好向亲朋和乡亲流转土地，或者让亲朋、乡亲代耕，不愿意向陌生人流转土地，因此影响土地的规模化效益，增加了政府行政指导的难度。由于农民对土地流转形式的多样性缺乏理解，一般情况下认为土地流转就是出租承包经营权，对于入股、合作、担保等现代土地流转形式缺乏全面了解，所以严重制约农民土地流转过程中的工具选择，也不容易深度开发土地承包经营权的经济价值，影响农民增收。由于农村土地流转市场处于试验过程之中，没有形成统一的土地流转市场，个体化土地流转不能形成市场定价机制，土地流转价格低，严重挫伤农民流转土地的积极性。

第二，少数地方政府在加快农村土地承包经营权流转过程中工具选择错误。政府在加快农村土地制度改革方面具有不可替代的作用。政府可以通过城乡统一规划、土地整理、市场培育、公共服务等途径，充分利用行政指导、财政支持、税收减免、奖励机制等多种方式鼓励农村土地流转，提高农业集约化经营、专业化分工、组织化管理和社会化服务水平。

加快农村土地承包经营权流转是农村土地制度改革的重要内容，但必须按照依法治国和依法行政的要求切实保障农民土地流转在依法、自愿、平等、有偿原则下进行。为加速农村土地流转，各级政府、相关主管部门出台了一系列促进政策，也列出了一系列指标，分解了具体任务。这些政策对于加快构建新型农业经营体系具有很强的针对性和操作性。但这些政策是指导性意见，不是强制性命令。但部分地方政府将这些指标作为强制性命令进行推行，严重违反法律规定，个别地方政府制定特定产业规划，层层分解指标，强制推行，严重侵犯农民经营自主权，甚至采用暴力手段强行建立示范区，激化农村社区的历史积怨，影响农村社区的和谐与稳定。造成这一局面的根本原因是少数地方干部法治观念淡薄，不尊重农民依法享有的自主决定权；在工作方法上习惯于强制命令，不懂得充分发挥行政指导的功能，不善于运用行政指导方法，工作简单粗暴，急于求成，好大喜功；试图用传统的管制方法强制推行政府所确立的农业现代化目标，最终适得其反，事与愿违，窒息了部分农民流转土地的积极性，侵害了农民的合法权益，伤害了农民的感情，影响了农村的和谐安定。

第三，农村土地承包经营权流转市场残缺。按照国家法律规定，农民承包经营土地已经权利化。法律保护其产权缔约行为，维护其产权缔约收益。实践证明，权利交换和产权缔约是实现农业现代化最有效的工具，市场在土地流转中起决定性作用。政府的主要责任是提供土地流转市场所必需的硬件设施和软件环境，维护公平竞争的市场秩序。一些地方政府认为建立农村土地流转市场费时费力费钱，速度慢，成效不显著。不注重农民产权的界定，不注重市场信息的收集和发布，不注重中介组织的培育，不注重引导农民参与市场的积极性，不注重培育农民参与市场的能力；偏好钻产权不明的空子，喜欢直接介入土地流转过程；自认为比农民更有理性，自认为能更好地代表农民的利益，宁可相信干部下村"拉郎配"的立竿见影效果，也不相信市场在配置资源中所起的决定性作用。

我们认为，加快农村承包经营土地流转不仅要实现农业现代化目标，而且要使农民在实践中不断适应市场环境，提高农民在市场中的缔约能力和理性水平，为适应市民生活锻造基本技能。但由于农民信息收集成本高，残缺的市场又没有形成公平的定价机制，加之少数地方政府片面理解农业现代化的内涵，偏袒组织化单位利益，农民就不愿流转土地。绝大部分农民按照传统方式流转土地，既没有受到现代市场的洗礼而提高市场竞争能力，也没有因土地流转明显增加收入而改善生活处境。少数地方政府所推进的土地流转活动变相演化为单纯的土地兼并，富了一帮，穷了一方，扶持了一帮，损害了一方。部分农民在土地流转过程中没有分享农业现代化的成果，没有得到实惠；部分农民没有有效参与农业现代化进程，没有在农业现代化进程中提高理性能力和社会适应水平；部分农民没有通过土地流转受到现代市场洗礼，为适应新城镇化过程中的新市民生活积累经验，准备条件。

5. 解决农民土地承包经营权流转问题的方法

第一，扎实做好农村土地承包经营权流转工作。现行法律允许农民土地承包经营权流转，现行政策鼓励农民土地承包经营权流转。解决农民土地承包经营权流转问题的关键在于如何落实相关法律和政策。农民土地承包经营权流转的核心问题是通过土地流转建立现代农业经营体系，并让农民通过土地流转增加收入。政府应充分发挥行政指导的作用，积极探索建立现代农业经营体系的方式和方法。积极引导农民通过多样化的方式流转土地，建立持续增加农民收入的机制，探索增加农民收入的多样化方法。要充分认识到市场在土地流转中的决定性作用，充分利用市场机制实现建立现代农业经营体系和实现农民持续增收的双重目标。

农民土地承包经营权流转受到法律保护和党的政策鼓励，也是农业现代化和新型城镇化的必然要求。政府应通过社区规划、土地整理、市场培育、公共服务等途径，充分利用行政指导、财政支持、税收减免、奖励机制等多种方式鼓励农村流转承包经营土地，提高农业集约化经营、专业化分工、组织化管理和社会化服务水平。

第二，充分发挥农民土地承包经营权流转市场的决定性作用。农民土地承包经营权流转必须充分发挥市场在配置资源方面的决定性作用。由于土地流转市场残缺，农民信息收集成本高，市场机制发育不全，没有形成公平的定价机制，农民不愿流转土地。绝大部分土地承包经营权是按照传统方式进行的，承包经营土地产权的经济功能没有得到深度开发，农民既没有受到现代市场的洗礼，提高市场竞争能力，也没有因土地承包经营权流转明显增加收入，改善生活处境。

少数地方政府为了完成上级下达的指导性指标，习惯于通过政府直接介入的方式推进农民承包经营土地流转，这一做法不仅侵犯了农民的经营自主权，而且窒息了农民通过土地流转市场提高对现代市场的适应能力和水平。政府的功能应定位于提供市场条件，维护市场公平竞争的秩序，而不是包办代替，甚至强制流转。政府应该学会善于运用市场机制、行政指导、财政支持、税收减免、奖励机制等多种方式鼓励农民流转土地，有效推动农业现代化进程，适应现代市场环境。

第三，综合运用各方力量。充分发挥农民土地承包经营权流转功能的关键在于如何发挥市场驱动力和政府推动力的作用，形成合力。

市场驱动力要靠集约化经营、专业化分工、组织化管理、社会化服务所形成绩效的示范效应形成，使农民在土地流转市场中真正得到实惠，增加收入，提高适应现代市场的能力。部分农民不愿流转土地的主要原因是他们没有从土地流转市场中得到更多实惠，流转与不流转土地并没有影响家庭的主要收入，农民土地流转的积极性就不高。因此，农村土地制度改革成败与否，关键在于是否充分发挥了市场在资源配置中的决定性作用。

政府通过政策杠杆推动农民土地流转工作，应灵活运用市场机制、财政扶持、农业补贴、税收优惠、奖励机制等多样化的手段加快农村土地流转，实现农业经营的集约化专业化、组织化、社会化。少数地方为了加速农村土地流转，采用强迫命令方式，违背农民流转意愿，搞形象工程，严重侵犯了农民的合法权益。各级政府必须克服长期以来对命令方式所形成的路径依赖，真正做到把属于市场决定的行为交给市场去做。政府的职责和作用主要是保持宏观经济的稳定，加强和优化公共服务，保障公平竞争，加强市场监管，维护市场秩序，弥补市场失灵，而不是直接介入、强迫命令，甚至包办代替。

(二) 农户宅基地使用权流转

1. 现行政策与法律之间的冲突

新中国成立后，我国农民宅基地经历了私有阶段和公有私用阶段。① 农民宅基地所有权转化为使用权的制度设计主要考虑农民的住房保障功能和节约农村土地的双重要求，这一观点基本上是学术界的通识。

土地改革以后，我国确立了农民宅基地土地所有权。《土地改革法大纲》《土地改革法》《五四宪法》都确认了农民宅基地所有权，实现了农民"居者有其屋"的理想。农业合作化时期和人民公社化初期，农民的耕地所有权转化为农村土地集体所有权，但农民宅基地所有权没有变动。

1949年至1962年初这一阶段，"农村宅基地制度的特质是农村宅基地以农民个人为单位、平均分配、无偿取得；严格按照保障农民居住权理念设计宅基地法律制度；实现了'居者有其屋'的目标。农村宅基地制度的内容包括：宅基地属于农民私人所有；宅基地所有权与房屋所有权两权主体合一，即确定了农民对宅基地和房屋的所有权人地位；农民领取了政府颁布的房地权证书；农民享有完全的宅基地所有权与房屋所有权；宅基地可以买卖及出租；宅基地可以继承；宅基地其他方式流转都不受法律限制；宅基地所有权与房屋所有权两权价值充分体现；宅基地受法律保护。"②

农民宅基地所有权转化为农村集体所有权首先是由党的政策规定的，其后被法律所确认。"1962年初到1981年底，农村宅基地归生

---

① 注：刘俊先生的研究和丁关良先生的研究都认为1962年9月前为农民私有时期，其后为共有私用时期。刘俊著：《农村宅基地使用权制度研究》，载《西南民族大学学报》（社会科学版）2007年第3期；丁关良著：《1949年以来中国农村宅基地制度的演变》，载《湖南农业大学学报》（社会科学版）2008年第4期。陈小君先生等认为1956年前为宅基地私有时期，1956年后为宅基地公有私用时期。见陈小君等著：《农村土地问题立法研究》，经济科学出版社2012年版，第215页。

② 丁关良著：《1949年以来中国农村宅基地制度的演变》，载《湖南农业大学学报》（社会科学版）2008年第4期。

产队集体所有,一律不准出租和买卖;农民原始取得宅基地使用权,国家承认农民对宅基地的长期占有和使用,社员有买卖或者租赁房屋的权利。"① "1982年初至1996年底,农村居民和城镇居民可原始取得宅基地使用权,都可以使用农民集体所有的农村宅基地,但以农村居民使用农村宅基地为主。"② "1997年至今,农村宅基地属于农民集体所有,只有农户可原始取得宅基地使用权,即农村宅基地只赋予农民永久使用的权利,非农业户口城镇居民不得使用农民集体土地建住宅。"③

现阶段,《宪法》、《土地管理法》、《继承法》、《物权法》、行政法规、部门规章等法律文件都对农户宅基地使用权做出了规定,相关政策也对宅基地使用权做出了规定,但农户宅基地法律与政策之间仍存在冲突。宅基地使用权相关规定成为一个不折不扣的矛盾体。④ 农户宅基地使用权相关规定矛盾性的直接原因是授权性法律一般采取引致性规范的方式回避这一问题,而相关政策和管理法规一般采取明确禁止农户宅基地使用权流转的方式,农户宅基地流转市场没有建立。

2. 农户宅基地使用权流转的争论

法律与政策在农户宅基地使用权流转方面之所以做出相互冲突规定的深层次原因在于权利逻辑与权力逻辑所预设的流转风险不同而形成。权利的逻辑要求赋予农民更多财产性权利,⑤ 权力的逻辑在确保农户住房福利这一最低要求的前提下主要考虑农村耕地红线问题。1957年以后,我国耕地面积连续不断减少,威胁粮食安全。其中建

---

① 丁关良著:《1949年以来中国农村宅基地制度的演变》,载《湖南农业大学学报》(社会科学版)2008年第4期。

② 丁关良著:《1949年以来中国农村宅基地制度的演变》,载《湖南农业大学学报》(社会科学版)2008年第4期。

③ 丁关良著:《1949年以来中国农村宅基地制度的演变》,载《湖南农业大学学报》(社会科学版)2008年第4期。

④ 陈小君等著:《农村土地问题立法研究》,经济科学出版社2012年版,第216页。

⑤ 李昌麒、许明月、卢代富、龙宽众、鲁篱著:《农村法治建设若干基本问题的思考》,载《现代法学》2001年第4期。

设占用耕地已成为主要原因。不仅如此,建设用地土地利用效率低,浪费非常严重。① 由于权利逻辑和权力逻辑所预设的风险和价值不同,规范的冲突和学术上的争论也就不可避免。除个别学者主张农户宅基地私有化以外,绝大部分学者坚持改革和完善宪法框架下的农户宅基地使用权制度,并以此分化出赞成开放流转市场与反对在城乡之间开放流转市场两种主张。

赞成农户宅基地使用权开放流转市场的根据基于"灰色"事实与权利的论证。其立论依据为:继承事实,城镇化事实,农民流转意愿事实,国有土地使用权流转事实;农民财产权逻辑,物权效率原则,农民融资需要等理由。② 随着农民自身保障能力的提高和社会保障体系的不断完善,允许农户宅基地使用权流转的逻辑会越来越受到重视。由于人多地少的问题是一个长期的现实问题,因此,权利逻辑不可能在农户宅基地使用权制度中完全展开。

反对农户宅基地使用权在城乡之间开放流转市场的根据基于历史事实、权力的论证和法律的安定性。其立论依据为:流民对社会稳定的风险,耕地红线虚置风险,农民阶层分化风险,工商资本侵占农民专属福利风险。③ 反对农户宅基地在城乡之间开放流转市场的主张并不反对农村集体经济组织内或者农户之间的流转,而是反对城镇居民通过各种方式购买农村宅基地。这一主张也不是没有依据的。在我国

---

① 陈锡文、赵阳、陈剑波、罗丹著:《中国农村制度变迁60年》,人民出版社年版,第47~49页。

② 朱岩著:《"宅基地使用权"评释——评〈物权法草案〉第十三章》,载《中外法学》2006年第1期;郭明瑞著:《关于宅基地使用权的立法建议》,载《法学论坛》2007年第1期;龙翼飞、徐霖著:《对我国农村宅基地使用权法律调整的立法建议——兼论"小产权房"问题的解决》,载《法学杂志》2009年第9期;陈小君、蒋省三著:《宅基地使用权制度:规范解析、实践挑战及其立法回应》,载《管理世界》2010年第10期;韩松著:《新农村建设中土地流转的现实问题及其对策》,载《中国法学》2012年第1期;曹畔天著:《论宅基地使用权流转的理论基础》,载《法学杂志》2012年第6期。

③ 孟勤国著:《物权法开禁农村宅基地交易之辩》,载《法学评论》2005年第4期;韩松著:《论对农村宅基地的管理与〈土地管理法〉的修改》,载《国家行政管理学院学报》2011年第1期。

农村宅基地管理宽松的 1982 年至 1996 年，我国耕地减少非常明显。仅次于 2000 年至 2003 年的减少幅度。① 因此，从权利的角度反对农户宅基地使用权在城乡之间开放流转市场主要是为了维护农民的住房保障功能，从权力的角度反对农户宅基地使用权在城乡之间开放流转市场主要是为了保护耕地红线。

3. 农户宅基地使用权流转的路径选择

宅基地使用权流转的路径选择有渐进主张、激进主张、变通主张三种。

坚持渐进主张的观点认为，宅基地是农村集体建设用地的主要部分。农村土地制度改革触及宅基地，就是触及了制度的核心。由于开放宅基地流转市场存在很大的争论，风险控制技术也不发达，宜采取先在农村经济组织内部流转，再扩大到农民之间，最后再完全放开的渐进路径。② 这一主张希望通过试验的方法找到增加农民财产性收入和节约农村土地的平衡点。现行政策选择的就是先试点，再稳步推进的主张。

党的十八届三中全会在"赋予农民更多财产权利"项下确立了"保障农户宅基地用益物权"和"选择若干试点，慎重稳妥推进农民住房财产权抵押、担保、转让"两项措施。在《关于全面深化农村改革，加快推进农业现代化的若干意见》（〔2014〕1 号文件）的"完善农村宅基地管理制度"项下重申了上述两项措施。但〔2014〕1 号文件的主张比十八届三中全会的主张更为谨慎。

〔2014〕1 号文件要求："完善农村宅基地管理制度。改革农村宅基地制度，完善农村宅基地分配政策，在保障农户宅基地用益物权前提下，选择若干试点，慎重稳妥推进农民住房财产权抵押、担保、转让。有关部门要抓紧提出具体试点方案，各地不得自行其是、抢跑越线。完善城乡建设用地增减挂钩试点工作，切实保证耕地数量不减

---

① 陈锡文、赵阳、陈剑波、罗丹著：《中国农村制度变迁 60 年》，人民出版社年版，第 47～48 页。

② 刘守英著：《最需要突破的就是宅基地制度》，载《发展》2013 年第 10 期。

少、质量有提高。加快包括农村宅基地在内的农村地籍调查和农村集体建设用地使用权确权登记颁证工作。"文件对是否放开农户宅基地流转这一问题上采取了极为谨慎的措施。

在关于"深化农村土地制度改革"事项上,〔2014〕1号文件列举了四个方面深化土地制度改革的内容。其中,对土地承包经营权流转问题政策做出了一系列规定,鼓励和支持流转成为政策的主要导向。对此,法律也做出了一致性规定。关于农村集体经营性建设用地问题,政策提出引导和规范入市的要求,由于与现行法律相冲突,政策明确要求推动修订相关法律法规。关于征收农村土地问题,政策从保障农民公平分享土地增值收益角度出发,明确提出了抓紧修订有关法律法规的要求。相对于其他事项而言,农户宅基地流转问题的政策与法律之间的冲突最为明显,但〔2014〕1号文件却没有提出修改法律的要求,而是要求审慎稳妥试点,明显显示出政策的渐进主张。

激进主张认为,禁止农村宅基地流转的理由都不成立。首先,宅基地使用权是农民的一项物权,禁止物权的流转不仅有违法律的规定,而且也不利于用益物权的实现,同时也不利于物尽其用原则的实现。其次,禁止城镇居民继受农户宅基地使用权这一规定本身是行不通的。部分城镇居民通过其原有农民身份已获得宅基地使用权,部分城镇居民已通过继承和购买农户房屋所有权而要求获得宅基地使用权,如果禁止,则会出现割裂房屋与宅基地自然关系的现象,使得住房与宅基地使用权分离,出现事实与法律之间的悖论。"小产权房"屡禁不止的根源就在这里。再次,禁止城镇居民原始取得农村宅基地也无必要。这一主张的原因主要是担心耕地红线被突破。但只要通过管理法规定城市居民购买农村宅基地必须符合管制用途和审批条件就能够解决问题,根本没有禁止城市居民购买农村宅基地的必要。① 这一主张实际上返回到了农村土地管理宽松时期的政策。从统计数字来看,耕地减少的两个高峰期分别出现于农村宅基地管理宽松期和加速

---

① 郭明瑞著:《关于宅基地使用权的立法建议》,载《法学论坛》2007年第1期。

城镇化进程两个阶段。① 农村宅基地管理宽松期耕地急剧减少的原因是城镇居民购买农村宅基地使用权引起的,加速城镇化进程阶段耕地急剧减少的根源是"土地财政"和城镇化"摊大饼"现象造成的。由于我们尚没有农村宅基地增加与耕地减少的详细资料,也就无法准确判断农户宅基地增加的具体构成与城镇居民购买农村宅基地的相关性分析。

变通路径主张避开宅基地使用权流转是否放开的争论,而通过法定租赁权的方式处理政策与法律之间在价值选择上的冲突。这一观点认为:"现行农村宅基地制度存在诸多的问题,如农民宅基地使用权容易被侵害、农民无法通过宅基地使用权融资、宅基地被闲置、'小产权'房纠纷不断、扩大城乡差别等。宅基地的私有化或国有化都是与现行法律相悖的,也是难以推行的,而借鉴宅基地法定租赁权制度改革我国的农村宅基地制度是一种明智的选择。宅基地法定租赁权制度的核心是在集体经济组织、农民和农房买受人之间形成三方权利义务关系,既有利于宅基地使用价值的充分实现,又便于城乡之间的经济流通与互补。"② 法定租赁权制度仍然需要立法进行规定,而我国根本没有这一法律规定,这也是变通主张难以变通的原因。

我们认为,制约农户宅基地使用权流转的社会事实正在逐步消失,禁止农户宅基地使用权流转的现行管理法与各类事实相冲突,允许农户宅基地使用权流转已是大势所趋。但在基本社会事实没有完全消失、配套制度没有完全建立起来之前,农户宅基地使用权流转仍然存在不同层面的风险。权利自身逻辑的要求和权力自身逻辑的规制之间都不可能完全展开。③ 因此,建立一个以复合规范为基础的包容性和融贯性的法律规范体系对于防范农户宅基地使用权流转风险至关重要。

---

① 陈锡文、赵阳、陈剑波、罗丹著:《中国农村制度变迁60年》,人民出版社年版,第47~48页。
② 刘凯湘著:《法定租赁权对农村宅基地制度改革的意义与构想》,载《法学论坛》2010年第1期。
③ 苏永钦著:《物权法定主义松动下的民事财产权体系——再探中国大陆民法典的可能性》,载《月旦民商法杂志》2005年第8期。

在物权设定阶段，宜按照权利的逻辑，采用私法价值优先原则，以便于实现所有权与使用权的相对分离，为使用权进入市场预留法律空间，从而增加物权效率原则的分量；公法要素主要通过物权法定原则体现，突出规划和用途管制的重要性，具体界定法定物权的本质属性。在物权取得阶段，对符合公法约束条件的农户一般应采用登记生效主义方式确认其物权，以利于宅基地使用权的权利化运作；公法要素主要通过管理法的严格执行来实现；在物权利用阶段，管理法不应排除基于法律行为的溢出效应这一事实。申言之，在符合规划和用途管制条件下，农户宅基地使用权的保障功能转化出的剩余功能——财产权功能不应被管理法所禁止。财产权本身就是从所有权与使用权的适当分离以及在使用权的行使过程中作为权利交换的必然结果而产生的。在私法的运行过程中妥当嵌入公法要素是有效防范农户宅基地使用权流转风险的根本措施。

以现行法律和政策规定的房屋流转所引起的宅基地流转市场需求为例，可以探讨宅基地使用权流转的制度设计轨迹。目前，宅基地使用权流转的类型有基于继承的房地一体化流转、基于农民住房担保物权利用失败产生的附随性流转和基于农民住房转让产生的流转等多种形式。不同流转形式所获得的宅基地权利属性应有所区别，分类流转和分类管理是宅基地使用权流转市场的必要条件。

我们以基于继承房屋所有权的宅基地使用权流转为例可以分析农户宅基地使用权流转的主要构成要素。在本农村集体经济组织成员享有优先购买权的条件下，应允许继承的宅基地使用权随住房流转：如具有双重优先权的本农村集体经济组织无房成员购买此房，应认定为宅基地使用权的原始取得；如本农村集体经济组织有房成员购买此房，应认定为租赁集体宅基地使用权，需支付一定数额租金、可不附租期；如非本农村集体经济组织成员购买此房，应认定为租赁集体宅基地使用权，需支付一定数额租金并附一定租期；如非农户口人员购买此房，应认定为租赁集体宅基地使用权，需支付较高数额租金并附特定租期，房屋改造时应对其用途和建筑标准进行严格控制。

总之，由于宅基地使用权流转的方式多种多样，我们不可能通过一种模式进行处理，而应选择与不同流转方式相适应的法律方法和政策措施。相对于"居者有其屋"而言,"耕者有其田"并不显示其次要性,但政策和法律鼓励和支持其流转,法律实施和政策贯彻多年,也没有因农民流转土地承包经营权而出现规模化饥荒的现象。严格限制农户宅基地使用权流转的原因除了考虑到农民"无理性"因素外(实际上这一假设是没有理论和实践根据的),更多的隐情恐怕藏在政策和法律背后。也许,城乡二元结构所形成的路径依赖仍然在隐秘处起着支配性的作用。

(三) 农村集体经营性建设用地流转

1. 农村集体经营性建设用地流转的法律规定

我国土地制度按照城乡区位不同而分为国家所有土地和农村集体所有土地。根据宪法规定,城市的土地属于国家所有;除由法律规定属于国家所有的以外,农村和城市郊区的土地属于集体所有;宅基地、自留地、自留山,也属于集体所有。

根据我国法律规定,农村集体所有土地有耕地和农村集体建设用地。农村集体建设用地分为三大类:宅基地、公益性公共设施用地和农村集体经营性建设用地。

农村集体经营性建设用地是我国农村制度改革的产物。随着农村经营体制改革的深入,农业生产效率提高,农村劳动力出现了富余,工业化和城镇化发展还没有形成完全吸纳农村剩余劳动力的能力。在这一背景下,农民以"社队企业"为基础在新的条件下发展成为乡镇企业,不断提高乡镇企业在国民经济中的占比,表现出中国农民在工业领域的伟大创新精神。[①] 随着工业化和城镇化进程的加速,我国的市场经济不断完善,特别是加入 WTO 组织以后,我国不仅形成了国内市场,也形成了国际市场。20 世纪 90 年代后,乡镇企业的发展遇到了瓶颈,需要上一个新台阶,提高市场竞争力。[②] 在新的背景下,一部分乡镇企业迁入城市发展,一部分乡镇企业在市场竞争中被

[①] 费孝通著:《中国城镇化道路》,内蒙古人民出版社 2010 年版,第 144~146 页。

[②] 费孝通著:《中国城镇化道路》,内蒙古人民出版社 2010 年版,第 232~239 页。

淘汰，完成了历史使命；一部分乡镇企业进行了股份制改造，一部分乡镇企业民营化，一部分乡镇企业转化为集体经济合作组织。在乡镇企业发展过程中，出现了农村集体经营性建设用地这一土地类型。

根据《中华人民共和国宪法》第十条第3款规定："任何组织或者个人不得侵占、买卖或者以其他任何形式非法转让土地。土地使用权可以依照法律的规定转让。"我国宪法所规定的土地使用权转让制度采取引致性规范方式确定。其中《土地管理法》是实施宪法规定的基本法律。根据《土地管理法》第四十三条规定："任何单位和个人进行建设，需要使用土地的，必须依法申请使用国有土地；但是，兴办乡镇企业和村民建设住宅经依法批准使用本集体经济组织农民集体所有的土地的，或者乡（镇）村公共设施和公益事业建设依法批准使用农民集体所有的土地除外。前款所称依法申请使用的国有土地包括国家所有的土地和国家征收的原属于农民集体所有的土地。"同时，《土地管理法》按照土地用途进行严格管制，不同土地类型转变用途时必须经过严格的审批程序。

《土地管理法》对农村集体经营性建设用地进行严格管制。《土地管理法》第六十条第1款规定："农村集体经济组织使用乡（镇）土地利用总体规划确定的建设用地兴办企业或者其他单位、个人以土地使用权入股、联营等形式共同举办企业的，应当持有关批准文件，向县级以上地方人民政府土地主管部门提出申请，按照省、自治区、直辖市规定的批准权限，由县级以上地方人民政府批准；其中，涉及占用农用地的，依照本法第44条的规定办理审批手续。"《土地管理法》第六十三条规定："农民集体所有的土地的使用权不得出让、转让或者租用于非农业建设；但是，符合土地利用总体规划并依法取得建设用地的企业，因破产、兼并等情形致使土地使用权依法发生转移的除外。"《土地管理法》第六十五条第1款规定："有下列情形之一的，农村集体经济组织报经原批准用地人民政府批准，可以收回土地使用权：（一）为乡（镇）村公共设施和公益事业建设，需要使用土地的；（二）不按照批准的用途使用土地的；（三）因撤销、迁移等原因而停止使用土地的。"根据宪法和《土地管理法》的规定，除被征收转为国有土地外，农村集体经营性建设用地不能直接进入一级土地市场。法律规定导致两个方面的问题：一是农村集体经营性建设用地闲置，导致土地资源浪费，农民集体经济组织预期收益不能通过土地要素市场实现，影响农民土地收益；二是激励农村集体经济组织和地方政府征收农村集体经营性建设用地的范围，但补偿定价是按照政府定价而不是市场定价的，农民不满意。① 从建立土地要素市场和维护农民权益角度出发，法律必须做出相应修改。

2. 农村集体经营性建设用地流转的政策导向

我国的土地所有权二元结构是由宪法确认的，适应我国社会结构的特点。我国土地制度改革不可能通过农村土地集体所有权国有化和私有化方式实现。土地所有权二元结构将长期存在。改革土地所有制二元结构产生的问题必须通过完善相关法律制度的方式解决。② 即：在土地所有权二元结构不变的前提条件下，实现国有和集体所有建设用地同等入市、同权同价的目标。

党的十八届三中全会明确提出了这一要求。决议要求："在符合规划和用途管制前提下，允许农村集体经营性建设用地出让、租赁、入股，实行与国有土地同等入市、同权同价。"〔2014〕1号文件要求："引导和规范农村集体经营性建设用地入市。在符合规划和用途管制的前提下，允许农村集体经营性建设用地出让、租赁、入股，实行与国有土地同等入市、同权同价，加快建立农村集体经营性建设用地产权流转和增值收益分配制度。有关部门要尽快提出具体指导意见，并推动修订相关法律法规。各地要按照中央统一部署，规范有序推进这项工作。"尽管农村集体经营性建设用地的政策已经出台，但在法治中国背景下，首要的问题是修改相关法律，而不是盲目推进，以维护法律的权威性和安定性。

二、土地承包经营权流转诸关系

改革开放以后，我国农民经过反复试验推动建立了"以家庭承

---

① 冯华、陈仁泽著：《陈锡文：农村土地制度改革不能突破底线》，载《农村经营管理》2014年第1期。

② 蓝颖春著：《建设用地市场缘何统一——访中国社会科学院农村发展研究所农村政策中心主任王小映》，载《地球》2013年第12期。

包经营为基础、统分结合的双层经营体制",充分体现了中国农民的伟大创新精神,推动了农村社会的一系列变革,也推动了中国改革开放的发展。在新的历史时期,统分结合的双层经营体制中"分"的部分已得到充分发展,"统"的部分成为下一阶段发展的重点。主要原因是"分"的部分在发展过程中已相对完善,对于农业现代化的贡献率出现了边际效应,而"统"的方面发育欠缺,① 制约双层经营体制整体效能的发挥。政策在坚持以家庭承包经营为基础的前提条件下,希望通过农民土地承包经营权的方式建立新型农业经营体系,以适应农业现代化是新要求,使农业现代化与工业化、城镇化、信息化相适应。

在建立新型农业经营体系过程中,农民的制度理性能力的发挥是基础,这是新中国建立以来通过反复试验被证明正确的宝贵经验,但在新的历史条件下,政府的要素组织功能同样不可忽视。"从本质而言,地方政府所做的,是提供一种组织服务,即让所有的生产要素组织起来更好地为企业所用。"② 因此,如何处理充分激发农民的制度理性能力与如何充分发挥政府的要素组织功能的关系就成为建立新型农业经营体系的关键。具体而言,也就是必须处理好农民与政府、农户与新型农业经营主体、家庭农场、专业大户、农业合作组织、龙头企业之间的关系。

(一) 基本经营制度与新型经营体系之间的关系

2014 年中央农村工作会议要求建立一个立体式复合型现代农业经营体系,这个体系的三要素是以农户家庭经营为基础、合作与联合为纽带、社会化服务为支撑,根基还是家庭承包经营;我国宪法和相关法律确立了家庭承包经营为基础,统分结合的双层经营体制;我国的基本经营制度既包括家庭承包经营这一基本经营制度的基础,也包括新型经营体系;必须深刻认识我国的基本经营制度与基本经济制度

---

① 陈锡文、赵阳、陈剑波、罗丹著:《中国农村制度变迁 60 年》,人民出版社年版,第 42 页。

② [美]罗纳德·哈里·科斯、王宁著:《变革中国:市场经济的中国之路》,徐尧、李哲民译,中信出版社 2013 年版,第 189 页。

的基础制度与新型经营体系之间的关系,即基本经营制度与基本经营制度的基础制度之间的关系;新型经营体系必须以基本经营制度为基础,基本经营制度是新型经营体系创新的根基;新型经营体系不是对基本经营制度的替代,而是根据农业现代化的实际需要在重心上所做的调整;新型经营体系属于我国基本经营制度的范畴,基本经营制度本身就为新型经营体系的建立预留了空间,这是新型经营体系的合法性根据。

(二) 分散经营与统一经营之间的关系

分散经营与统一经营是我国基本经营制度的两个方面,但分散经营是我国基本经营制度的制度基础,具有基础地位,这一根基不能动摇。这是我国农村历史传统和改革实践反复证明行之有效的宝贵经验,[①] 也被宪法所确认;过去我们重在稳定家庭承包经营这一制度基础,但在统一经营方面不充分,主要是客观条件的限制,是我国人多地少的矛盾所决定的,也是现代化水平整体不高的表现;新型经营体系重在开发基本经营体制在"统"方面的功能;分散经营与统一经营之间有矛盾的一方面,法律的规定是分散经营具有基础性和优先权,基本经营制度的功能开发不能对基本经营体制的制度基础形成破坏性影响;分散经营与统一经营不是对立的,而是辩证统一的,统一的关键在于如何探索一个能融贯分散经营与统一经营的包容性体系;包容性经营体系的建立关键又在于如何做好统分结合,使统分结合具有有机性这一问题上;统分结合有机性的形成主要靠市场调节,政府的引导是必要的补充;作为与国家粮食安全战略密切关联的经济功能区,粮食主产区经营模式选择事关国家战略。由于分散经营与统一经营在经济绩效方面没有差异,从纵向一体化角度来看,资本和技术替代劳动力方式的土地产出率还低于家庭经营方式;[②] 从横向一体化角度来看,"规模收益"与"适度规模"这样的概念化模型实际上在农

---

① [美]黄宗智著:《中国的隐性农业革命》,法律出版社2010年版,第17页。

② [英]阿瑟·刘易斯著:《经济增长理论》,周师铭、沈丙杰、沈伯根译,商务印书馆1983年版,第154~155页。

业产出率方面是无效的。① 在中国规模化程度和规模化空间最高的东北地区的调查研究中，刘凤芹也得出了与舒尔茨相同的结论。② 因此，粮食主产区的土地流转模式和方式的选择必须纳入国家战略规划范围，进行反复试验，建立有效的土地流转风险防范机制和体制；切不能武断地认为统一经营就必然有利于保证国家粮食安全。实践证明，分散经营也是一种分散风险的有效方式。③ 个体化分化风险的方式在保险模式中得到了历史检验，它的最大优点就是降低了风险，使之不致演化为危险。而规模化方式最大的问题是因风险控制链条断裂而自动转化为一种危险，这是我国粮食安全最大的隐患。统购统销体制与三年灾害时期，不少农民被饿死的教训我们必须吸取。在中国农业现代化过程中，必须防范规模经济神话的陷阱。

（三）家庭承包经营与农业现代化之间的关系

农业现代化依赖于工业现代化和城镇化发展水平，如何在家庭承包这一制度基础上建立起新型经营体系是实现农业现代化的关键；不能认为家庭承包经营就是传统的，而统一经营就是现代的。④ 实际上，分散经营方式与规模经营方式之间在农业经济绩效方面没有差异，也就是说，分散经营与统一经营在农业资源配置方面没有差异；以集约化、专业化、组织化、社会化为标志的新型经营体系的主要价值在于对工业现代化与城镇化的贡献，即农业现代化的外部性收益方面。⑤ 我国的农业现代化发展方向是通过适度规模经营方式提升家庭承包经营为基础的整个基本经营体制的能力；农业现代化与家庭承包

---

① ［美］西奥多·W. 舒尔茨著：《改造传统农业》，梁小民译，商务印书馆1987年版，第95页。

② 刘凤芹等著：《土地的规模效率和农业经济组织绩效研究·前言》，东北财经大学出版社2011年版，第4页。

③ ［英］珍妮·斯蒂尔著：《风险与法律理论》，韩永强译，中国政法大学出版社2012年版，第167～169页。

④ 徐勇：《中国家户制传统与农村发展道路——以俄国、印度的村社传统为参照》，载《中国社会科学》2013年第8期。

⑤ ［美］Y. 巴泽尔著：《产权的缔约分析》，费方域、段毅才译，格致出版社、上海三联出版社、上海人民出版社1997年版，第35页。

经营之间是相容的,家庭承包经营与集体所有制也是相容的,不能把它们搞成了对立物,不能认为农业现代化就是大规模经营,不能认为规模越大越好,也不能认为合作经营就比家庭承包经营更有经济绩效,不能认为合作单位越多越好,绝不能再走"一大二公"的老路,更不能将过去"一大二公"道路的失败归咎于农民觉悟低、无理性,实际上,"一大二公"道路失败的主要原因是制度实施成本太高造成的,规模经济也有自身的边际。① 根据产权理论的研究成果,经济组织只是一束稳定的合同关系,组织的经济性依赖于这一组合同履行的交易费用问题。在参与经济组织过程中,农户通过土地承包经营权流转方式构成合同关系的一部分,仍然构成新型经营体系的基础。

(四)物权化与产权化之间的关系

家庭承包经营在农村经营体制改革初期是一个劳务管理合同关系,后发展为民事合同关系,其后转化为行政合同关系,最终确定为中国独特的准物权,家庭承包经营权从债权化到物权化的转化,表明国家意志的重心在于保护基本经营体制,维护农民切身利益;土地流转属于产权化要求,产权化要求重在通过承包经营权与经营权的分离方式实现物权效益目标,但产权化不能损害物权化目的,不能损害农民权益;物权法定原则松动下的产权缔约关系是物权效率原则的体现,但物权效率原则是物权法定原则的下位原则,必须服从物权法定原则的目的和要求;② 产权缔约关系必须以物权法定为基础,家庭承包经营权产权化需要不能破坏家庭承包经营权物权化这一基础;保障物权、盘活产权,即保障与生存密切相关的物权,盘活与发展密切相关的产权是新型经营体系的内在要求;以科斯为代表的新制度经济学和产权经济学的研究与我国的农村政策变迁史表明,新型经营体系的建立以产权化为重心,但虚置物权、盲目追求产权化指标会切断物权

---

① [美]道格拉斯·C.诺斯著:《制度、制度变迁与经济绩效》,杭行译、韦森译审,格致出版社、上海三联出版社、上海人民出版社2008年版,第18页。

② 苏永钦:《物权法定主义松动下的民事财产权体系——再探中国大陆民法典的可能性》,载《月旦民商法杂志》2005年第8期。

与产权之间的有机联系,破坏双层经营体制的基础。

(五)农民自愿流转与政府引导之间的关系

农户土地承包经营权流转是建立新型经营体系的基本方式,"统"的方式多种多样,但都不能离开"自愿"这一条;土地承包经营权流转率不是传统农业与现代农业的判断基准,判断基准是激活农业生产要素的活力;家庭承包经营这一基本经营制度的基础是中国农民的伟大创造,不是政府的发明;政府要有理性,政府最大的理性就是认识到自己理性的局限,这是十八届三中全会精神的核心之一,所谓全面深化改革是被实践倒逼出来的,就包含这一认识论的根基;政府引导是必要的,但要充分相信农民的理性能力,尊重农民的首创精神,不能搞强制性"引导";通过市场提高农民的制度理性能力与通过政府引导农民提高制度理性能力之间有一个价值排序问题,即价值优先问题,权利的逻辑优先于权力的逻辑;由于权利交换是一组复杂的函数关系,政府的引导必不可少。[①] 政府政策引导可以通过城乡统一规划、土地整理、市场培育、公共服务等途径,既可以使用市场调节手段,也可以充分利用行政指导、行政事实行为、财政支持、税收减免、奖励机制等多种方式鼓励农民有序流转土地,关键是提高土地流转效益,但不能滥用或错误选择引导工具;可以使用新增补贴调节土地流转,但不能利用原有农业补贴资金作为调节手段,降低绝大多数农民的补贴待遇;政府政策引导既要着力于建立新型经营体系,又要防范无序流转风险,不能搞单向性政策引导,动摇家庭承包经营这一基本经营体制的根基。

(六)试验点与推广区之间的关系

新型经营体系是激发基本经营制度活力的制度创新点,目前还是一个制度预设,需要接受实践检验;新型经营体系必须通过反复试验才能检验其绩效;由于我国农村土地千差万别,即使被实践检验行之有效的新型经营体系在推广过程中也必须甄别其时空差异,不能盲目移植;推广试验点经验必须循序渐进,绝不能再走"一呼二大三轰"

---

① [印度]阿玛蒂亚·森著:《贫困与饥饿》,王宇、王文玉译,商务印书馆2001年版,第174页。

的老路;"以点带面"要防止机械主义,推广试验点经验必须充分考虑其经验的时空适应性,充分尊重农民的可接受性;农民如果接受不了,一般来讲是政策出了问题,不能认为是农民落后的表现;即使是好的政策,农民接受不了,土地经营权流转成本高,政策的实施成本也高,也会产生社会成本,得不偿失。配置效率与适应性效率并不总是相容的。[①] 我国农村经济在初级合作社向高级合作社推进时期就出现了配置效率与适应性效率之间的严重不相容的问题。本来,土地改革初期,农民从季节性换工向互助组合初级合作社过渡时期配置效率与适应性效率之间是相容的,但在政策的强力推动下快速向高级合作社过渡,出现了严重的配置效率与适应性效率不相容的问题,反而出现了新中国成立后农业产量下降。随之高级合作社向人民公社过渡,则使得配置效率与适应性效率完全脱节,最终农业经济几乎面临崩溃的边缘。因此,我们在推广试验点的经验时,要特别注意适应性效率问题。

(七) 示范区建设与示范效应之间的关系

示范区建设是以农业产业化和市场化为导向所建立的样板,样板的作用是通过示范效应发挥作用的;示范效应的发挥应以农民自愿选择为基础;工业产品存在产能过剩的问题,农产品也存在产能过剩的问题,谷贱伤农,20世纪80年代中期,我国农业产出极大提高,甚至出现了"卖粮难"和政府"打白条"现象,但农民的收入并没有因此显著提高。政府不能人为夸大示范区的作用,应理性控制示范效应所带来的市场风险;少数地方政府乐于搞示范区建设,片面夸大示范区的示范效应,造成这一局面既有好搞形象工程的政治考虑,也有不懂市场经济发展规律的认识根源;示范区的示范效应普遍化存在产能过剩的风险,一旦出现这样的问题,最终受损害的是农民;由于示范区的示范效应属于不可诉的行政事实行为,尽管农民不能因此起诉政府,但政府将支付高昂的信用代价。

---

① [美] 道格拉斯·C. 诺斯著:《制度、制度变迁与经济绩效》,杭行译、伟森译审,格致出版社、上海三联书店、上海人民出版社2008年版,第111页。

（八）个体化经营与合作化经营之间的关系

个体化经营是农业现代化的基础，合作化经营能提高农业现代化的水平；以家庭经营为基础的个体化经营方式是被历史和改革实践证明行之有效的经营方式，人多地少的矛盾是其主要原因，劳动力替代是其主要特点，灵活分配劳动力和精耕细作是其主要优势。通过农业技术改造与灵活分配劳动力相结合的方式形成优势叠加效应发展家庭农场和专业大户是横向一体化的内在要求。横向一体化是新型经营体系和农业现代化的基础；[1] 历史上的合作化经营是个体化经营的必要补充，是灵活分配劳动力的组织化方式，合作化经营是家庭劳动替代逻辑衍生出来的组织替代逻辑。[2] 组织替代逻辑产生两个效果：一是满足纵向一体化的要求，整合横向一体化的成果，主要载体是龙头企业。二是满足集体主义的要求，主要载体是合作社，合作社属于半社会主义性质的经济组织和社会组织；实践中的主要问题是颠倒了横向一体化与纵向一体化之间的关系，颠倒了合作社的经济功能与社会功能之间的关系，盲目用合作社的社会功能替代村民自治功能。因此，在横向一体化发展不充分的条件下，要重点推进纵向一体化进程。

（九）农民土地承包经营权流转与农民增收之间的关系

农民土地承包经营权流转涉及一系列法律关系与经济功能的变化。农民承包的土地属于农民集体所有，农民家庭依集体经济组织成员权拥有土地承包经营权，这是农村土地集体所有与家庭土地承包经营的第一次分离。从权利形态来讲，在法律介入的情况下，家庭承包经营权被赋予物权属性，限制了集体所有权人对家庭承包经营权的经营自主性的干预，家庭承包土地不仅成为农民最基本的生产资料，而且是农民最可靠的生活保障；从经济功能角度来讲，所有权与经营权的分离丰富了集体所有权的实现形式，提高了土地产出率和农业生产

---

[1] ［美］黄宗智著：《中国的隐性农业革命》，法律出版社 2010 年版，第 23～24 页。

[2] ［俄］A. 恰亚诺夫著：《农民经济组织》，萧正洪译，中央编译出版社 1996 年版，第 20～21 页。

率。随着中国工业现代化和城镇化水平的提高，一方面，农民对经营土地的依赖性减弱；另一方面，国家对农业现代化的要求增加。在这种"推"与"拉"的力量相互作用下，出现了家庭承包经营权实现形式上多样性的需要，一方面，部分农民继续通过自己经营的方式实现承包经营权的权能；另一方面，部分农民希望通过流转承包经营权的方式实现承包经营权的权能，从而出现了承包经营权与经营的第二次分离。无论是自主经营还是流转经营，目的都是为了实现农民可持续增收这一根本目的。新型经营体系的逻辑起点仍然是农民的土地承包经营权，流转经营的目的仍然是强农惠农富农，保障农民增收的可持续性。实践中存在某些地方截短土地流转逻辑的现象，利用土地承包经营权确权漏洞或在确权上不作为的违法行为强制农民流转土地，也存在强制或使农民处于不利境况等行为迫使农民流转土地的现象。少数地方只顾农民土地流转的眼前利益和暂时利益，缺乏为农民持续增收提供社会服务的长远规划。

（十）尊重农民权利与提供社会化服务之间的关系

承包经营土地流转是农业现代化的内在要求，是家庭承包经营权产权化的基本方式，是建立新型经营体系的基础。由于承包经营权是农民最重要的一项物权，因此农民是否将承包经营权产权化取决于农民自己的意愿，任何组织和机构不得干预。政府引导农民流转承包经营土地的方式多种多样，但土地承包经营权流转要与农业社会化服务水平提高相适应。新型经营体系的建立离不开政府要素组织功能的充分发挥，政府要加强土地经营权流转管理和服务，推动土地经营权流转交易公开、公正、规范运行。实践中存在单向性鼓励农民流转承包经营土地，忽视加强土地流转管理和不断提高农业社会化服务的现象。由于土地流转管理不力，土地流转纠纷现象严重。由于农业社会化服务水平不高，土地流转绩效低，农民增收少，抑制了农民流转土地的积极性，农民不愿流转土地，或流转土地的方式无助于新型经营体系的建立，抑制了农业现代化进程。

第四节 本章小结

本章讨论农民的产权问题。由于中国最重要的问题是农民问题，农民最重要的问题是土地问题，土地产权对于中国农民具有至关重要的意义。本章第一节讨论农民土地产权的确立过程，第二节讨论土地制度改革问题，第三节讨论土地产权流转问题。农民土地产权是从地权逻辑中衍生出来的与权利和法律行为密切相关的问题，产权的确立既是地权运动的结果，也是地权运动的继续。尽管地权运动的逻辑构成产权流转的基础，但产权流转仍然受到许多社会条件的制约，这些不同的社会条件与地权运动的逻辑共同建构了产权流转的基本轨迹。从宏观层面上讲，地权的个体化、土地制度和土地流转构成土地产权的基本要素。这就是本章不同部分之间的相互关系。

产权是行使某些可以交换的权利行为。产权的前提是个体化的权利，核心问题是个体通过法律行为开发权利的经济功能，这就决定了产权的内外结构。产权的内部结构包括法律行为、交易费用、权利组合三个基本要素。产权的外部结构包括权利、权利保障、权利收益三个要素。一般情况下，产权并不介入某类权利的形成这一问题，产权的逻辑起点是某些既受的权利类型。这些权利赋予了某些人，这些人因此拥有行使这些权利的权利。在权利的行使过程中，权利行使人的权利得到了切实保障，而制度保障，特别是法律保障是保障体系中的关键要素。在行使权利过程中，一部分权利人通过权利交换这种方式获得了新的权利组合。新的权利组合的获得取决于交易费用。科斯定理 I 假设：当交易费用为零时，制度的保障功能是不必要的。也就是说，当交易费用为零时，权利在交换过程中就能自动实现帕累托最优，即每一个人的权利都能在权利交换过程中实现利益最大化。但现实生活中权利交换的交易成本永远不可能为零，因此，制度的保障功能就成为产权的必要条件，特别是在一个复杂化社会中的权利交换更需要政府发挥要素组织功能，因此，在良好的制度和政府组织条件下的权利交换只能实现帕累托次优的目标。这就是科斯定律 II 的内容。现实的权利交换是在科斯定律Ⅱ的约束下实现的，权利、权利保障和权利收益是产权的外在结构。

法律行为是产权观念的核心问题。法律行为是权利主体行使权利的行为。在产权观念中，最重要的法律行为是合同。尽管产权理论兴起于当代美国，但实际上，这一观念的源头则在于罗马法传统在美国的现代复兴，并不体现英美法系的传统精神。至少，它不体现布莱克斯通将普通法罗马化前的英美法精神。在产权观念中，我们几乎无法找到责任和义务的身影，这也是产权理论被归类于新自由主义经济学的重要原因。

产权理论以交易费用为基础分析法律行为的交易费用，交易费用不仅是权利交换的内驱力，也是权利交换的准绳。只有那些精准把握了交易费用的权利人才会在权利交换市场中获得新的权利组合。因此，法律行为、交易费用、权利组合构成产权的内在结构。

封建土地所有权运动的结果是中国农民获得了土地所有权，但由于社会制度选择不同，大陆地区和台湾地区走上了不同的社会道路。两地土地产权的交换方式存在显著差异。本章只讨论大陆地区的土地产权问题。

土地改革以后，农民获得了土地所有权，由于地权运动自身的规律，农村出现了阶层分化迹象，也出现了季节性换工、互助组、初级合作社这样一些经济合作形式和经济合作组织。由于阶层分化迹象具有再封建化特征，这一特征与社会主义制度根本背离，而经济合作形式与经济合作组织与社会主义制度之间具有亲和性。在这一背景下，以毛泽东为首的党中央利用历史形成的巨大影响力迅速将农业合作形式推向了高级合作社阶段，为快速穿过"卡夫丁峡谷"，又开始了人民公社化运动。农民通过土地改革所获得的土地所有权迅速转化为农村集体土地所有权。

由于土地所有权转化为不可交易的集体所有权形式，整个社会的经济是通过统购统销体制与分配体制运转的。高级合作社在全国建立后不久，1965年却出现了新中国成立以后农业的第一次减产。高级合作社成立期间（1956—1957），尽管我国耕地面积达到历史上的最高值,① 但生产的无效率和农业产出下降的现实并没有改变。"左"的思维方式认为,生产的无效率和农业产出下降的原因是高级合作社还不能充分体现社会主义的优越性,于是就开展人民公社化运动。人民公社体制不仅没有产生更高的生产效率,反而出现了生产效率的进一步下降,导致三年灾害时期大量农民被饿死。极"左"思维不仅没有反思无权利时代的根本问题,反而认为是党内有一批资产阶级的当权派应对此负责,于是发动了"文化大革命",用革命的逻辑代替了生产的逻辑,用阶级斗争的逻辑代替了权利的逻辑,整个国民经济走到了崩溃的边缘。

在这一过程中,农民充分发挥自己的制度理性能力进行了三次农业生产责任制的试验,以谋求"大制度下的小自由",但每一次都被"左"倾政策所禁止。幸运的是,自留地制度基本上被保留下来,成为农民生存保障的一点本钱,也为新时期复活农业生产责任制提供了一个样本。

党的十一届三中全会以后,政治走向开明,农民迅速复活了各种不同形式的农业生产责任制,其中,"包干到户"这一新形式迅速成为主要生产责任制形式,在1984年达到99%。自此,家庭承包经营成为我国农业经营体制的基础,展示了中国农民的伟大创造力。随着人民公社体制和统购统销体制被废除,家庭承包经营一步一步朝着权利化的方向迈进。家庭承包经营在农村经营体制改革初期只是一个劳务管理合同关系,后发展为民事合同关系,其后转化为行政合同关系,最终确定为中国独特的准物权。家庭承包经营权从债权化到物权化的转化,表明国家意志的重心在于保护基本经营体制,维护农民切身利益。农民承包经营权的物权化成为产权化基础。

农民承包经营物权化激发了关于农民土地所有权问题上的争论。社会主义制度不可能接受农民土地所有权的制度安排,这是由社会主义制度的本质所决定的。产权理论不追溯权利的终极渊源,并且认为,在现代经济体制中,无论哪一种权利类型,只要是可交换的,都

---

① 黄小虎主编:《新时期中国土地管理研究》,当代中国出版社2006年版,第4页。

能激发巨大的经济潜能。这一观念澄清了关于农民土地所有权的争论。因此，我国农村土地产权是以土地使用权作为逻辑起点的。

我国法律和政策上所称的土地使用权流转实际上就是产权理论上所说的权利交换。每一个农民集体经济组织成员因其成员权而享有均等的土地承包经营权、宅基地使用权和集体建设用地收益分配权。

农民土地承包经营权是一项法定物权，随着我国工业化的发展和城镇化加速，非农就业基本上能够吸收大部分农业剩余劳动力。在这一背景下，为了增加农民收入和建立新型农业经营体系的双重需要，法律允许、政策鼓励和支持农民向新型农业经营主体以不同方式流转土地承包经营权。目前，土地承包经营权流转仍然存在流转绩效低下、部分地方政府工具选择错误和流转市场残缺等问题，必须着重解决。

农户宅基地使用权制度改革是我国农村土地制度改革的核心问题。目前农户宅基地使用权流转方面的政策和法律之间出现了显著冲突。由于这一问题牵涉到宅基地使用权制度的多种功能，有些已超出了单纯的经济学范畴，因此，政策在渐进路径、激进路径和变通路径中间选择了渐进路径，应该说是一种审慎的选择。由于农户宅基地使用权制度不是一项单纯的经济制度，权利的逻辑和权力的逻辑都不可能完全展开。因此，在农户宅基地使用权流转制度的设计方面必须考虑在私法逻辑中嵌入公法逻辑这样一种复合结构，同时注重流转风险的多层次防范措施。

农村建设用地是我国独特的土地二元体制中的一个方面。其中集体经营性建设用地是农村制度改革的产物，是农民集体建设用地收益分配权的重要组成部分。目前的政策已作出部署，但与现行法的规定相冲突，因此，修改现行法成为集体经营性建设用地流转的第一步。

目前，农民土地承包经营权流转是土地流转的主要内容，对农村土地制度改革的影响也最广泛。与家庭经营的组织方式不同，新型农业经营体系的建立既要尊重农民的权利和充分激发农民土地流转的积极性，也要充分发挥政府的要素组织功能。因此，在土地承包经营权流转过程中，必须妥善处理好农户与政府之间的关系，也要妥善处理好农户、政府与家庭农场、专业大户、合作社和龙头企业之间的关系，还要处理好家庭农场、专业大户、合作社和龙头企业之间的关系。根据中国人多地少、现代化程度不高的现实，结合中国农村长期有效的传统，新型农业经营体系宜以家庭农场作为新型经营体系的基础。当农户发展为家庭农场时，在与专业大户的合作中能够分享权利；在参与合作社时，能够增加合作的信任基础，形成稳定的合作关系，减少组织化成本，提高组织化效率；在参入公司化运作过程中，能够增加谈判权，不至于使新的权利组合被公司特别是龙头企业所独享。家庭农场的这种优势能够同时满足农民增收和建立新型农业经营体系的双重需要。中央政策在新型农业经营主体问题上采取的是列举方式，并没有进行优先性排序，主要是考虑到全国各地的差异性。但地方政府因其政治锦标赛竞争的需要，一般偏好扶持龙头企业；而意识形态化程度比较高的地方政府，往往偏好支持合作社，对这些偏好必须保持足够的警觉。

第六章 政府引导农地制度创新的法律规制

人民公社体制的失败证明通过政府行政强制的方式实现传统农业向现代农业转变的路径在中国行不通。应运而生的家庭联产承包责任制适应了我国农业传统和农村现实，解决了农民温饱和国家粮食基本供给问题，支持了国家现代化建设。但家庭经营方式仍然属于小农经济范畴，无法自我完成向现代农业的转变。实现传统农业向现代农业的转变，必须改革农业制度和正确定位农民、市场、政府的法律地位和法律关系。我国受人多地少水缺和农业弱质产业特点的限制，在统分结合的双层经营体制运行过程中，单纯依靠农民理性、市场调节无法实现农业现代化目标，还必须更好发挥政府的引导功能。

农地制度创新怎样才能更好发挥政府的引导功能？总体要求是在法律制度框架内依法引导，具体而言则存在不同路径选择。一种选择是以建立适度规模经营体系为依归型构相应的制度体系。其显著标志是确立"三权分置"制度框架以及对规模化经营的产业扶持政策和对新型经营主体的特殊补贴政策。但以适度规模经营为依归的农地制度创新路径会在承包经营权权能处分层面再次嵌入公益要素，制约承包经营权权能自主处分，有违法益平等保护原则，损害承包经营权人法益。[①] 另一种选择是完善农地产权体系，引导承包经营权人根据市场需要自主处分承包经营权，通过产权权利实现导向适度规模经营目标。当前农地制度创新所遇到的问题是，以建立适度规模经营体系为依归的制度较为完整，而农地产权制度和农业市场制度相较残缺，承

---

① 温世扬、兰晓为：《土地承包经营权流转中的利益冲突与立法选择》，载《法学评论》2010年第1期。

包经营权权能处分遭遇制度瓶颈。① 因与二元产权结构相配套的法律制度配置不均衡，政府引导行为会强化对行政干预的路径依赖，遮蔽和抑制承包经营权产权权利的发展，制约市场在资源配置中决定性作用的发挥。故政府引导农地制度创新的重心应该是从实体法、程序法和特别法上完善承包经营权制度，促进承包经营权物权利用效益通过市场机制实现。

第一节 农地制度创新的路径选择

一、农地制度运行的现实困境

改革开放以来，我国农村集体经济组织实行家庭承包经营为基础、统分结合的双层经营体制，农业生产取得了巨大成就。农业生产成就的取得，得益于家庭承包经营制度的有效运行。家庭承包经营突出了"分"的效用，利用了传统农业精耕细作的优势，充分发挥了家庭在劳动力与承包经营土地结合中的资源配置功能，减少了农业生产的执行成本和监督成本，② 但家庭配置资源仍然属于小农经济模式、传统农业范畴。家庭经营在配置资源方面主要表现为劳动力与承包土地的结合，参与社会分工程度低，在农地、劳动力、资本、技术通过市场机制结合方面则不充分。由于家庭配置资源参与社会分工的广度和深度有限，"分"的效用边际调整空间收窄，出现了边际递减效应，无法摆脱家庭消费性生产的低水平循环，农业生产和农民收入陷入困境，必须实现传统农业向现代农业的转变。

二、农地制度创新的空间

欲实现传统农业向现代农业的转变，必须在"统"的层面上寻找制度创新的空间。要在"统"的层面寻找农地制度创新的空间必

---

① 吴越、沈冬军：《土地承包经营权法律配置的制度"瓶颈"与制度选择》，载《河北法学》2011年第4期。

② [美]罗纳德·哈利·科斯、王宁：《变革中国：市场经济的中国之道》，中信出版社2013年版，第76页。

须首先对我国农业经营体制的形成过程有一个总体把握。西方的农业现代化是通过发挥市场在配置资源中的决定性作用完成的。其制度前提是人均农地占比高，有实现规模经营的自然基础。日、韩等国家人均农地占比低于我国，但现代化程度高，农业现代化走的是技术化道路。恰亚诺夫提供了在社会主义制度条件下利用市场机制的基本框架。按照他的设想，在坚持农地公有制度的基础上，可以通过合作经营方式将生产要素组织到国家资本主义的纵向一体化框架之中，从而克服农业资本主义化的危险。① 我国人多地少水缺，自然禀赋有限，不可能走规模化经营道路。农业发展又处于传统农业向现代农业的转型期，技术化程度不高，走技术替代道路需要较长时间。经济上选择的是中国特色社会主义市场经济体制，也不同于国家资本主义。同时，以家庭经营为基础、精耕细作为典型特征的小农经济仍然具有历史合理性，这些条件决定了我国只能建立以家庭承包经营为基础，统分结合的双层经营体制。双层经营体制容纳了传统农业与现代农业、土地集体所有权和农户承包经营权、家庭配置资源和市场配置资源诸要素，形成了农地产权体系和农业经营体系，适应农业发展不同阶段的制度需求和全国农业差异性的实际，具有体制弹性，预留了创新空间。农地制度创新只能在双层经营体制法律制度弹性范围内根据发展需要寻找制度空间。

农地产权体系是农业经营体系的基础，农业经营体系是农地产权的组织方式。我国实行土地公有制度，建立了集体土地所有权和农户承包经营权二元农地产权结构。这是一个包容性复合产权结构，存在家庭经营和现代经营两种可能性。在农业现代化进程中，农地产权体系通过在集体土地所有权上设定承包经营权的方式保证了农民经营自主权和生产积极性，发挥了家庭配置资源的效益和传统农业精耕细作的优势，解决了农民温饱和国家粮食基本供给问题。将家庭承包经营

---

① ［俄］A. 恰亚诺夫：《农民经济组织》，萧正洪译，中央编译出版社1996年版，第267～271页。

关系由债权转化为用益物权反映了农业发展的现实。① 但由于城乡二元结构的障碍以及生产要素质和量的约束，家庭配置资源的方式仍然没有走出小农经济低投入—低产出的"内卷化"困境，而与建立现代农业经营体系的要求之间存在矛盾。研究表明，我国小农经济无法凭借自身力量走出"内卷化"困境，② 单凭市场的作用也不能实现传统农业向现代农业的转型。③ 故无论是农民理性，还是市场力量，都不能独自担当实现传统农业向现代农业转变的历史重任。双层经营体制乃是萃取农民理性、市场机制和政府力量的一个包容性复合体制。农民理性、市场机制和政府引导都是实现农业现代化不可或缺的要素。

三、农地制度创新的方向

农业现代化必须补齐"统"的层面上的法律制度短板，但如何在"统"的层面找到农地制度创新的方向？关键是要考察农业经营体制在运行过程中到底遇到了什么样的制度困境。最基本的问题是构成农业经营体制的农地产权体系与农业经营体系在法律制度建构上的不平衡。具体而言，农业现代化所面临的现实困境是：一方面，精耕细作的传统农业优势不断消失，小农生产方式的弊端集中暴露出来；另一方面，农民缺乏经营承包土地和流转承包经营权的内在动力和意愿，实现农业收入持续增长和建立现代农业经营体系的动力不足。为摆脱现实困境，政策设置了以适度规模经营为依归，以"三权分置"为标志的制度框架。这一制度框架将"经营权"从承包经营权中分离出来，但必须在法律框架中进行正确解读，否则会出现误读，侵蚀

---

① 陈甦：《土地承包经营权物权化与农地使用权制度的确立》，载《中国法学》1996年第3期。

② 黄宗智：《华北的小农经济与社会变迁》，中华书局2000年版，第301页。

③ 费孝通：《江村经济》，上海人民出版社2007年版，第482～484页。

承包经营权制度。如果将"经营权"解读为一项新的财产权利,① 无异于在承包经营权权能上重新设定了一项限制性权利。这种解读不仅与物权法设定的二元产权制度不协调,② 也加大了承包经营权权能处分被行政权力干预的风险。实际上,在"统"的层面上寻找制度性解决方案,既不能过度强化行政干预的正当性,也不宜在承包经营权上设定限制性财产权利,而应以完善承包经营权法律制度为基础,通过市场机制促进承包经营权权能处分方式的转变,达致持续增加农民产权收益和建立适度规模经营体系双重目标。双重目标只有通过完善法律制度才能实现,而不能在法律框架之外进行所谓的功能性制度创新。③ 实践证明,充分发挥市场在资源配置中的决定性作用是摆脱农业现实困境最好的制度选择。与此相适应的法律制度是,当承包经营权的物权利用效益遇到障碍时,必须建立促进承包经营权物权利用效益提高的配套法律制度。政府的作用是在完善农地产权制度的基础上,引导非家庭经营的承包经营权通过市场机制输入现代经营体系之中,从而建立家庭经营、集体经营、合作经营、企业经营等多元主体经营的立体式复合型现代农业经营体系。

---

① 朱广新认为,从承包经营权中分离出经营权是赋予实际经营土地者一种具有物权效力和抵押功能的财产权,这项新的财产权体现了农村土地集体所有制的内在要求。参见朱广新:《土地承包权与经营权分离的政策意蕴与法制完善》,载《法学》2015 年第 11 期。

② 高圣平:《新型农业经营体系下农地产权结构的法律逻辑》,载《法学研究》2014 年第 4 期。

③ 当法定物权利用遇到障碍时,政府的立法政策倾向于从便利性功能原则出发在物权法之外寻找解决问题的制度化方案,这导致对物权法一致性的破坏,会支付高昂的法律成本和社会成本。正确的制度化解决方案是在松动物权法定主义前提下完善民事财产权法律制度。参见苏永钦:《走入新世纪的私法自治》,元照出版社 2002 年版,第 6～11 页。

第二节　政府在农地制度创新中的功能定位

一、农地制度的复合性

农地制度创新不是要改变家庭承包经营为基础、统分结合的双层经营体制，而是要在双层经营体制的弹性范围内完善农地产权体系和农业经营体系，促进农地产权体系与农业经营体系之间关系的融合。农地私有化的主张违背农地产权制度的法律性质，不属于农地制度创新的内容和发展方向。[①] 政府引导的核心是完善农地法律制度，并在农业经营体制运行过程中通过市场机制和农业政策简化复杂性，导入现代性，促进产权体系与经营体系的融合。

农地是农业生产最基本的要素。农地制度创新是农业制度创新的基础，是建立现代农业经营体系、实现农业现代化的根本动力。实现传统农业向现代农业的转变必须创新农地制度。在如何创新农地制度的问题上有两条思路。一条思路是农业组织化方案。农业组织化方案源于恰亚诺夫，我国经济学领域的学者多取向这一思路。该方案以建立现代农业经营体系为依归，并以此为目标改革农地产权制度，使农地产权制度适应现代农业经营体系的要求。在这种方案中，农业经营体系居于主导地位，农地产权体系处于从属地位，政府承担组织者角色。[②] 农业组织化方案的弊端是政府偏好通过做计划、定任务、分指标的法外行政强制方式违法干预农地产权，不尊重承包经营权人的自由处分权，不按市场规律办事。另一条思路是农地产权化方案。农地产权化方案源于舒尔茨，我国法学领域的学者多取向这一思路。农地产权化方案以完善农地产权体系为基础，通过农民理性选择、市场调节和政府依法引导的相互作用，实现保障农民产权权利和建立现代农业经营体系的双重目标。在这种方案中，农地产权体系居于基础地

[①] 秦小红：《西方财产权理论的谱系及其对中国农村产权制度改革的启示》，载《江西财经大学学报》2014年第2期。

[②] 凌斌：《土地流转的中国模式：组织基础与运行机制》，载《法学研究》2014年第6期。

位，在市场配置资源和政府引导作用下，贡献于现代农业经营体系。产权化方案有利于夯实现代农业经营体系的法律制度基础，增加了现代农业经营的内在动力，较好地把握了农业体制运行的法律轨迹，尊重了农民的主体地位，发挥了市场在资源配置中的决定性作用，也不排除政府引导功能的发挥，提高了产权体系与经营体系的内在融合度，克服了单一行为的缺陷而获得广泛赞同。

二、农地制度的包容性发展

关于如何通过农地产权化方案实现农地制度改革目标，学界提出了两种主张。一种是产权个体化主张。产权个体化主张认为，应完善土地集体所有权和农户承包经营权二元产权法律制度，维护物权自治，使物权权能处分方式与市场在资源配置中的决定性作用相结合，从而实现保障产权权利和建立现代农业经营体系双重目标。这一主张突出农民产权权能自由处分与市场在配置资源中的决定性作用之间的相容性，暗含最大限度排除行政干预。另一种是承包经营权"再使用权化"主张。承包经营权"再使用权化"主张认为，应建立所有权、承包权、经营权"三权分置"的权能体系，为经营权流转提供制度条件，通过经营权流转建立现代农业经营体系。[①] 这一主张突出了市场对农地产权权能分化的制度需求，但为行政干预预留了较大空间，削弱了承包经营权的物权属性，限制了农民承包经营权权能处分的自由度。产权个体化主张突出物权自治和财产性权利保障，承包经营权"再使用权化"主张突出权能重构和用益物权限制。

坚持产权个体化的观点认为，承包经营权是法律在土地集体所有权上所设定的权利负担，是一项独立的用益物权。法律并没有在承包经营权上设定经营权，经营权只是承包经营权的一种权能处分方式，是一项债权，现代农业经营体系的构建依赖市场条件下承包经营权权能处分方式的自主选择。承包经营权流转只是物权的一种处分方式，"三权分置"分割了承包经营权作为一项完整的用益物权的权利属

---

① 蔡立东、姜楠：《承包权与经营权的法构造》，载《法学研究》2015年第3期。

性，对物权自治原则进行了不法限制。① 坚持承包经营权"再使用权化"的观点认为，物权设定的目的在于物权利用，由于承包经营权在双层经营体制中偏好家庭配置资源，无法通过物权自由处分方式实现产权的社会功能，故应充分发挥土地集体所有权的权能，对承包经营权的权能进行法律重构，使承包经营权的权能处分符合公益目标，② 并可以通过政府和集体经济组织的干预导向农业现代化目标。坚持承包经营权"再使用权化"的另一种观点认为，从保障财产权角度出发，应从土地集体所有权中剥离出非限定土地使用权，允许集体经济组织以非限定土地使用权为基础设定其他限定性土地使用权。③ 这种解释本质上是对"三权分置"政策的误读，会使物权属性的承包经营权受到债权属性的"经营权"的限制，为集体经济组织干预承包经营权权能自由处分打开闸门，属于错置具体制度的谬误。

笔者认为，农地产权个体化固然是农地制度创新的逻辑起点，农地法律制度应按照这一逻辑进行完善。但历史经验和现实国情证明，单靠产权权能的自由处分并不能实现家庭配置资源向市场配置资源的转换，不能完成传统农业向现代农业的转变。农地制度创新还必须解决产权体系与经营体系的有机融合以及市场在配置资源中的决定性作用问题。更重要的是，即使实现了由家庭配置资源向市场配置资源的转换，由于人多地少水缺的农地现实，以及农业属于弱质产业的客观条件限制，农地产权的权能处分方式也难以摆脱小农经济的窠臼，实现适度规模经营目标。产权+市场的理想形态能够解决农地制度最基本的法律构造问题，但并不能解决双层经营体制运行的所有现实冲突问题，政府的引导功能不可或缺。另外，所有权、承包权、经营权"三权分置"的承包经营权"再使用权化"构造是属于不同层次的权利集合方式，所有权和承包经营权属于法定物权，经营权只是法定物

---

① 高圣平：《新型农业经营体系下农地产权结构的法律逻辑》，载《法学研究》2014年第4期。
② 韩松：《农民集体土地所有权的权能》，载《法学研究》2014年第6期。
③ 李凤章：《从公私合一到公私分离——论集体土地所有权的使用权化》，载《环球法律评论》2015年第3期。

权的一种权能处分方式，属于"伴随的债权关系"范畴。① 如果将所有权、承包经营权、经营权纳入同一层次的农地产权法律构造体系，不仅不能起到强化保障农地产权和发挥市场在配置资源中的决定性作用的制度功能，反而会使政府和集体经济组织的不当干预行为正当化、合法化。也就是说，"经营权"的制度功能不是要重构农地二元产权法律制度，而是为了弥补农地二元产权法律制度与市场经济不协调的问题。"经营权"只能解释为一种"伴随的债权关系"。毕竟，民法制度是以市民社会为样本建立起来的，而农业社会与市民社会存在差异。这也能解释为何双层经营体制的运行需要政府的引导和扶持。

总之，从制度构成的内在逻辑角度考察，由于农业经营体制是一个包容性复合结构，产权体系和经营体系内部以及产权体系和经营体系之间都存在紧张关系，传统农业向现代农业的转变离不开市场在资源配置中的决定性作用，也离不开政府引导功能的更好发挥。从体制运行角度考察，即使农地经营体系及其构成能够相互融合，但由于农业是一个弱质产业，农地市场也不可能是完全的，现代农业也离不开政府的引导。笔者认为，从静态角度考察，政府的引导功能受到农地制度构成要素法律性质的限制，必须依法进行。从动态角度考察，政府的引导功能也受到农民理性能力和市场成熟程度变化的限制，政府的引导能力必须与之相适应。农业制度变革的历史经验证明，超越农民接受度和市场成熟度的政府干预会产生适得其反的后果，支付高昂法律制度成本和社会成本。

---

① 注：关于"三权分置"政策框架中的"经营权"只能理解为物权法定主义原则下的"伴随的债权关系"，而不能理解为承包经营权"再使用权化"的法律构造，即：它是物权法定主义原则下的解释范畴，而不是法律构造范畴。其功能是为了保障产权交易的稳定性，更好发挥市场在资源配置中的决定性作用，而不是在法定物权上设定新的限制性权利。参见苏永钦：《法定物权的社会成本——两岸立法政策的比较与建议》，载《中国社会科学》2005 年第 6 期。

第三节 政府引导农地制度创新的路径选择

政府引导农地制度创新就是以维护市场在配置资源中的决定性作用为中心,向农地制度导入现代要素,建立现代制度,促进传统农业向现代农业转变。政府引导农地制度创新包括两个方面的内容:一是政府完善农地法律制度;二是建立规范政府引导农地制度运行的法律机制。具体内容包括破除城乡二元结构、为农地制度"减负"、为农地制度"扩权"、构建能容纳农民理性、市场配置资源、政府引导相互包容的法律制度框架,在农业经营体制运行过程中导入现代要素,建立现代法律制度体系。

一、破除城乡二元结构

现行农地法律制度是在城乡二元结构的制度环境中建立和运行的。城乡二元结构是制约农地制度自我完善,阻碍农地制度与现代市场制度相结合,朝着现代农业方向发展的主要障碍。[1] 要创新农地制度必须同时破除城乡二元结构的藩篱。

完善农地法律制度是农地制度创新的基础,政府承担主体责任。我国的农业经营体制是在人民公社体制失败以后、农业现代化初期建立起来的制度体系。这一体制是以农村土地公有制为前提,以农业组织理论为基础构建的包容性复合体制,由农地产权体系和农业经营体系构成。农地产权体系由土地集体所有权和农户承包经营权二元产权构成。经营体系由家庭经营和多元主体经营构成。由于城乡二元结构的障碍,农地产权没有走出传统农业的窠臼,没有广泛参与社会分工,没有实现农地产权制度与现代市场制度相结合,没有朝着现代农业方向发展,而是导向家庭配置资源与传统精耕细作相结合,徘徊于传统农业与现代农业之间,成为农业现代化的主要障碍。必须破除城

---

[1] 《法商研究》编辑部:《农村土地法律制度改革再出发——聚焦〈中共中央关于全面深化改革若干重大问题的决定〉》,载《法商研究》2014年第2期。

乡二元结构的藩篱，完善农地法律制度。

按照农业经营体制的逻辑，我国坚持农村土地公有制性质，防止农村出现两极分化。在此基础上建立集体土地所有权制度，并通过所有权与使用权适当分离的方式在土地集体所有权上设定农地承包经营权，然后通过集体经济组织成员权将承包经营权平均分配给农户家庭，实现"耕者有其田"目标。当农地产权制度建立起来以后，制度预期先以承包经营权为中心，通过家庭经营方式解决农民温饱和国家粮食基本供给问题，支持国家现代化建设。当国家现代化达到一定程度，部分农民转化为城镇市民，人地矛盾得到一定程度的缓解，农户对农业收益的依赖度降低，农户就可以通过承包经营权流转方式增加财产性收入，并为现代经营体系的建立提供条件。然而，由于城镇化过程中我们没有解决户籍制度、社会保障制度、教育制度、住房制度、医疗制度等一系列关涉农民切身利益的制度问题，农地制度并没有按照制度设计的逻辑有效运行。

在全面深化改革的背景下，消除城乡二元结构的改革正在进行，与此同时，政府也必须将农地制度改革纳入全面深化改革的范围，为农业现代化奠定制度基础。农地制度改革分为消极和积极两个方面，消极方面是消除与农业现代化不相适应的农地负担，积极方面是增加农业现代化所必需的制度。

二、消除农地制度不当负担

从消极方面考察，我国在农地制度中设置了一系列与城乡二元结构相适应的义务，这些义务与农业现代化的要求相抵牾。如农地社会保障功能、耕地保护和粮食安全保证功能、农村社会稳定功能，这些功能实际上不是农地应该承担，或者不是农地能够承担的政治社会功能。[①] 设置这些不当的政治社会功能，会抑制承包经营权权能处分的自主性和市场在资源配置中决定性作用的发挥，会使政府不当干预正当化、合法化。

---

① 曾野、江帆：《〈农村土地承包法〉立法目的评估与重构——兼评土地承包经营权"二次分离论"》，载《经济法论坛（第14卷）》2015年第1期。

农地社会保障功能属于国家义务，由农地承担必然增加农地负担，影响农地产权法律制度健康运行。少数地方试验以农地承包经营权换社会保障的方式，实际上是一种功能错配、变相剥夺农民财产性权利的行为。通过农地产权制度保护耕地安全实际上是一个伪命题。除少数农地撂荒与承包经营权制度有一定关系外，真正威胁耕地红线、破坏农地管制制度的行为，实际上来源于城镇化过程中的征地。农地产权和经营方式与粮食安全也没有直接关系。无论农地产权如何变化，无论是采取家庭组织生产的个体化经营方式，还是市场组织生产的现代经营方式，对粮食安全都不构成实质性影响。根据拉坦—速水模型，家庭个体化经营与现代市场化经营在粮食总产量上并没有差异，差异在于现代市场化经营比家庭个体化经营能够节约更多的劳动力，而这些劳动力可以贡献于农业以外的国家现代化建设。农村社会稳定功能属于农村治理的范畴，是农民自治组织和政府的社会治理责任，将农村社会治理责任作为农地制度的义务，导致农村社会功能配置的混乱，既不利于农地制度经济功能的发挥，也不利于有效治理农村社会。那种将农村治理欠缺归结为取消了农业税的观点实际上是找错了对象，本质上是为政府治理责任缺失寻找开脱的理由。因此，农地法律制度改革的首要问题是剥离农地不当承受，也无法承受的社会保障功能、耕地保护功能和粮食安全保障功能以及农村社会稳定功能，恢复土地集体所有权和承包经营权的权利本质，完善承包经营权的权利构造，使农民能够根据市场需要自主选择物权的权能处分方式。[①] 这个过程可以概括为农地制度"减负"的行为。农地制度"减负"是为了充分发挥农民理性能力，更好发挥市场在资源配置中的决定性作用。

三、完善农地产权法律制度

从积极方面考察，在破除城乡二元结构藩篱的同时，还必须完善农地产权法律制度，适应市场经济体制和新型城镇化的要求。突出的问题是必须完善集体经济组织成员权制度、承包经营权制度、承包经

---

① 温世扬：《农地流转：困境与出路》，载《法商研究》2014年第2期。

营权流转制度；建立承包经营权抵押制度、承包经营权继承制度。在法律框架内，真正实现落实集体所有权、稳定农户承包经营权、放活土地经营权的政策目标。在法律框架内，只有充分发挥市场在资源配置中的决定性作用，政府引导行为才有合法根据和正当理由。

集体经济组织成员权是确认农民法律地位的一项基础性权利，是对农民权利主体身份的法律规定。承包经营权、财产权、优先权、撤销权、经济民主权等都以集体经济组织成员权为前提条件。[1] 而我国《宪法》《民法通则》《农村土地承包法》《物权法》对集体经济组织成员权的规定既不一致，也不明确。有的规定为集体，有的规定为成员集体，有的规定为家庭，有的规定为农户，有的规定为农民，导致主体不明、产权不清，矛盾冲突不断。实际上，家庭只是承包经营权的生产和经营主体，法律主体是享有集体经济组织成员资格的个体农民。从产权明晰、维护产权主体权益、有利于发挥市场在配置中的决定性作用角度考虑，必须建立以"成员集体"为基础、以"农民个体"为逻辑起点的集体经济组织成员权法律制度体系。

承包经营权是在土地集体所有权上设定的一项用益物权，历经了劳务管理关系、民事合同关系、行政合同关系、法定物权关系的演化过程。[2] 目的在于建立农民与农地之间长久的直接关系，以便农民能够根据实际需要将农地要素组织到生产经营体系之中。与此同时，作为一项相对独立的用益物权，其具有财产性，农民可以根据自己意愿处分承包经营权，获得财产性收益。我国农村集体经济组织实行家庭承包经营为基础，统分结合的双层经营体制，这一体制偏好农地经营体系，忽视了农地产权的财产权属性。在征地、抵押、继承等方面没有建立充分保障承包经营权的法律制度体系。根据《物权法》第四十二条和第一百三十二条的规定，在征地补偿中，法律只考虑承包经营权经营性损失的补偿问题，而没有考虑承包经营权财产性损失的补

---

[1] 王利明、周友军：《论我国农村土地权利制度的完善》，载《中国法学》2012年第1期。

[2] 秦小红：《农民理性与农民制度理性论纲——以农村地权与农村产权为论证中心》，西南政法大学博士论文，2014年6月，第245页。

偿问题。现行法律没有建立承包土地的经营权抵押制度，造成农业生产融资困难。[①] 现行法律禁止承包经营权继承，片面强调承包经营权的经营权性质，忽视了承包经营权的财产权性质。

承包经营权流转是农民实现财产性权利的一种物权处分行为，也是建立现代农业经营体系的基础。建立现代农业经营体系是农业现代化的必由之路，现代农业经营体系的建立依赖于承包经营权流转。我国近年来出台的一系列政策鼓励承包经营权流转，确立了所有权、承包权、经营权"三权分置"的改革思路，现行法律对承包经营权的债权性流转未设置禁止性条件，但对"转让"这种物权性转移方式则设置了一系列限制条件。这些限制性条件包括转让方须有稳定的非农职业或者有稳定的收入来源、须经发包方同意、受让方必须是有农业经营能力的农户。这些限制性条件的设置缘于两个方面的理由：一是基于社会学的考察，[②] 而不是基于物权的考察，实际上是对物权处分方式的不当限制，不利于农民通过市场机制实现财产性权利，也会使现代农业经营主体的产权关系复杂化，缺乏确定性和稳定性。二是担心物权性转移会使农民丧失承包经营权，失去生活的依靠。实际上，承包经营权的物权性转移并未消灭农民的承包经营权。农民的承包经营权是根据集体经济组织成员权所获得的一项用益物权。承包经营权的物权性转移方式所转移的是按照土地承包合同所取得的一定期限的承包经营权，而不是承包经营权本身。在下一个承包经营期限内，农民仍然有资格根据集体经济组织成员权取得承包经营权。

四、在农地制度运行过程中导入现代要素

破除城乡二元结构、消除对农地产权所设置的不当负担和完善农民产权权利，都是为了实现保障农民财产性权利和建立现代农业经营体系的双重目标。政府的关键作用是在农地制度运行过程中导入现代

---

① 高圣平：《承包土地的经营权抵押规制之建构——兼评重庆城乡统筹综合配套改革试点模式》，载《法商研究》2016年第1期。

② 朱虎：《土地承包经营权流转中的发包方同意——一种治理的视角》，载《中国法学》2010年第2期。

要素。

　　从农地产权实现和现代农业经营的逻辑关系角度考察，承包经营权可以通过经营和流转两种方式实现。承包经营权存在家庭经营和现代经营两种可能性，尽管在传统农业向现代农业转型阶段我国必须坚持家庭经营为基础，多种经营相结合的经营体系，但家庭经营属于小农经济模式和传统农业范畴。农地产权运行的逻辑受到社会条件和制度条件的双重限制。在市场经济体制尚未完全建立的条件下，由于农民不能通过市场参与社会分工，最大限度实现农地财产性权利，就只能通过家庭经营方式以满足家庭消费为目的组织生产。即使市场条件成熟，但由于受到城乡二元结构的限制，农民通过市场机制所积累的资本也会转移到非农生产领域，从而出现农业生产的低水平循环。即使城乡二元结构被打破、市场体制已经建立，但由于农业是一个高投入、高成本、高风险、低收益的弱质产业，也无法与工业市场处于公平竞争的地位，农业产权运行也不会完全按照有利于现代农业方向发展。因此，政府必须通过农业扶持政策、农地交易市场价格补贴、农地流转奖励政策等措施导入现代要素，切实保障农民财产性收入，引导建立现代农业经营体系。在建立现代经营体系过程中，政府可以通过典型示范、产业引导、承包经营权流转奖励、承包经营权流转价格补贴、委托和入股管理、社会化服务等方式把家庭经营引入现代经营轨道。

第四节　规制政府引导行为的法律机制

　　我国农地制度改革以维护农民主体地位、发挥市场在资源配置中的决定性作用和更好发挥政府作用为发展方向。基于农业在国民经济中的基础地位，在传统农业向现代农业转变过程中，农地制度的包容性复合结构不会改变，这决定了农地制度仍然是一个相互补强和相互设限的复合结构。我国现代化进程中最集中的矛盾在农地制度中都有显著表现。农民、市场和政府在农地制度结构中仍然各有法律地位，其法律地位的变化依赖于制度环境以及农民、市场和政府能力的变化。农民、市场、政府在农地制度运行过程中既可能出现功能互补行为，也会出现功能消解行为。① 在一个包容性复合结构中，"错置具体感"的可能性更高。基于分工精细化的现代社会是一个高度复杂化的社会，必然产生相互交叠的制度结构。在复杂的制度运行过程中，必须通过法律、市场和政府三种主要媒介简化制度运行的复杂性，形成制度运行的确定性和基本秩序。对于政府行为而言，为保证政府引导行为的可靠性和稳定性，必须对其权力进行法律编码。可以说，农地制度是复杂性的现代社会和复杂性的农业制度相互叠加的复杂性。为保证政府引导行为的可靠性和稳定性，必须实现政府与农民、政府与市场关系的法治化，并将政府引导的范围、步骤、方式和方法纳入法律控制范围。

一、政府引导农地产权运行的法律机制

产权法律制度是农地制度的基础，是农地制度运行的逻辑起点，是农民通过市场机制参与社会分工实现财产性权利的制度体系。农地制度创新的基本问题是完善农地产权制度，并在此基础上保证农地产权制度的健康运行，将农民的产权处分行为在市场调节和政府引导下导向现代农业轨道，从而实现增加农民财产性收入和建立现代农业经营体系的双重目标。

（一）政府引导农地产权运行的法律空间

按照产权法律制度设计的运行方式，国家在土地集体所有权上设定承包经营权，农民根据集体经济组织成员权取得承包经营权。取得承包经营权后，农民是选择家庭经营方式还是现代经营方式，由农民根据生产要素和市场条件进行自主选择。自主选择的基础是两种资源配置方式的比较收益率和相对交易费用。通常情况下，农民会选择通过市场机制最大限度实现承包经营权的经济价值，与此同时，通过市场交换机制，承包经营权会出现有利于现代经营的权利集合，这是产权制度设计的一种理想形态。然而，由于农民理性能力的差异以及捕

---

① 吴义、陈颀：《农地制度变革的路径、空间与限度——"赋权—限权"下行动互构的视角》，载《社会学研究》2015年第5期。

获制度环境和市场变化溢出利益能力上的差异,① 市场交换机制就会变得不完全,因此,农地产权运行需要政府参与,并发挥引导功能。

政府引导农地产权运行的法律空间可从积极和消极两个方面界定。在积极方面,政府应提高农民捕获制度环境变化溢出利益和通过市场交换增加产权财产性收益的理性能力。政府引导农地产权运行的法律空间是促进农民产权利用能力的提高和产权运行的质量。在消极方面,政府只是农地产权运行中的助成者,不是农地产权的所有者,没有替代农民做出自由选择的法律权利。基于这一法律地位,政府不得剥夺农民作为产权所有者的法律权利,也没有限制农民自由选择的权力。法律的作用既是对政府依法引导的督促和保证,也是对政府违法干预的监督和控制。② 对于政府不依法保障产权运行的行为和侵犯产权所有者自由选择的行为,都应追究法律责任。

(二) 政府引导农地产权运行的法律边界

深化农村土地制度改革的基本方向是落实集体所有权、稳定农户承包权、放活土地经营权。转型时期的农地产权制度运行偏离设计轨道的原因很多,其中,农地产权收益低和农民流转传统偏好是制约形成有利于建立现代经营体系的主要障碍。农地产权收益低表现为农业生产收益低和农地流转收益低两个方面。农业生产收益低表现为农业生产收入远低于工业生产收入,以及农业经营收入在整个家庭收入中的占比低并不断下降,工资性收入越来越成为家庭收入的主要来源。③ 由于农地产权在家庭经营模式中收益低,制度运行的政策导向就转向通过市场机制流转承包经营权增加农地的财产性收入。但承包经营权在市场上的流转绩效并不显著。以 2013 年的调研数据为例,

---

① [美] 道格拉斯·C. 诺斯:《制度、制度变迁与经济绩效》,杭行译、韦森译校,格致出版社、上海三联书店、上海人民出版社 2008 年版,第 188~189 页。

② 李昌麒、许明月、卢代富、高宽众、鲁篱:《农村法治建设若干基本问题的思考》,载《现代法学》2001 年第 2 期。

③ 朱学新:《我国农民收入的结构性差异与内部分化研究》,载《财政研究》2014 年第 11 期。

无论是承包经营权市场流转的实际价格还是应然价格都比较低。① 实际价格仅占农民人均纯收入的6.5%，低于农民纯收入8%的增长水平，应然价格为农民纯收入的16%，仍有挖掘市场潜力的空间。由于农地产权无论是家庭经营还是市场化流转，收益率都比较低，农民也就怠于承包土地的经营和承包经营权的市场化流转。精耕细作的农业传统正在逐步消失，承包经营权流转传统又偏好在熟人圈进行。我国农业发展处于十字路口，一方面是精耕细作的农业传统正在消失，另一方面是农民缺乏通过市场参与现代经营的动力和意愿，而与农地制度改革的方向之间存在直接冲突。

政府引导农地产权运行朝着农地制度改革的方向发展必须以维护农民产权权利和稳定增加农民财产性收益为出发点和归宿。落实集体所有权的目的是通过优化集体经济的组织形式和经营方式参与市场竞争，确保集体经济发展成果惠及本集体经济组织所有成员，而不是通过做计划、定任务、分指标的方式削弱家庭经营的基础地位，以损害承包经营权为代价片面追求公共利益。稳定农户承包经营权就是要维护承包经营权的物权法地位，尊重农民自主选择的权利，依法运用产业引导措施和农业扶持政策，促进家庭经营转型升级，鼓励农民通过承包经营权市场流转参与社会分工，增加财产性收入，而不是搞强迫命令、搞行政瞎指挥，非法强制农民流转承包经营权，损害农民的自主选择权。放活土地经营权就是允许农户通过市场将承包经营权依法自愿流转给有经营意愿和经营能力的主体，发展多种形式的适度规模经营，而不是在承包经营权上设定新的权利，更不是对承包经营权进行限制。② 任何背离法律制度框架的政策解释本质上都是一种误读。

(三) 政府引导农地产权运行的法律方式

政府通过行政手段直接干预农地产权运行和承包经营权流转除长期以来形成的路径依赖的原因以外，主要还是政府缺乏激发农地产权

---

① 翟研宁：《农村土地承包经营权流转价格问题研究》，载《农业经济问题》2013年第11期。

② 陈小君：《我国农村土地法律制度变革的思路与框架——十八届三中全会〈决定〉相关内容解读》，载《法学研究》2014年第4期。

活力的法律工具。① 通过政府引导激发农地产权活力是实现农地制度创新的重要内容。借鉴国际经验，政府应在法律限度内，通过农地市场培育、承包经营权市场流转奖励、农地市场流转价格补贴、新型经营主体财政扶持、新型经营主体流入农地贷款贴息等制度，灵活运用市场机制、财政扶持政策、政策补贴、税收优惠、奖励机制等多种政策工具和工具组合，使承包地经营和承包经营权流转能够增加农民经营性收入和财产性收入，最终能够使职业农民（包括认定农民）的收入不低于从事其他产业的劳动者的收入。只有这样，农民才有强烈的意愿经营承包土地或者流转承包经营权，现代农业经营体系才能在法律制度框架内建立并有效运行，农业现代化的目标才能实现。这是一个长期而又复杂的过程，政府引导绝不能急功近利，绝不能简单使用行政直接干预的方式追求短期效果，而必须依法运用多种政策性工具，从各个方面调动农民经营承包土地和流转承包经营权的积极性，促进农民通过市场机制参与现代经营体系。

我国有27395万农民主要不依靠经营承包土地就业，② 承包经营权市场化流转有比较大的空间。由于承包经营权市场化流转是建立适度规模经营体系的基础，也是农地制度改革的重心。而目前的承包经营权流转方式与政策预期之间存在差距，这就导致一些地方政府采取非法方式强制农民流转承包经营权。实际上，政府引导只是促进承包经营权有序流转的一种助成方式，采取流转法律行为的仍然是承包经营权人，其法律效果只及于承包经营权人，法律责任也由承包经营权人承担。因此，引导承包经营权流转的政府行为必须尊重和维护承包经营权人的意愿，排除对承包经营权流转的不当干预，对不当干预行为应追究法律责任。另外，由于承包经营权流转由承包经营权人承担法律责任，而现有法律又没有因政府引导不当造成承包经营权人损失予以赔偿的制度规定。这会导致农民对政府规划引导行为的不信任，

---

① 赵万一、汪青松：《土地承包经营权的功能转型及权能实现——基于农村社会管理创新的角度》，载《法学研究》2014年第1期。

② 国家统计局：《2014年全国农民工检测调查报告》，2015年4月30日发布。

增加制度运行成本,也会助长政府规划引导行为的责任性流失。必须使政府引导责任法律化,用法律制度建立诚信政府。同时,政府引导行为也不可能无错误性,故还需要建立消极利益损害赔偿责任制度,[1] 以防止政府对承包经营权的不当干预,保证政府依法、依规、负责任引导。

二、政府引导市场行为的法律机制

(一) 规制政府引导市场行为的理论前提

承包经营权财产性收益的增加和适度规模经营体系的建立依赖市场在资源配置中的决定性作用。农地制度创新的关键环节是建立完善的市场制度,维护公平竞争的市场环境。通过法律方式规制政府对市场的引导行为,必须首先确定政府与市场的关系。政府与市场的关系是经济法最基本的问题。经济法关于政府与市场的关系有补充关系说、辩证关系说和并行关系说。补充关系说认为,市场在资源配置中起决定性作用,政府的作用是弥补市场不足和矫正市场失灵。其经济法表述是:凡是市场能够调节好的经济领域和经济活动,就没有政府干预的必要,制度改革的目标是政府从市场能够调节好的领域中退出来,简政放权,充分发挥市场的决定性作用。辩证关系说认为,市场和政府是配置资源最重要的两种方式,政府与市场的关系是一种辩证关系,必须把政府与市场关系放在整体资源配置框架和政府与市场的"双向运动"格局中进行考察。[2] 辩证关系说的经济法意义是:必须在立法层面上解决政府与市场关系的法治化问题,以便市场的运行和政府的干预都合乎法律的规定。并行关系说认为,政府与市场的关系是一个结构性关系,必须在市场发展的动态过程中把握政府的调控作用。并行关系说的经济法意义是:必须以市场和政府的互动行为为基础建立调整政府与市场关系的法律体系。

---

[1] [德] 维尔纳·弗卢梅:《法律行为论》,迟颖译,法律出版社2013年版,第157页。

[2] 张守文:《政府与市场关系的法律调整》,载《中国法学》2014年第5期。

笔者认为，现代市场应当理解为一种有利于通过价值交换和价格调节实现社会目标的法律框架，政府与市场是配置资源最重要的两种方式。政府与市场的关系是一个相互嵌入的互补性结构。政府对市场的干预受到资源本身法律性质和社会重要性的制约，也受到市场成熟程度和政府调控能力的影响。[①] 政府与市场的关系必须通过法律进行结构性安排，从而确定政府干预的范围、程序和边界。

（二）规制政府引导市场行为的法律方式

农业是国民经济的基础，农地是农业生产最重要的生产要素。这决定了农地市场的特殊性。从现实角度考察，一方面，由于经营承包土地和承包经营权流转受到城乡二元结构的制约，农民通过农地市场获得经营性收入和财产性收入的动力不足，建立现代农业经营体系受到制约。另一方面，农地市场法律制度残缺，公平的价格形成机制并未建立起来，承包经营权交易的质和量都受到限制。为实现传统农业向现代农业转型这一目标，地方政府陷于两难境地，不得不进行广泛干预。而政府进行广泛干预的法律工具并不完备，容易回到行政干预的老路上去。从理论角度考察，即使建立了完备的农地产权制度和农地市场制度，农民也会按照市场需求理性地选择农地经营和流转方式，但农业是一个高投入、高成本、高风险、低收益的弱质产业，农地产权的经营性收入和财产性收入也是有限的，市场机制将难以实现社会意义上的公平交换，政府必须通过法律限度内的各种政策工具对农地市场进行有效干预。由于农地市场的特殊性产生政府干预的内在需求，为保证政府干预的确定性和稳定性，必须将政府干预农地市场的范围、程序和方法用法律形式确定下来。用法律约束政府干预的选择偏好，防止政府过度干预与干预不及现象。

随着农业现代化的发展，农地制度改革的重心转向承包经营权流转和适度规模经营。承包经营权流转和适度规模经营被确认为发展现

[①] 秦小红著：《政府干预农业市场制度创新的法律机制》，载《现代法学》2016年第1期。

代农业的必由之路。① 承包经营权流转与适度规模经营之间存在复杂关系，农民、市场、政府的行为逻辑存在差异。农民的流转动机源于与非农收入的比较收益②和相对交易费用，选择熟人媒介、市场媒介或政府媒介实现承包经营权流转属于农民自主选择范围。政府的动机是引导承包经营权通过市场机制参与适度规模经营或者流向适度规模经营主体，实现承包经营权产权收益增加和建立现代农业经营体系双重目标。实际上，农民和地方政府都会考察市场是否能形成公平的价格形成机制。当市场缺乏成熟度时，农民取向于通过熟人媒介采取互换、托管或信托等方式流转承包经营权，降低交易费用，但财产性收益较低，对适度规模经营的贡献不稳定。与此同时，在市场缺乏成熟度时，地方政府偏好利用组织优势引导承包经营权流转，农民也不排斥地方政府议价组织者的角色，但如果政府引导失误则会导致政府信用流失，引发社会问题。由于农业高投入、高成本、高风险、低收益的弱质产业特征，政府议价组织者角色会产生法律上难以解决的纠纷，③ 形成一系列次生社会问题，影响农村社会治理水平的提高。故政府应慎用议价组织者角色，把主要工作放在市场培育和维护公平竞争的市场环境上。

在突出市场在资源配置中的决定性作用的条件下，政府希望通过市场机制实现承包经营权流转，即用市场机制替代政府议价组织者的角色。这决定了政府引导方式的重大转变，表现为一种与市场相互嵌入的互补性关系。政府的引导方式主要是市场培育、市场调控、市场服务。市场培育的方式包括建立出让方承包经营权流转奖励、适度规模经营受让方特殊补贴、农地租赁风险保障金等制度。市场调控的方

---

① 中共中央办公厅、国务院办公厅：《关于引导农村土地经营权有序流转发展农业适度规模经营的意见》，2014年11月20日发布。

② 刘克春、林坚著：《农地承包经营权市场流转与行政性调整：理论与实证分析——基于农户层面与江西省实证研究》，载《数量经济技术经济研究》2005年第11期。

③ 龙翼飞、赵岚音著：《农村土地承包经营权流转法律问题新探——以北京地区部分基层人民法院所审理土地承包经营权流转纠纷案件为例》，载《法学杂志》2012年第5期。

式包括低密度介入的价格保护措施、反不正当竞争措施、"价补分离"的价格补贴措施、目标价格保险措施等制度。市场服务的方式包括建设交易平台、建设融资平台、提供交易信息、培养职业经纪人等方式。在引导市场行为过程中，关键是要充分发挥市场在资源配置中的决定性作用。当市场需要干预时，政府必须依法行政，既不能违法干预，也不能懈怠失职。政府引导的创新性试验必须依法办事，先取得法律授权，再进行可复制实验。

第五节 本章小节

在农业现代化进程中，我国农业发展处在一个重要转折阶段，创新农地制度是实现农业现代化的重要动力。农地制度创新必须促进农地产权体系与农业经营体系的有机融合，实现保障农民产权权利和建立现代农业经营体系双重目标。在承包经营权收益比重下降和农地市场发育不完全的条件下，政府引导起着重要作用。为此，政府必须破除城乡二元结构、消除农地不当负担、完善农地产权制度、提高农民产权处分能力、发挥市场在配置资源中的决定性作用，导入现代要素和现代法律制度。

从政府引导农地制度创新的路径角度看，相对于农地组织化路径而言，农地产权化路径更具合法性、包容性和现代性。从完善农地制度角度看，相对于农地产权"再使用权化"方案而言，农地产权个体化方案更具合法性、多元性和有效性。从农地制度运行角度看，相对于政府配置农地资源而言，市场配置资源方式更具动态性、适应性和有效性。尽管转折阶段农地产权市场发育不成熟，农民也不排斥政府作为议价组织者的角色，但以农业现代化为目标，政府必须运用法律方式导入现代要素和现代制度，充分发挥市场在资源配置中的决定性作用，防止通过行政手段直接干预农地制度运行的路径依赖。从行政干预到议价组织者角色再到维护市场在资源配置中的决定性作用反映了农业现代化对政府引导行为的基本要求。只有这样，农地制度的发展轨迹才能摆脱干预与僵化、放权与限权的非制度化循环，促进农地制度在法律框内自我进化，从而迈向农业现代化之路。

第七章　政府干预农业市场制度创新的法律机制

我国正经历从传统农业向现代农业的转变，农业现代化最基本的问题是解决农民、市场、政府之间的关系问题。随着农业市场制度条件的变化，农民、市场、政府之间的关系也会出现相应的变化。一方面，随着工业化、城镇化和信息化的快速推进，以家庭经营为主的经营方式有必要向立体式复合型现代农业经营体系转变。另一方面，在我国经济发展进入新常态，农业生产成本快速攀升的"双重挤压"下，以农业市场化为导向的改革，必须依靠农业市场制度创新和法治保障，加快农业现代化进程。[①] 农业现代化的显著标志是使市场在资源配置中起决定性作用。这涉及农民参与市场的制度结构和政府干预市场的法律机制。市场不仅是一个商品交换场所，也是一个复杂的制度结构，市场制度的变化必然引起政府功能的变化。由于我国农业产权体系和经营体系之间关系的复杂性与复合性，农业市场制度创新离不开更好发挥政府的作用。政府干预农业市场制度创新在逻辑结构上包括三个方面：一是前置逻辑，通过法律方式供给市场制度。二是过程逻辑，政府依法引导并调控市场制度健康运行。三是补充逻辑，承担弥补市场失灵的责任，发挥"兜底"作用。在农业生产要素产权界定、经营体制结构性融合、商品交易市场、社会化服务和扶持农业生产方面，政府干预的逻辑结构和作用方式存在差异。差异化的政府干预方式容易产生过度或不及的问题，因此，还必须对政府干预的对象、预期、程序、步骤、方式和方法进行法律规制，以实现政府与市场关系的法治化，防治政府干预过多和监管不到位问题。

---

① 中共中央、国务院：《关于加大改革创新力度 加快农业现代化建设的若干意见》，中央政府门户网站　http：//www.gov.cn. 2015 年 2 月 1 日。

第一节　农业市场制度的复合结构与政府作用的功能定位

政府在农业市场制度中的功能定位是由农业市场制度自身的结构和政府的调控能力共同决定的，表现为一种全过程的动态性渗透作用，而不仅仅是一种事后的弥补和矫正功能。

一、农业市场制度的复合结构

从宏观来看，市场是一个复杂的社会制度结构。政府对市场的干预不限于产品交易市场，而是整个市场制度。① 这是理解农业市场制度与政府作用的基础。

从微观来看，市场是一种复杂的产品交换机制，不同学科对其理解的侧重点不同。古典经济学侧重于研究市场的交换功能，取向于形式意义的市场观。形式意义的市场观认为，市场是一种产品交易方式，产品是哪一种制度的产物、在哪一个空间交易并不重要，重要的是交易本身。制度经济学侧重于研究市场的制度特征，取向于实质意义的市场观。实质意义的市场观念认为，任何用以交换的产品都是特定制度的产物，市场嵌含于社会结构之中，而不能脱嵌于社会结构而存在。科斯认为："市场是为方便交换而存在的制度，也就是说，它们的存在是为了减少展开交易活动的成本。……当经济学家谈论市场结构的时候，他们根本就没有把它看成一个制度，而是把它等同于诸企业的数量、产品的区分之类的问题。他们完全忽视了降低交易难度的社会制度的影响。"② 实际上，制度乃是市场的基础，形式意义的市场不是一个具有先验性标准的市场想象物，而是以制度为基础对生产要素的组织与运行。

基于社会制度的性质和农村社会的现实，实质意义上的市场观念

---

① 许明月：《市场、政府与经济法——对经济法几个流行观点的质疑与反思》，载《中国法学》2004年第4期。

② [美] 罗纳德·哈里·科斯：《企业、市场与法律》，盛洪、陈郁译，格致出版社、上海三联书店、上海人民出版社2009年版，第8页。

在理解我国农业市场经济时比较适切。农业市场制度包括农业生产要素、农业经营体制、产品交易市场三个方面。农业生产要素包括土地、资本、劳动力和技术。农业经营体制包括农业产权体系和农业经营体系。农业产品交易市场包括交易市场的物质设施和技术手段。农业生产要素是通过产权组合并由经营体系组织起来的,其结果是更有绩效的产品供给通过交易市场更好满足社会的需要。

二、政府作用的功能定位

农业市场是一个外部性和结构性问题极为显著的市场,这在我国表现得尤为突出。要解决我国农业市场的外部性和结构性问题,离不开政府的干预和协调。从外部性角度考察,农业是高投入、高成本、高风险、低收益的弱质产业,农业市场无法与工业市场处于平等竞争的地位,政府必须扶持农业生产,提高农产品竞争力。政府在扶持农业发展方面承担主体责任。农业制度既有经济性的内容,也有社会性的内容。当农业市场失灵时,政府应该矫正市场失灵,承担补充责任。通过法律机制使政府在市场制度中承担社会责任是经济法的重要功能。[①] 从结构性角度考察,我国农业制度具有复杂的产权结构和经营体系,两者之间存在紧张关系。从产权构成角度考察,我国实行农村土地集体所有制和家庭承包经营权制度。农村土地集体所有制是为了防止两极分化,家庭承包经营权制度是为了提高农民的生产积极性。由于人多地少水缺的限制,家庭承包经营偏好个体经营而不是适度规模经营,偏好自然经济而不是市场经济。在我国工业化城镇化和信息化进程加快、农村劳动力大量转移、农业物质技术装备水平不断提高的条件下,如何实现适度规模经营目标,不能完全依靠传统农业自身的发展,还需要政府发挥关键作用,助成产权制度与经营制度之间的融合。

总之,我国农业市场制度表现出"不完全政府与不完全市场、

---

① 王保树、邱本:《经济法与社会公共性论纲》,载《法律科学》2000年第3期。

不完全社会之间的不完全结合"①的特征，其产权体系与经营体系之间构成一种复合结构，没有一条逻辑是贯彻始终的，而是一种多元逻辑的混合构成模式。土地确权、资本融合、劳动力提高、技术提升、产权保护、适度规模经营、交易市场培育和监管、产业扶持、市场失灵的矫正等都离不开政府关键作用的发挥。

第二节　政府在农业市场制度创新中发挥关键作用的机理

政府在农业市场制度创新中发挥关键作用是以维护农民产权权利和尊重农民首创精神为基础和前提的，离开了这一基础和前提，也就不存在发挥政府的关键作用。市场在资源配置中起决定性作用，既是交易市场通过价格形成机制组织功能的产物，也是农民进行产权组合和政府发挥关键作用的结果。

一、传统农业制度变迁的限度

我国的家庭承包经营制度是在改革集体生产经营制度基础上发展起来的。集体生产经营制度最大的缺陷是生产经营组织化不能的问题，具体而言是集体生产经营所形成的生产方式需要支付高昂的执行成本和监督成本，缺乏生产绩效，总产出下降，②产品又缺乏市场交易渠道，既不能解决农民的温饱问题，也不能满足社会的需要。同时，由于采取平均主义的分配方式，又挫伤了农民的生产积极性，降低了生产效率。在这种条件下，农民探索以家庭为单位组织生产，寻求解决温饱的方式。家庭生产几乎不需要支付执行成本和监督成本，降低了生产成本，提高了生产效率。但由于人多地少的限制，家庭生产主要是一种消费性生产过程。消费性农业生产产生两个方面的后果：一是农业生产要素难以提高。消费性生产对提高劳动力素质和农

---

① 郁建兴、高翔：《农业农村发展中的政府与市场、社会：一个分析框架》，载《中国社会科学》2009年第6期。
② [美]罗纳德·哈里·科斯、王宁：《变革中国：市场经济的中国之路》，中信出版社2013年版，第76页。

业技术缺乏内在动力，加之资本积累困难，无法适应产业化、市场化要求。二是农业资源流失。随着工业化、城镇化和信息化的快速推进，农民对消费性生产进行边际调整，将农暇时间和富余家庭成员调整到工业领域。但制度供给、产权界定、市场培育等传统农业的瓶颈问题，超出了家庭经营边际调整的范围，需要政府发挥关键性作用，[1] 向农业输入现代生产要素和经营管理模式，才能实现传统农业向现代农业的转变。

二、现代农业制度与政府的关键作用

农业市场化需要满足许多相互支持、相互融合的基本条件。而这些基本条件在我国农业经营体制中的弹性不能完全依靠农民自身的力量和市场机制发挥作用，政府必须发挥关键作用。

第一，从生产要素组织的角度考察，要素市场的发展是农业市场制度的基础性问题。土地、资本、劳动力和技术都必须有效组织以适应市场化的需要，但消费性生产方式的要素受到外在条件和内在结构的限制，难以市场化，必须借助于政府干预提高生产要素的质量，促进要素通过市场机制进行合理流动，使市场在资源配置中起决定性作用。

第二，从经营体制角度考察，经营体制是组织生产要素的制度装置，经营体制是导向消费性生产，还是商品化生产是区分传统农业与现代农业的显著标志。我国集体土地所有权与农民土地承包经营权的二元产权结构是一个复杂的产权结构。由于人多地少水缺的限制，加之融资困难，劳动力转移和技术需求低，二元产权结构偏好家庭经营，个体化生产，这与市场化要求的规模化、社会化生产经营方式之间存在紧张关系。要建立与市场化相适应的立体式复合型现代农业经营体系，必须发挥政府在产权组合、资本投入、劳动力素质提高和技术进步方面的积极作用，才能实现适度规模经营目标，为农业市场化

---

[1] ［美］道格拉斯·C. 诺斯：《制度、制度变迁与经济绩效》，杭行译、韦森译校，格致出版社、上海三联书店、上海人民出版社2008年版，第154页。

提供必要的组织条件。

第三,从产品交易市场角度考察,消费性生产不仅缺乏产品交易的营利性追求,也缺乏形成产品交易市场的能力,更无法形成公平交易秩序。市场化要求以交易为目的安排农业生产和经营,建立满足市场交易的平台和规则,维护公平竞争的市场环境,而这些条件既不能通过发挥市场的决定性作用,也不能通过农民形成新的权利集合自发完成,必须借助于政府力量来培育和发展产品交易市场。

第四,从农业市场制度运行角度考察,农业是一个高投入、高成本、高风险、低收益的弱质产业,与工业市场无法处于平等竞争的地位。政府必须采取扶持政策,通过补贴、税收、金融、保险等措施弥补农业的不足,使农产品处于公平竞争地位,保证农业发展的可持续性。

第三节 政府干预农业市场制度创新的逻辑

实现农业现代化必须转变农业生产经营方式,实现传统农业向现代农业的转变。现代农业是以产品化和市场化为导向的农业生产方式。由于人多地少水缺的限制和生产关系的制度安排,我国的现代农业必须以传统农业为基础,通过制度创新对传统农业进行渐进式改造。① 在改造传统农业过程中,离不开政府关键作用的发挥。

一、政府干预农业要素的逻辑

按照改造传统农业的思路,向传统农业注入现代要素应在四方面进行,这四个方面都离不开发挥政府的关键作用,目的在于激发农业生产要素的潜能,满足市场化发展的要求。

(一) 政府在耕地保护方面的关键作用

耕地是农业生产最基本的要素,政府必须承担保护耕地的主体责任。人多地少水缺是我国农业生产的基本事实,地块细碎化普遍存

---

① 徐勇:《农民理性的扩张:"中国奇迹"的创造主体分析——对既有理论的挑战机和新的分析进路的提出》,载《中国社会科学》2010年第1期。

在，因此制约耕地利用效率。由于快速城镇化的影响，我国耕地减少、流失现象严重，撂荒、贫瘠化也在一定程度上存在。这些现象都威胁到耕地的保护、使用和效益。尽管我国实行最严格的耕地保护制度，并通过土地规划制度、土地征收制度、用途管制制度、耕地红线制度、占补平衡制度、占用补偿制度、耕地保护补偿制度、耕地撂荒治理制度、耕地整理措施等对耕地进行保护，但由于政府主体责任落实不到位，耕地保护现状堪忧。[①] 必须制定专门的《基本农田保护法》，建立完整的耕地保护制度体系，加大耕地保护力度，切实落实政府主体责任。

(二) 政府在农业投资方面的关键作用

农业属于高投入、高成本、高风险、低收益的弱质产业，缺乏投资动力是一种客观现实。一方面，农民倾向于将农业积累转移到非农产业，农业投入不足，耕地肥力下降，土地贫瘠化现象严重。劳动力投入不足，精耕细作的传统农业生产方式被削弱，粗放经营现象普遍存在。耕地污染严重，影响农业再生产能力。农业基础设施损毁严重，增加了农业风险。另一方面，农业市场的外部性在资本方面表现为农业资本向非农产业转移的倾向，形成约束农业投资的负外部性。要解决这些问题，必须加大政府投入力度。但长期以来，我国政府农业投入不足，加剧了农业投入产出之间的不平衡状态。[②] 要实现农业投入产出之间的平衡，政府必须增加财政投入，兴建和保护农业基础设施，增加农业补贴，提高农业生产效益,[③] 改善农业金融服务，加大政策性金融投放力度，支持农业生产，鼓励和引导社会资本向农业领域投资，改善农业投资环境。

(三) 政府在提高劳动素质方面的关键作用

农民是农业生产最活跃的要素，农业市场化需要建立一支稳定

---

① 陈小君：《我国〈土地管理法〉修订：历史、原则与制度——以该法第四次修改中的土地权利制度为中心》，载《政治与法律》2012年第5期。

② 陈乃新、潘高林：《政府农业投入与农民发展权的法律保护》，载《行政与法》2006年第1期。

③ 胡元聪：《农业正外部性解决的经济法分析》，载《调研世界》2009年第5期。

的新型职业农民队伍。舒尔茨认为，在所有的农业生产要素中，真正能实现传统农业向现代农业转变的要素是农民素质的提高。他认为："全世界的农民都在与成本、利润和风险打交道，从这一角度讲，他们都是时刻在计算个人收益的经济人。在自己那小小的、个人进行资源配置的领域里，农民都是企业家。他们总是能够十分精妙地、敏锐地与经济形势相适应，以致使得许多经济学家都无法认识到这些人的效率有多么高。尽管由于教育、健康，以及个人经历等方面的原因，农民在对新知识和新信息的感知、理解和采取适当行动的能力方面存在着差距，但是他们却为企业家素质提供了最基本的人力资源。"[①] 在城镇化过程中，由于农业生产缺乏经济效益，大量青壮年劳动力转移到城镇从事非农生产，农业生产主要依靠年老农民进行，尽管年老农民有精耕细作的生产技术，但体力有限，难以支持艰辛的劳动。特别是年老农民缺乏现代农业技术的知识，对市场信息也缺乏理解力，不利于农业市场化。谁来种田是农业现代化最严重的瓶颈。因此，政府必须大力培养新型职业农民，这是农业现代化最基础的工程。

(四) 政府在促进农业技术进步方面的关键作用

提高农业技术是提高农业生产效率、降低农业生产投入、适应农业市场化的关键。在我国"四化同步"背景下，耕地保护、投资增长和劳动力素质提高都会受到各种限制，其边际调整的空间有限。无论是规模替代，还是劳动力素质替代，其可及性都会受到现实条件和社会发展趋势的限制。基于现实的考虑，提高农业技术具有广阔的前景。但传统农业技术向现代农业技术的转变不能依靠农民理性和市场调节进行渐进式演变，而必须依靠政府推动作用的发挥。尽管技术替代具有广阔的前景，但农业技术从科研到推广是一项复杂的系统工程，必须发挥政府的关键作用。[②] 同时，在技术应用方面，也需要发

---

① [美] 西奥多·舒尔茨：《对人进行投资——人口质量经济学》，吴珠华译，首都经济贸易大学出版社2002年版，第9～10页。

② 林毅夫、沈高明：《我国农业技术变迁的一般经验和政策含义》，载《经济社会体制比较》1990年第2期。

挥政府的引导和促进作用。

总之，无论是耕地保护，还是资本投入、劳动力素质提高和农业技术进步，所有农业生产要素质量的提高都离不开政府关键作用的发挥。

二、政府干预农业经营体制运行的逻辑

改革开放以后，我国农村集体经济组织实行家庭承包经营为基础、统分结合的双层经营体制。在家庭生产经营方面，传统农业的优点得到充分发挥，满足了农民的温饱需求和国家粮食供给的基本需要。但随着经济社会的发展，传统农业必须向现代农业转变，以满足农民小康生活的要求。在传统农业向现代农业转变过程中，必须以农业产权制度改革为基础，在家庭生产经营基础上，通过产权权利新的集合方式，建立立体式复合型现代农业经营体系，以适应农业市场化要求。由于以传统农业为基础建立起来的产权体系与现代生产经营体系之间存在紧张关系，而这种紧张关系无法通过农民自身的边际调整和市场调节从根本上解决，因此，必须发挥政府的关键作用，促进产权体系与经营体系的融合。

（一）农业产权体系与农业经营体系紧张关系产生的原因

我国农村集体经济组织实行家庭承包经营为基础、统分结合的双层经营体制。双层经营体制的结构包括产权体系和经营体系两个层次的内容，两个层次又包含多种构成要素，形成一个极为复杂的复合结构。产权权利包括集体土地所有权、集体财产所有权和农民土地承包经营权、农民集体经济组织成员权。经营体系包括家庭经营和现代组织化经营。这两个层次的内容在体制运行过程中可以容纳不同的行为偏好，但不同行为偏好在消费性生产和市场化生产过程中都会产生紧张关系。

首先，在总体层次上，我国将农民产权权利纳入经营体制之中，农业要素组织的偏好取向于经营体系而不是产权体系。这一制度设计的目的是在保证激发传统农业优势的同时，防止农业的过度分散化和农业社会分化，以利于壮大集体经济，维护农村社会的稳定。但在这一体制运行过程中，农民对生产要素的组织方式偏好家庭经营，而不

是组织化经营,形成了消费性生产方式。而消费性生产方式与以组织化为目标的经营体制的制度设计之间存在差异,实际上形成了紧张关系。也就是说,在双层经营体制中,农民强化了"分"的体系,弱化了"统"的体系,"分"多"统"少,"统分"之间没有形成制度预设的有机结合。而根据市场化生产的逻辑,必须建立以"统"为中心的现代经营体系。但消费性生产方式并不具备"统"的条件,也没有产生"统"的动力,这就需要注入现代要素,促进消费性生产向市场化生产方式转变。

其次,在结构层次上,我国一系列法律规定强化了农民的土地产权权利,弱化了集体土地所有权、集体财产所有权和农民集体经济组织成员权。与此同时,也强化了家庭经营方式,弱化了组织化经营方式。以家庭承包经营权为中心的产权权利和家庭经营之间具有一致性,在人多地少水缺和城镇化快速发展的背景下,它们共同支持消费性生产方式。这就使得集体土地所有权、集体财产所有权在体制运行过程中被虚化,市场化生产缺失必要的组织条件。由于农民在城镇化过程中将资本和劳动力转移到收益更高的非农领域,他们对承包经营权流转的微薄收益并不在意,也就抑制了立体式复合型现代经营体系的形成。

(二)发挥政府关键作用,促进产权体系与经营体系有机融合

改造传统农业是农业现代化的必然要求,建立新型农业经营体系是农业现代化的必由之路。但如何将传统农业改造为现代农业是一个世界性难题。改造传统农业的理论可以分为三类:第一类是经营组织理论,第二类是产权权利理论,第三类是市场理论。不同理论解释体系中政府作用的侧重点和作用方式存在差异。

经营组织理论是探索传统农业向现代农业转型最早的农学理论,其代表人物是恰亚诺夫。经营组织理论对我国农业制度设计产生了深远影响。恰亚诺夫认为,以家庭生产经营为基础的传统农业是以家庭消费为目的所组织的生产,由于缺乏营利性目的,也就侧重于与自然的交换而不是与社会的交换。在私有制条件下,传统农业形成的是劳

动——消费平衡机制,① 土地、资本、劳动力的变化都受到劳动——消费平衡机制的约束。传统农业生产是一个无法突破劳动——消费平衡机制的循环过程。黄宗智对我国传统农业的研究也证明了传统农业无法突破内在局限的内卷化现象存在。② 恰亚诺夫认为,在土地公有制条件下,横向一体化这种农业资本主义化的倾向受到限制。传统农业可以通过合作化、适度规模经营和纵向一体化三项措施改造为现代农业,实现农业参与社会分工过程,奠定国民经济的基础。③ 恰亚诺夫经营组织理论的政策和法律意义在于:①土地公有制是打破劳动——消费平衡机制的基本制度条件。②横向一体化会导致土地兼并和多数农民无产化,两者的结合必然导致农业资本主义化,而这是与社会主义制度相背离的。③仅限于自然家庭的生产规模无法突破劳动——消费平衡机制的约束,也无法实现传统农业向现代农业的转变,必须有适度规模。④适度规模最好的方式是将家庭生产组织为以家庭为基础的合作组织生产。⑤通过国家资本主义的过渡方式实现纵向一体化,使合作化生产参与社会分工,从而奠定国民经济的基础,再向更高形式发展。

改革开放以来,我国在吸收经营组织理论成果的同时,也根据中国实际进行了制度创新。①我国坚持集体土地所有权制度,但创造性地设立了农民土地承包经营权,农民既可以根据自己的意愿进行家庭经营,也可以流转经营权由他人经营,从而赋予农民更多经营自主权,增加了集体土地所有权的制度弹性,也为立体式复合型现代农业经营体系的建立提供了可能性。②在对农业目的管制的前提条件下,我国并不一般地反对横向一体化。除合作组织外,我国允许专业大户、家庭农场、工商企业从事农业生产经营,为建立立体式复合型现代农业体系提供制度保障。③我国的适度规模经营不是依靠政府的直

---

① [俄] A. 恰亚诺夫:《农民经济组织》,萧正洪译,中央编译出版社1996年版,第58页。
② 黄宗智:《华北的小农经济与社会变迁》,中华书局2000年版,第6页。
③ [俄] A. 恰亚诺夫:《农民经济组织》,萧正洪译,中央编译出版社1996年版,第267～271页。

接干预形成的,而是在政府的引导下,由农民根据自己的意愿,通过承包经营权处分方式,实现承包权与经营权适当分离的方式实现的。

产权权利理论是研究市场形态法律条件的理论,其代表人物是科斯。产权权利理论认为,经济学家通常专注于生产、交换、分配和消费,而忽视生产、交换分配和消费的制度结构,忽视法律在经济体系运行中所发挥的作用。科斯认为:"如果行使某些行动的权利可以买卖,那么,这些权利就会被那些使其发挥出最高价值的人获得。"① 在他看来,经济不仅是一个生产、交换、分配和消费产品的过程,而且也是一个权利的获得、分割和联合的过程,是一个新的权利集合形成的过程,在新的权利集合形成过程中,权利组合所花费的相对费用起着决定作用,否则经济行为将不会发生。② 阿玛蒂亚·森的研究也证明了这一点。他认为:"把一个权利关系运用于所有权,也就按照一定的法律规则,建立了一个所有权集合与另一个所有权集合之间的联系。"③ 产权权利理论的法学意义在于:①生产要素的产权明晰是经济行为发生的基础条件,政府是产权权利制度的唯一供给者。②经济发展过程同时也是一个产权权利交换和新的权利集合形成的过程。③产权权利的交换和新的权利集合由相对交易费用决定。④在交易费用作用下,形成新的经济组织,其经济行为朝着提高经济绩效的方向发展。

改革开放以来,我国逐步建立了农业产权权利体系。首先,我国在坚持农村土地集体所有权制度的同时,又在其上设定了农民土地承包经营权这项用益物权,同时通过统分结合的双层经营体制,赋予农民法定物权的处分权。农民是通过承包经营权自主经营,还是转移经营权由他人经营,依赖农民自己的意愿。在这一过程中,农民与集体经济组织之间的关系首先由一种管理关系转化为一种合同关系,继而

---

① [美]罗纳德·哈里·科斯:《企业、市场与法律》,盛洪、陈郁译,格致出版社、上海三联书店、上海人民出版社2009年版,第12页。

② [美]罗纳德·哈里·科斯:《企业、市场与法律》,盛洪、陈郁译,格致出版社、上海三联书店、上海人民出版社2009年版,第12页。

③ [印]阿玛蒂亚·森:《贫困与饥饿》,王宇、王文玉译,商务印书馆2001年版,第6页。

与承包土地之间发生直接联系，承包经营土地的行为朝着权利化方向发展，使新的权利集合成为可能，为产权权利参与社会分工、向现代农业转变奠定了基础。

市场理论是在反驳农民缺乏市场理性、不是理性的经济人这一观念的基础上发展起来的，其代表人物是舒尔茨。传统观点认为，农民不是按照理性的方式组织生产，也不是按照理性的方式使用资本的。马克斯·韦伯认为，农民并非"天生"为多挣钱而劳动，而是希望挣到按照其已经习惯的生活必需的钱而劳动。农民只是因为穷才去劳动，而不是因为追求富裕而去劳动，因此，农民并不具有适应市场经济所必备的理性品质。[①] 马克斯·韦伯的农民非理性的观点曾长期处于支配地位。舒尔茨反对这种观点。在他看来，小农可能主要为家庭消费生产，也可能完全为市场生产。小农经济并不排斥市场经济，而且与市场经济兼容。他认为："全世界的农民都在与成本、利润和风险打交道，从这一角度讲，他们都是时刻在计算个人收益的经济人。在自己那小小的、个人进行资源配置的领域里，农民都是企业家。他们总是能够十分精妙地、敏锐地与经济形势相适应，以致使得许多经济学家都无法认识到这些人的效率有多么高。尽管由于教育、健康，以及个人经历等方面的原因，农民在对新知识和新信息的感知、理解和采取适当行动的能力方面存在着差距，但是他们却为企业家素质提供了最基本的人力资源。"[②] 基于对农民经济理性的肯定，舒尔茨认为实现传统农业向现代农业的转变必须在提高农民素质的同时，依靠发挥市场在资源配置中的决定性作用才能实现。[③] 市场理论的政策含义在于：①政府必须投资于人力资本，提高农民素质，使农民适应现代市场。②在组织农业生产要素过程中，必须发挥市场在资源配置中的决定性作用。

---

① [德] 马克斯·韦伯：《新教伦理与资本主义精神》，阎克文译，上海人民出版社2010年版，第189～191页。

② [美] 西奥多·舒尔茨：《对人进行投资——人口质量经济学》，吴珠华译，首都经济贸易大学出版社2002年版，第9～10页。

③ [美] 西奥多·舒尔茨：《改造传统农业》，梁小民译，商务印书馆1987年版，第28～29页。

农业是国民经济的基础,关涉国家稳定发展大局。改革开放以来,为调动农民生产积极性,发挥传统农业精耕细作的优势,实现农民温饱目标,保证国家粮食安全,在统分结合的双层经营体制中,以家庭经营为主的"分"的生产方式得到充分发展,但市场在资源配置中的决定性作用没有得到充分发挥。与此同时,随着城镇化和工业化的快速发展,大量青壮年劳动力向城镇和工业转移,劳动力数量减少,劳动量投入下降,严重制约农业现代化进程。近年来,国家开始重视农民素质的提高,注重发挥市场在资源配置中的决定性作用。

我国农业的产权体系和经营体系是在立足于发挥传统农业优势和满足现代农业要求两个方面建立起来的。既吸收了经营组织理论的观点,也吸收了产权理论的观点,还吸收了市场理论的观点。但不论哪一种理论都不能完整解释我国农村集体经济组织以家庭承包经营为基础、统分结合的双层经营体制。由于我国农业经营体制的复杂性和结构的复合性,在传统农业与现代农业、产权体系和经营体系之间会出现紧张关系。经营组织理论提供的政府直接干预政策,产权权利理论提供的农民自主权利交换机制,市场理论提供的发挥市场在资源配置中起决定性作用的模式实际上都不能单独解决这一紧张关系。

我国农村集体经济组织以家庭承包经营为基础、统分结合的双层经营体制既包含着对传统农业的尊重,① 也包含着发展出现代农业的基本要素。在传统农业向现代农业的转变过程中,无论是农民理性能力的发展,还是市场作用的发挥,都离不开政府协调作用的发挥。具体而言,以农民承包经营权为中心的产权体系并不必然形成承包权与经营权的适当分离,如果没有承包权与经营权的适当分离,土地流转就会受到限制;如果没有一定数量的土地经营权流转,就不可能进行适度规模经营;如果没有适度规模经营,就不会形成立体式复合型现代农业经营体系;如果没有建立立体式复合型现代农业体系,也就没有农业现代化的组织化基础。在农业现代化的每一个环节,都离不开政府的协调作用。如果缺乏政府协调作用这一关键环节,产权体系和

---

① 徐勇:《中国家户制传统与农村发展道路——以俄国、印度的村社传统为参照》,载《中国社会科学》2013年第8期。

经营体系就不会自发融合，统分结合双重经营体制的现代维度就不能充分发展。政府的关键作用在于引导土地经营权有序流转，在经营权流转条件下建立现代农业组织，进行适度规模经营，从而实现产权体系与经营体系的融合。为保证经营权有序流转，在尊重农民意愿的条件下，政府可以采取建立经营权流转市场、实行经营权流转奖励政策、增加对新型经营主体农业补贴等措施引导经营权流转，培育新型经营主体。

三、政府干预交易市场的逻辑

市场是为方便交换而存在的制度，传统农业向现代农业转变的标志就是通过市场交换农产品，使以家庭消费为主的农业生产向以社会交换为主的农业生产转变，从而实现社会分工，提高生产要素使用效益，促进经济发展。

理想的市场机制是充分发挥价格的调整功能，使市场在配置资源中起决定性作用的制度安排。但相对于工业和服务业而言，农业是一个高投入、高成本、高风险、低收益的弱质产业。在农业这一传统生产领域引入市场机制，不能完全依靠价格机制的作用，还必须充分发挥政府的协调作用。政府对价格机制的干预是为了维护市场公平，扶持农业发展，不会扭曲农业交易市场。

农业交易市场包括产品交易市场和要素交易市场。目前，政府干预的重点领域是农产品交易市场。传统上，政府对农产品交易市场的干预包括各种类型的价格补贴政策和价格保护政策。由于各种类型的价格补贴和价格保护政策与市场价格形成机制交叉重叠，市场在配置资源中的决定性作用难以评估，形成信息不对称局面，市场对农业生产和产品交易的指引作用模糊不清。为更好发挥市场调节作用，需要在坚持市场定价原则基础上，区分市场价格形成机制与政府补贴政策的不同功能，建立实现"价补分离"的体制和机制。按照目标价格制度进行动态补贴。同时，改变政府对价格的价位调控方式，替代以区间价格波动调控方式，既保证充分发挥市场在资源配置中的决定性作用，也保证更好发挥政府的协调作用，使两者的作用既功能互补又清晰可辨。

建立农业要素市场的目的有两个：一是通过经营权流转增加农民财产性收入；二是通过经营权流转实现所有权、承包权、经营权"三权分置"，实现适度规模经营，为立体式复合型现代农业经营体系的建立奠定基础。从增加农民财产性收入角度考察，以2013年的调研数据为例，无论是经营权流转的实际价格还是应然价格都比较低。① 实际价格仅为农民人均纯收入的6.5%，低于农民纯收入8%的增长水平，应然价格为农民纯收入的16%，仍有挖掘市场潜力的空间。从适度规模经营，建立立体式复合型现代农业经营体系角度考察，根据我国实际，中国特色新型农业经营体系是以农户家庭农场为重点，包括专业大户、农民合作社、农业产业化龙头企业等新型农业经营主体的多元体系。由于经营权流转实际价格低，增收效果弱，经营权流转动力不足，随意性强，并不必然导向适度规模经营和现代农业经营主体。因此，政府必须在两个方面承担责任。一是培育要素市场，为合理的价格形成机制提供市场条件，通过市场机制挖掘应然价格的潜力，增加经营权流转收入在纯收入中的占比。二是以实际价格与应然价格的比例为基准，以适度规模经营为导向，制定差异性的经营权流转奖励政策，引导经营权向新型经营主体流转。

第四节 政府干预农业市场制度创新的法律约束

传统农业向现代农业转变是一个制度创新的过程，在农业制度创新过程中必须将充分发挥市场在资源配置中的决定性作用和更好发挥政府作用有机结合起来。传统农业向现代农业转变的过程，实际上是坚持社会主义市场经济的制度化改革过程，农业市场制度创新是深化农业体制改革的关键。在市场体制改革过程中，由于农业自身的特点和我国实际，政府与市场的关系不只是政府弥补市场不足和失败的一种补充关系，而是相互嵌入彼此结构的互补型结构性关系。由于市场与政府关系的极端复杂性，政府干预农业市场制度创新容易出现干预

---

① 翟研宁：《农村土地承包经营权流转价格问题研究》，载《农业经济问题》2013年第11期。

不当或者监管不到位的问题。政府对农业市场制度的干预必须依法适度,并以发挥市场在资源配置中的决定性作用为基本方向。① 政府干预农业市场制度创新最基本的问题是实现政府与农民关系的法治化和政府与市场关系的法治化。

一、依法保障农民产权权利与政府引导之间的关系

我国农民的产权权利是以农民集体经济组织成员权利为基础、以土地承包经营权为核心的产权权利体系。

土地是农业最基本的生产要素,保证稳定的人地关系是农业发展和农村社会稳定的基石。根据我国人地关系的实际情况和社会主义制度的性质,我国实行农村土地集体所有制。在探索农村集体土地所有制实现形式的过程中,我国建立了农村集体土地所有权制度和农户土地承包经营权制度,通过产权制度的运行,确立了家庭经营的基础性地位,同时鼓励集体经营、合作经营、公司经营等多种经营方式。

农业市场制度创新的重点是以市场化为导向,落实集体所有权,稳定农户承包权,放活土地经营权,通过产权权利新的集合,建立立体式复合型现代农业经营体系,加快农业现代化进程,为全面实现小康社会和实现中华民族伟大复兴的中国梦奠定坚实基础。

农业市场制度创新的关键是生产经营组织的创新。发展多种形式的农业适度规模经营是农业现代化的必由之路。多种形式的适度规模经营必须创新农业生产经营组织。农业生产经营组织创新是推进现代农业建设的核心和基础。生产经营组织创新以农民产权权利新的集合为基础。要创新农业生产经营组织形式,必须实现所有权、承包权、经营权"三权分置","三权分置"的核心是经营权流转。由于产权权利体系与经营体系之间的紧张关系,经营权流转既要充分发挥市场在资源配置中的决定性作用,又要发挥政府的引导功能,才能导向适度规模经营。由于农户的土地承包经营权是一项用益物权,根据物权自治原则,农户对其经营权既可以自主经营,也可以进行流转。因

---

① 李昌麒、许明月、卢代富、高宽众、鲁篱:《农村法治建设若干基本问题的思考》,载《现代法学》2001年第2期。

此，政府在引导经营权流转过程中必须尊重农民意愿，依法采取鼓励、协调、服务等引导措施，促使经营权向现代农业经营组织流转，促进适度规模经营目标的实现。禁止用下任务、定指标、搞强迫命令、搞行政瞎指挥的方式干涉经营权流转，依法监督和查处不法干涉经营权流转的行为。

二、政府与农业市场关系的法治化

政府与市场关系是经济法最基本的问题。在研究政府与市场关系的法律调整问题上经济法形成了需要干预论、再调整论和协调论。三种学说从不同角度阐明了经济法在政府与市场关系方面的法律调整方案。

政府与市场关系是一个复杂的社会问题。政府与市场关系的法治化必须解决四个层面的关系问题，即政府与市场关系的总体论、政府与市场关系的结构论、政府与市场关系的功能论、政府与市场关系的方法论。

（一）政府与农业市场关系的总体论

市场是以资源稀缺为前提条件，以供需关系变化所引起的价格波动为竞争方式的经济运行机制，其目的是有效配置资源，提高经济效益，推动经济发展，满足社会需求，促进社会进步。

古典自由主义市场理论认为，市场乃是通过价格自动调节的产品交易机制。现代市场理论认为，市场乃是嵌入社会结构的一种制度装置，它不能脱离社会结构而存在。[①] 市场制度的发展固然离不开价格机制的调节作用，但也离不开政府的干预和协调。政府的作用在于既为市场经济的健康运行提供保证条件，也承担弥补和矫正市场缺陷的社会功能。

市场和政府是配置资源最重要的两种方式。现代市场理论认为，市场是嵌入社会结构的制度装置，市场不仅是一种经济制度，而且也是一种社会制度，市场制度并不排斥政府干预。与此同时，市场是以

---

① ［匈］卡尔·波兰尼：《巨变：当代政治与经济的起源》，黄树民译，社会科学文献出版社2013年版，第128～129页。

经济为中心的制度形态，而政府除了必须发挥经济功能以外，还有更广泛的政治和社会职能。政府对市场的干预有其限度。这就决定：必须发挥市场在配置资源中的决定性作用，政府对市场的干预应以市场作用为基础。

农业是一个高投入、高成本、高风险、低收益的弱质产业，农业市场制度是按照工业市场被修正了的市场制度体系。在农业市场制度体系中，市场在配置资源方面的决定性作用在各个方面都会受到政府干预的修正，突出地表现在农业产业扶持政策、农业产权限制、工商资本监管、技术扶持政策等方面。由于政府的广泛干预，政府扶持、引导、监管、协调农业市场的行为和方式必须依法依规进行。

（二）政府与市场关系的结构论

关于政府与市场的关系有补充关系说、辩证关系说和并行关系说。补充关系说认为，市场在资源配置中起决定性作用，政府的作用是弥补和矫正市场的不足。其经济法表述是：凡是市场能够调节好的经济领域和经济活动，就没有政府干预的必要，制度改革的目标是政府从市场能够调节好的领域中退出来。辩证关系说认为，政府与市场关系是一种辩证关系，必须把政府与市场关系放在整体资源配置框架和政府与市场的"双向运动"格局中进行考察。[①] 辩证关系说的经济法意义是：必须在立法层面上解决政府与市场关系的法治化问题，以便市场的运行和政府的干预都合乎法律的规定。并行关系说认为，政府与市场的关系是一个动态的过程，必须在市场发展的动态过程中把握政府的调控作用。并行关系说的经济法意义是：必须以市场和政府的互动行为为基础建立调整政府与市场关系的法律体系。

由于市场不仅是一项重要的经济制度，也是一项社会制度，市场的构成极为复杂，运行过程也涉及与社会结构之间的相互关系，政府在市场构成的不同方面和市场运行的不同阶段所起的作用不同。应该说，政府与市场关系是一个相互嵌入的互补性动态结构。政府与市场的关系必须通过法律进行结构性安排，从而确定政府干预的范围和

---

① 张守文：《政府与市场关系的法律调整》，载《中国法学》2014年第5期。

边界。

在农业市场制度领域产权权利体系的构建、产业支持政策的确立、劳动力培训、技术开发和推广、交易市场监管等都是市场无法供给的制度，都离不开政府主导作用的发挥。投融资、经营权流转、新型经营主体的扶持政策、农产品价格补贴等都离不开政府引导作用的发挥。主要农产品储备制度、经营权流转奖励制度、担保贴息、风险补偿、市场服务等都离不开政府的助成作用。

（三）政府与市场关系的功能论

政府与市场关系的功能定位是由市场的调节作用和政府的经济职能共同决定的，它依赖于市场的成熟程度和政府对经济的调控能力。一般观点认为，政府应该定位于弥补和矫正市场失灵的角色。由于市场对其外部性缺乏调整能力，因此，政府的首要经济功能是对宏观经济进行调控，为市场提供一个稳定的经济环境。由于市场以追求竞争性的经济效率为根本目标，在市场运行过程中容易出现不正当竞争和不公平问题，政府的重要功能就是对市场进行监管，为市场竞争提供公平的环境。市场是以价格调节为中心的竞争性制度，但市场制度并不能在任何方面都自我完善，现代政府的另一项重要功能是为市场提供社会服务。

农业是一个高投入、高成本、高风险、低收益的弱质产业，农业市场难以完全依靠市场在资源配置中决定性作用的发挥形成成熟的市场，因此，政府在农业市场中应该发挥更大作用。从宏观调控角度考察，政府应该保证农业市场的稳定，保障粮食安全和农民收入的稳定增长。从市场监管角度考察，由于农业制度结构极为复杂，市场交易行为受到很多限制，这些必要的限制会放大市场风险，扭曲市场公平，形成自然垄断，破坏市场秩序，政府必须动态地严密监管农业市场运行。从社会服务角度考察，由于农业市场缺乏必要的成熟度，市场机制也需要政府提供多种多样的社会服务才能健康运行。

（四）政府与市场关系的方法论

经济法的一般观点认为，政府干预最重要的原因是市场失灵，而政府干预过度或者缺位则会出现政府失灵，因此，经济法既要依法授予政府干预市场的职权，也要对政府职权的行使进行法律干预。这一方法论是建立在不完全的市场、不完全的政府和完全的法律这三个相互关联的假设条件之上的。根据这一方法论，一种观点认为，经济法的方法论是基于私法个体主义和公法整体主义方法论不足的一种折中主义方法论。[①] 一种观点认为经济法是对政府干预行为的法律授权和法律控制。[②] 前一种是形式主义的思考路径，后一种是实质主义的思考路径。

市场失灵是相对于完备的市场而言的，实际上，无论是自由市场理论还是社会市场理论，都认为理想形态的完备市场在现实中是根本不存在的。关于政府与市场关系的考察应该关注的是市场的完备性而不是完备的市场。市场完备性关注的是市场的成熟度问题，市场失灵只是市场缺乏完备性的一种极端表现形态。政府对市场的干预取决于市场的成熟程度和政府自身的调控能力，并不完全依赖于市场。一般情况下，当市场成熟度欠缺时，政府会较多干预市场运行；当市场较为成熟时，政府会退出一些不再需要干预的领域和环节。当政府的干预能力较弱时，市场调节的范围会比较广泛；当政府的干预能力较强势，市场的调节范围会缩小。在现代社会，政府与市场之间的关系并非此消彼长的关系，也会出现成熟的市场与政府具有较强调控能力的强强结合形态。

经济法的法律调整不可能是一种超越于私法个体主义和公法整体主义的折中主义的方法体系。由于政府与市场之间的关系依赖于市场的成熟程度和政府调控能力之间的变化，政府采用何种调控方法依赖于市场的变化和时机的选择，这也就是经济法为何带有显著的政策法特征的根本原因。所谓折中的方法本质上源于"度"，但"度"并不是一个方法论问题，而是一个实践本体论问题。经济法通常认为政府对市场应当进行适当干预，不能"过"，也不能"不及"，这实际上不是经济法的逻辑终点，而是经济法的逻辑起点问题。"折中"只是

---

① 邱本：《论经济法对法律方法的创新》，载《当代法学》2010年第5期。

② 秦国荣：《维权与控权：经济法的本质与功能定位——对"需要干预说"的理论评析》，载《中国法学》2006年第2期。

一个认识论问题，而不是一个方法论问题。所谓折中的法律方法是不存在的，政府在干预市场时，要么使用公法方法，要么使用私法方法，或者使用公私方法的组合。

从总体上考察，认为经济法是运用法律方式对政府干预的授权与规制本身不存在问题，问题是在现代高度复杂化社会，法律与市场和政府一样是不完全的。[①] 为保证法律在形式上具有规制能力，法律原则和法律程序在法律规范体系中的作用凸显出来，基于原则和程序的规制手段在经济法中占有重要地位。由于市场行为的功能性，政府对市场的干预在法律范围通常表现为一个幅度或者一个区间，在这一幅度或区间内的政府干预一般法定为政府裁量权，经济法应该重点研究政府干预的裁量权基准制度和裁量程序问题。

由于农业市场具有显著的不完备性，政府对农业市场的干预比工业市场为多。由于农业生产具有很强的自然生产属性，受到生物学原理的限制，农业市场制度的自我进化能力较弱，传统农业向现代农业的转变必须借助于政府的作用才能实现。

第五节　本章小结

我国正在经历从传统农业向现代农业的转变，现代农业的建立一靠改革、二靠法治。改革的根本动力是创新农业市场制度。创新农业市场制度需要发挥市场在配置资源中的决定性作用和更好发挥政府的作用。要更好发挥政府的作用，就必须实现政府与农民、政府与市场关系的法治化。

关于政府与农民关系的法治化问题，最核心的问题是要尊重农民的主体地位，发挥政府的关键作用。以集体土地所有权、家庭承包经营权为基础，我国农村集体经济组织实行家庭承包经营为基础、统分结合的双层经营体制。从选择偏好角度看，农民偏好承包经营权并合运行和家庭经营，这与现代经营体系必须建立在农户经营权流转基础

---

① [德]乌尔里希·贝克：《风险社会》，何博文译，译林出版社2004年版，第19页。

之上的法律要求之间存在紧张关系。现代经营体系是农业现代化的必由之路。因此，在维护农户产权权利和尊重农民首创精神条件下，必须充分发挥政府的引导功能，实现产权体系与现代经营体系的融合。

关于政府与市场关系的法治化问题，最核心的问题是必须保证市场在资源配置中起决定性作用。市场和政府是配置资源的两种最重要方式。政府与市场是一个相互嵌入的互补结构。从静态方面看，政府干预市场的构成和阶段取决于市场构成的性质和不同阶段的需要。政府在扶持农业发展方面承担主体责任；在要素市场上承担法律供给责任；在经营体制结构性创新方面应助成产权制度与经营制度之间的融合；在培育交易市场方面承担服务功能；从动态方面看，政府对市场的干预取决于市场的成熟程度和政府调控能力之间的变化。政府干预的对象、预期、程序、步骤、方式、方法必须依法进行。

参考文献

一、中文著作类

1. 李昌麒主编. 中国农村法治研究 [M]. 北京：人民出版社, 2006.

2. 李昌麒著. 经济法——国家干预经济的基本法律形式 [M]. 成都：四川人民出版社, 1995.

3. 李昌麒著. 寻求经济法真谛之路 [M]. 北京：法律出版社, 2003.

4. 单飞跃、卢代富等著. 需要国家干预——经济法视域的解读 [M]. 北京：法律出版社, 2005.

5. 岳彩申著. 论经济法的形式理性 [M]. 北京：法律出版社, 2004.

6. 刘俊著. 中国土地法理论问题研究 [M]. 法律出版社, 2006.

7. 杨庆育主编. 统筹城乡理论与实践：重庆案例 [M]. 重庆：重庆大学出版社, 2012.

8. 张晓山主编. 马克思、恩格斯、列宁、斯大林论农业、农村、农民 [M]. 中国社会科学出版社, 2013.

9. 费孝通著. 江村经济 [M]. 刘豪兴编, 上海：上海人民出版社, 2007.

10. 费孝通著. 中国城镇化道路 [M]. 呼和浩特：内蒙古人民出版社, 2010.

11. 费孝通著. 乡土中国 [M]. 北京：人民出版社, 2008.

12. 梁漱溟著. 乡村建设理论 [M]. 上海：上海人民出版社, 2011 (2).

13. 梁漱溟著. 中国文化的命运 [M]. 北京：中信出版

社，2010.

14．梁漱溟著．梁漱溟全集［M］．济南：山东人民出版社，2005（2）．

15．余英时著．士与中国文化［M］．上海：上海人民出版社，2003．

16．王亚南著．中国官僚政治研究［M］．北京：中国社会科学出版社，1981．

17．张晋藩主编．中国法制史［M］．北京：中国政法大学出版社，1999．

18．刘凤琴等著．土地规模效率和农业经济组织绩效研究［M］．大连：东北财经大学出版社，2011．

19．《毛泽东选集》第5卷，北京：人民出版社，1977．

20．周谷城著．中国社会史论［M］．长沙：湖南教育出版社，2009．

21．周谷城著．中国政治史［M］．北京：中华书局，2007．

22．杜润生著．杜润生自述：中国农村体制变革重大决策纪实［M］．北京：人民出版社，2005．

23．薄一波著．若干重大决策与事件的回顾［M］．北京：中共中央党校出版社，1991．

24．金观涛、刘青峰著．开放中的变迁：再论中国社会超稳定结构［M］．北京：法律出版社，2011．

25．罗荣渠著．现代化新论——世界与中国的现代化进程（增订本）［M］．北京：商务印书馆，2009．

26．赵汀阳著．天下体系：世界制度哲学导论［M］．北京：中国人民大学出版社，2011．

27．张培刚著．农业与工业化［M］．北京：中信出版社，2012．

28．国务院发展研究中心农村经济研究部课题组．中国特色农业现代化道路研究［M］．北京：中国发展出版社，2012．

29．复旦大学历史系、复旦大学中外近代化进程研究中心编．近代中国的乡村社会［M］．上海：上海古籍出版社，2005．

30．林毓生著．热烈与冷静［M］．上海：上海文艺出版社，1998.

31. 林毅夫著. 制度、技术与中国农业发展［M］. 上海：格致出版社、上海三联书店上、海人民出版社，2008（3）.

32. 杨国桢著. 明清土地契约文书研究（修订版）［M］. 北京：中国人民大学出版社，2009.

33. 中国共中央党校党史教研室编. 三民主义历史文献选编（1894—1981）［M］. 北京：中共中央党校科研办公室，1987.

34. 张五常著. 佃农理论——应用于亚洲的农业和台湾的土地改革［M］. 北京：商务印书馆，2000.

35. 瞿同祖著. 清代地方政府［M］. 范中信、何鹏、宴锋译，北京：法律出版社，2004.

36. 瞿同祖著. 中国法律与中国社会［M］. 北京：中华书局，2003.

37. 王振忠著. 明清徽商与江淮社会变迁［M］. 北京：生活·读书·新知三联书店，1996.

38. 唐力行著. 商人与中国近世社会（修订本）［M］. 北京：商务印书馆，2003.

39. 钱穆著. 中国历代政治得失［M］. 北京：生活·读书·新知三联书店，2001.

40. 《商君书·农战篇》.

41. 《商君书·外内篇》.

42. 《商君书·慎法篇》.

43. 陈修斋主编. 欧洲哲学史上的经验主义和理性主义［M］. 人民出版社，1986.

44. 程荫南编. 西村程氏宗谱（卷2）［M］. 1919年本.

45. 《麻城县志（1670）》卷3.

46. 《毛泽东选集》1卷本，北京：人民出版社，1964.

47. 洪涛著. 逻各斯与空间——古代希腊政治哲学研究［M］. 上海：上海人民出版社，1998.

48. 赵广明著. 理念与神：柏拉图的理念思想及其神学意义［M］. 南京：江苏人民出版社，2004.

49. 中共中央国务院关于"三农问题"工作的一号文件汇编[M]. 北京：人民出版社，2010.

50. 陈锡文、赵阳、陈剑波、罗丹著. 中国农村制度变革60年[M]. 北京：人民出版社，2009.

51. 姜华宣、张蔚萍、肖甡主编. 中国共产党重要会议纪事（1921—2006）（增订本）[M]. 北京：中央文献出版社，2006.

52.《马克思恩格斯文集》第2卷，北京：人民出版社，2009.

53. 陶希圣著. 中国社会之史的分析[M]. 长沙：岳麓书社2010.

54. 佟柔主编. 中国民法[M]. 北京：法律出版社，1999.

55. 冯友兰著. 中国哲学简史[M]. 赵复三译，天津：天津社会科学院出版社，2005.

56. 范文澜著. 中国通史简编[M]. 北京：人民出版社，1949.

57. 程关松著. 反思型宪法观导论[M]. 北京：中国社会科学出版社，2013.

58. 叶孝信主编. 中国法制史[M]. 北京：北京大学出版社，1989.

59. 黄小虎主编. 新时期中国土地管理研究[M]. 北京：当代中国出版社，2006.

60. 黄道霞、余展、王西玉主编. 建国以来农业合作化史料汇编[M]. 北京：中共党史出版社，1992.

61. 葛剑雄著. 中国人口发展史[M]. 福州：福建人民出版社，1991.

62. 殷章甫著. 中国的土地改革[M]. 台北：台湾中央文物供应社1984.

63. 毛家琦主编. 台湾三十年[M]. 郑州：河南人民出版社，1988.

64. 陈诚著. 台湾土地改革纪要[M]. 台北：台湾中华书局1961.

65. 林毓生著. 热烈与冷静[M]. 上海：上海文艺出版社，1998.

66. 蔡昉、王德文、都阳著. 中国农村改革与变迁：30 年历程和经验分析 [M]. 上海：格致出版社、上海人民出版社，2008.

67. 十八大报告辅导读本 [M]. 北京：人民出版社，2012.

68. 吴家梁等编. 中国三农政策与法律实务应用将工具箱 [M]. 北京：法律出版社，2010.

69. 陈小君等著. 农村土地问题立法研究 [M]. 北京：经济科学出版社，2012.

70. 俞权域等编. 台湾的昨天与今天 [M]. 北京：新华出版社，1988.

71. 张英洪著. 农民权利论 [M]. 北京：九州出版社，2013.

72. 贺雪峰著. 地权的逻辑：中国农村土地制度向何处去 [M]. 北京：中国政法大学出版社，2010.

73. 傅衣凌著. 明清农村社会经济 [M]. 北京：三联书店，1961.

74. 冯友兰著. 中国哲学简史 [M]. 赵复三译，天津社会科学院出版社，2005.

75. 黄仁宇著. 资本主义与二十世纪 [M]. 北京：生活·读书·新知三联书店，1997.

二、中文译著类

76. ［美］丹尼尔·贝尔著. 资本主义文化矛盾 [M]. 严蓓雯，译. 南京：江苏人民出版社，2007.

77. ［法］笛卡尔著. 谈谈方法 [M]. 王太庆，译. 北京：商务印书馆，2000.

78. ［英］培根著. 新工具 [M]. 许宝骙，译. 北京：商务印书馆，2011.

79. ［英］休谟著. 人性论 [M]. 关运文，译. 北京：商务印书馆，1980.

80. ［法］笛卡尔著. 谈谈方法 [M]. 王太庆，译. 北京：商务印书馆，2000.

81. ［英］查·帕·斯诺著. 对科学的傲慢与偏见 [M]. 陈恒

六、刘兵,译. 成都:四川人民出版社,1987.

82. [美]保罗·费耶阿本德著. 告别理性[M]. 陈健、柯哲、陆明,译. 南京:江苏人民出版社,2002.

83. [法]雅克·勒戈尔著. 中世纪的知识分子[M]. 张弘,译. 北京:商务印书馆,1996.

84. [美]汉娜·阿伦特著. 人的条件[M]. 竺乾威等,译. 上海人民出版社,1999.

85. [德]汉斯·里希特·费里兹著. 古希腊人的性与情[M]. 刘岩中,译. 南宁:广西师范大学出版社,2008.

86. [俄]A.恰亚诺夫著. 农民经济组织[M]. 萧正洪,译. 北京:中央编译出版社,1996.

87. [英]A.N.怀特海著. 观念的冒险[M]. 周邦先,译. 贵阳:贵州人民出版社,2000.

88. [英]怀特海著. 思维方式[M]. 刘放桐,译. 北京:商务印书馆,2004.

89. [美]黄宗智著. 华北的小农经济与社会变迁[M]. 北京:中华书局,2000.

90. [美]黄宗智著. 中国的隐形农业革命[M]. 北京:法律出版社,2010.

91. [美]约翰·罗尔斯著. 政治自由主义[M]. 万俊人,译. 南京:译林出版社,2000.

92. [英]阿诺德·汤因比著. 历史研究[M]. 刘北城、郭小凌,译. 上海:上海人民出版社,2005.

93. [美]列奥·施特劳斯著. 自然权利与历史[M]. 彭刚,译. 北京:生活·读书·新知三联书店,2003.

94. [美]W.V.蒯因著. 从逻辑的观点看[M]. 陈启伟等,译. 北京:中国人民大学出版社,2007.

95. [古希腊]色诺芬著. 回忆苏格拉底[M]. 吴永良,译. 北京:商务印书馆,1984).

96. [美]詹姆斯·G.马奇、[挪]约翰·P.奥尔森著. 重新发现制度:政治的组织基础[M]. 张伟,译. 北京:生活·读书·新知三联书店，2011.

97. ［意］阿奎那. 阿奎那政治著作选［M］. 马清槐，译. 北京：商务印书馆，1963.

98. ［美］约翰·杜威著. 确定性的寻求——关于知行关系的研究［M］. 傅统先，译. 上海：上海人民出版社，2005.

99. ［比］伊利亚·普利高津、伊萨贝尔·斯唐热著. 确定性的终结——时间、混沌与新自然法则［M］. 湛敏，译. 上海：上海科技教育出版社，1998.

100. ［法］孔多塞著. 人类精神进步史表纲要［M］. 何兆武、何冰，译. 北京：生活·读书·新知三联书店，1998.

101. ［古希腊］亚里士多德著. 尼各马可伦理学［M］. 廖申白译注，北京：商务印书馆，2003.

102. ［美］郭颖颐. 中国现代思想唯科学主义［M］. 雷颐，译. 南京：江苏人民出版社，1998.

103. ［德］哈贝马斯著. 作为"意识形态"的技术和科学［M］. 李黎、郭官义，译. 上海：学林出版社，1999.

104. ［法］路易·阿尔都塞著. 保卫马克思［M］. 顾良，译. 北京：商务印书馆，2006.

105. ［德］卡尔·曼海姆著. 意识形态与乌托邦［M］. 黎鸣、李书崇，译. 北京：商务印书馆，2000.

106. ［德］马克斯·霍克海默、西奥多·阿多尔诺著. 启蒙的辩证法［M］. 渠敬东、曹卫东，译. 上海：上海人民出版社，2006.

107. ［德］阿多尔诺著. 否定的辩证法［M］. 张峰，译. 重庆：重庆出版社，1993.

108. ［美］赫伯特·马尔库塞著. 单向度的人［M］. 刘继，译. 上海：上海人民出版社，2006.

109. ［英］安东尼·吉登斯著. 现代性的后果［M］. 田禾，译. 南京：译林出版社，2011.

110. ［德］乌尔里希·贝克、［英］安东尼·吉登斯、斯科特·拉什著. 自反性现代化：现代社会秩序中的政治、传统与美学［M］. 赵书文，译. 北京：商务印书馆，2001.

111. ［美］郭颖颐. 中国现代思想唯科学主义［M］. 雷颐, 译. 南京：江苏人民出版社，1998.

112. ［法］西蒙娜·薇依著. 扎根：人类责任宣言绪论［M］. 徐卫翔, 译. 北京：生活·读书·新知三联书店，2003.

113. ［美］迈克尔·沃尔泽著. 阐释与社会批判［M］. 任辉献、段鸣玉, 译. 南京：江苏人民出版社，2010.

114. ［美］威廉·詹姆斯著. 多元的宇宙［M］. 吴棠, 译. 北京：商务印书馆，1999.

115. ［德］卡尔—奥托·阿佩尔著. 哲学的改造［M］. 孙周兴、陆兴华, 译. 上海：上海译文出版社，1997.

116. ［英］亚当·斯密著. 国富论［M］. 郭大力、王亚南, 译. 上海：上海三联书店，2009.

117. ［英］亚当·斯密著. 道德情操论［M］. 蒋自强、钦北愚、朱钟棣、沈凯璋, 译. 北京：商务印书馆，1997.

118. ［英］伊姆雷·拉卡托斯著. 科学研究纲领方法论［M］. 兰征, 译. 上海：上海译文出版社，2005.

119. ［意］V. 帕累托著. 普通社会学纲要［M］. 田时纲, 译. 北京：生活·读书·新知三联书店，2001.

120. ［英］迈克尔·波兰尼著. 社会、经济和哲学——波兰尼文选［M］. 彭锋、贺立平、徐陶、尹树广, 译. 北京：商务印书馆，2006.

121. ［美］T. 帕森斯著. 社会行动的结构［M］. 张明德、夏遇南、彭刚, 译. 南京：译林出版社，2003.

122. ［德］黑格尔著. 小逻辑［M］. 贺麟, 译. 北京：商务印书馆，1980.

123. ［德］黑格尔著. 法哲学原理或自然法和国家学纲要［M］. 范扬、张企泰, 译. 北京：商务印书馆，1961.

124. ［德］马克斯·韦伯著、约翰内斯·温克尔曼整理. 经济与社会［M］. 林荣远, 译. 北京：商务印书馆，1997.

125. ［德］马克斯·韦伯著. 学术与政治［M］. 冯克利, 译. 北京：生活·读书·新知三联 1998 书店.

126. [德]马克斯·韦伯著. 新教伦理与资本主义精神 [M]. 阎克文,译. 上海:上海人民出版社,2010.

127. [德]马克斯·韦伯著. 儒教与道教 [M]. 洪天富,译. 南京:江苏人民出版社,1997.

128. [美]道格拉斯·C.诺斯著. 制度、制度变迁与经济绩效 [M]. 杭行,译. 上海:格致出版社、上海三联书店、上海人民出版社,2008.

129. [法]埃米尔·涂尔干著. 社会分工论 [M]. 渠东,译. 北京:生活·读书·新知三联书店,2013(2).

130. [英]洛克著. 政府论 [M]. 叶启芳、瞿菊农,译. 北京:商务印书馆,1964.

131. [英]弗里德里希·冯·哈耶克著. 自由秩序原理 [M]. 邓正来,译. 北京:生活·读书·新知三联书店,1997.

132. [英]弗里德里希·奥古斯特·哈耶克著. 通向奴役之路 [M]. 王明毅、冯兴元等,译. 北京:中国社会科学出版社,1997.

133. [英]昆廷·斯金纳著. 自由主义之前的自由(修订版)[M]. 李宏图,译. 上海:上海三联书店,2003.

134. [美]艾伦·沃尔夫著. 合法性的限度 [M]. 沈汉等,译. 北京:商务印书馆,2005.

135. [匈牙利]卡尔·波兰尼著. 巨变:当代政治与经济的起源 [M]. 黄树民,译. 北京:社会科学文献出版社,2013.

136. [法]布罗代尔著. 资本主义的动力 [M]. 杨起,译. 北京:生活·读书·新知三联书店、牛津大学出版社,1997.

137. [印度]阿玛蒂亚·森著. 伦理学与经济学 [M]. 王宇、王文玉,译. 北京:商务印书馆,2000.

138. [印度]阿玛蒂亚·森著. 贫困与饥饿——论权利与剥夺 [M]. 王宇、王文玉,译. 北京:商务印书馆,2001.

139. [古希腊]亚里士多德著. 尼各马可伦理学 [M]. 廖申白,译. 北京:商务印书馆,2003.

140. [古希腊]亚里士多德著. 政治学 [M]. 吴寿彭,译. 北京:商务印书馆,1965.

141. ［英］霍布斯著. 利维坦［M］. 黎思复、黎廷弼，译. 北京：商务印书馆，1985.

142. ［英］阿诺德·汤因比著. 历史研究［M］. 刘北城、郭小凌，译. 上海：上海人民出版社，2005.

143. ［英］迈克尔·H. 莱斯诺夫著. 二十世纪的政治哲学家［M］. 冯克利，译. 北京：商务印书馆，2001.

144. ［美］凯斯·R. 孙斯坦著. 自由市场与社会正义［M］. 金朝武、胡爱平、乔聪启，译. 北京：中国政法大学出版社，2002.

145. ［英］布莱恩·巴利著. 社会正义论［M］. 曹海军，译. 南京：江苏人民出版社，2007.

146. ［法］米歇尔·福柯著. 知识考古学［M］. 谢强、马月，译. 生活·读书·新知三联书店，1998.

147. ［美］罗伯特·诺奇克著. 无政府、国家和乌托邦［M］. 姚大志，译. 北京：中国社会科学出版社.

148. ［英］约翰·梅纳德·凯恩斯著. 就业、利息和货币通论［M］. 徐毓枬，译. 南京：译林出版社，2011.

149. ［德］卡尔·曼海姆著. 意识形态与乌托邦［M］. 黎鸣、李书崇，译. 北京：商务印书馆，2000.

150. ［美］迈克尔·沃尔泽著. 正义褚领域：为多元主义与平等一辩［M］. 褚松燕，译. 南京：译林出版社，2002.

151. 恩格斯著. 德国农民战争，载《马克思恩格斯文集》（第2卷）［M］. 北京：人民出版社，2009.

152. ［美］巴林顿·摩尔著. 专制与民主的社会起源：现代世界形成过程中的地主和农民［M］. 上海：上海译文出版社，2012.

153. 马克思、恩格斯著. 共产党宣言，载《马克思恩格斯文集》（第2卷）［M］. 人民出版社，2009.

154.《马克思恩格斯选集》第3卷，人民出版社，1995.

155.《马克思恩格斯选集》第1卷，北京：人民出版社，1995.

156. 恩格斯著. 反杜林论，载《马克思恩格斯文集》（第9卷）［M］. 北京：人民出版社，2009.

157. 马克思、恩格斯著. 德意志意识形态，载《马克思恩格斯文集》（第 1 卷）[M]. 北京：人民出版社，2009.

158. 马克思著. 路易·波拿巴的雾月十八日，载《马克思恩格斯文集》（第 2 卷）[M]. 北京：人民出版社，2009.

159. 恩格斯著. 法德农民问题，载《马克思恩格斯文集》（第 3 卷）[M]. 北京：人民出版社，2009.

160. 恩格斯著. 国民经济学批判大纲，载《马克思恩格斯文集》（第 1 卷）[M]. 北京：人民出版社，2009.

161. 恩格斯著. 共产主义原理，载《马克思恩格斯文集》（第 1 卷）[M]. 北京：人民出版社，2009.

162. [法] 布罗代尔著. 资本主义的动力 [M]. 杨起，译. 生活·读书·新知三联书店，1997.

163. 《马克思恩格斯选集》（第 4 卷），人民出版社，1995.

164. 《马克思恩格斯选集》（第 2 卷），人民出版社，1995.

165. 恩格斯著. 马克思和恩格斯的书信——恩格斯致尼古拉·弗尔策维奇·丹尼逊，载《马克思恩格斯文集》（第 10 卷）[M]. 北京：人民出版社，2009.

166. 恩格斯著. 德国的革命与反革命，载《马克思恩格斯文集》（第 2 卷）[M]. 北京：人民出版社，2009.

167. 恩格斯著. 马克思和恩格斯的书信——恩格斯致马克思，载《马克思恩格斯文集》第 10 卷 [M]. 北京：人民出版社，2009.

168. 马克思著. 资本论（第 1 卷），《马克思恩格斯文集》（第 5 卷）[M]. 北京：人民出版社，2009.

169. 马克思著. 资本论（第 3 卷第 47 章），载《马克思恩格斯文集》（第 7 卷）[M]. 北京：人民出版社，2009.

170. 马克思著. 对华贸易，载《马克思恩格斯文集》（第 2 卷）[M]. 北京：人民出版社，2009.

171. 马克思、恩格斯著. 德意志意识形态，载《马克思恩格斯文集》（第 1 卷）[M]. 北京：人民出版社，2009.

172. 列宁著. 新经济政策和政治教育委员会的任务，列宁专题文集——论社会主义 [M]. 北京：人民出版社，2009.

173. 列宁著. 什么是"人民之友"以及他们如何攻击社会民主

党人？答〈俄国财富〉杂志反对马克思主义者的几篇文章节选，列宁专题文集——论辩证唯物主义和历史唯物主义［M］．北京：人民出版社，2009．

174．恩格斯著．家庭、私有制和国家的起源，《马克思恩格斯选集》（第4卷）［M］．北京：人民出版社，1995．

175．［美］罗纳德·哈里·科斯、王宁著．变革中国：市场经济的中国之路［M］．徐尧、李哲民，译．北京：中信出版社，2013．

176．［美］罗纳德·哈里·科斯著．企业、市场与法律［M］．盛洪、陈郁译校，格致出版社、上海三联出版社、上海人民出版社，2009．

177．［美］康芒斯著．制度经济学［M］．于树生，译．北京：商务印书馆，1962．

178．［美］加里·D．利贝卡普著．产权的缔约分析［M］．陈宇东、耿勤、秦军、王志伟，译．北京：中国社会科学出版社，2001．

179．［英］梅特兰等著．欧陆法律史概览：事件、渊源、人物及运动［M］．屈文生等，译．上海：上海人民出版社，2008．

180．［美］约翰·贝拉米·福斯特著．马克思主义的生态学——唯物主义与自然［M］．刘仁胜、肖峰，译．北京：高等教育出版社，2006．

181．《马克思恩格斯全集》（第4卷），北京：人民出版社，1965．

182．［美］詹姆斯·斯科特著．农民的道义经济学：东南亚的反叛与生存［M］．程立显、刘建等，译．南京：译林出版社，2013．

183．［美］西奥多·舒尔茨著．改造传统农业［M］．梁小民，译．北京：商务印书馆，1987．

184．［美］西奥多·舒尔茨著．对人进行投资——人口质量经济学［M］．吴珠华，译．北京：首都经济贸易大学出版社，2002．

185．［美］李丹著．理解农民中国：社会科学哲学的案例研究［M］．张天虹、张红云、张胜波，译．南京：江苏人民出版社，2009．

186．［英］昆廷·斯金纳著．自由主义之前的自由（修订版）

[M]. 李宏图, 译. 上海: 上海三联书店, 2003.

187. [美] 迈克尔·桑德尔著. 民主的不满: 美国在寻求一种公共哲学 [M]. 曾纪茂, 译. 南京: 江苏人民出版社, 2008.

188. [美] 郝大维、安乐哲著. 先贤的民主: 杜威、孔子与中国民主之希望 [M]. 何刚强, 译. 南京: 江苏人民出版社, 2004.

189. [美] 费正清、赖肖尔主编. 中国: 传统与变革 [M]. 陈仲丹、潘兴明、庞朝阳, 译. 南京: 江苏人民出版社, 2012.

190. [法] 谢和耐著. 中国社会史 [M]. 黄建华、黄迅余, 译. 南京: 江苏人民出版社, 2010.

191. [英] E. P. 汤普森著. 英国工人阶级的形成 [M]. 钱乘旦等, 译. 南京: 译林出版社, 2013.

192. [英] 阿瑟·刘易斯著. 经济增长理论 [M]. 周师铭、沈丙杰、沈伯根, 译. 北京: 商务印书馆, 1983.

193. [澳] 杰华著. 都市里的农家女: 性别、流动与社会变迁 [M]. 吴小英, 译. 南京: 江苏人民出版社, 2006.

194. [美] 马若孟著. 中国农民经济: 河北和山东的农民发展: 1890—1949 [M]. 史建云, 译. 南京: 江苏人民出版社, 2013 (2).

195. [美] 林毓生著. 中国传统的创造性转化 (增订本) [M]. 北京: 生活·读书·新知三联书店, 2011.

196. [英] 梅因著. 古代法 [M]. 沈景一, 译. 北京: 商务印书馆, 1959.

197. [英] 梅特兰著. 普通法的诉讼形式 [M]. 王云霞、马海峰、彭蕾, 译. 商务印书馆, 2009.

198. [意] 彼德罗·彭梵得著. 罗马法教科书 (2005 年修订版) [M]. 黄凤, 译. 北京: 中国政法大学出版社, 2005.

199. [英] 戴维·米勒、韦农·波格丹诺英文本主编、邓正来中文主编. 布莱克维尔政治学百科全书 [M]. 邓正来等, 译. 北京: 中国政法大学出版社, 2002.

200. [美] 霍菲尔德著. 基本法律概念 [M]. 张书友编, 译. 北京: 中国法制出版社, 2009.

201. [英] 彼得·斯坦、约翰·香德著. 西方社会的法律价值

[M]．王献平，译．北京：中国法制出版社，2004．

202．[英] 亚当·斯密著．国民财富的性质和原因研究 [M]．郭大力、王亚南，译．北京：商务印书馆，1974．

203．[美] 斯塔夫里阿诺斯著．全球通史（第7版）[M]．董书慧等，译．北京：北京大学出版社，2005．

204．[英] 坎南编．亚当·斯密关于法律、警察、岁入及军备的演讲 [M]．陈福生、陈振骅，译．北京：商务印书馆，1962．

205．[美] 赫伯特·金迪斯、萨缪·鲍尔斯著．人类的趋社会性及其研究：一个超越经济学的经济分析 [M]．浙江大学跨学科社会科学研究中心，译．上海：上海人民出版社，2006．

206．[美] 艾伦·沃森著．民法法系的演变及形成 [M]．李静冰、姚新华，译．北京：中国政法大学出版社，1992．

207．[美] Y.巴泽尔著．产权的经济分析 [M]．费方域、段毅才，译．上海：格致出版社、上海三联出版社、上海人民出版社，1997．

208．[美] 道格拉斯·C.诺斯著．制度、制度变迁与经济绩效 [M]．杭行，译．伟森译审，格致出版社、上海三联出版社、上海人民出版社，2008．

209．[美] 阿尔钦著．产权：一个经典注释，载《财产权利与制度变迁》[M]．上海：上海三联书店，1991．

210．[美] 罗科斯·庞德著．普通法的精神 [M]．唐前宏、廖湘文、高雪原，译．北京：法律出版社，2001．

211．[美] 罗威廉著．红雨：一个中国县域七个世纪的暴利史 [M]．李里峰等，译．北京：中国人民大学出版社，2014．

212．[英] 珍妮·斯蒂尔著．风险与法律理论 [M]．韩永强，译．北京：中国政法大学出版社，2012．

213．[英] 威廉·配第著．赋税论 [M]．邱霞、原磊，译．北京：华夏出版社，2005．

214．[法] 杜尔哥著．关于财富的形成和分配的考察 [M]．唐日松，译．北京：华夏出版社，2007．

215．[美] 罗纳德·德沃金著．原则问题 [M]．张国清，译．

南京：江苏人民出版社.

216. [法] 路易·阿尔都塞著. 保卫马克思 [M]. 顾良, 译. 北京：商务印书馆, 2006.

217. [美] 施坚雅著. 中国农村的市场和社会结构 [M]. 史建云、徐秀丽, 译. 北京：中国社会科学出版社, 1998.

218. [英] 阿瑟·刘易斯著. 经济增长理论 [M]. 周师铭、沈丙杰、沈伯根, 译. 北京：商务印书馆, 1983.

219. [英] 戴维·米勒、韦农·波格丹诺主编、邓正来中译本主编. 布莱克维尔政治学百科全书（修订版）[M]. 北京：中国政法大学出版社, 2002.

220. [英] 罗素著. 西方哲学史 [M]. 何兆武、李约瑟, 译. 北京：商务印书馆, 2011.

221. [美] E.T. 贝尔著. 数学大师：从芝诺到庞加莱 [M]. 徐源, 译. 上海：上海科技教育出版社, 2004.

222. [美] 王浩著. 哥德尔 [M]. 唐鸿逵, 译. 上海：上海人民出版社, 2002.

三、中文论文类

223. 李昌麒, 许明月, 卢代富, 龙宽众, 鲁篱著. 农村法治建设若干基本问题的思考 [J]. 现代法学, 2001 (4).

224. 李昌麒著. 弱势群体保护法律问题研究 [J]. 中国法学, 2004 (2).

225. 李昌麒著. 试论农业生产承包合同的法律性质 [J]. 社会科学研究, 1984 (6).

226. 李昌麒著. 强化法制建设在农业农村治理中的作用 [J]. 农村经营管理, 2009 (4).

227. 李昌麒著. 建设新农村要以法治作支撑 [J]. 农村、农业、农民（B版）（三农中国）, 2006 (12).

228. 李昌麒著. 泛论农村法律制度的建立与完善 [J]. 云南大学学报（法学版）, 2008 (9).

229. 李昌麒著. 当前推进新农村法治建设必须着力解决的几个

问题［J］．经济法论坛，2010（1）．

230．卢代富著．中国农村经济法治研究的回顾与前瞻［J］．重庆大学学报（社会科学版），2008（9）．

231．岳彩申、范水兰著．农村经济法制建设的反思与展望［J］．上海财经大学学报，2009（12）．

232．刘俊著．农村宅基地使用权制度研究［J］．西南民族大学学报（社会科学版）2007（3）．

233．曹畔天著．论宅基地使用权流转的理论基础［J］．法学杂志，2012（6）．

234．吴承明著．中国资本主义的发展述略［J］．中华学术论文集［J］．北京：中华书局，1981．

235．张茂元著．社会地位、组织能力与技术红利的分配——以近代缫丝女工为例［J］．中国社会科学，2013（7）．

236．张佩国著．质疑近代中国乡村史的概念化书写，载复旦大学历史系、复旦大学中外近代化进程研究中心编．近代中国的乡村社会［J］．上海：上海古籍出版社，2005．

237．陈庆德著．论中国近代农村商品经济低层次扩散的历史性质［J］．近代史研究，1989（1）．

238．龙登高、林展、彭波著．典与清代地权交易体系［J］．中国社会科学，2013（5）．

239．中央农村工作会议公报［J］．人民日报，2013年12月25日．

240．P.G斯蒂尔曼著．黑格尔在〈权利哲学〉中对财产权的分析［J］．黄金荣，译．原载Cardozo Law Review，1989（10）．

241．玛格丽特·简·拉丹著．财产权与人格［J］．沈国琴，译．原载Stanford Law Review，1982（34），246、吴易风．产权理论：马克思和科斯的比较［J］．中国社会科学，2007（2）．

242．郭德宏著．中国国民党在台湾的土地改革［J］．中国经济史研究，1992（1）．

243．陈恩著．透视台湾土地改革［J］．南风窗，2006（6）．

244．中共中央、国务院．关于加快发展现代农业 进一步增强农村发展活力的若干意见，2012年12月31日．

245．文贯中著．日本经验、经济规律和土地制度［J］．经济观察报，2008年7月7日．

246．温铁军著．"土地私有化"不是中国农村的未来方向［J］．环球企业家，2008（13）．

247．王利明、周友军著．论我国农村土地权利制度的完善［J］．中国法学，2012（1）．

248．丁关良著．1949年以来中国农村宅基地制度的演变［J］．湖南农业大学学报（社会科学版）2008（4）．

249．朱岩著．"宅基地使用权"评释——评〈物权法草案〉第十三章［J］．中外法学，2006（1）．

250．郭明瑞著．关于宅基地使用权的立法建议［J］．法学论坛，2007（1）．

251．龙翼飞、徐霖著．对我国农村宅基地使用权法律调整的立法建议—兼论"小产权房"问题的解决［J］．法学杂志，2009（9）．

252．陈小君、蒋省三著．宅基地使用权制度：规范解析、实践挑战及其立法回应［J］．管理世界，2010（10）．

253．韩松著．新农村建设中土地流转的现实问题及其对策［J］．中国法学，2012（1）．

254．韩松著．论对农村宅基地的管理与土地管理法的修改［J］．国家行政管理学院学报，2011（1）．

255．陈嘉明著．个体理性与公共理性［J］．哲学研究，2008（6）．

256．来璋著．台湾三十多年来土地改革的回顾与展望［J］．中华民国历史与文化讨论集（第10册），社会经济史［J］．台北：1984年编．

257．赵海怡、李斌著．"产权"概念的法学辨析——兼大陆法系与英美法系财产权制度之比较［J］．载2003年4月制度经济学研究（第2缉）．

258．蓝颖春著．建设用地市场缘何统一——访中国社会科学院农村发展研究所农村政策中心主任王小映［J］．地球，2013（12）．

259. 孟勤国著. 物权法开禁农村宅基地交易之辩［J］. 法学评论, 2005（4）.

260. 苏永钦著. 物权法定主义松动下的民事财产权体系——再探中国大陆民法典的可能性［J］. 月旦民商法杂志, 2005（8）.

261. 刘凯湘著. 法定租赁权对农村宅基地制度改革的意义与构想［J］. 法学论坛, 2010（1）.

262. 冯华、陈仁泽著. 陈锡文：农村土地制度改革不能突破底线［J］. 农村经营管理, 2014（1）.

263. 刘守英著. 最需要突破的就是宅基地制度［J］. 发展, 2013（10）.

264. 韩水法著. 启蒙与理性［J］. 哲学研究, 2009（2）.

265. 王国成著. 西方经济学理性主义的嬗变与超越［J］. 中国社会科学, 2012（7）.

266. 封安波著. 我国农村土地权利的法经济学思考——从霍布斯定理到科斯定理［J］. 法学论坛, 2013（5）.

267. 韩璞庚、张正君著. 理性：在经济哲学的视域中［J］. 哲学研究, 2000 年 12）.

268. 秦晖著. 市场信号与"农民理性"——清华大学学生农村调查报告之分析（三）［J］. 改革, 1996（6）.

269. 秦晖著. "业佃"关系与官民关系——传统社会与租佃制再认识之二［J］. 学术月刊, 2007（1）.

270. 秦晖著. 农民、农民学与农民社会的现代化［J］. 中国经济史研究, 1994（1）.

271. 秦晖著. 农民地权六论［J］. 社会科学论坛, 2007（5）（上）.

272. 秦晖著. 土地革命＝民主革命？集体化＝社会主义？——马克思主义农民问题的演变与发展［J］. 学术界, 2002（6）.

273. 龙登高、林展、彭波著. 典与清代地权交易体系［J］. 中国社会科学, 2013（5）.

274. 丰子义著. 马克思现代性思想的当代解读［J］. 中国社会科学, 2005（4）.

275. 陈学明、罗骞著. 科学发展观与人类存在方式的改变 [J]. 中国社会科学, 2008 (5).

276. 俞吾金著. 马克思对现代性的诊断及其启示 [J]. 中国社会科学, 2005 (1).

277. 邹诗鹏著. 马克思对现代性社会的发现、批判与重构 [J]. 中国社会科学, 2009 (4).

278. 徐勇著. 农民理性的扩展:"中国奇迹"的创造主体分析——对既有理论的挑战及新的分析进路的提出 [J]. 中国社会科学, 2010 (1).

279. 徐勇著. 中国家户制传统与农村发展道路——以俄国、印度的村社传统为参照 [J]. 中国社会科学, 2013 (8).

280. 张岱年著. 中国哲学观与理性的学说 [J]. 哲学研究, 1985 (11).

四、外文类参考文献

281. Moses. Finley, proposed a set of criteria for different degrees of enslavement. 1997.

282. Bryan A. Garner, *Black's Law Dictionary*, 8th edition, Thomson West, 2004, P. 1347.

283. Alfred, Willian. 1999. "A Second Great Wall? China's Post Cultural Revolution Project of Legal Construction ," *Cultural Dynamics* 11: 193~213.

284. Banfield, Edward. 1967. *The Moral Basis of a Backward Society*. Free Press.

285. Jeremy Waldron, Locke's Discussion of Property, The Right to Private Property, Capt, 6, Oxford University Press, 1988.

286. Dixit A and Stiglitz J. E Monopolistic Competition and Option Product Diversity [J]. American Economic Review 1977, 67 (3)

287. Jorgenson Dale W The Development of a Dual Economy [J]. The Economic Journal, 1961, 71.

288. Agrarian china: selected source materials from Chinese authors.

london, 1939.

289. Evenson, and Kislev, Yoav. *Agricultural Research and Productivity*. New Haven, Conn.: Yale University Press, 1975.

290. Johnson. "The World Food Situation: Recent Developments and Prospects." University of Chicago, Graduate School of Business, 1978.

291. Hodgson, G., "Corporate Culture and the Nature of the Firm", in Groenewegen, 1996.

292. Johnson. *On Economics and Society*. Chicago: University of Chicago Press, 1975.

293. Isaacs, Harold R., Tragedy of the Chinese Revolution. Revised ed., Stanford, 1951.

294. Binswanger, Hans, "Agricultural Mechanization: A Comparative Historical Perspective", The World Bank Research Observer, Vol. 1, No. 1, (1986), pp. 27~56.

295. Griliches, Zvi, "The Demand for Fertilizer: An Economic Interpretation of a Technical Change", Journal of Farm Economics, Vol. 40, No. 3 (1958), pp. 591~606.

296. Becker, Jasper. 1998, Hungry Ghosts: Mao's Secret Famine. Holt.

297. Kawano, S., "Effects of Land Reform on Consumption and Investment of Farmers" in Ohkawa, K. et. al. eds, Agriculture and Economic Growth: Japan's Experience, University of Tokyo Press, Chapter16, 1969.

298. Schultz, T. W., "Institution and the Rising Economic Value of Man", American Journal of Agricultural Economics, 1968.

299. Alchian Armen. 1965. "Some Economics of Property Rights," Il Politico 30: 916 – 29. Reprinted in Economic Forces at Work (1977), Liberty Press.

300. Buck, John Lossing, Land Utilization in China. Chicago, 1937.

301. Chang, Chung-Li. 1955. The Chinese Gentry: Studies on Their Role in Nineteenth Century Chinese Society. University of Washing-

ton Press.

302. Kaneda, H., "Structural Change and Policy Response in Japanese Agriculture after the Land Reform", Economic Development and Culture Change, Vol. 28, issue3 (1980), pp. 469~486.

303. Alitto, Guy. 1979. *The Last Confucian: Liang Shu-min and the Chinese Dilemma of Modernity*. The University of California Press.